Baris Cubukcuoglu ist Cloud Solution Engineer bei Mimacom und verfügt über mehr als 10 Jahre Erfahrung in der Entwicklung und Architektur von Anwendungen. Seine Passion ist es, Dinge umzusetzen, die einen Mehrwert schaffen. Dabei berät und unterstützt er Kunden bei Cloud- und Infrastruktur-Technologien, Kubernetes sowie bei der automatisierten Auslieferung von Software mit CI/CD.

Josia Scheytt befähigt Entwicklungsteams dazu, zügig und mit Zuversicht nach Produktion zu deployen. Mit Fokus auf Public Cloud, Kubernetes und CI hilft er verschiedenen Kunden in seiner Tätigkeit als Cloud Automation Engineer bei Mimacom *(www.mimacom.com).*

Johannes Schnatterer war bereits jahrelang in der Softwareentwicklung tätig bevor sein Fokus mit dem Aufkommen der Containertechnologie in Richtung Infra-Themen zu wandern begann. Als Technical Lead der Infra- und Consulting Teams bei Cloudogu entwickelt und betreibt er eine Internal Developer Platform auf Basis von Kubernetes und GitOps und gibt dabei Gelerntes als Consultant, Trainer und Autor weiter.

Baris Cubukcuoglu · Josia Scheytt · Johannes Schnatterer

GitOps

Grundlagen und Best Practices

Baris Cubukcuoglu
Josia Scheytt
Johannes Schnatterer

Lektorat: Dr. Benjamin Ziech
Lektoratsassistenz: Julia Griebel
Copy-Editing: Annette Schwarz, Ditzingen
Satz: Da-TeX Gerd Blumenstein, Leipzig, *www.da-tex.de*
Herstellung: Stefanie Weidner, Frank Heidt
Umschlaggestaltung: Eva Hepper, Silke Braun
Druck und Bindung: mediaprint solutions GmbH, 33100 Paderborn

Bibliografische Information der Deutschen Nationalbibliothek
Die Deutsche Nationalbibliothek verzeichnet diese Publikation in der Deutschen Nationalbibliografie; detaillierte bibliografische Daten sind im Internet über *http://dnb.d-nb.de* abrufbar.

ISBN:
Print 978-3-86490-996-2
PDF 978-3-98890-012-8
ePub 978-3-98890-123-1

1. Auflage 2024

Wieblinger Weg 17
69123 Heidelberg

Hinweis:
Dieses Buch wurde mit mineralölfreien Farben auf PEFC-zertifiziertem Papier aus nachhaltiger Waldwirtschaft gedruckt. Der Umwelt zuliebe verzichten wir zusätzlich auf die Einschweißfolie. Hergestellt in Deutschland.

Schreiben Sie uns:
Falls Sie Anregungen, Wünsche und Kommentare haben, lassen Sie es uns wissen: *hallo@dpunkt.de*.

5 4 3 2 1 0

Vorwort

Wir Autoren haben in Summe mehrere Jahrzehnte Erfahrung in den unterschiedlichsten Softwareprojekten gesammelt, teilweise als Softwareentwickler, oftmals als Platform Engineers. Uns sind Firmen und Problemstellungen mit unterschiedlichsten Größenordnungen, Branchen, Organisationsstrukturen und Deploymentwegen begegnet, und in alldem hat sich wenig so universal bewährt wie GitOps.

GitOps ist kein Tool, auch wenn es ohne gute Tools schwer umzusetzen ist. Statt eines Tools begegnen uns in GitOps eine Methodik, ein Satz an Grundprinzipien und eine Sammlung an etablierten Praktiken, mit deren Hilfe wir punktuell ausgeführte Deployments aus guten Gründen hinter uns lassen können. Und weil der Umstieg auf diese Methodik weit mehr als das Installieren eines Operators bedeutet, widmen wir diesem Thema ein umfassendes Buch.

Unsere Vision ist es, Entwicklungsteams im ganzen deutschsprachigen Raum zu helfen, in GitOps hineinzuwachsen. Wir wünschen uns, dass gerade kleine Teams ohne dedizierte DevOps-Kapazitäten in den Genuss derjenigen Vorteile von GitOps kommen, die wir mit traditionellem CIOps bisher nicht erreichen konnten:

- weitreichendere Automatisierung von Deployments
- höhere Stabilität unserer Softwaresysteme
- geringere Komplexität im Betrieb
- eine in Summe bessere Developer Experience
- erleichterter Zugang zu Kubernetes und dadurch leichteres Erlernen der Plattform

Wir erwarten, dass GitOps in wenigen Jahren der etablierte Standardweg sein wird, Kubernetes als Anwendungsentwickelnde zu nutzen. Unsere Hoffnung ist es, mit diesem Buch einen Beitrag zur Verbreitung von GitOps zu leisten.

Hilfreiche Vorkenntnisse

GitOps ist aus den Erfahrungen von DevOps, Continuous Integration (CI), Continuous Deployment (CD) und Infrastructure as Code (IaC) hervorgegangen. Außerdem finden wir momentan nur im Bereich von Kubernetes wirklich gutes Tooling, um GitOps umzusetzen.

Deswegen ist es für das Verständnis dieses Buches sehr hilfreich, wenn du oder ihr als Team folgende Vorkenntnisse mitbringt:

- Ihr habt Erfahrung mit der Nutzung von CI/CD-Pipelines. (Die konkrete Plattform dafür spielt keine Rolle, und das Schreiben von Pipelines muss nicht eure Expertise sein, aber ihr solltet solche Pipelines aktuell nutzen.)
- Ihr habt ein grundlegendes Verständnis von Kubernetes und wie man darauf Container deployt. (Kenntnisse im Administrieren eines Clusters sind nicht notwendig, aber ihr solltet aus der Sicht eines Kubernetes-Nutzers wissen, was ein Deployment ist.)

Aufbau des Buches

Unser Buch lässt sich grundsätzlich gut in der vorgegebenen Reihenfolge lesen. In Teil I beschäftigen wir uns mit den grundlegenden Fragen: Was ist GitOps, welchen Unterschied macht es im Entwicklungsalltag und wie fange ich praktisch mit GitOps an?

Teil II dreht sich dann um die Themen, die uns in der Praxis unmittelbar begegnen. Dabei gibt es einige Themen wie Secrets Management, Repo-Strukturen, Asynchronität und Alerting, bei denen ein allgemeines Verständnis zuerst wichtiger ist als ganz konkrete technische Implementierungen. Dennoch ist eine der sehr grundlegenden Entscheidungen, die wir beim Umstieg auf GitOps direkt am Anfang treffen müssen, die Wahl des GitOps-Operators. Mit Argo CD und Flux gibt es hier bereits zwei stark etablierte Tools.

Kapitel 4 streift bereits einige nachfolgende Themen von Teil II.

Weil die Wahl des Operators weitreichende Konsequenzen haben wird, stellen wir den Vergleich von Argo CD und Flux mit Kapitel 4 an den Anfang von Teil II. Wir streifen dabei auch einige der späteren Themen von Teil II. Wenn die Details von Kapitel 4 für den Anfang zu viel sind, dann kann es durchaus Sinn ergeben, dieses Kapitel anfangs zu überspringen und sich erst beispielsweise nach Kapitel 9 mit diesem Kapitel intensiver zu beschäftigen.

Teil III befasst sich mit weiterführenden Themen, die nicht immer unmittelbar mit dem Entwicklungsalltag zu tun haben, darunter die Verwaltung von Infrastruktur mittels GitOps und wie GitOps außerhalb von Kubernetes eingesetzt werden kann.

Zielgruppen

Softwareentwickelnde

Wir schreiben dieses Buch in der Hoffnung, dass Softwareentwickelnde in Stream-Aligned Teams, wie sie in »Team Topologies«[1] beschrieben werden, zu schnelleren und stabileren Deployments befähigt werden. Damit sind Entwicklungsteams unsere primäre Zielgruppe.

Die Anforderungen, die heutzutage an Softwareentwicklung gestellt werden, reichen weit über reine Feature-Entwicklung hinaus und berühren auch Security und Finanzen. Mit »Shifting Left« sollen crossfunktionale Entwicklungsteams neben Feature-Entwicklung vermehrt auch viele dieser zusätzlichen Verantwortungen übernehmen.

Platform Engineers

Diese Komplexität ist oftmals zu viel für Entwicklungsteams, und deshalb bilden sich in vielen Organisationen sogenannte Plattformteams, die zentralisierte Services betreiben, um Entwicklungsteams mit geebneten Wegen viel kognitive Last abzunehmen. Unsere sekundäre Zielgruppe sind genau solche Platform Engineers.

Eine Kernkompetenz von Platform Engineering ist das Befähigen von Entwickelnden. In diesem Sinne sprechen wir zwar mit Teil III des Buches deutlich mehr Platform Engineers an, während Teil I und II aus Sicht von Platform Engineers besonders für das Enablement von Entwickelnden hilfreich sind, weil dort komplizierte GitOps-Konzepte gut zugänglich gemacht werden.

Hervorhebungen

Wir nutzen im Buch folgende Hervorhebungen:

- *Kursiven Text* nutzen wir bei der ersten Erwähnung eines wichtigen Konzepts und auch zur generellen Hervorhebung im Fließtext.
- `Monospace` nutzen wir für Folgendes:
  1. CLI-Befehle im Fließtext (zum Beispiel `kubectl apply`)
  2. Namen von Custom Resource Definitions in Kubernetes (zum Beispiel `Kustomization`)
  3. Dateipfade (zum Beispiel `ch05/bootstrap/argo-cd.yaml`)
  4. Namen von Entitäten aus Code-Listings (zum Beispiel `podinfo`)

[1] Skelton, M., Pais, M., & Malan, R. Team Topologies: Organisation von Business- und IT-Teams für einen schnellen Arbeitsfluss, 2023.

Abgesehen davon gibt es einige Blockformatierungen, die wir folgendermaßen nutzen:

Eine Nebenbemerkung, die oftmals externe Verweise enthält, zum Beispiel auf Beispiel-Repositories.

Exkurs

Eine Ausführung, die weiterführende Infos zum Thema gibt, aber zum Verständnis des Fließtexts nicht zwingend notwendig ist.

Website

Wir wünschen viel Spaß beim Lesen unseres Buches und viel Gewinn davon für dein Team! Auf der Website zum Buch[2] werden wir Neuigkeiten und (sofern nötig) Errata veröffentlichen.

Wir freuen uns sehr, wenn du uns Feedback zum Buch geben möchtest! Nutz dafür gerne die Website zum Buch oder kontaktiere uns auf LinkedIn.

[2] *https://gitops-book.dev*

Inhaltsverzeichnis

Teil I

Grundlagen

1 Was ist GitOps?

Hand aufs Herz: Wo schaust du *zuerst* nach, wenn du wissen möchtest, welche Anwendungen konkret in einem Environment deployt sind? Vielleicht findest du dich in einer der folgenden Antworten wieder:

- »Im Cluster selbst – wir deployen nur manuell ... «
- »In den letzten Deploy-Pipelines vom CI-Server.«
- »In einem Git-Repo.«

GitOps kann dich in die Lage versetzen, die letzte der drei Antworten zu geben – und zwar mit sehr großer Zuversicht. Diese psychologische Sicherheit ist nur eines der Resultate von einem Deployment-Workflow auf GitOps-Basis.

In diesem Kapitel stellen wir GitOps ganz grundlegend vor. Dabei starten wir mit einer vagen Gegenüberstellung, um eine grundsätzliche Vorstellung von GitOps zu haben. Dann wollen wir die Hintergründe und Herausforderungen verstehen, aus denen GitOps entstand. Anschließend wenden wir uns den vier Prinzipien von OpenGitOps zu, die GitOps im Kern definieren.

1.1 CIOps vs. GitOps

Begriffe und Synonyme

- »GitOps-Operator« und »GitOps-Controller« werden fast synonym eingesetzt. Darüber hinaus gibt es noch den Begriff »GitOps-Agent« im Sinne von GitOps-Prinzip 4 (siehe Abschnitt 1.3.4 auf Seite 20). In diesem Buch verwenden wir aus Gründen der Einheitlichkeit den Begriff »GitOps-Operator«, auch wenn der von Kubernetes abstrahierte Begriff »GitOps-Agent« an vielen Stellen passender wäre. In der Praxis wird »GitOps-Operator« unserer Erfahrung nach auch am häufigsten verwendet. Allerdings wird auch im Kontext von GitOps gelegentlich der Begriff »Controller« benutzt. Unser Verständnis ist, dass »Controller« der allgemeinere Begriff ist. Unter »Operator« verstehen wir einen speziellen »Controller« samt seiner Erweiterungen der Kubernetes-API (CRDs). GitOps-Operatoren wie Flux und ArgoCD bieten umfangreiche CRDs an, insofern wirkt dieser Begriff für uns am besten passend. Sowohl Argo CD als auch Flux bestehen aus mehreren Komponenten, die teilweise als »Controller« bezeichnet werden. Unter GitOps-Operator verstehen wir in diesem Kontext die Gesamtheit dieser »Controllers«. Flux ist also ein GitOps-Operator, der aus Kustomize-Controller, Helm-Controller, Notification-Controller etc. besteht.
- Mit »Config« meinen wir beispielsweise Kubernetes-Ressourcen. Manche verwenden auch den Begriff »Infrastructure as Code« synonym. Andere sehen zwischen Config und Infrastruktur (beispielsweise virtuelle Maschinen) klare Unterschiede.

CIOps: Der CI-Server deployt in den Cluster.

Bei einer »klassisch« umgesetzten Pipeline für Continuous Deployment (CD) führt der CI-Server aktiv das Deployment in die Zielumgebung durch (Push-Prinzip). In Abb. 1–1 sehen wir ein Beispiel davon: Der CI-Server, in diesem Fall GitLab CI, verbindet sich mit einem Source Code Management (SCM), zum Beispiel GitHub. GitLab CI lädt ein Git-Repository herunter, das beispielsweise Kubernetes-Manifeste enthält. Anschließend verbindet es sich mit einem Kubernetes-Cluster (beispielsweise über eine Kubeconfig-Datei) und rollt diese Manifeste aus (beispielsweise mit einem `kubectl apply`). Dieses Verfahren bezeichnen wir als »CIOps[1]«, weil ausschließlich der CI-Server operativ tätig ist.

Punktuelle Rollouts ermöglichen massiven Drift.

CIOps hat sich jahrelang in der Praxis bewährt – aber es weist an kritischen Stellen entscheidende Mängel auf: Der Rollout wird *nur punktuell* ausgeführt. Dadurch entsteht ab der ersten Sekunde

[1] *https://www.weave.works/blog/kubernetes-anti-patterns-let-s-do-gitops-not-ciops*

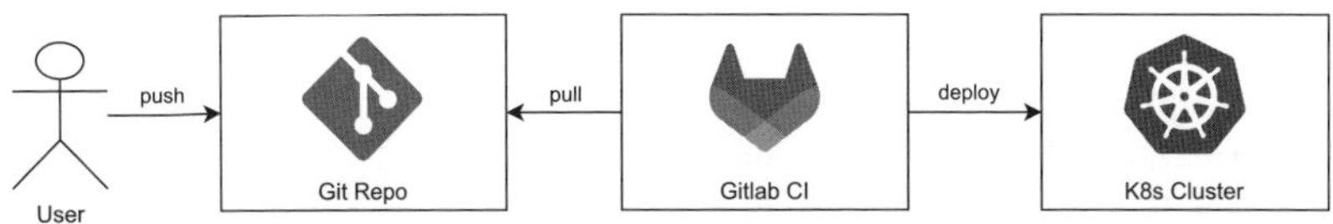

Abb. 1–1
Die »klassische« CIOps Pipeline

nach dem CI-geführten Rollout etwas, das alle Infrastruktur-Menschen fürchten: Drift – die Realität entfernt sich mit jedem Moment mehr vom ursprünglich definierten Wunschzustand. Danach manuell ausgeführte Änderungen bleiben intransparent bestehen. Solche Änderungen können aus Versehen passieren oder absichtlich, etwa durch Angreifende. Und genau dadurch entsteht das Problem, das wir am Anfang des Kapitels angerissen haben: Wer eine Woche lang keinen Commit auf das Repo macht, von dem aus die Pipeline getriggert wird, kann eine Woche lang manuelle Änderungen im Cluster machen, und es wird keinerlei automatisches Zurücksetzen auf den in Git definierten Zustand (Reconciliation) geschehen.

Der CI-Server braucht hochprivilegierten Zugriff auf den Cluster.

Außerdem haben wir gravierende Sicherheitsrisiken: Der CI-Server braucht privilegierten Zugriff auf die Zielumgebung. Meistens bekommt der CI-Server direkt administrativen Zugriff und kann dadurch in den falschen Händen viel Schaden anrichten. Das öffnet sehr gefährliche Einfallstore für Angreifer.

Der CI-Server braucht Sichtkontakt zum Cluster.

Ebenso ist ein Rollout nur dann möglich, wenn eine Netzwerkverbindung vom CI-Server zum Zielsystem besteht. Selbst wenn wir die Rollout-Pipeline im CI-Server automatisch alle 5 Minuten ausführen lassen, wird die Angleichung nur dann passieren, wenn der CI-Server den Cluster erreichen kann.

Außerdem ist in Enterprise-Umgebungen diese Verbindung zwischen Entwicklungsumgebung (CI-Server) und Betriebsumgebung (Kubernetes) aufgrund unterschiedlicher Sicherheitszonen oft eine Herausforderung. Dies kann die Verbindung unmöglich machen oder durch die Notwendigkeit von Firewall-Freischaltungen deutlich erschweren. Zwar unterliegen die umgekehrten Netzwerkverbindungen von der Betriebsumgebung auf die Entwicklungsumgebung (SCM) gegebenenfalls ähnlichen Problematiken. Unserer Erfahrung nach ist es aber meist einfacher, aus der produktiven Betriebsumgebung heraus, als in sie hineinzukommen. Mit GitOps ließe sich selbst dieses Problem lösen: Der GitOps-Operator könnte die Manifeste auch aus einer Open Container Initiative (OCI) Registry lesen, auf die Kubernetes aufgrund der Images ohnehin Zugriff braucht (siehe Abschnitt 4.13 auf Seite 90).

Kein Git-basiertes Löschen

Weiterhin sind wir ziemlich eingeschränkt, weil wir über das Git-Repo, von dem aus der CI-Server deployt, nur bestehende Ressourcen aktualisieren oder neue Ressourcen deployen können. Das Löschen von

Ressourcen hingegen ist nicht von Haus aus über Commits möglich (beispielsweise durch das Löschen einer Manifest-Datei), nur über manuelles Eingreifen oder zusätzliche Pipelines.

Geringe Auditierbarkeit durch imperative Änderungen

Die Pipelines des CI-Servers ermöglichen imperative Änderungen an der Config. Typischerweise schreibt man hier den Tag des aktuellen Images in die Config. Gängig ist aber auch das Einfügen von Secrets aus dem Credentials-Store des CI-Servers, das Spezifizieren von Helm-Charts oder das Setzen von umgebungsspezifischen Parametern. Dies führt dazu, dass die tatsächlich an den Cluster übertragene Config nur transient auf dem CI-Server besteht. Damit sind Änderungen nicht einfach nachvollziehbar und Fehler schwerer zu finden.

GitOps: Der Operator im Cluster deployt.

Wie können wir diesen Problematiken begegnen? Kann es überhaupt einen anderen Weg geben? Mit GitOps können wir ganz anders vorgehen (siehe Abb. 1–2): Der CI-Server verschwindet bei einem Rollout grundsätzlich komplett aus dem Bild. Stattdessen gibt es einen Prozess innerhalb des Zielsystems, der ununterbrochen das relevante Git-Repository pullt und auf Änderungen überprüft (Pull-Prinzip). Dieser Prozess wird »GitOps-Operator« genannt; im Diagramm ist es Argo CD.

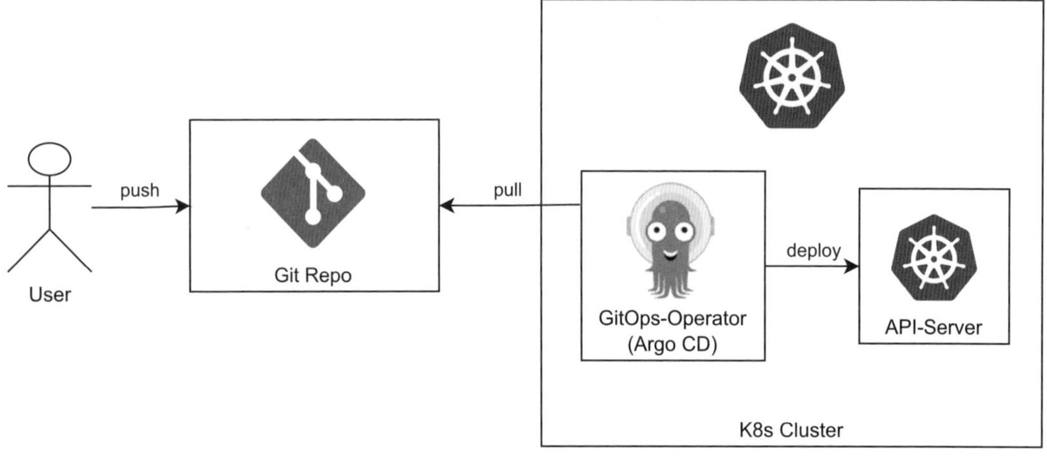

Abb. 1–2 *Einfaches Deployment mittels GitOps*

Damit können wir den eben genannten Schwierigkeiten bei CIOps sehr gut begegnen:

Selbstheilung durch Continuous Operations

- *kontinuierliches Ausrollen*: Wir verringern den Zeitraum drastisch, in dem Drift auftreten kann, weil die Manifeste im Git-Repository beständig gelesen und angewandt werden. Bei manuellen Änderungen sorgt der GitOps-Operator also für *Selbstheilung*. Prinzipiell implementiert GitOps das Deployment, insofern kann man es als *Cloud-Native Continuous Deployment* (oder Cloud-Native Con-

tinuous Delivery) verstehen. Als Fortführung des Gedankens von Continuous Deployment können wir an dieser Stelle auch von *Continuous Operations* sprechen.
- *bessere Sicherheit*: Da der GitOps-Operator im Cluster läuft, muss netzwerktechnisch gesehen kein administrativer Zugriff von außerhalb des Clusters mehr erfolgen.
Außerdem zwingt uns die deklarative Natur von GitOps dazu dedizierte Werkzeuge zum Secrets Management zu verwenden, statt diese im CI-Server zu verwalten (siehe Kapitel 5 auf Seite 97). Dies reduziert das Sicherheitsrisiko, das CI-Server darstellen.
- *höhere Stabilität*: Der GitOps-Operator wendet die Manifeste beständig an. Selbst dann, wenn das SCM kurzzeitig nicht erreichbar ist, kann der GitOps-Operator über den lokal zwischengespeicherten Klon des Repositorys weiterhin einen Rollout der zuletzt gesehenen Manifeste durchführen und Drift eliminieren.
- *Löschen per Commit*: Durch geschicktes Interpretieren der Git-Historie ist der GitOps-Operator in der Lage, in Git gelöschte Ressourcen auch im Cluster zu löschen. (Dieser Vorgang wird auch als »Pruning« bezeichnet.)
- *deklarative Beschreibungen und Auditierbarkeit*: Der GitOps-Operator kann nur die finalen Manifeste anwenden, keine imperativen Änderungen vornehmen. Dies zwingt uns dazu, rein deklarativ zu arbeiten, was zu klar nachvollziehbarer Config und Historie führt. Im Nachhinein können wir durch die Historie unserer Commits klar nachvollziehen, wer wann was geändert hat. Im Idealfall beantwortet die Commit-Message auch das Warum.

Weitere Vorteile von GitOps-Operatoren

Über die Behebung der Schwierigkeiten von CIOps hinaus bieten GitOps-Operatoren noch weitere Vorteile:

- *Skalierbarkeit*: Wenn wir mehrere Instanzen von etwas betreiben wollen, beispielsweise eine Anwendung in mehreren Clustern, skaliert dies mit GitOps besser: Wir können die Config zentral in einem Repo ablegen. Aus diesem können sich dann entweder mehrere GitOps-Operatoren bedienen oder wir verwenden GitOps-Features wie das `ApplicationSet` (siehe Abschnitt 3.3 auf Seite 51), um auf mehrere Zielumgebungen zu deployen.
- *Innovationen*: Aus der Entwicklung der GitOps-Operatoren sind einige Features hervorgegangen, die über die Grundaufgabe von GitOps hinausgehen. Mit diesen können wir unsere Prozesse noch weiter verbessern. Zu diesen Innovationen zählen unter anderem das bereits genannte `ApplicationSet` für bessere Skalierbarkeit so-

wie das Lesen von Manifesten aus OCI-Registries zur Vereinheitlichung des Toolings und Vereinfachung der Netzwerkzugriffe.
Außerdem können grafische Oberflächen wie die von Argo CD (siehe Kapitel 3 auf Seite 47) die Developer Experience erhöhen, den Einstieg in Kubernetes vereinfachen und manuelle Interaktion mit dem Cluster verringern.
Mit Preview Environments können wir einfacher mehrere Features gleichzeitig in produktionsnahe Umgebungen bringen (siehe Abschnitt 6.5.2 auf Seite 157).

> Den User, der in beiden Bildern nur am Rand auftaucht, haben wir bisher noch komplett außen vor gelassen. In beiden Bildern ist er nur als jemand abgebildet, der Pushes in ein Repo ausführt. Wir werden uns in Kapitel 2 auf Seite 25 genauer damit auseinandersetzen, welche Auswirkungen die Umstellung auf GitOps für die Menschen bedeutet, die damit arbeiten.

Die vier Prinzipien

Wir stellen jetzt direkt die offiziellen vier GitOps-Prinzipien vor, damit wir sie bereits einmal gesehen haben. Sie werden uns durch das ganze Buch begleiten, und wir werden sie in Abschnitt 1.3 auf Seite 16 im Detail beleuchten. Dies sind die GitOps-Prinzipien:

1. *deklarativ*: Der Soll-Zustand eines durch GitOps verwalteten Systems muss deklarativ beschrieben sein.
2. *versioniert und unveränderlich*: Der Soll-Zustand wird in einer Weise gespeichert, die Unveränderlichkeit sowie Versionierung erzwingt und die vollständige Historie erhält.
3. *automatisch bezogen*: Software-Agenten beziehen den beschriebenen Soll-Zustand automatisch.
4. *kontinuierlich angeglichen*: Software-Agenten beobachten den tatsächlichen Systemzustand und versuchen kontinuierlich, ihn dem Soll-Zustand anzugleichen.

Diese GitOps-Prinzipien klingen anfangs sehr abstrakt; sie sind aber keinesfalls in einem rein akademischen Setting entstanden. Wir befassen uns jetzt mit dem Kontext, in dem GitOps entstand.

1.2 Der Weg zu GitOps

1.2.1 Traditionelle Silos

In den Wasserfall-Methoden konservativer Unternehmen war es üblich, dass Entwicklungsteams, Quality Assurance (QA) Engineers und Betriebsteams strikt voneinander getrennt arbeiteten (siehe Abb. 1–3). Leitende geben einen starren Zeitplan vor, in dem diese drei separierten Teams gemeinsam Software mit geschäftskritischen Features ausliefern müssen – allerdings ohne wirklich miteinander kollaborieren zu können: Entwickelnde bekommen Vorgaben und implementieren diese als Software. Danach übergeben sie den Staffelstab an das QA-Team, das die Software ausführlich testet. Anschließend findet die finale Übergabe an das Betriebsteam statt, die schließlich eine Software ausrollen, die für sie eine völlige Blackbox ist.

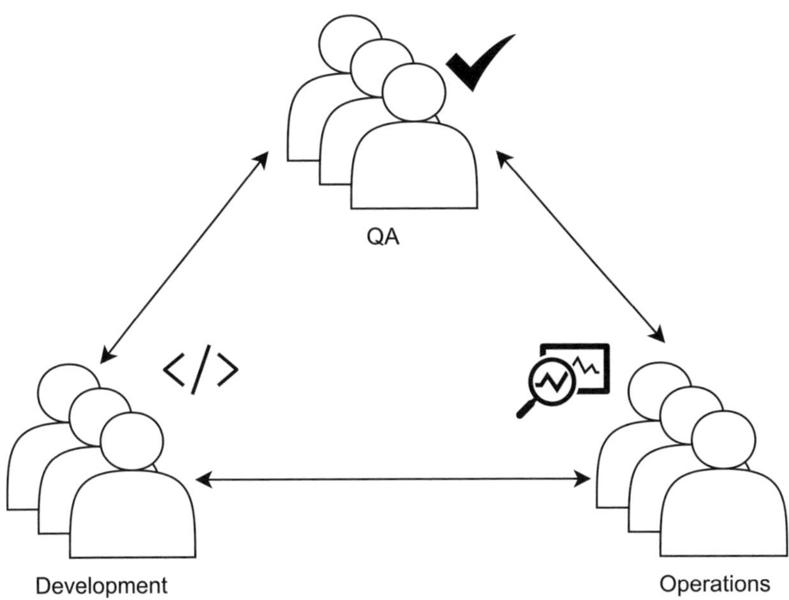

Abb. 1–3
Drei getrennte Teams: Entwicklung, QA und Betrieb

Nach Funktionen separierte Teams liefern langsam, fehleranfällig und ineffizient.

Dieser Prozess war grundsätzlich sehr langsam und hochgradig anfällig für Fehler, weil Kommunikation und Kollaboration zwischen den Teams nicht gefördert wurde. Da jede Phase dieses Entwicklungsvorgangs oft viele Wochen lang dauerte, war ein schnelles Beheben von Problemen in Produktion kaum möglich und Fehler kostspielig.

Die häufigsten Konflikte traten zwischen Entwicklungs- und Betriebsteam auf im Spannungsfeld zwischen Innovation und Stabilität: Während Entwickelnde unter dem Druck ihrer Vorgaben so schnell wie möglich neue Features liefern wollten, wollte das Betriebsteam Änderungen um jeden Preis vermeiden, um die Verfügbarkeit ihrer Anwendungen zu gewährleisten. Statt die wertvolle Erfahrung sowie Sichtweisen der anderen Teams zu verstehen und voneinander zu lernen, entwickelten sich schnell auch zwischenmenschlich tiefe Gräben zwischen den Abteilungen.

Zwar fing Automatisierung an, eine zunehmende Rolle zu spielen, weil dadurch manuelle Schritte wie ein Build oder ein Deployment deutlich stabilisiert und beschleunigt werden konnten. Dennoch waren diese Verbesserungen immer noch auf nur ein Team jeweils beschränkt. Wir mussten einen anderen und besseren Weg finden.

1.2.2 DevOps

DevOps: Crossfunktionale Teams mit gemeinsamer Verantwortung

Im Zuge von Agile begannen Organisationen bereits zunehmend, Silos abzubrechen und Kollaboration zwischen getrennten Teams zu fördern. Eine Kultur namens DevOps[2] entstand in diesem Kontext, und diese Kultur zielt auf crossfunktionale Teams ab, wie wir in Abb. 1–4 sehen: Teams sind nicht mehr nach Funktion separiert, sondern Entwickelnde, QA Engineers und Betriebler übernehmen eine gemeinsam geteilte Verantwortung (oftmals beispielsweise für ein einzelnes Softwareprodukt). Feedback, Automatisierung und Qualität von Anfang an einzubauen sind wichtige Werte für jedes Team.

Abb. 1–4 *Teamorganisationen traditionell vs. mit DevOps*

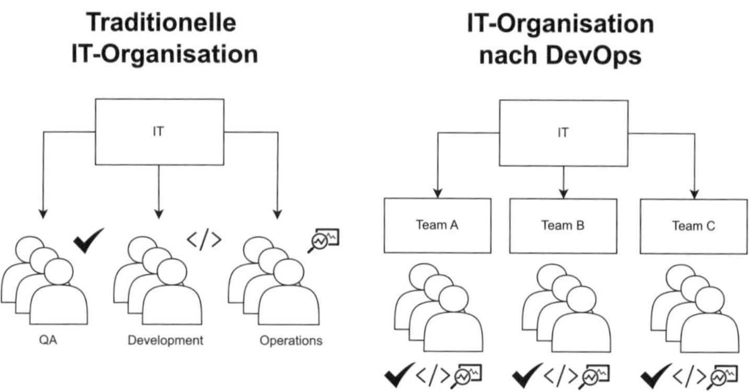

In einem solchen Umfeld kann es einem Developer nicht mehr egal sein, ob die Anwendung unperformant in Produktion läuft. Ebenso kann ein Betriebler nicht länger Deployments mit Instabilitätssorgen blockieren. Alle haben eine gemeinsame Verantwortung und lernen deshalb voneinander, was in der jeweiligen Rolle wichtig ist.

[2] *https://martinfowler.com/bliki/DevOpsCulture.html*

Dank dieser Fokussierung und Kollaboration und durch hochgradige Automatisierung sind kurze Feedbackzyklen und zügiges Deployen nicht länger ein ferner Wunschtraum. Mittels Continuous Integration (CI) wird auf jedem Commit im Standardbranch eine Pipeline ausgeführt, die den Code testet und einen Build durchführt, an dessen Ende ein deploybares Artefakt steht (beispielsweise ein Java Archive (JAR) oder ein Container-Image)[3]. Mit Continuous Delivery (CD) als nächster Stufe wird das in CI gebaute Artefakt automatisch auf ein Environment deployt, Integrationstests werden ausgeführt und bei Erfolg wird ins nächste Environment deployt bis direkt vor Produktion. Bei Continuous Deployment (ebenfalls mit CD abgekürzt) wird selbst das Deployen nach Produktion vollständig automatisiert.

Geschwindigkeit und Stabilität stehen nicht mehr im Widerspruch

1.2.3 Infrastructure as Code

Weil Cloud Computing und SaaS-Dienste im Laufe der Zeit zunehmend genutzt wurden, gewannen Themen wie Self-Service und dynamische Infrastruktur an Bedeutung. Im Gegensatz zur »Eisenzeit«, in der man zum Deployen physische Hardware im On-Premises-Rechenzentrum benötigte, konnten wir nun im Cloud-Zeitalter mit sehr geringen Hürden nach Belieben virtuelle Infrastruktur erstellen und wieder abreißen[4]. In diesem Kontext entstand die Praxis von *Infrastructure as Code* (IaC).

Wie der Name anklingen lässt, behandelt IaC die Infrastruktur, die zum Deployen von Code benötigt wird, mit ähnlichen Methoden, wie der Code selbst behandelt wird: Statt manuell sich mit Servern zu verbinden und Änderungen durchzuführen, werden Änderungen an Code gemacht, dieser wird committet, eine Pipeline führt Tests aus und rollt diese Änderungen automatisiert aus.

Infrastruktur wird mit den gleichen Methoden wie Code behandelt.

Mit dieser Herangehensweise sind Änderungen an der Infrastruktur mit weniger Hindernissen verbunden. Sowohl Entwickelnde als auch Betriebler haben ein einheitliches Format, um über Infrastruktur zu diskutieren, und können kollaborativ an Infrastruktur arbeiten, wo es nötig ist. Selbst kleine Änderungen an Infrastruktur-Code können genauso leicht wie große Änderungen durch Pull Requests (PRs) durchgeführt werden, was iterative Herangehensweisen an Infrastrukturaufgaben fördert.

Geringere Hürden, »Operations by PR«

[3] *https://martinfowler.com/articles/continuousIntegration.html*

[4] Morris, Kief. Infrastructure as Code: Managing Servers in the Cloud. 2016.

Pull/Merge Requests

Manche SCMs nennen es »Pull Request« (PR), andere »Merge Request« (MR). Wir meinen damit in jedem Fall denselben Mechanismus, der einen Feature Branch als »Änderungsanfrage« bereitstellt, die bei Annahme in den Standardbranch gemergt und (im Fall von CD) direkt ausgerollt wird. Wir verwenden der Einfachheit halber in diesem Buch immer den Begriff »Pull Request«.

Deklarativer Code beschreibt nur den Zielzustand.

Bei dem Code, der IaC ausmacht, gibt es allerdings deutliche Unterschiede zu konventionellem Anwendungscode: Meist ist er nicht imperativ, sondern *deklarativ*. Imperativer Code beschreibt, *wie* etwas ausgeführt werden soll. Deklarativer Code hingegen beschreibt, *was für ein Zielzustand* erreicht werden soll.

Ein einfaches Beispiel zur Illustration ist die Gegenüberstellung von jQuery und CSS: Mit jQuery können wir beispielsweise ein bestimmtes Element mit einer bestimmten ID rot einfärben:

Listing 1–1 *Imperatives Einfärben mit jQuery*

```
$(document).ready(function(){
    $("p").on({
        mouseenter: function(){
            $(this).css("color", "red");
        }
    });
});
```

Dabei führen wir einen JavaScript-Befehl aus – das ist ein imperatives Vorgehen. Dasselbe Ergebnis können wir mit CSS erreichen, indem wir in einem Block unseren Wunsch ausdrücken, dass alle gewünschten Elemente beim Hovern rot eingefärbt werden:

Listing 1–2 *Deklaratives Einfärben mit CSS*

```
p:hover {
  color: red;
}
```

Deklaratives IaC

IaC gibt es sowohl in imperativer Form (beispielsweise als Ansible-Playbook oder Chef Infra Cookbook) als auch in deklarativer Form (zum Beispiel als Kubernetes-Manifeste oder Terraform-Dateien). Für den Fokus dieses Buches gilt: Wenn wir von IaC schreiben, dann meinen wir ausschließlich deklarative Formen von IaC, weil nur diese im Kontext von GitOps nutzbar sind.

Diese deklarative Formulierung hat einige Vorteile:

- Der Code ist leichter zu lesen, weil die Absicht eindeutiger ist.
- Der Code ist leichter weiterzuentwickeln, weil wir kein Wissen über die konkrete Implementierung benötigen.
- Optimierungen an der dahinterliegenden Implementierung (beispielsweise hinsichtlich Performance) kommen uns im Hintergrund unmittelbar zugute, ohne dass wir selbst dafür tätig werden müssen.

Bei IaC wird genau das gleiche Prinzip von Deklarationen verwendet: Statt ein Shell-Skript zu nutzen, definieren wir unseren Wunschzustand beispielsweise in Terraform-Dateien, Pulumi-Code, Kubernetes-Manifesten oder Docker-Compose-Dateien. Dadurch ernten wir bei Infrastruktur-Code ganz ähnliche Vorteile wie eben bei CSS beschrieben.

Deklarationen abstrahieren imperative Befehle weg.

Selbstverständlich braucht es zur Umsetzung von deklarativem Code an irgendeiner Stelle auch imperative Befehle. Aber diesen imperativen Code können wir durch Deklarationen elegant wegabstrahieren und mehr Zeit auf wertvolle Infrastruktur-Änderungen investieren. Dieser imperative Code für Infrastruktur muss sich nämlich auch mit vielen Edge Cases befassen:

- *Konvergenz*: Ist die Ressource bereits im gewünschten Zustand? Ein einmaliger Befehl wird dafür oft nicht ausreichen. Stattdessen müssen mehrere Befehle ausgeführt werden und bei diesen Befehlen muss immer wieder auf erfolgreiche Ergebnisse gewartet werden.
- *Abhängigkeiten*: Abhängige Ressourcen müssen zuerst erstellt werden. Diese Abhängigkeiten sollten möglichst automatisch erkannt werden.
- *Idempotenz*: Ein mehrfaches Ausrollen derselben Deklarationen sollte zu einem identischen Ergebnis führen.

Wenn wir Infrastruktur mit IaC verwalten, gehen wir davon aus, dass die eben genannten Punkte grundsätzlich vom Interpreter unserer IaC-Deklarationen (beispielsweise die Terraform-CLI bei Terraform-Manifesten) erfüllt werden. Das letzte Kriterium der Idempotenz wollen wir kurz genauer betrachten:

Idempotenz macht IaC-Rollouts risikofrei.

Idempotente Befehle führen bei wiederholter, sequenzieller Ausführung immer zum gleichen Ergebnis. Ein Negativbeispiel, das Idempotenz nicht erfüllt, wäre der Shell-Befehl `echo gitops >> test.txt`, weil nach jeder Ausführung eine zusätzliche Zeile in der Text-Datei steht. Der Shell-Befehl `echo gitops > test.txt` hingegen ist idempotent, weil nach jeder Ausführung das Resultat identisch ist: Immer steht eine einzige Zeile mit dem Inhalt »gitops« in der Text-Datei.

Ein Controller, der IaC-Manifeste ausrollt, muss letztlich imperative Aktionen ausführen, damit unser gewünschter Zustand Realität wird. Wenn jedoch die Aktionen, die er durchführt, so idempotent wie nur möglich sind, dann sind wir in guten Händen, denn ein wiederholter Rollout von Manifesten, in denen sich nichts geändert hat, ist dann vollkommen ungefährlich.

1.2.4 Kubernetes

Kubernetes[5] ist mittlerweile die am weitesten verbreitete Plattform für Containerbetrieb. Dieses Cluster-Betriebssystem, das aus seiner ursprünglichen Herkunft bei Google 2014 als Open Source zur Verfügung gestellt wurde, hat sich sowohl bei großen Cloud-Providern als auch On-Premises bewährt. Auch wenn keine Plattform alle Anforderungen erfüllen kann, hat Kubernetes einige ganz besondere Eigenschaften.

Eine große Kontrollschleife mit deklarativen Manifesten

Eine dieser Eigenschaften ist, dass deklarative YAML-Manifeste der bevorzugte Weg sind, um mit dem Kubernetes-API-Server (sozusagen dem Backend eines Kubernetes-Clusters) zu reden. Kubernetes arbeitet nämlich mit Controllern, die solche Manifeste entgegennehmen und kontinuierlich dafür sorgen, dass diese »Wunschlisten« Realität werden. Dieses kontinuierliche Konvergieren wird auch als Reconciliation bezeichnet. Kubernetes ist mit seinen Controllern und den zugrunde liegenden Ideen aus der Kontrolltheorie letztlich *als eine einzige große Kontrollschleife implementiert.*

Kubernetes nimmt also einige der Werte und Praktiken von IaC und setzt sie praktisch um. Und wenn wir zurückdenken an unsere initiale Beschreibung von GitOps, dann wird klar, dass ein GitOps-Operator, der kontinuierlich ein Repo überwacht und dessen Manifeste ausrollt, durch die Grundstruktur von Kubernetes nicht sehr schwer zu implementieren sein sollte.

1.2.5 OpenGitOps

Und tatsächlich ist es so, dass die beiden großen GitOps-Operatoren Flux und Argo CD, die heutzutage zunehmend genutzt werden, überhaupt erst auf Basis von Kubernetes entstehen konnten. 2014 wurde die Firma Weaveworks gegründet, und sie setzten früh auf Kubernetes als Container-Orchestrator[6]. 2016 praktizierten Mitarbeiter bereits GitOps, ohne dass es den Begriff überhaupt schon gab, und durch

[5] *https://kubernetes.io*

[6] *https://www.weave.works/blog/the-history-of-gitops*

GitOps konnten sie bei einem Incident ihr gesamtes gelöschtes System innerhalb von weniger als einer Stunde wiederherstellen.

2017: Alexis Richardson definiert erstmals GitOps.

Anschließend beschrieb Alexis Richardson im Blogpost »GitOps – Operations by Pull Request« im August 2017 zum ersten Mal die damaligen Prinzipien hinter GitOps und benutzte dafür auch zum ersten Mal das Wort »GitOps«[7]. Grundsätzlichen sind die meisten der damaligen Prinzipien auch in den heutigen Prinzipien enthalten, allerdings in deutlich verfeinerter Form.

Flux und Argo CD entstehen und reifen.

Dieser Blogpost war auch der Moment, wo Weaveworks ihren GitOps-Operator *Flux CD*[8] vorstellten. Ebenfalls im Jahr 2017 begann bei Intuit die Entwicklung von Argo CD[9,10]. 2019 wurde Flux in die Cloud Native Computing Foundation (CNCF) aufgenommen, das Argo-Projekt folgte im Jahr 2020. 2020 wurde Flux von Grund auf neu geschrieben und als deutlich reifere und stabilere v2 releast. Im Jahr 2022 erreichten beide Tools den höchsten Reifegrad »Graduated«.

2020: Die GitOps Working Group definiert OpenGitOps.

Aufgrund der rasant wachsenden Einführung von GitOps in der gesamten Industrie bildete sich 2020 eine sogenannte Working Group innerhalb der CNCF, die »GitOps Working Group«. Unter den Gründungsmitgliedern waren Mitarbeiter von Firmen wie Amazon, Azure, GitHub, RedHat und Weaveworks[11]. Diese Working Group überarbeitete die ursprünglichen GitOps-Prinzipien von Alexis Richardson und erschuf »OpenGitOps«[12]. Unter diesem Projektnamen wird ein GitOps-Standard erarbeitet und verwaltet, der solide und herstellerneutrale Prinzipien für GitOps gewährt. Im Oktober 2021 wurde die Version 1.0.0 von OpenGitOps und den vier Prinzipien veröffentlicht. Im Jahr 2021 fand auch zum ersten Mal die »GitOpsCon«, eine dedizierte Konferenz zu GitOps, im Rahmen der KubeCon statt.

2023: Zertifizierungen in Vorbereitung

Die GitOps Working Group arbeitet auch weiterhin an der Standardisierung von GitOps. Neben der Bereitstellung von Wissen, Use Cases und Whitepapers, wurde auf der GitOpsCon 2023 das Zertifizierungsprogramm »Certified GitOps Associate (CGOA)«[13] im Rahmen der Linux Foundation vorgestellt. Interessierte können sich auf diese Weise GitOps-Wissen aneignen und die Erfüllung der Anforderungen zur Erlangung eines Zertifikats nachweisen. Zudem wird an einem Sie-

[7] *https://weave.works/blog/gitops-operations-by-pull-request*

[8] *https://fluxcd.io*

[9] *https://argoproj.github.io/cd*

[10] *https://www.cncf.io/reports/argo-project-journey-report*

[11] *https://opengitops.dev/community*

[12] *https://opengitops.dev*

[13] *https://training.linuxfoundation.org/certification/certified-gitops-associate-cgoa*

gel »Certified OpenGitOps Compliance« gearbeitet, damit Tools in der Lage sind, die definierten OpenGitOps-Standards in ihren Produkten nachzuweisen.

1.3 Die vier Prinzipien

Nun sind wir bei OpenGitOps gelandet und können ungefähr sehen, wie die Herausforderungen, denen wir mit DevOps und IaC begegnen und bei denen uns Kubernetes hilft, uns zu den vier Prinzipien führen, die heutzutage GitOps ausmachen. Im Folgenden stellen wir diese vier Prinzipien vor. OpenGitOps besteht im Kern aus diesen vier Prinzipien und einem zugehörigen Glossar.

Beide Materialien wurden bereits in mehrere Sprachen übersetzt, auch ins Deutsche. Wir würdigen diese Übersetzungsleistung und verwenden die deutschen Begriffe in diesem Buch, an manchen Stellen greifen wir jedoch auch auf die entsprechenden englischen Begriffe zurück, da Englisch im Entwicklungsalltag ein ständiger Begleiter ist.

Wir stützen uns auf OpenGitOps v1.0.0[14].
Allerdings sind die deutschen Übersetzungen nicht in diesem Release enthalten, deswegen verlinken wir dafür auf konkrete Commits:

- die Prinzipien auf Deutsch[15]
- das Glossar auf Deutsch[16]

Diese Prinzipien sind anfangs noch sehr abstrakt und schwer vorstellbar. Das ist wichtig, damit sie so wenig wie möglich an eine bestimmte Implementierung oder Plattform gebunden sind. Andererseits ist das nicht hilfreich, weil wir die Konsequenzen daraus nur schwer erfassen können. Deswegen führen wir zuerst jedes Prinzip inklusive seiner Glossareinträge auf und erläutern es anschließend zusätzlich mit eigenen Beschreibungen und Analogien.

1.3.1 Prinzip 1: Deklarativ

»Der *Soll-Zustand* eines durch GitOps verwalteten *Systems* muss *deklarativ beschrieben* sein.«

[14] *https://github.com/open-gitops/documents/releases/tag/v1.0.0*

[15] *https://github.com/open-gitops/documents/blob/c4a016f/i18n/PRINCIPLES_de.md*

[16] *https://github.com/open-gitops/documents/blob/c4a016f/i18n/GLOSSARY_de.md*

Glossareintrag »Soll-Zustand«

Die Gesamtheit aller Konfigurationen, die es braucht, um ein sich gleich verhaltendes System wiederherzustellen. Diese Konfigurationen enthalten im Allgemeinen keine gespeicherten Anwendungsdaten wie zum Beispiel Datenbankinhalte, wohl aber die entsprechenden Zugangsdaten für den Zugriff darauf oder Einstellungen für Wiederherstellungs-Tools des Systems.

Glossareintrag »Softwaresystem«

Ein mittels GitOps verwaltetes Softwaresystem beinhaltet:

- eine oder mehrere Laufzeitumgebungen, die aus verwalteten Ressourcen bestehen
- Verwaltungsagenten innerhalb jeder einzelnen Laufzeitumgebung
- Richtlinien zur Steuerung des Zugriffs sowie der Verwaltung der Repositorys, Deployments und Laufzeitumgebungen

Glossareintrag »Deklarative Beschreibung«

Eine Konfiguration, die den gewünschten Soll-Zustand eines Systems beschreibt, ohne Vorgehensweisen zu definieren, wie dieser erreicht wird. Dies erzielt die Trennung der Konfiguration (Soll-Zustand) von der Implementierung (Befehle, API-Aufrufe, Skripte und so weiter), die verwendet wird, um den gewünschten Zustand zu erreichen.

Infrastructure as Code

Wir erkennen an dieser Stelle das Prinzip von deklarativem Arbeiten wieder, das uns in IaC erstmalig begegnet ist. Imperative Deployment-Skripte, die bei CIOps an der Tagesordnung sind, haben bei GitOps keinen Platz. Deklarative Formate hingegen wie HashiCorp Configuration Language (HCL, das Format von Terraform-Dateien), Pulumi-Code, YAML (bei Kubernetes, Docker-Compose, AWS CloudFormation und vielen mehr) und Azure Bicep sind hervorragend geeignet.

Analogie Hausbau

Gerne nutzen wir in diesem Zusammenhang die Analogie eines Hausbaus: Ein Haus kann man selbst bauen, wenn man entsprechend handwerklich begabt ist. Man legt das Fundament auf einem vorher festgelegten Grundstück, baut Mauern, verlegt die Elektrik und natürlich das Dach. Allerdings ist dieser Prozess sowohl sehr langwierig als auch aufwendig. Der Bauherr muss sich in allen genannten Bereichen gut auskennen, damit nicht »gepfuscht« wird.

Im Gegensatz dazu hat der Bauherr aber auch die Möglichkeit, ein Fertighaus bauen zu lassen. Vorab vereinbaren der Bauherr und der Dienstleister einen zu erfüllenden Vertrag. Der Vertrag und die Baupläne enthalten genaue Vereinbarungen über die Anzahl und die Größe der Räume, wie die Räume beheizt oder belüftet werden sowie die Ausstattung der Bäder. Die Aufgabe des Dienstleisters ist es, die Beschreibungen dieses Vertrags in konkrete Pläne umzuwandeln und eigenständig auszuführen.

In dieser Analogie entspricht das Haus dem Softwaresystem, Dienstleister dem GitOps-Operatoren, Bauherren den Entwickelnden (die IaC-Code formulieren) und die Baupläne den deklarativen Beschreibungen.

1.3.2 Prinzip 2: Versioniert und unveränderlich

»Der Soll-Zustand wird in einer Weise *gespeichert*, die Unveränderlichkeit sowie Versionierung erzwingt und die vollständige Historie erhält.«

Glossareintrag »Zustandsspeicher«

Ein System, um unveränderliche Versionen der Beschreibung des Soll-Zustands zu speichern. Dieser Speicher sollte Zugriffssteuerung und Audits der Änderungen des Soll-Zustands unterstützen. Git, von dem sich der Name GitOps ableitet, ist das kanonische Beispiel für diesen Speicher, aber jedes System, das die genannten Bedingungen erfüllt, kann benutzt werden. In jedem Fall muss der Speicher ordnungsgemäß konfiguriert sein sowie Maßnahmen getroffen werden, um den Anforderungen der GitOps-Prinzipien gerecht zu werden.

In diesem Prinzip sehen wir zum ersten Mal die Anklänge an den Namen »GitOps«. Streng genommen haben wir es an dieser Stelle mit zwei separaten Kriterien zu tun, die aber eng miteinander verknüpft sind: Versionierung und Unveränderlichkeit.

Versionierung ist heutzutage technisch ziemlich einfach zu erzielen: Wir nutzen beispielsweise eine Versionsverwaltung (Git, Mercurial, Subversion) oder alternativ einen Object Store (AWS S3, Azure Blobs, Google Cloud Storage) mit aktivierter Versionierung.

Ohne Unveränderlichkeit kein deterministischer Rollout

Unveränderlichkeit hingegen ist nicht zuallererst ein technisches, sondern ein *inhaltliches* Kriterium. Es geht nicht primär um Immutable Image-Tags, auch wenn sie bei Prinzip 2 vieles vereinfachen. Stattdessen hilft folgender hypothetischer Test, um zu überprüfen, ob Deklarationen unveränderlich formuliert sind: Wenn ich in der Zukunft dieselben Manifeste erneut ausrolle, wird der Endzustand der gleiche sein?

Negativbeispiele

Schauen wir uns ein paar Beispiele für Inhalte in Deklarationen an, die diesen Test nicht erfüllen:

1. ein Flux-`HelmRelease` ohne definierte Version (es wird immer die neueste Version genommen)
2. ein Kubernetes-`Deployment` mit einem Rolling Image-Tag, beispielsweise `nginx:latest` oder `v3`
3. ein Flux-`HelmRelease` mit einer Semantic Versioning (SemVer) Range als Versionsnummer, beispielsweise `10.1.x`
4. eine Referenz auf ein Secret in HashiCorp Vault ohne Versionsangabe (es wird immer die neueste Version genommen)

Auch wenn diese Beispiele alle nicht exakt das Kriterium von Unveränderlichkeit erfüllen, sehen wir dennoch, dass es Unterschiede in den Auswirkungen gibt: Wenn bei den jeweiligen Anwendungen SemVer befolgt wird, dann nimmt die Schwere der Auswirkungen von oben nach unten graduell ab.

Positivbeispiele

Betrachten wir als Kontrast ein paar Positivbeispiele, die vollständig Unveränderlichkeit erfüllen:

1. ein Flux-`HelmRelease` mit einer fixen Version, beispielsweise `10.1.0`
2. ein Kubernetes-`Deployment` mit einem Immutable Image-Tag (das muss allerdings in der jeweiligen Registry konfiguriert sein)
3. ein Kubernetes-`Deployment` mit einem Image-Tag *und Digest*, beispielsweise `nginx:latest@sha256:9504f3f64a3f16f0...`
4. eine Referenz auf ein Secret in HashiCorp Vault mit Versionsangabe

Unveränderlichkeit hat ihren Preis.

Je exakter man Versionen pinnt, desto mehr Aufwand entsteht dabei aber auch. Manche Aufwände kann man mit Tools wie Renovate[17] automatisieren, aber auch die Instandhaltung davon kommt mit Kosten. Letztendlich ist Unveränderlichkeit also keine binäre Entscheidung, sondern wird immer ein Kompromiss sein. Ist mir ein möglichst exaktes Pinnen einer Version wichtig genug für diese oder jene Ressource – oder kann ich mit einem bestimmten Grad an Nichtdeterminismus leben? Diese Entscheidungen sind letztlich immer eine kontextabhängige Entscheidung, für die es kaum Leitlinien geben kann. Immerhin stößt GitOps uns mit der Nase darauf und fordert uns dazu heraus, diese Entscheidungen bewusst zu treffen.

Analogie Hausbau fortgeführt

Führen wir noch die Analogie des Hausbaus fort: Der Bauherr und der Dienstleister sind mit dem Vertrag und den Bauplänen zum Notar gegangen. Beide Parteien übergeben die Dokumente dem Notar, las-

[17] *https://www.mend.io/renovate*

sen sich eine Kopie mitgeben, und der Notar verwahrt die originalen Dokumente in einem Safe.

Wenn der Bauherr eine Änderung an den Plänen wünscht, dann schlägt er diese dem Dienstleister schriftlich vor. Ist dieser einverstanden, dann unterschreibt er das Dokument und schickt es an den Notar. Der Notar nimmt das Dokument entgegen, schickt den beiden Parteien Kopien des Dokuments und legt es zur ersten Fassung in den Safe dazu. So haben alle Parteien immer einen aktuellen Stand der Dokumente.

Der Safe beim Notar ist in diesem Fall der Zustandsspeicher (beispielsweise ein Git-Repo), der Änderungsvorschlag des Bauherren entspricht einem PR, das Unterzeichnen des Änderungsvorschlags ist der Approval auf dem PR, die Kopien sind dezentrale, lokale Kopien des Git-Repos und das Ablegen im Safe mit dem Verschicken der Kopien entspricht dem Merge des PR. (Der Notar selbst ist in diesem Fall keine wirkliche entscheidende Entität, aber vielleicht ist er mit dem SCM insgesamt gleichzusetzen, alternativ mit einem CI-Server, der nach dem Durchlaufen einer PR-Pipeline automatisch einen Merge durchführt.)

1.3.3 Prinzip 3: Automatisch bezogen

»Software-Agenten beziehen den beschriebenen Soll-Zustand automatisch.«

Der »Software-Agent« ist nichts anderes als der GitOps-Operator, von dem wir bereits am Anfang des Kapitels gesprochen haben. Dieser lädt die deklarativen Beschreibungen aus dem Zustandsspeicher selbstständig herunter (Pull-Prinzip), beispielsweise indem er in regelmäßigen Intervallen einen `git clone` ausführt.

Prinzip 3 und 4 lassen sich praktisch nicht trennen.

Prinzip 3 und 4 gehören im Grunde genommen untrennbar zusammen. Dennoch beschreiben sie zwei unterschiedliche Aspekte von »Continuous Operations«: Prinzip 3 legt den Fokus auf das Herunterladen der Manifeste, während Prinzip 4 den Rollout dieser Manifeste beschreibt.

Die Trennung ergibt in der Theorie und für die Eindeutigkeit der Prinzipien Sinn; in der Praxis werden wir jedoch kein System finden, das nur eines dieser beiden Prinzipien erfüllt. Deswegen wenden wir uns direkt Prinzip 4 zu und betrachten es im Verbund mit Prinzip 3.

1.3.4 Prinzip 4: Kontinuierlich angeglichen

»Software-Agenten beobachten den tatsächlichen Systemzustand und versuchen *kontinuierlich*, ihn dem Soll-Zustand *anzugleichen*.«

Glossareintrag »kontinuierlich«

Mit »kontinuierlich« ist im Kontext der Angleichung gemeint, dass diese regelmäßig, aber nicht zwangsweise sofort erfolgt.

Wenn uns eine sofortige Angleichung wichtig ist, gibt es dennoch Möglichkeiten, die aber mit ihren eigenen Herausforderungen kommen. Diese beleuchten wir in Abschnitt 7.2.4 auf Seite 212 genauer.

Glossareintrag »Angleichung«

Der Prozess, bei dem sichergestellt wird, dass der tatsächliche Zustand eines Systems mit seinem Soll-Zustand übereinstimmt. Im Gegensatz zur traditionellen CI/CD, bei der die Automatisierung im Allgemeinen durch voreingestellte Auslöser gesteuert wird, wird bei GitOps die Angleichung immer dann ausgelöst, wenn eine Abweichung vorliegt.

Die *Abweichung* kann darauf zurückzuführen sein, dass sich der Ist-Zustand unbeabsichtigt geändert hat oder dass eine neue Version der Soll-Zustands-Beschreibung vorliegt. Auf der Grundlage von Richtlinien und *Feedback* des Systems sowie früherer Angleichungsversuche werden Maßnahmen ergriffen, um die Abweichung im Laufe der Zeit zu verringern.

Glossareintrag »Abweichung«

Abweichung bezeichnet eine (beginnende) Entfernung des Ist-Zustandes eines Systems vom gewünschten Soll-Zustand.

Glossareintrag »Feedback«

GitOps folgt der Kontrolltheorie und wird in einem geschlossenen Kreislauf betrieben. In der Kontrolltheorie beschreibt die Rückmeldung, wie frühere Versuche, einen Soll-Zustand anzuwenden, den tatsächlichen Zustand beeinflusst haben. Verlangt beispielsweise der Soll-Zustand mehr Ressourcen, als in einem System vorhanden sind, könnte der Software-Agent versuchen, automatisch zu einer vorherigen Version zurückzurollen oder den menschlichen Betreibern einen Alarm senden.

Mit Abweichung ist genau der Drift gemeint, den wir anfangs als die besonders große Gefahr von CIOps identifiziert haben. Hier sehen wir auch Beispiele für Ursachen von Drift: Dies können entweder manuelle Änderungen im Cluster sein, die wir eliminieren wollen und die vom GitOps-Operator rücksichtlos überschrieben werden, oder es können bewusste Änderungen sein, die wir in einem Git-Repo durchgeführt haben und dann vom Agenten ausgerollt werden.

Die Formulierung, dass »Maßnahmen ergriffen werden, um die Abweichung im Laufe der Zeit zu verringern«, passt haargenau zu Beschreibungen, die man über die generelle Arbeitsweise von Kubernetes-Controllern liest. Wir sehen erneut, warum Kubernetes ein exzellentes »Substrat« bildet, auf dem GitOps hervorragend gedeiht.

Analogie Hausbau fortgeführt

Wenden wir uns noch ein letztes Mal der Hausbau-Analogie zu. Der Vertrag zwischen Bauherr und Dienstleister enthält eine besondere Klausel: Der Dienstleister ist verpflichtet, in regelmäßigen Abständen das Grundstück zu begutachten und Änderungen, die seit dem letzten Besuch passiert sind und die den Bauplänen widersprechen, rückgängig zu machen. Dazu könnten selbst verlegte Leitungen, eigens gezimmerte Anbauten, aber auch beschädigte Türen oder zerstörte Fenster zählen. Solche Änderungen werden rigoros beseitigt und müssen stattdessen durch den schriftlichen Prozess durchgeführt werden, wenn sie permanent sein sollen.

Der Bauherr hat sich damit ein zweischneidiges Schwert eingehandelt: Wenn er manuelle Aufwände investiert, werden sie kurz darauf zunichte gemacht werden. An solchen Stellen wird ihn der zusätzliche Aufwand über den Schriftweg ärgern. In den Situationen jedoch, in denen der Dienstleister anstandslos Schäden repariert, wird er sich sehr glücklich schätzen – und dann geht ihm das Beantragen von Änderungen schon viel leichter von der Hand.

In diesem Fall sind die eigenen Anbauten und beschädigten Elemente die Resultate von manuellen Tätigkeiten im Cluster (beispielsweise Installationen von Helm-Charts oder Löschungen von Ressourcen).

Bei Prinzip 1 ist am meisten ersichtlich, wie es aus IaC entstanden ist. Bei Prinzip 2 können wir zumindest noch erkennen, wie eine DevOps-Kultur von gemeinsamer Verantwortung einen auditierbaren Zustandsspeicher bevorzugt. Prinzip 3 und 4 hingegen sind das, was GitOps am meisten zu GitOps selbst macht. Deswegen wird auch die Hausbau-Analogie Schritt für Schritt surrealer, weil es im echten Leben bisher kaum Situationen gibt, für die man eine gute Entsprechung für den Kern von GitOps findet.

1.4 Fragen und Missverständnisse

An dieser Stelle wollen wir in Kurzform auf einige häufige Fragen eingehen, die sich beim ersten Kontakt mit GitOps stellen:

- *Kubernetes setzen wir nicht ein. Kann ich trotzdem GitOps nutzen?* Ja! GitOps sind zuallererst die vier Prinzipien, und diese beschränken sich mit keinem Wort auf Kubernetes. Jedoch sind die reifsten und am weitesten verbreiteten GitOps-Operatoren Argo CD und Flux auf Kubernetes ausgelegt. Deswegen beschäftigen wir uns auch den allergrößten Teil dieses Buches mit GitOps im Kontext von Kubernetes. In Kapitel 12 auf Seite 333 beleuchten wir aber auch GitOps außerhalb von Kubernetes.
- *Ist mein Projekt bereit für GitOps?* Ja, höchstwahrscheinlich! Einzige Voraussetzung sind deklarative Beschreibungen (zum Beispiel Kubernetes-Manifeste), die du in einem Zustandsspeicher (zum Beispiel einem Git-Repo) speicherst.
- *Muss ich Anwendungscode und Deklarationen zwingend in separaten Repositories lagern?* Nein. Die Praxis, Code und Config zu trennen, hat sich zwar an vielen Stellen bewährt, und wir halten dieses Vorgehen auch in vielen Situationen für angemessen. Es kann jedoch auch Gründe geben, diese nicht zu trennen. In Abschnitt 6.4.3 auf Seite 141 besprechen wir Gründe für und wider und zeigen Kompromisse auf.
- *Wie integriere ich GitOps in meine existierende CI/CD-Pipeline?* In Kapitel 3 auf Seite 47 arbeiten wir als Einstieg ein grundlegendes Tutorial zur Installation eines GitOps-Operators und zum Arbeiten mit einem Config-Repo durch. Bestehende Pipelines, die CIOps implementieren, müssen nicht erweitert werden – sie können sogar gekürzt werden um den Rollout-Schritt. Zusätzliche Schritte vom CI-Server sind nicht nötig, denn der GitOps-Operator führt den Rollout (basierend auf den Manifesten in Git) selbstständig aus. Durch GitOps führen wir Asynchronität in unseren Deployment-Ablauf ein. Die Herausforderungen, die daraus entstehen, betrachten wir eingehend in Kapitel 7 auf Seite 197.
- *Meine CI/CD-Pipeline überträgt rein deklarative Manifeste unverändert an den Cluster. Ist das GitOps?* Mindestens das Prinzip 4 (kontinuierlich angeglichen) ist dabei nicht erfüllt. Vielleicht hilft es, den Begriff »GitOps« von »Git-basierten« Workflows oder Pipelines abzugrenzen, die zumindest Prinzip 1 und 2 erfüllen. Vor der Einführung der Prinzipien gab es einige Missverständnisse darüber, was genau GitOps bezeichnet. Deswegen sind Artikel und Blogposts über GitOps, die vor der Festlegung der vier Prinzipien

veröffentlicht wurden, mit sehr viel Vorsicht zu genießen, weil teilweise Dinge als GitOps bezeichnet werden, die nicht mit den heutigen Prinzipien übereinstimmen. Dennoch ist niemand gezwungen, von ihrem aktuellen Workflow auf GitOps zu wechseln, wenn die Vorteile von GitOps die Einschränkungen des aktuellen Workflows nicht überwiegen.

- *Wie funktioniert GitOps mit Secrets?* Guter Punkt: Der gesamte Zustand muss bei GitOps deklarativ beschrieben sein, so auch Secrets. Natürlich sollten Secrets nie im Klartext in Git stehen. Die Lösung ist die Verwendung dedizierter Werkzeuge zum Secrets Management. In Kapitel 5 auf Seite 97 schauen wir uns verschiedene Optionen für den Umgang mit Secrets im GitOps-Umfeld an.
- *Kann ich nur Container mit GitOps verwalten?* Nein, du kannst letztlich alles mit GitOps verwalten, das sich deklarativ ausdrücken lässt. Da GitOps sich aus Infrastructure as Code (IaC) entwickelt hat, gibt es momentan vor allem deklarative Formate für das Deployen von Containern (zum Beispiel native Kubernetes-Manifeste), für das Verwalten von Cloud-Infrastruktur (zum Beispiel mit Terraform, Pulumi oder Crossplane, siehe Kapitel 11 auf Seite 291) und für das Verwalten von Berechtigungen (beispielsweise mit Kyverno[18] oder Gatekeeper[19] aus dem Projekt Open Policy Agent).

[18] *https://kyverno.io*

[19] *https://open-policy-agent.github.io/gatekeeper*

2 Welchen Unterschied macht GitOps?

GitOps besteht im grundsätzlichsten Kern aus den vier Prinzipien, die wir im vorigen Kapitel kennengelernt haben. Dass der offensichtlichste Unterschied zu traditionellen Deployments darin liegt, dass ein Prozess im Zielsystem deployt statt ein CI-Server, ist noch recht klar zu erkennen. Aber oftmals fällt es schwerer, klar zu benennen, zu welchen Konsequenzen GitOps ganz konkret im Alltag eines Entwicklungsteams führt.

Wir wollen dieses Kapitel nutzen, um diese Unterschiede genauer zu analysieren. Dementsprechend werden wir Vergleiche ziehen zwischen Teams, die aus dem CI-Server heraus deployen, und Teams, die GitOps-basiert Deklarationen laden und kontinuierlich anwenden. Dass (zumindest in einem grundlegenden Maß) Deklarationen wie Kubernetes-Manifeste genutzt werden statt imperativen Befehlen und dass diese Deklarationen in Versionskontrolle verwaltet werden, nehmen wir grundsätzlich als gegeben an.

Den Großteil dieses Kapitels werden wir in den Alltag eines fiktiven Entwicklungsteams eintauchen, um anhand von kleinen Geschichten den Effekt von GitOps besser zu verstehen. Anfangs werden wir allerdings noch einen Blick in die Forschung werfen, um zu untersuchen, ob sich die Effekte von GitOps womöglich auch beziffern lassen.

2.1 Indizien aus den DORA-Studien

Für unsere sehr spezifische Fragestellung ist die wissenschaftliche Faktenlage noch sehr dünn. Ein hilfreiches Instrument zur Beurteilung der Effekte von GitOps sehen wir im Bericht »Accelerate State of DevOps 2022« von Google[1], der von der Forschungsgruppe *DevOps Research and Assessment* (DORA)[2] erstellt wird. Diese DORA-Studie, die seit 2018 jedes Jahr unter mehreren Zehntausend Berufstätigen durchge-

[1] *https://cloud.google.com/devops/state-of-devops*

[2] *https://dora.dev*

führt wird, untersucht die Themenbereiche Softwarebereitstellung und Betriebsleistung und mögliche zugrunde liegende Faktoren. Der Bericht enthält in der neuesten Fassung von 2022 einige Punkte, die wir als Indizien sehen, dass GitOps-Praktiken positive Effekte auf Teams und Organisationen haben können.

DORA misst die Leistung eines Software-Teams (»Software Delivery Performance«) anhand von fünf Metriken:

1. *Deployment-Häufigkeit*: Wie oft wird Code nach Produktion deployt?
2. *Lieferzeit für Änderungen*: Wie lange dauert es, bis eine committete Codeänderung in Produktion landet?
3. *Fehlerrate bei Änderungen*: Welcher Prozentsatz an Codeänderungen führt zu Beeinträchtigungen und benötigt Wiederherstellungsmaßnahmen?
4. *Wiederherstellungszeit bei Ausfällen*: Wie lange dauert das Beheben von Beeinträchtigungen?
5. *Betriebliche Verlässlichkeit*: Wie oft werden die Erwartungen hinsichtlich Stabilität und Verfügbarkeit erfüllt?

Die Kombination der GitOps-Prinzipien 2 bis 4 ist assoziiert mit höherer Software Performance Delivery.

In ihrer Untersuchung nutzten leistungsstarke Teams, die in allen fünf Metriken überdurchschnittlich abschnitten, mit 33 % höherer Wahrscheinlichkeit Versionskontrolle und praktizierten mit 46 % höherer Wahrscheinlichkeit Continuous Delivery als schwächere Teams. Zusätzlich haben Teams, die beide Praktiken ausführen, 2,5-mal wahrscheinlicher eine hohe Software Delivery Performance als Teams, die sich nur auf eine der beiden Methodiken fokussieren.

Den Faktor »Versionskontrolle« können wir ziemlich eindeutig auf GitOps-Prinzip 2 abbilden. Besonders auffällig ist, dass gerade die Kombination der beiden Faktoren eine deutliche Leistungssteigerung bringt.

Den Faktor »Continuous Delivery« können wir nur beschränkt auf GitOps-Prinzipien abbilden: Die Autoren der Studie betonen, dass Continuous Delivery nicht automatisch Continuous Deployment mit einschließt. Continuous Delivery bedeutet, dass der Code immer in einem deploybaren Zustand ist (er *kann* jederzeit deployt werden), während Continuous Deployment darüber hinausgeht, indem der Code auch tatsächlich ständig automatisiert deployt wird.

GitOps ermöglicht es vor allem, Continuous Deployment zu leben. Somit sind Aussagen der DORA-Studie über Continuous Delivery nur beschränkt für GitOps als Ganzes belastbar. Dennoch können sie ein Indikator dafür sein, ob Teams durch GitOps zu mehr Produktivität befähigt werden.

In diesem Kontext merkt die Studie an, dass die Nutzung von Continuous Delivery ganz generell mit höherer Software Delivery Performance gekoppelt ist – sowohl alleinstehend als auch in Kombination mit anderen DevOps-Methodiken. Teams, die eine höhere Bewertung im Bereich Continuous Delivery erhalten haben, haben eine größere Wahrscheinlichkeit dafür, dass sie häufiger Code in Produktion bereitstellen und kürzere Lieferzeiten für Änderungen und Wiederherstellung haben – sie schneiden also in drei der fünf Metriken besser ab. Ebenso lässt sich erkennen, dass die Umsetzung der technischen Aspekte von Lieferkettensicherheit (»Supply Chain Security«), dem diesjährigen Schwerpunkt der DORA-Studie, klar zusammenhängt mit der Nutzung von CI/CD.

Continuous Delivery indiziert höhere Performance und bessere Sicherheit.

Interessanterweise heben die Autoren hervor, dass ein gutes Abschneiden in den ersten vier Metriken kein Erfolgsgarant für ein Unternehmen ist, wenn ein Team nicht auch in der fünften Metrik (betriebliche Verlässlichkeit) erfolgreich ist. Ohne betriebliche Verlässlichkeit ist selbst eine sonst hohe Software Delivery Performance kein belastbarer Indikator für den Erfolg einer Organisation. Die Studie betont diese statistische Auffälligkeit im Kontext von Site Reliability Engineering (SRE), einer Disziplin zur Verbesserung der Verlässlichkeit.

Ohne Verlässlichkeit garantiert hohe Performance allein keinen Gesamterfolg.

SRE legt Wert auf empirisches Lernen, funktionsübergreifende Zusammenarbeit, weitgehendes Vertrauen auf Automatisierung und die Verwendung von Messverfahren, einschließlich Service Level Objectives (SLOs). (Auch wenn SRE bei Google entsprang, werden diese selben Prioritäten stellenweise auch mit anderen Bezeichnungen praktiziert. Die Studie verwendet SRE als Bezeichnung für die relevanten Praktiken und Werte, ohne in der eigentlichen Umfrage das Modewort direkt zu verwenden.)

Eine sehr aufschlussreiche Erkenntnis der Studie, die auch in der Publikation »Enterprise Roadmap to SRE«[3] beschrieben wird, ist die sogenannte J-Kurve: Teams, die erst anfangen, SRE zu praktizieren, erzielen anfänglich eine bessere Verlässlichkeit, dann jedoch verschlechtert sich diese Verlässlichkeit, bis schließlich Kultur, Prozesse und Tooling aufgeholt haben und so weit aufeinander abgestimmt sind, dass die Verlässlichkeit deutlich besser wird und beständig zunimmt.

Dementsprechend sollen Teams, die SRE einführen, sich auf Rückschläge einstellen und durchhalten, denn auf dem langen Weg wird letztlich mit hoher Wahrscheinlichkeit bessere Verlässlichkeit herauskommen, und damit auch besserer Erfolg der Organisation. Nun sind SRE und GitOps zwei sehr unterschiedliche Themenfelder, aber den-

[3] *https://sre.google/resources/practices-and-processes/enterprise-roadmap-to-sre*

noch haben sie eine Sache gemeinsam: Beide sind konkrete Implementierungen einer Kultur namens DevOps.

GitOps einzuführen braucht womöglich Ausdauer über die anfängliche leichte Beute hinaus.

Und GitOps sieht zwar oberflächlich betrachtet vor allem nach einer rein technischen Übung aus, bei der es um das Schreiben von Manifesten und Konfigurieren von Operatoren geht. Dennoch sind in GitOps auch subtilere soziotechnische Elemente enthalten wie das funktionsübergreifende Befähigen von Entwickelnden, die sowohl bei SRE als auch bei GitOps auftreten können und sollen. Deshalb sind wir der Überzeugung, dass auch Teams, die anfangen, GitOps einzuführen, sich sinnvollerweise auf eine solche J-Kurve einstellen sollten. Es lohnt sich, den Weg durch das (mögliche) Tal der Enttäuschung durchzuhalten, bis zunehmend die Früchte hinsichtlich Verlässlichkeit, Software Delivery Performance und Organisationserfolg reifen.

2.2 Der Unterschied im Alltag: Geschichten eines Entwicklungsteams

Nachdem wir die empirischen Hinweise auf GitOps-Effekte untersucht haben, wenden wir uns einigen beispielhaften Situationen zu, wie sie in einem fiktiven Entwicklungsteam in einer fiktiven Firma auftreten könnten. Diese Erzählungen dienen nicht nur zur Veranschaulichung dessen, was GitOps ist, sondern auch, was GitOps nicht ist.

Diese Geschichten sind alle nur als Illustrationen zu verstehen und nicht als faktische Erzählungen. Dennoch entsprechen die beschriebenen Situationen insofern der Wahrheit, als dass wir sie alle in ähnlicher Form hautnah so erlebt haben.

Jede Geschichte beleuchtet eine typische Situation im Entwicklungsalltag und zeigt dasselbe fiktive Team, wie es einmal klassisch ohne GitOps arbeitet und wie es im Vergleich dazu mit GitOps handeln würde. Dieses Team, seinen Kontext, seine Repositories und Deployment-Strukturen malen wir zuerst aus, bevor wir die Geschichten erzählen.

2.3 Szenario

Wir haben ein App-Entwicklungsteam in einem mittelständischen deutschen Unternehmen mit etwa 250 Mitarbeitern. Die Mitglieder dieses Entwicklungsteams sind:

- Lucía: Frontend-Entwicklerin
- Viktor: Backend-Entwickler
- Thomas: QA Engineer
- Kareena: Backend-Entwicklerin, die sich auch um Pipelines und Deployments kümmert
- Jamal: Teamleiter, Product Owner und Scrum Master – ein bisschen von allem

Sie entwickeln und betreiben eine Java-Anwendung mit einem Next.js-Frontend und einer Postgres-Datenbank, die als ERP-Tool für interne und externe Anwender fungiert. Ihren Code verwalten sie in einem im eigenen Rechenzentrum gehosteten GitLab. Zur Organisation ihrer Arbeit nutzen sie Jira als SaaS, und das Unternehmen als Ganzes nutzt Confluence (SaaS) zur Dokumentation.

Das IT-Team ihrer Firma kümmert sich um das On-Premises-Hosting von GitLab und stellt ihnen als Entwicklungsteam zwei Kubernetes-Cluster im Haus zur Verfügung: eines für das Dev-Environment (»Dev«) und eines, in dem das Staging-Environment (»Staging«) und das Produktions-Environment (»Prod«) laufen. Das IT-Team nutzt intern Splunk zur Überwachung ihrer Infrastruktur und für Benachrichtigungen bei Problemen. Die Organisation insgesamt nutzt Microsoft Teams für Kommunikation und Organisation.

2.3.1 Repositories

Welche Repositories verantwortet das Team? Wir unterscheiden an dieser Stelle (und im ganzen Buch) zwischen zwei Arten von Git-Repositories:

App-Repo Hier wohnt der *Applikationscode* (zum Beispiel Java, JavaScript).

Config-Repo Hier wohnen *Manifeste*, die für das Konfigurieren und Deployen der Applikationen relevant sind.

Ein Config-Repo kann beispielsweise eine Kustomize-Struktur mit Base und Overlays enthalten, welche die Kubernetes-Ressourcen der jeweiligen Applikation in den drei Environments beschreibt.

Tab. 2–1
Config-Repo vs. App-Repo

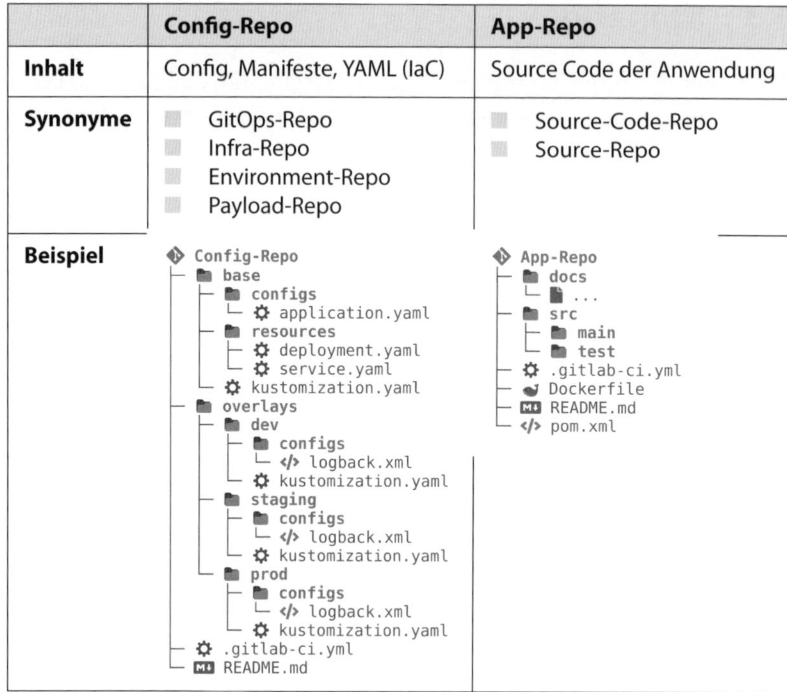

	Config-Repo	App-Repo
Inhalt	Config, Manifeste, YAML (IaC)	Source Code der Anwendung
Synonyme	▪ GitOps-Repo ▪ Infra-Repo ▪ Environment-Repo ▪ Payload-Repo	▪ Source-Code-Repo ▪ Source-Repo
Beispiel	Config-Repo ├─ base │ ├─ configs │ │ └─ application.yaml │ ├─ resources │ │ ├─ deployment.yaml │ │ └─ service.yaml │ └─ kustomization.yaml ├─ overlays │ ├─ dev │ │ ├─ configs │ │ │ └─ logback.xml │ │ └─ kustomization.yaml │ ├─ staging │ │ ├─ configs │ │ │ └─ logback.xml │ │ └─ kustomization.yaml │ └─ prod │ ├─ configs │ │ └─ logback.xml │ └─ kustomization.yaml ├─ .gitlab-ci.yml └─ README.md	App-Repo ├─ docs │ └─ ... ├─ src │ ├─ main │ └─ test ├─ .gitlab-ci.yml ├─ Dockerfile ├─ README.md └─ pom.xml

Tabelle 2–1 stellt Inhalt, Synonyme und typische Verzeichnisstrukturen von App-Repo und Config-Repo einander gegenüber.

> In Abschnitt 6.4.3 auf Seite 141 betrachten wir das Für und Wider der Trennung der Repositories genauer.

Unser Entwicklungsteam verwaltet seine beiden Services hauptsächlich in den folgenden vier GitLab-Repositories:

1. `backend-app`: Hier wohnt der Java-Code des Backends. Wir bezeichnen es im Folgenden auch als BE-App-Repo.
2. `backend-config`: Hier wohnt eine Kustomize-Struktur mit Base und Overlays, welche die Kubernetes-Ressourcen des Backends in den drei Environments beschreibt. Wir bezeichnen es im Folgenden auch als BE-Config-Repo.
3. `frontend-app`: Hier wohnt der Angular-Code des Frontends. Wir bezeichnen es im Folgenden auch als FE-App-Repo.
4. `frontend-config`: Hier wohnt eine Kustomize-Struktur mit Base und Overlays, welche die Kubernetes-Ressourcen des Frontends in den drei Environments beschreibt. Wir bezeichnen es im Folgenden auch als FE-Config-Repo.

Das Team hat also zwei App-Repos und zwei dazugehörige Config-Repos.

2.3.2 Deployment-Fluss

In Abb. 2–1 zeigen wir den Deployment-Fluss im Überblick inklusive der vier Repos, den beiden Clustern und den drei Umgebungen. Die Zahlen in der Abbildung entsprechen denen aus der folgenden Liste (ab Schritt 3).

Der Arbeitsrhythmus des Teams sieht grundsätzlich so aus:

1. Entwicklung: Lucía, Viktor und Kareena arbeiten an Features für Frontend und Backend. Basierend auf Trunk-Based Development[4] erstellen sie dafür kurzlebige Feature Branches.
2. PR: Wenn ein Feature Branch bereit für Dev ist, erstellt die entwickelnde Person einen Pull Request, auf dem eine Pipeline durchläuft. Sobald diese fehlerfrei durchläuft, kann der PR in den Standard-Branch `main` gemergt werden.
3. CD: Alles, was auf `main` ist, wird kontinuierlich nach Dev ausgerollt.
4. Manuelle Promotion: Die Entwickelnden testen ihre Änderungen manuell auf Dev. Sobald sie mit ihrer Änderung zufrieden sind, nutzen sie eine manuelle Pipeline im jeweiligen Config-Repo, um nach Staging zu deployen.
5. Manuelles Release: Thomas testet die Änderungen auf Staging. Wenn die Tests erfolgreich waren, deployt er jeden Donnerstag alle Änderungen nach Prod mittels einer manuellen Pipeline in einem Config-Repo.

2.3.3 Vergleichsszenario »Mit GitOps«

Wie unterscheidet sich das alternative GitOps-Szenario vom bisher beschriebenen Szenario?

1. In den beiden Kubernetes-Clustern läuft ein *GitOps-Operator*, in diesem Fall Argo CD.
2. Es gibt ein fünftes Repository namens `erp-gitops`. Es ist ein *zusätzliches Config-Repo*.
   - Es bindet die beiden bestehenden Config-Repos ein in Form von Argo CD `Applications`.

[4] *https://trunkbaseddevelopment.com*

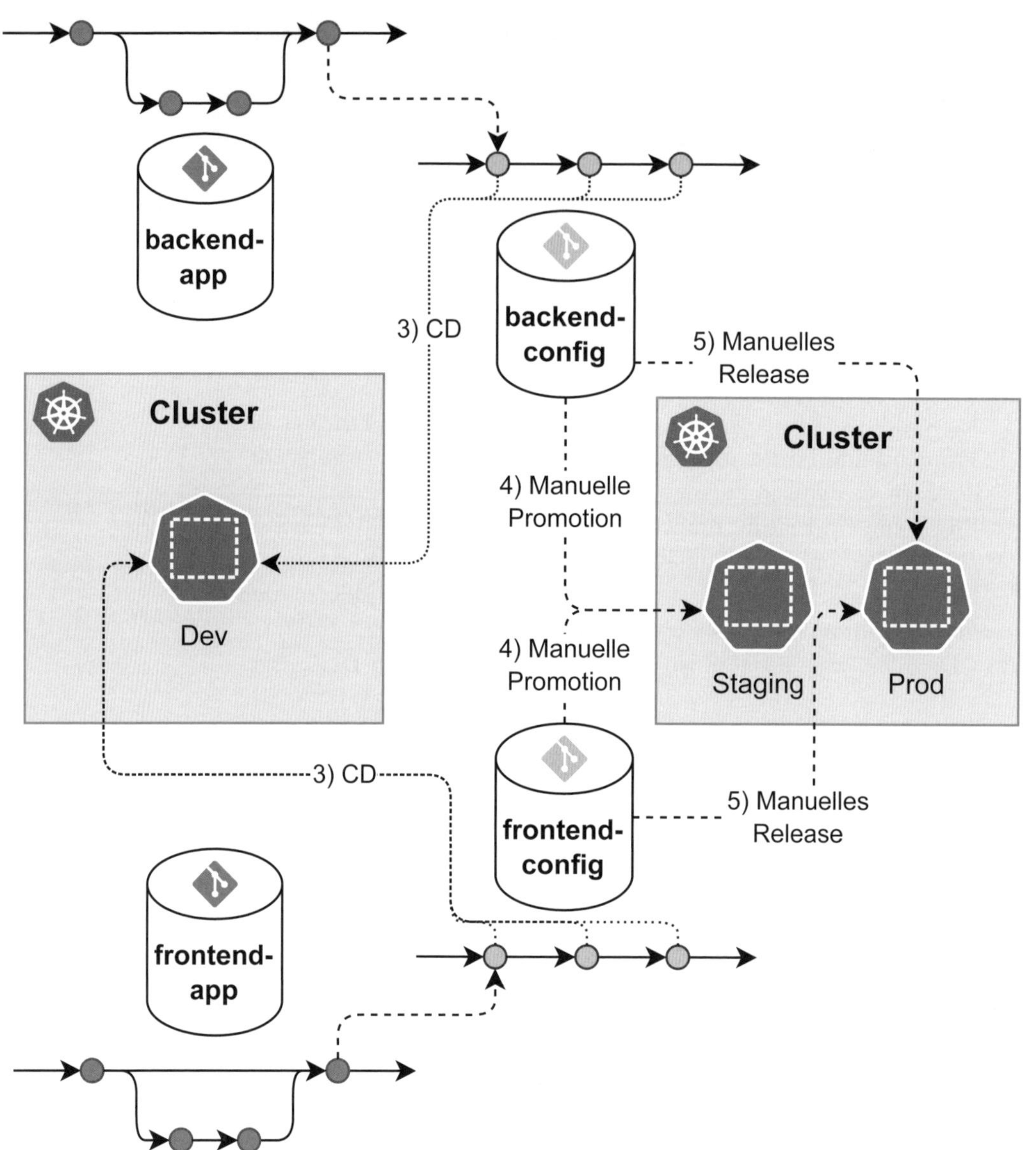

Abb. 2–1
Branching und Deployment-Fluss

- Es enthält außerdem noch Kubernetes-Manifeste, die nicht direkt mit den Container-Workloads der Hauptapplikation zu tun haben. Dazu gehören hauptsächlich Helm-Charts von Open-Source-Software, die gewissermaßen *das umgebende Ökosystem* der Applikationen und Environments bilden.

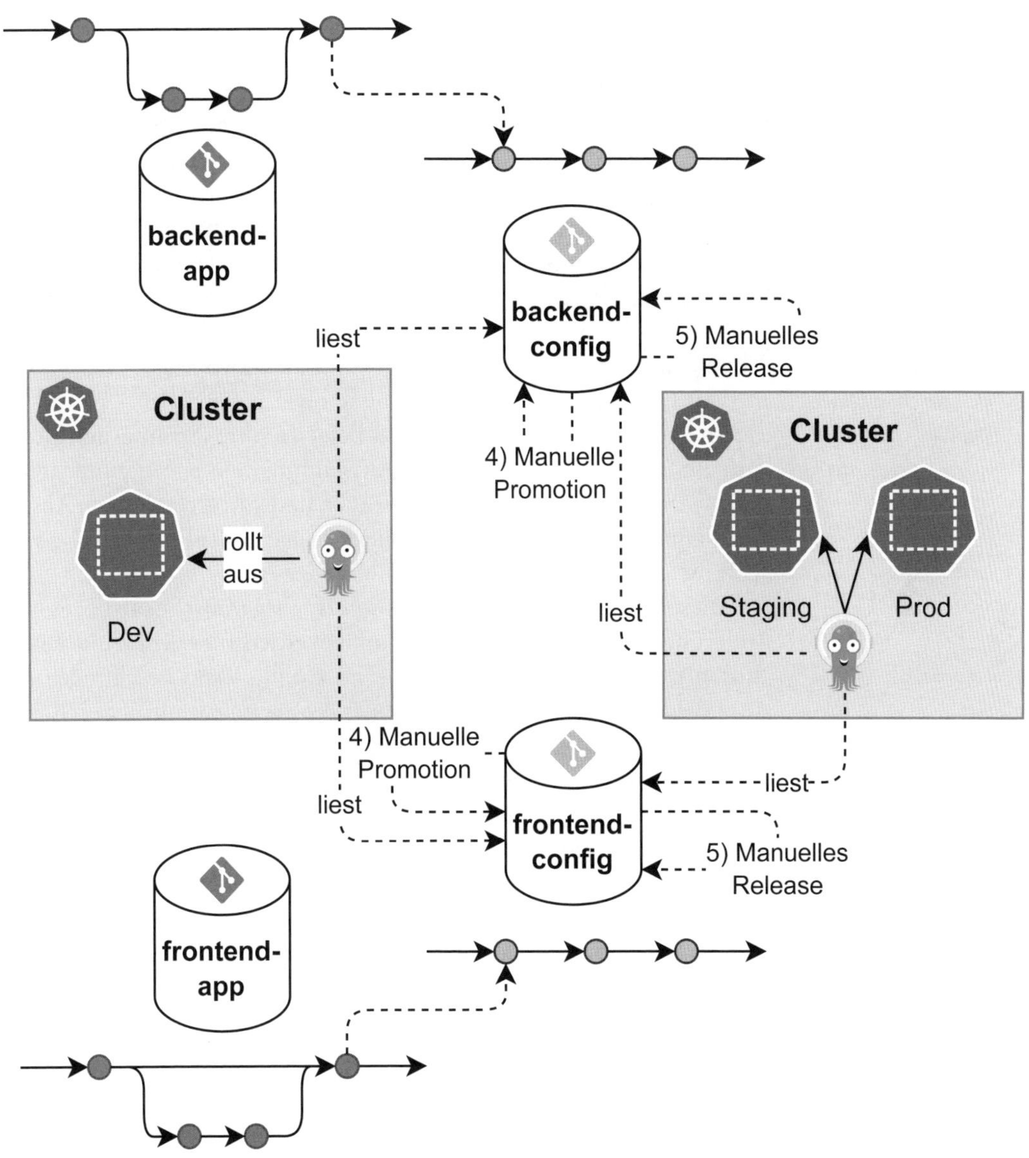

Abb. 2–2
Branching und Deployment-Fluss mit GitOps

In Abb. 2–2 sehen wir, wie sich der Deployment-Fluss insgesamt verändert.

> In Abschnitt 3.3 auf Seite 51 tauchen wir ein in ein praktisches Beispiel, wie eine solche Implementierung aussehen kann.

2.4 Kontinuierlich nach Dev deployen

Lucía, die Frontend-Entwicklerin, arbeitet an einer Änderung für das Frontend. Sie nutzt dafür einen Feature Branch. Sobald ihre Änderung bereit ist, erstellt sie einen Pull Request. Die Pipeline auf dem PR läuft erfolgreich durch, und Lucía mergt ihren Branch in den Standard-Branch. Die Pipeline auf `main` baut als letzten Schritt ein Docker-Image, publiziert es in die GitLab Container Registry und committet den neuen Image-Tag in das Dev-Overlay im FE-Config-Repo. In `frontend-config` läuft daraufhin eine Pipeline, die sich in den Dev-Cluster verbindet und dort einen `kubectl apply -k overlays/dev` ausführt.

Wir brauchen keinen Deploy-Schritt mehr in CI.

Mit GitOps läuft alles genauso wie oben beschrieben – bis auf den letzten Schritt: Das Config-Repo hat keine Deploy-Pipeline. Stattdessen läuft im Kubernetes-Cluster eine Anwendung, ein sogenannter »Operator«, der das Config-Repo überwacht und in regelmäßigen Abständen (vereinfacht gesprochen) ebendiesen `kubectl apply -k overlays/dev` ausführt.

Dieser `kubectl apply` wird *beständig* ausgeführt, egal ob es neue Änderungen gibt oder nicht. Dadurch werden manuelle Änderungen an den Kubernetes-Ressourcen, die im Config-Repo beschrieben sind (zum Beispiel manuelles Skalieren eines `Deployments`), automatisch überschrieben und mit den Deklarationen im Repository synchron gehalten.

Möglicherweise bereitet uns die Vorstellung Unbehagen, dass unsere Manifeste ständig angewendet werden. Womöglich fühlt sich das nach Ressourcenverschwendung an oder wir befürchten die Konsequenzen einer Fehlkonfiguration in einem Config-Repo.

Erstere Sorge ist durchaus berechtigt, allerdings erst ab einer beträchtlichen Größenordnung. Eine Handvoll Repositories wird – bei gesunder Standardkonfiguration – in der Regel keine merkliche Ressourcennutzung verzeichnen.

Sorge über kontinuierliches Angleichen führt uns zu tiefer liegenden Problemen.

Wenn wir uns jedoch um Letzteres Sorgen machen, dann sollten wir nicht vor GitOps zurückschrecken, denn GitOps wird an unserem eigentlichen Problem praktisch nichts ändern: Fehlkonfigurationen können jederzeit auftreten; mit GitOps kommen sie nur schneller ans Licht. Stattdessen sollten wir das Problem an der Wurzel angehen, und das besteht oft teils in Misstrauen gegenüber unserer Zielplattform und teils in technischen Stolperfallen.

Wenn wir größeres Vertrauen in unsere Zielplattform aufbauen wollen, kann das Nachforschen in vergangenen Ausfällen helfen, das tiefere Erlernen der Funktionsweise der Plattform und – im aufwendigsten Fall – ein Wechsel auf eine verlässlichere Plattform. Bei rein technischen Problemen können verpflichtende PRs auf Config-Repos eine Hilfe sein. In einer PR-Pipeline würden dann Linting-Tools laufen, um invalide Kubernetes-Manifeste zu entdecken, bevor sie deployt werden, oder Security-Tools, um unsichere Konfigurationen zu vermeiden. Der Kasten »Beispiele für Tools zur statischen Codeanalyse der Config« in 6.4.3 auf Seite 142 zeigt für beides konkrete Beispiele.

2.5 Ressourcen aufräumen

Kareena, die Backend-Entwicklerin mit etwas DevOps-Tooling-Kenntnissen, soll den Apache Solr, den das Backend verwendet, durch einen Elasticsearch austauschen. Die Codeänderungen hat Viktor bereits vorbereitet. Also bearbeitet sie die Infrastruktur des Backends im BE-Config-Repo: Sie ersetzt das Apache-Solr-`StatefulSet` mit einem Elasticsearch-`StatefulSet`.

Die Pipeline in `backend-config` führt daraufhin einen Apply aus, und kurz darauf startet ein Elasticsearch im Dev-Cluster. Kareena arbeitet weiter an anderen Issues. Ein paar Stunden später schaut sie im Zuge einer anderen Aufgabe im Dev-Cluster vorbei – und bemerkt verwundert, dass der Apache Solr immer noch vorhanden ist. Ist die Pipeline fehlgeschlagen? Laut den Logs in GitLab hat alles normal funktioniert.

Da erinnert sich Kareena, dass `kubectl` zustandslos agiert und eigentlich nicht wissen konnte, dass sie auch Ressourcen löschen will. Sie führt den `kubectl delete` manuell aus und erstellt einen Jira-Issue, um die Machbarkeit von Helm für ihr Team zu evaluieren. (Genauer gesagt: Sie findet einen schon existierenden Issue dafür, der seit neun Monaten nicht mehr aktualisiert wurde. Mit einem Seufzer schiebt sie ihn im Backlog weiter nach oben.)

GitOps ermöglicht automatisches Pruning ohne zusätzlichen Aufwand.

Mit GitOps bleibt der erste Schritt gleich: Wir verändern Manifeste in einem Config-Repo, um eine Ressource zu ersetzen. Allerdings hat das Config-Repo (wie auch in der vorherigen Geschichte) keine Deploy-Pipeline, sondern stattdessen läuft ein Operator im Cluster. Dieser Operator hat die gesamte Git-Historie des Config-Repos zur Verfügung. Er führt eine Angleichung der neusten Manifeste aus und räumt automatisch auch die Ressourcen von gelöschten Manifesten auf.

Ein solches *Pruning* kann sehr invasiv wirken, und es kann durchaus Umstände geben, unter denen das Deaktivieren von Pruning sinnvoll sein kann (beispielsweise für die Manifeste, mit denen der GitOps-Operator selbst installiert wird). In den allermeisten Fällen fördert aktiviertes Pruning aber die Developer Experience, und wir empfehlen es als Standardeinstellung.

Exkurs: GitOps als intuitivste Art, mit Kubernetes umzugehen

Eine Sache lässt sich an dieser Geschichte besonders gut sehen, und es ist auch eine Entdeckung, die wir in Kubernetes-Trainings immer wieder gemacht haben: Für viele Menschen ist GitOps ein viel natürlicherer Zugang zu Kubernetes als der imperative Weg über `kubectl apply` oder `helm upgrade --install`:

Einige Teilnehmer solcher Trainings erwarteten nach ihrem allerersten `kubectl apply -f manifest.yaml`, dass der Kubernetes-API-Server ab jetzt die lokale Datei auf ihrer Festplatte kontinuierlich überwacht und sie nur noch speichern müssen, damit ihre Änderungen im Cluster ankommen. Diese Personen haben quasi die GitOps-Prinzipien 3 und 4 auf ganz natürliche Weise verinnerlicht. Und diese *Intuition* ist wertvoll, weil wir den Schritt des »Speicherns« nur noch um `git commit && git push` erweitern müssen, um bei GitOps zu landen.

In Wirklichkeit verschickt die `kubectl`-CLI natürlich nur den *Dateiinhalt* als String, und das auch nur *einmalig* auf Befehl. Aber diese Implementierungsdetails und die anstrengende Tatsache, dass man ab jetzt immer wieder einen `kubectl apply` ausführen muss (und irgendwann auch mal einen `kubectl delete`), können wir mit GitOps elegant wegabstrahieren. Und diese Abstraktion ist sehr wertvoll, weil sie den *Zugang zu Kubernetes erleichtert* für noch mehr Menschen, und zwar aus folgenden Gründen:

1. GitOps lenkt den *Fokus mehr auf die Inhalte der Manifeste* und weg vom konkreten Umgang damit – und deklarative Manifeste sind der Kern von Kubernetes. Technisch betrachtet können wir gewissermaßen einen Teil der Inhalte von etcd vorverlagern nach Git.
2. Durch die Lagerung in Git und die kontinuierliche Überwachung und Anwendung wird das *Bearbeiten von Kubernetes-Ressourcen demokratisiert*: Jeder mit Zugriff auf das SCM kann Pull Requests erstellen – und es braucht keinen zusätzlichen Schritt (noch nicht einmal eine automatische Pipeline), damit die Änderungen direkt ankommen.

2.6 Grenzfälle in CI vermeiden

Wir knüpfen an die erste Situation an (siehe Abschnitt 2.4 auf Seite 34): Lucía hatte ihre Frontend-Änderung am Montag auf Dev deployt, indem sie ihren Pull Request gemergt hatte. Direkt nach dem Durchlaufen der Pipeline überprüfte sie ihre Änderung und alles sah gut aus, also startete sie eine weitere Pipeline in `frontend-config`. Diese *Promotion-Pipeline* rollt einen Frontend-Image-Tag von Dev nach Staging aus (oder alternativ von Staging nach Prod) und sieht ungefähr so aus:

Listing 2–1
Skript zum Promoten von Dev nach Staging

```
#!/usr/bin/env sh
set -eux

source_env=dev
target_env=staging

# 1) Copy image tag from source to target overlay
yq '.images.0.newTag' \
  "overlays/$source_env/kustomization.yaml" \
  | xargs -I % yq -iP '.images.0.newTag = "%"' \
  "overlays/$target_env/kustomization.yaml"

# 2) Commit idempotently and push the change
git add "overlays/$target_env/kustomization.yaml"
git commit -m "chore($target_env): \
  promote $source_env to $target_env" || true
git push origin

# 3) Connect to the prod cluster
kubectl config use-context prod

# 4) Apply the target overlay
kubectl apply -k "overlays/$target_env"
```

Heute ist Dienstag; das nächste Release auf Prod steht in zwei Tagen an. Thomas, der QA-Engineer, lässt sich in Jira die Issues auflisten, die seit dem letzten Release abgeschlossen wurden. Der Issue mit der Frontend-Änderung von Lucía ist der neueste darunter.

Er öffnet das Frontend von Staging und beginnt, die Änderungen der verschiedenen Issues zu überprüfen. Als er bei Lucías letzter Story ankommt, wundert er sich, dass er die in der User-Story beschriebenen Änderungen gar nicht vorfindet. Er leert seine Browser-Caches und probiert es in einem Inkognito-Fenster, aber nichts ändert sich.

Kann es sein, dass Lucía vergessen hat, von Dev nach Staging zu deployen? Er schreibt Kareena an und bittet sie, kurz im Cluster zu prüfen, ob die Frontend-Änderungen schon auf Staging angekommen sind. Kareena ist den ganzen Tag in Meetings und kann Thomas nur kurz schreiben, dass er im Config-Repo nachschauen soll: In den Kustomizations stehen immer die aktuellen Image-Tags drin, und die Image-Tags sind so strukturiert, dass sie immer auch die Commit-ID von `frontend-app` enthalten.

Thomas öffnet das Repo `frontend-config` und vergleicht die Commit-ID im Image-Tag mit dem neuesten Commit im FE-App-Repo: Sie stimmen überein; also hat Lucía die Pipeline korrekt ausgeführt und die Änderung müsste definitiv angekommen sein! Woran kann es jetzt noch liegen?

Er schaut sich die letzten Pipelines in `frontend-config` an und sieht, dass die neueste Pipeline seit über einer Stunde läuft und feststeckt. Die Logs deuten zwar darauf hin, dass der Commit funktioniert hat, aber der Cluster war wohl für die Pipeline kurzzeitig netzwerktechnisch nicht erreichbar, und dann blieb der Prozess bei Schritt 4 stecken.

Thomas bricht die Pipeline ab und startet sie neu. Dieses Mal läuft sie erfolgreich durch. Er wartet ein paar Minuten, öffnet das Frontend von Staging und kann jetzt endlich die Änderungen sehen und sie testen.

GitOps vermeidet einige Sondersituationen von CI-getriggerten Rollouts.

Mit GitOps würde die Pipeline im Config-Repo, welche die Promotion von Dev nach Staging ausführt, ausschließlich einen Commit pushen auf sich selbst. Die Schritte 3 und 4 wären nicht Teil dieser Pipeline. Dadurch würde die Blockade-Situation in dieser Geschichte überhaupt gar nicht auftreten.

Auch hier gilt wie in den vorherigen Geschichten: Das kontinuierliche Anwenden des gewünschten Zustandes geschieht durch Operatoren im Cluster, die beständig das Repository klonen und anwenden. Dadurch würde ein stecken gebliebener Apply nie ein Problem darstellen, weil dieser Apply nicht punktuell läuft, sondern kontinuierlich immer wieder durchgeführt wird.

Kurze Verbindungsprobleme behindern den GitOps-Operator nicht.

Auch kurzzeitige Konnektivitätsprobleme zwischen CI-Server und Cluster (oder SCM und Cluster) wären keine Problematik, die wir bedenken müssten: Während der CI-Server nur punktuell auf Zuruf läuft, arbeitet der Operator im Cluster kontinuierlich. Das gilt sowohl für Prinzip 3 als auch für Prinzip 4: Das Laden des Repositorys erholt sich automatisch, wenn bei einem der nächsten Durchläufe das SCM wieder erreichbar ist. Währenddessen läuft aber auch die Angleichung der gecacheten Manifeste asynchron weiter. (Weitere Folgen dieser Asynchronität beleuchten wir in Kapitel 7 auf Seite 197 genauer.)

Sind deshalb alle Deploy-Mechanismen böse, mit denen wir von außerhalb auf den Cluster zugreifen? Natürlich nicht! Das GitOps-Prinzip 3 verbietet mit keinem Wort, dass man nicht auch ereignisgetrieben arbeiten darf: Das Team könnte *ergänzend zum GitOps-Operator* aus GitLab heraus einen Webhook im Cluster aufrufen, der den Operator über einen neuen Commit benachrichtigt. Dennoch ist der Kern von Prinzip 3 und 4, dass der *primäre* Mechanismus das kontinuierliche Beziehen und Angleichen sein muss.

Monitoring-Aufwände können sich vereinfachen.

Betrachten wir auch noch kurz die Problemstellung von Monitoring: Spricht irgendetwas dagegen, dass wir in unsere CI-Pipeline Überwachung einbauen und bei Fehlerfällen eine Benachrichtigung verschicken? Mitnichten! Dennoch können wir uns manche Aufwände für Monitoring sparen, wenn wir einen GitOps-Operator nutzen.

Selbstverständlich können auch beim GitOps-Operator und im Cluster generell Probleme auftreten, über die wir benachrichtigt werden wollen. Diesem Thema widmen wir uns auch in Kapitel 8 auf Seite 229 ausführlicher. In jedem Fall sind wir bei GitOps von der impliziten Grundvoraussetzung von CI-getriebenem Deployen befreit, nämlich dass unser CI-Server immer verlässlichen »Sichtkontakt« zum Zielsystem haben muss.

2.7 Ressourcen wiederherstellen

Das IT-Team will einiges an veralteter Hardware austauschen, und darunter sind auch die Server, auf denen die VMs des Dev-Clusters laufen. Die IT gibt dem Entwicklungsteam Bescheid, damit sie Maßnahmen für den Umzug auf den neuen Dev-Cluster treffen können, sobald es eingerichtet ist.

Kareena listet alle `Pods` im Dev-Cluster auf und erstellt eine Liste mit den Applikationen, die sie außer dem Backend und dem Frontend auch wieder im neuen Dev-Cluster installieren muss. Darunter sind zwei Handvoll Helm-Charts von Open-Source-Software.

Als der neue Dev-Cluster bezugsfertig ist, führt sie alle `helm install`-Befehle aus von den Applikationen, die sie im Dev-Cluster gefunden hat. Als sie damit fertig ist, ändert sie die Verbindungsdaten in den Deploy-Pipelines von Backend und Frontend auf den neuen Cluster und startet die Pipelines von Hand. Die Pipeline läuft erstaunlicherweise direkt beim ersten Durchlauf fehlerfrei durch.

Als sie aber die `Pods` untersucht, sieht sie, dass die Backend-`Pods` ständig abstürzen. In den Logs wird klar, dass noch eine Applikation fehlt, die im alten Cluster in einem `Namespace` wohnte, den Kareena vergessen hatte zu überprüfen. Außerdem hat sie bei einem der Helm-Charts aus Versehen eine neuere Version installiert als damals im alten Cluster.

Sie geht noch einmal alle `Namespaces` durch, installiert die restlichen Applikationen und ändert die Version des aktuell installierten Helm-Releases. Kareena erstellt sich auch einen neuen Issue am Ende des Backlogs. Sie benennt ihn »Create manual pipeline for full initial provisioning of cluster«.

Ein Inventar nach GitOps-Prinzip 1 ermöglicht reproduzierbare Wiederherstellung.

Mit GitOps würde Kareena nicht manuell den Cluster durchsuchen, sondern alle Applikationen (zum Beispiel Helm-Releases) wären im Config-Repo `erp-gitops` hinterlegt.

Schauen wir uns ein Beispiel von solch einem Helm-Release-Manifest im Fall von Argo CD an:

Listing 2–2
Manifest eines Helm-Releases bei Argo CD

```
apiVersion: argoproj.io/v1alpha1
kind: Application
metadata:
  name: erp-gitops
  namespace: argocd
spec:
  project: erp-dev
  source:
    chart: splunk-connect-for-kubernetes
    repoURL: >-
      https://splunk.github.io/splunk-connect-for-kubernetes
    targetRevision: 1.5.0
    helm:
      parameters:
        - name: global.logLevel
          value: debug
        - name: kubernetes.clusterName
          value: erp-dev
  destination:
    server: https://api.erp-dev.k8s.ac.me
    namespace: erp-gitops
```

Wir nutzen in diesem Fall Helm als Beispiel, weil es weit verbreitet ist und gleichzeitig nicht vollständig über die `kubectl`-CLI abgebildet werden kann (beispielsweise als ausgerenderte Manifeste).

Weil Kareena alle Anwendungen als Manifeste nach der gezeigten Art hinterlegt hat, muss sie beim Provisionieren nur noch folgende Schritte manuell durchführen:

1. Sie erstellt neue Deploy-Tokens in GitLab, die reine Leserechte für `erp-gitops` und die beiden Config-Repos haben.
2. Sie bootstrappt Argo CD: sie installiert es manuell in den Cluster und konfiguriert es so, dass es das `erp-gitops` Repository überwacht mithilfe des Deploy-Tokens.
3. Weil `erp-gitops` alle Manifeste für die Helm-Charts enthält und auch die Config-Repos einbindet, wird alles andere (außer Argo CD) vollständig automatisch installiert.
   Übrigens: In Abschnitt 6.6.1 auf Seite 168 erörtern wir, warum es auch empfehlenswert ist, auch Argo CD per GitOps zu betreiben.

Da die Helm-Releases aus dem Config-Repo heraus erstellt wurden, werden sie auch in Zukunft in Git verwaltet.

Anfangs mag dieses Vorgehen mühselig erscheinen. Schließlich ist ein imperativer `helm install` oft leichter und schneller getan als das Schreiben und Committen eines Manifests. Das gilt allerdings meist nur für das initiale Aufsetzen oder für kurzlebige Experimente.

Vergleichen wir doch für einen Moment, wie wir das Verhalten des obigen Manifests auf imperative Weise nachstellen könnten. Dafür würden wir beispielsweise eine Pipeline erstellen, die alle zehn Minuten läuft und einen `helm repo add` und einen `helm upgrade --install` ausführt.

Der erste Befehl entspricht dem Parameter `.spec.source.repoUrl` im vorherigen Manifest; der zweite Befehl entspricht dem gesamten Block `.spec.source`. Das sind definitiv weniger Codezeilen als unser Manifest.

Ein Installieren geht damit sicher einfach, aber nachfolgende Konfigurationsänderungen oder Versionsupdates sind ohne deklarative Formate schwerer auszuführen. Und selbst wenn wir ein solches imperatives Skript in einem Repo aufbewahren (was Prinzip 2 ähneln würde), sind die Änderungen und ihre Auswirkungen schlechter nachvollziehbar als bei deklarativen Manifesten. Auch können wir Löschungen von Anwendungen damit nicht in Git festhalten (siehe Abschnitt 2.5 auf Seite 35).

Bestehende Manifeste bahnen den Weg für zunehmende Umdeklarierung.

Unserer Erfahrung nach kann das Einführen von GitOps eine natürliche Sogwirkung entwickeln hinsichtlich der GitOps-Prinzipien 1 und 2: Ein Team fängt meist mit rohen Kubernetes-Manifesten oder Kustomizations an, die in Git liegen und dann mit GitOps überwacht werden. Wenn GitOps sich langsam bewährt und man beispielsweise davon erfährt, dass man auch Helm-Releases mit GitOps verwalten kann, bringt das Team leichter aus eigener Überzeugung immer mehr Anwendungen in den Clustern unter GitOps-Kontrolle, bis schließlich sogar die zugrunde liegende Infrastruktur mit GitOps verwaltet wird (siehe Kapitel 11 auf Seite 291).

2.8 Konfigurationsänderungen ausrollen

Kareena ist im Urlaub. Viktor, ihr Backend-Kollege, arbeitet an einer Änderung in der Suchfunktionalität des Backends. Lokal funktionieren seine Änderungen, aber als er seinen Feature Branch mergt und die Änderungen auf Dev testet, erscheinen Fehlermeldungen, die er noch nie gesehen hat. Nach ein wenig Recherche vergleicht er die Version seines lokalen Elasticsearch mit der Version, die im Cluster deployt ist – und tatsächlich besteht ein relevanter Versionsunterschied.

Wie soll er das Helm-Release nun aktualisieren? Viktor hat nur ganz wenige Berührungspunkte mit Helm gehabt, und auch in Confluence findet er keine Hilfestellung zum Aktualisieren von Elasticsearch. Er forscht herum und findet ein Helm-Chart auf Artifact Hub, das passen könnte. Wie bekommt er jetzt nur Zugang zum Cluster? Er wühlt sich durch die Dokumentation, installiert die `kubectl` und `helm` CLIs und findet schließlich auch seine Zugangsdaten zum Cluster und erzeugt daraus eine Kubeconfig. Endlich kann er mit den Standardbefehlen von Artifact Hub das Chart installieren.

Nach ein paar Minuten sind immer noch keine `Pods` da. Woran kann es nur liegen? Viktor bemerkt, dass er das Release im falschen `Namespace` platziert hat. Nach weiterer Recherche schafft Viktor es, sein Release zu deinstallieren und dieses Mal im richtigen `Namespace` zu installieren. Nun werden die alten `Pods` tatsächlich ersetzt mit der neuen Version, die er braucht. Bei den Tests, die er nun durchführt, klappt endlich alles wie lokal vorbereitet. Viktor notiert die Schritte zum Upgraden des Elasticsearch-Charts als Kommentar im Jira-Issue.

GitOps senkt die Eintrittsbarriere für Contributors.

Mit GitOps ist das Helm-Release von Elasticsearch als Manifest im Config-Repo `erp-gitops` vorhanden, ähnlich wie das Manifest aus der vorigen Geschichte. Um die Version zu aktualisieren, sucht Viktor die passende Zeile im Manifest, committet eine Änderung auf einen Feature Branch und mergt den PR, nachdem die Pipeline erfolgreich durchgelaufen ist. Diese Änderung wiederum wird automatisch ausgerollt ohne zusätzliche Schritte.

Konkretes Wissen über Helm benötigt Viktor in diesem Fall nicht, weil die Schnittstelle dieselbe ist wie bei allen anderen Ressourcen in Kubernetes auch: das Kubernetes Resource Model (KRM)[5], das heißt YAML-Manifeste mit Kubernetes-Struktur. Damit gibt uns GitOps im Kontext von Kubernetes quasi eine *deklarative Schnittstelle* für Deployments und noch viel mehr. Der Dokumentationsaufwand für Upgrades, wie in dieser Geschichte beschrieben, reduziert sich damit auf ein Minimum. Auch Zugriff auf den Cluster sowie die Installation, Konfiguration und das Verständnis der CLIs sind seltener notwendig.

Erleichterter Zugang erhöht Ownership und Performance.

Je geringer die Eintrittsbarriere für alle Teammitglieder ist, um Änderungen an Deployments und Infrastruktur vorzunehmen, desto mehr kann das Team als Ganzes die volle Verantwortung für seine Anwendung übernehmen. Außerdem bedeuten mehr befähigte Contributors auch kürzere Wiederherstellungszeiten, wenn Incidents auftreten.

Ehrlicherweise erhöht sich natürlich nicht nur die Wiederherstellungsgeschwindigkeit, sondern auch die Zerstörungsgeschwindigkeit –

[5] *https://github.com/kubernetes/design-proposals-archive/blob/acc25e/architecture/resource-management.md*

mehr Contributors bedeutet auch mehr Fehlerpotenzial. Allerdings ist es auch mit dieser Befürchtung ähnlich wie in Abschnitt 2.4 auf Seite 34: GitOps führt solche Problematiken nicht aus dem Nichts herbei, sondern bringt sie vor allem ans Licht und verstärkt sie in manchen Fällen. Die Sorge um Fehlkonfigurationen führt uns im besten Fall zu grundlegenderen Antworten wie solchen, die im eben erwähnten Abschnitt beschrieben werden: Ein Verschieben nach links innerhalb des Softwareentwicklungs-Lebenszyklus durch automatische Pipeline-Schritte hilft uns am meisten weiter.

2.9 Incidents navigieren

In der Vergangenheit gab es einmal einen Vorfall, bei dem das Backend so langsam war, dass praktisch keine Anfragen vom Frontend mehr eine Antwort bekamen. Schlussendlich stellte sich heraus, dass das Backend immer mehr Arbeitsspeicher konsumierte, bis alle Ressourcen der VM aufgebraucht waren.

Ein Memory Leak wurde damals als grundlegende Ursache nicht ausgeschlossen, und nach dem Vorfall arbeiteten Viktor und Kareena längerfristig daran, die Ursachen dafür zu untersuchen. Um aber auch kurzfristig eine Stabilisierung zu erzielen, führten sie Resource Limits ein, damit kein Backend-Container mehr als 8 GB RAM auf einmal verbrauchen kann.

Es ist Donnerstag – heute wird das neue Release auf Prod ausgerollt. Direkt nach dem Daily am Vormittag startet Thomas die Promotion-Pipeline und Kareena hat währenddessen ein Auge auf die `Pods` der `Deployments`. Nach 15 Minuten sind alle neuen Image-Tags erfolgreich ausgerollt. Thomas überprüft die Anwendungen im Prod-Environment mit einem kurzen Smoke-Test und meldet keine Auffälligkeiten. Alle sind glücklich über den reibungslosen Ablauf, und Jamal schließt das Release in Jira ab.

Aber eine halbe Stunde später erhält Jamal, der Teamleiter und Product Owner, zunehmend Meldungen von internen Nutzern, dass der Login in die Applikation nicht funktioniert wegen »502 Bad Gateway«. Er probiert es selbst und schafft es ebenfalls nicht, sich erfolgreich anzumelden. Jamal trommelt die anderen auf Teams zusammen in einem spontanen Videoanruf.

Viktor und Kareena wählen sich in den Cluster ein und sehen dort beunruhigende Zustände: Die Backend-Pods sind ohne Ausnahme bei über 90 % ihres Memory-Limits. Offensichtlich verbraucht das Backend auf Prod noch mal deutlich mehr Arbeitsspeicher als auf Dev oder Staging. Als kurzfristige Maßnahme erhöht Kareena das Limit für die Backend-Pods auf 12 GB, indem sie mit `kubectl edit` die `Deployment`-Ressource bearbeitet. Die Bearbeitung des `Deployments` erzeugt die Backend-Pods neu. Nachdem die neuen Pods des `Deployments` erfolgreich gestartet sind, können sich die internen User wieder einloggen und wie gewohnt arbeiten.

Allerdings finden einige User einen neuen Bug im Frontend, der sie daran hindert, Auftragsdaten an die Kunden zu liefern. Jamal meldet das Problem im Teams-Kanal des Teams und fragt in die Runde, ob ein Rollback sinnvoll ist. Kareena zögert sehr, weil sie die Pipeline dafür schon lange nicht mehr ausgeführt hat und sie auch keine Tests dafür hat. Und weil Lucía optimistisch ist, dass sie den Bug zügig beheben kann, entscheidet sich Jamal für einen Hotfix.

Lucía macht sich also an die Arbeit, und eine intensive Stunde später ist ihr Fix fertig. Sie rollt nach Dev aus, indem sie ihren PR mergt. Und tatsächlich: Der Bug ist auf Dev behoben, also promotet sie zuerst nach Staging und dann nach Prod.

Nachdem die Release-Pipeline für Prod durchlief, melden User allerdings wieder die gleichen Login-Problem wie am Vormittag. Viktor erkennt das Problem: Durch das erneute Ausrollen auf Prod wurde Kareenas manuelle Änderung am Memory-Limit überschrieben!

Er zieht sofort die Änderung an der Ressourcenbeschränkung im Manifest im Config-Repo nach, pusht den Commit und führt erneut die Release-Pipeline aus. Dieses Mal bleibt die Beschränkung erhalten und keine User melden sich mehr mit Login-Problemen. Alle lehnen sich wieder beruhigt zurück und Kareena erstellt einen Monitor für Ressourcenbeschränkungen und einen Alarm für den Fall, dass Pods länger als 30 Minuten bei über 90 % ihres Memory-Limits laufen.

GitOps macht uns etwas langsamer, aber dafür deutlich stabiler.

Mit GitOps hätte Kareena (im besten Fall) das Memory-Limit direkt per Commit geändert. Denn selbst wenn sie es manuell gesetzt hätte (zum Beispiel mit `kubectl edit`), wäre ihre Änderung nach kurzer Zeit automatisch vom Operator überschrieben worden.

Ein solches Vorgehen bremst uns definitiv aus: Statt eines imperativen Befehls in einem Cluster, mit dem wir möglicherweise sowieso schon verbunden sind, müssen wir ein Manifest suchen, bearbeiten, committen, pushen, eventuell erst noch auf eine PR-Pipeline warten und erst dann können wir das Ergebnis unserer Bemühungen sehen. Für die alltägliche Nutzung eines Config-Repos ist es definitiv gut, dass wir diese Leitplanken haben: Sie geben uns Stabilität und vereinfachte Schienen, auf denen wir fahren können. Außerdem können wir in der Historie zurückblättern und den Änderungsverlauf an einer Ressource viel besser verstehen als ohne GitOps.

Manuelles Eingreifen ist dennoch möglich.

Diese Vorteile sind wie gesagt vor allem für den alltäglichen Umgang mit unseren Config-Repos wichtig und hilfreich. Und mit etwas

Übung kann man auch schneller im Committen werden, sodass wir auch kleinere Incidents in GitOps-Art navigieren können. Dennoch wollen wir manchmal in zeitkritischen Situationen schneller agieren können.

Glücklicherweise stehen GitOps und imperatives Eingreifen in keinem grundsätzlichen Widerspruch. Die meisten GitOps-Operatoren erlauben ein Pausieren der automatischen Angleichung nach GitOps-Prinzip 4. (Mehr dazu erfahren wir in Kapitel 9 auf Seite 247.)

2.10 Zielsysteme besser absichern

Lucía kennt sich noch nicht wirklich gut mit Kubernetes aus, findet die Technologie aber sehr spannend und schaut sich deshalb neugierig in den beiden Clustern um. Auf Prod entdeckt sie mehrere Pods, die sie in Dev und Staging nicht vorfindet. Die Namen sind sehr generisch, und weder ChatGPT noch Google lassen sie damit eine spezifische Anwendung finden, zu der die Pods gehören könnten.

Sie fragt Kareena, was für Pods das sind und wozu sie gut sind. Kareena wiederum ist alarmiert: Wer hat hier unbekannte Workloads deployt? Sie untersucht die Pods und bald formt sich ein Verdacht: Hier betreibt ein externer Angreifer Cryptomining in ihren Clustern.

Bevor Kareena die Pods und deren Controller, ein `DaemonSet`, löscht, exportiert sie diese für die Analyse als Manifeste. Anschließend forscht sie nach, über welchen Weg der Angreifer Zugriff auf den Cluster bekommen haben könnte. Ein direkter Zugriff über `kubectl` ist unwahrscheinlich, da dieser Zugriff nur per VPN erfolgen kann.

Sie fragt beim IT-Team nach, ob sie eine Möglichkeit haben herauszufinden, über welchen User diese Ressource erstellt wurde. Glücklicherweise ist die Audit Policy des Clusters fein genug konfiguriert, sodass die IT herausfinden kann, dass das `DaemonSet` offensichtlich vom GitLab-CI-User deployt wurde. Kareena forscht in den Config-Repos nach, kann aber das `DaemonSet` nirgends dort finden.

Kareena weiß nicht weiter und fragt den Rest des Teams um Rat. Thomas hat eine Vermutung und bittet alle darum, ihre aktiven Sessions in GitLab auf ungewöhnliche Aktivität zu überprüfen. Und tatsächlich werden sie fündig bei Lucía, die eine neue Session vom Tag vor dem Ausrollen des `DaemonSets` hat.

Darauf angesprochen, kann Lucía sich beim besten Willen nicht daran erinnern, zu besagter Uhrzeit sich neu in GitLab angemeldet zu haben. Beschämt gesteht sie aber, dass sie sowohl für den LDAP-Login beim VPN als auch beim öffentlich erreichbaren Login von GitLab dasselbe Passwort verwendet.

Also hat jemand Lucías Passwort erraten oder gestohlen und sich damit in GitLab angemeldet. Und da in GitLab in den Variablen des Config-Repos die Zugangsdaten des CI-Users für beide Cluster hinterlegt waren, war die Tür offen: Er konnte sich mit ihrem LDAP-User ins VPN verbinden und mit dem CI-User auf den Cluster, um dann dort den bösartigen Workload auszurollen.

Als ersten Schritt zur Absicherung beendet Lucía die Session des Angreifers und ändert ihre beiden Passwörter. Gleichzeitig ändern auch alle anderen im Team ihre Passwörter, und alle gemeinsam aktivieren Multi-Faktor-Authentifizierung (MFA). Viktor erstellt auch ein Ticket bei der IT mit Bitte um Aktivieren von erzwungener MFA für alle GitLab-User.

Wir müssen CI-Servern keinen Zugriff mehr auf Zielsysteme geben.

Mit GitOps können wir sicherlich nicht alle Angriffsvektoren verhindern – aber eine bestimmte Gefahrenquelle können wir deutlich entschärfen, nämlich Secrets in unseren CI-Servern. CI/CD-Systeme sind in aller Regel sehr privilegierte Applikationen, weil sie auf viele andere Systeme Zugriff brauchen, um Prozesse automatisieren zu können, und dafür machen sie meist von Usern mit administrativen Rechten Gebrauch. Für Angreifer sind sie eine wahre Goldgrube.

Auch wenn wir es vermutlich nicht schaffen werden, alle Secrets aus der Konfiguration unseres CI-Servers zu entfernen, haben wir mit GitOps dennoch zumindest keine Notwendigkeit mehr dafür, dass das CI/CD-System *Zugriff auf Zielsysteme* wie zum Beispiel Kubernetes-Cluster hat.

Im Vergleichsszenario hätte es also in GitLab keine Kubeconfig in den CI/CD-Variablen des Config-Repos gegeben. Dadurch hätte der Angreifer nur über einen Commit ins Config-Repo seinen Workload deployen können. Das wäre einerseits deutlich auffälliger gewesen, andererseits wäre es auch leichter zu verhindern, indem man den Standardbranch durch erzwungene Merge-Requests mit manueller Freigabe absichert.

Übrigens: Mit GitOps würden wir auch die Secrets, die in der Anwendung verwendet werden (beispielsweise Zugängen zu Datenbanken oder externen Diensten), nicht im Credentials-Store des CI-Servers speichern. Dadurch wären sie in unserem Szenario nicht gefährdet. Stattdessen sind wir hier zum Wohle der Sicherheit gezwungen, dedizierte Werkzeuge zum Secrets Management einzusetzen. In Kapitel 5 auf Seite 97 schauen wir uns verschiedene Optionen an.

3 Wie fange ich mit GitOps an?

Nach dem vorherigen Kapitel haben wir eine konkrete Vorstellung davon, welchen Unterschied GitOps im Entwicklungsalltag macht. In diesem Kapitel wollen wir erste praktische Schritte in Richtung GitOps unternehmen. Am Ende dieses Kapitels werden wir einen lokalen Kubernetes-Cluster haben, in dem ein GitOps-Operator läuft, der eine Beispielanwendung kontinuierlich aus einem Config-Repo deployt.

Bevor wir in den Code und die Praxis eintauchen, möchten wir aber zuerst ein paar Werkzeuge an die Hand geben, die für jede Situation nützlich sind, in der man GitOps implementieren will: eine grundsätzliche Empfehlung und eine Orientierungshilfe.

3.1 Agile Empfehlung: zügiger Durchstich

Die vier Prinzipien können einschüchternd wirken, weil sie absolute Standards setzen, die auf den ersten Blick keinen Spielraum lassen. Glücklicherweise ist GitOps aber nicht zuallererst ein himmelhohes Ideal, das kein gewöhnlicher Mensch erreichen kann. Stattdessen reden wir hier von einer *Reise* und einem schönen Reifeprozess. Sehr empfehlenswert zu diesem Thema ist auch der Vortrag »GitOps as a Journey« von Dan Garfield (Codefresh), Scott Rigby (Weaveworks) und Chris Short (AWS) auf der GitOpsCon 2022[1].

Wir empfehlen deshalb grundsätzlich ein *agiles Vorgehen*: Versuche nicht, sequenziell Prinzip für Prinzip lückenlos zu erfüllen. Ziele stattdessen auf einen Durchstich ab, quasi ein Minimum Viable Product (MVP), mit dem du alle vier Prinzipien minimal erfüllst. Danach bringe iterativ immer mehr Ressourcen deines Systems unter GitOps-Kontrolle.

In aller Regel hat man nämlich bereits deklarative Manifeste, die man nicht erst noch erzeugen muss. Das sind beispielsweise Kubernetes-Manifeste, Docker-Compose-Manifeste oder Terraform-Dateien. Damit ist Prinzip 1 grundlegend abgedeckt.

[1] *https://youtu.be/LQgsxT3SlN8*

Git ist sehr weit verbreitet als Versionierungstechnologie. Wenn man seine Manifeste in Git speichert, hat man Prinzip 2 bereits zu einem großen Teil erfüllt.

Den GitOps-Operator installieren

Was GitOps am meisten von anderen Deployment- und Betriebsansätzen differenziert, sind Prinzip 3 und 4: der Operator im Zielsystem, der Deklarationen kontinuierlich überwacht und anwendet. An diesem Punkt ist die erste praktische Änderung nötig. Im Kubernetes-Umfeld haben wir mit *Flux CD*[2] und *Argo CD*[3] zwei reife und etablierte Alternativen an GitOps-Tools. Wir verwenden in diesem Kapitel Argo CD als Startpunkt, weil die eingebaute UI sich gut zur Visualisierung eignet und weil Argo CD meist mehr Anklang bei Entwickelnden findet, während Flux bei Plattformbetreibern beliebter ist.

> In Kapitel 4 auf Seite 69 gehen wir tiefer auf die Unterschiede zwischen Argo CD und Flux ein und welches Tool sich für welche Anforderungen besser eignet.

Config-Repos mit dem GitOps-Operator verknüpfen

Nach der Installation muss Argo CD so konfiguriert werden, dass es die Manifeste im Git-Repo lesen kann. Dafür müssen wir wiederum ein Manifest erstellen, das dieses Git-Repo referenziert. Bei Argo CD nennt man solche Referenzen `Applications`.

> Analog zu den `Applications` bei Argo CD gibt es bei Flux verschiedene Ressourcentypen wie `Kustomizations` und `HelmReleases`.

Sobald wir dieses Referenzmanifest deployt haben, werden die vorhandenen Manifeste von Argo CD überwacht und in GitOps-Manier kontinuierlich angewandt. Ab hier sind auch alle vier Prinzipien erstmals grundlegend erfüllt. *Vollständig* erfüllt sind sie noch nicht, denn folgende Kriterien erfüllt unser Aufbau an diesem Punkt meistens noch nicht:

1. Bei Prinzip 2: Die reine Nutzung von Git erfüllt die Anforderung von Versionierung, aber nicht automatisch die von *Unveränderbarkeit*. Je nach gewünschtem Grad an Unveränderbarkeit sind weiterführende Schritte nötig wie beispielsweise das Pinnen von Image-Tags. (Wir haben bereits bei Abschnitt 1.3.2 auf Seite 18 darüber gesprochen.)
2. Ebenfalls bei Prinzip 2: Oftmals haben wir es auch mit *Secrets* zu tun, die wir nicht direkt in Git versionieren wollen. Diesem Thema wenden wir uns in Kapitel 5 auf Seite 97 zu.

---
[2] *https://fluxcd.io*

[3] *https://argoproj.github.io/cd*

Wenn wir von Vollständigkeit reden, sollten wir noch einmal im Detail Prinzip 1 untersuchen: Dieses Prinzip besagt, dass der Zustand *des von GitOps verwalteten Systems* deklarativ beschrieben sein muss. Es besagt nicht, dass die Gesamtheit des Systems, innerhalb dessen ein GitOps-Operator läuft, vollständig deklarativ beschrieben sein muss.

Prinzip 1 sagt nichts aus über den Umfang des Systems.

Es ist mit Sicherheit gut, wenn so viele Komponenten unseres Softwaresystems wie möglich von GitOps verwaltet werden, und unserer Erfahrung nach entwickelt GitOps schnell eine Sogwirkung, sodass Teams von alleine versuchen, immer mehr Teile des Systems unter GitOps-Kontrolle zu bringen. Dazu kann beispielsweise die zugrunde liegende Infrastruktur gehören (siehe Kapitel 11 auf Seite 291).

Aber Prinzip 1 legt umgekehrt fest, dass es dann erfüllt ist, wenn das System, das von GitOps verwaltet wird, deklarativ beschrieben wird. Nicht alle Bestandteile eines Systems werden wir immer deklarativ ausdrücken können oder wollen. In Kapitel 9 auf Seite 247 betrachten wir Entitäten und Aktionen, die wir möglicherweise bewusst außerhalb der GitOps-Überwachung behandeln möchten.

3.2 Fragen zur Orientierung

Als weiteres Hilfsmittel vor der praktischen Umsetzung wollen wir eine Orientierungshilfe geben, mit der man GitOps-Implementierungen einschätzen und zueinander in Bezug setzen kann.

Zum Thema GitOps finden sich Unmengen an Tutorials, Blogposts, Konferenzbeiträgen und dergleichen, die sehr detailliert eine konkrete Implementierung von GitOps vorstellen. Viele davon sind wertvoll für die Umsetzung, auch wenn manche sich leider auf veraltete Definitionen von GitOps stützen und damit den Begriff »GitOps« verwischen. Ihnen allen ist aber gemein, dass sie denjenigen nicht wirklich helfen, die GitOps und seine Prinzipien zuerst noch grundlegend kennenlernen müssen, bevor sie anfangen können mit einer Implementierung.

Mit den folgenden Fragen wollen wir Verwirrung verringern und dabei helfen, GitOps-Lösungen einzusortieren, damit wir – um das geläufige Sprichwort positiv umzuformulieren – wieder »den Wald trotz lauter Bäumen« sehen können. Sie beschränken sich auf die für GitOps relevanteren Aspekte und lassen damit bewusst manche Dimensionen aus, die für die ganzheitliche Beurteilung eines Softwaresystems relevant sein können.

1. Prinzip 1: *Was für Deklarationen nutzen wir?* Das können unterschiedlichste Dateiformate sein: Kubernetes-Manifeste, Docker-Compose-Manifeste, Terraform-Dateien, Pulumi-Code, Helm-Charts oder andere. Auch Kombinationen von verschiedenen De-

klarationstypen sind möglich, beispielsweise Terraform für Infrastruktur und Helm-Charts für Deployments.

2. Prinzip 2: *Welchen Speicher nutzen wir?* Das kann sich in der Technologie und im Hosting unterscheiden:
   - Die *Technologie* kann beispielsweise Git, Mercurial oder Fossil sein. Sie kann auch seltenere Varianten umfassen wie AWS S3 oder Registries, die mit der Spezifikation der Open Container Initiative (OCI) compliant sind (OCI-Registries).
   - Beim *Hosting* reden wir meistens von der Bereitstellung eines Git- oder Mercurial-Servers, und hier unterscheiden wir nochmals zwischen *Modus* und *Produkt*:
     - Modus: Wird es als Software-as-a-Service (SaaS) bezogen oder selbst betrieben?
     - Produkt: Nutzen wir GitLab, GitHub, Bitbucket oder ein anderes Produkt?
3. Prinzipien 3 und 4: *Welchen GitOps-Operator nutzen wir?* Typische Antworten hier sind Argo CD, Flux, Portainer oder selbst entwickelte Tools.
4. *Welche Secrets-Verwaltung nutzen wir?* (Wir sehen in Kapitel 5 auf Seite 97 genauer, warum das Verwalten von Secrets eine so wichtige Rolle spielt.) Mögliche Antworten können hier sein:
   - verschlüsseltes Speichern im Repository mit SOPS, git-crypt oder Sealed Secrets
   - ein externer Secrets Manager wie HashiCorp Vault oder AWS Secrets Manager, der in Kubernetes eingebunden wird über beispielsweise External Secrets Operator oder als Operator Injector
5. *Welche private Image-Registry nutzen wir?* Weil wir in aller Regel mit Containern arbeiten, ist es zur Orientierung hilfreich zu wissen, wo unsere Container-Images gelagert werden. Meistens lohnt es sich hier zu differenzieren zwischen *privaten und öffentlichen Images*. Öffentliche Images werden oftmals von Docker Hub oder Quay genommen, während private, selbstgebaute Images beispielsweise in der Azure Container Registry, einem selbstbetriebenen Harbor oder einer anderen privaten Registry gelagert werden. Die Antwort auf diese Frage kann sich in manchen Fällen mit der Antwort auf Frage 2 überlappen oder sogar deckungsgleich sein. Ein paar kurze Beispiele dafür:

- Man lagert Kustomizations in GitLab und dort referenzierte Images in der GitLab Container Registry.
- Man lagert Helm-Charts in einer OCI-Registry und die dort referenzierten Images in derselben Registry.

3.3 Eine Beispielimplementierung mit Argo CD

In Kapitel 2 auf Seite 25 haben wir ein beispielhaftes Szenario mit mehreren Anwendungen und Clustern ausgemalt. Im Rest dieses Kapitels gehen wir erste Schritte und üben ein, wie das Arbeiten im GitOps-Stil praktisch aussieht. Die dabei entstehende Implementierung ist sehr vereinfacht und *nicht* produktionsreif. Wir favorisieren an dieser Stelle einen zügigen Aufbau und geringe Komplexität vor zu frühen Abstraktionen.

Diese Implementierung ist nur *eine* Variante von vielen Wegen, wie man GitOps umsetzen kann. Wir beschränken uns an dieser Stelle bewusst auf eine einzige Variante, um zuerst den ganzen Pfad durchzugehen und eine Implementierung vollständig von Anfang bis Ende abzudecken. Dabei werden wir viele Themen nur streifen und erst das ganze Spektrum sehen, bevor wir uns dann in den nachfolgenden Kapiteln den einzelnen Themen in der Tiefe widmen.

3.3.1 Zielsetzung

Anfangs wollen wir die gerade formulierten Orientierungsfragen nutzen, um den endgültigen Zielzustand zu beschreiben:

1. *Was für Deklarationen nutzen wir?* Kubernetes-Manifeste in einer Kustomize-Struktur.
2. *Welchen Speicher nutzen wir?* Git mit einem SaaS-Provider, beispielsweise GitLab.
3. *Welchen GitOps-Operator nutzen wir?* Argo CD.
4. *Welche Secrets-Verwaltung nutzen wir?* HashiCorp Vault mittels External Secrets Operator.
5. *Welche private Image-Registry nutzen wir?* Keine, wir nutzen nur ein Image aus der GitHub Container Registry.

Die vollständige Architektur versuchen wir in Abb. 3–1 übersichtsartig darzustellen. Die Beispielimplementierung fängt in diesem Kapitel erst noch in einem vereinfachten Zustand an und wir bauen sie stellenweise

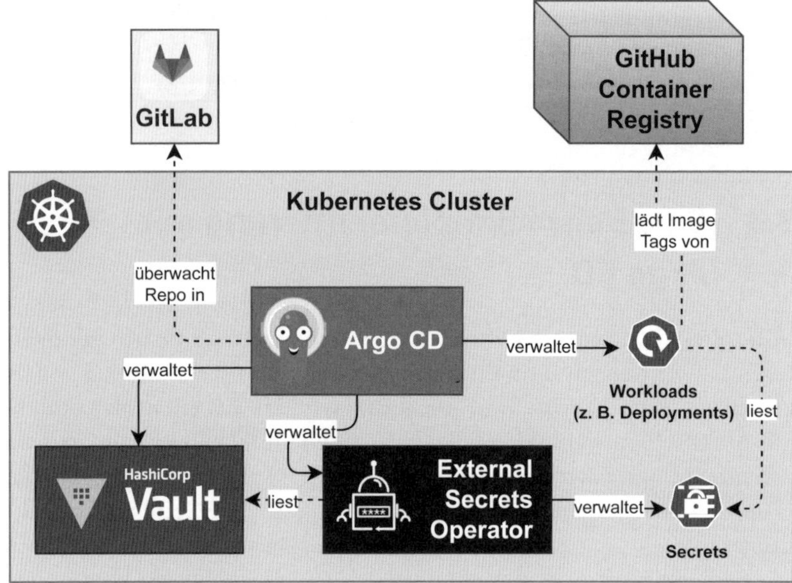

Abb. 3–1 *Vollständige Architektur der Beispielimplementierung*

im Lauf des Buches aus. (Konkret werden wir uns beispielsweise mit HashiCorp Vault erst in Kapitel 5 auf Seite 97 befassen.)

Den reduzierten Zielzustand für dieses Kapitel versuchen wir in Abb. 3–2 genauer darzustellen: Wir werden in GitLab ein Config-Repo haben, aus dem das ganze Environment aufgebaut wird. Als einzigen Workload wollen wir eine simple Beispielanwendung ausführen (`podinfo`[4] von Weaveworks). Das Container-Image dafür liegt in der GitHub Container Registry.

Wir werden den *Argo CD Autopilot*[5] verwenden, um eine Repository-Struktur aufzubauen und Argo CD in den Cluster zu installieren. Mithilfe eines Argo CD `ApplicationSet` werden wir die Beispielanwendung als `Application` deployen, und dadurch werden unsere Anwendungen auf GitOps-Weise in den Cluster betrieben.

Abb. 3–2 sieht womöglich erst einmal erschreckend komplex aus. Wir arbeiten uns von oben nach unten vor und werden Schritt für Schritt die einzelnen Bereiche erhellen. Es mag hilfreich sein, im Verlauf dieses Kapitels immer wieder auf dieses Diagramm zurückzugreifen.

[4] *https://github.com/stefanprodan/podinfo*
[5] *https://github.com/argoproj-labs/argocd-autopilot*

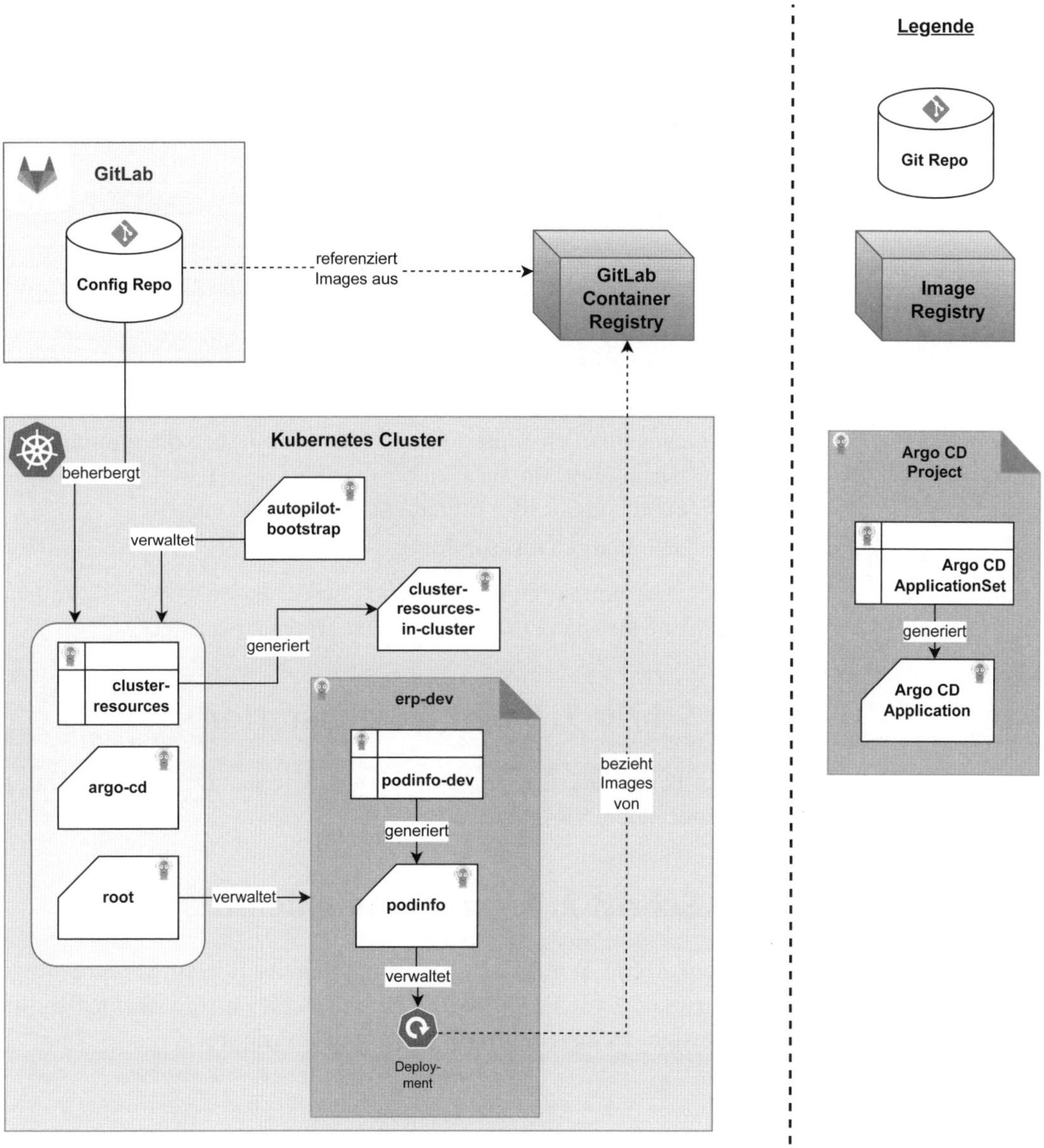

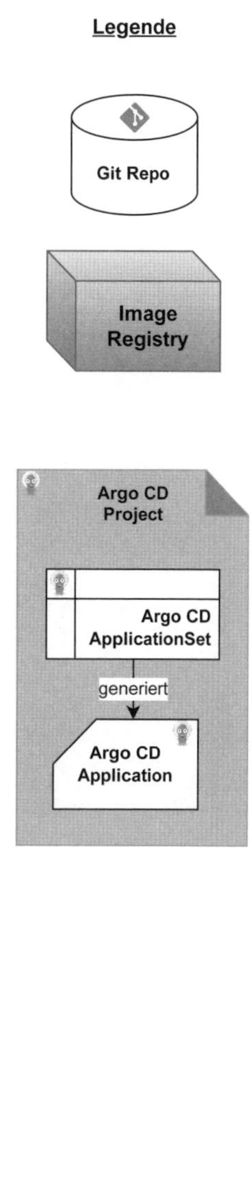

Abb. 3–2
Zielzustand der Beispielimplementierung am Ende dieses Kapitels

Wir führen konkret folgende Schritte aus:

1. Wir setzen einen lokalen Kubernetes-Cluster auf.
2. Wir installieren Argo CD in den Cluster und befüllen ein Config-Repo durch den Argo CD Autopilot.
3. Wir deployen die Beispielanwendung über das Config-Repo.
4. Wir deployen eine Änderung an der Beispielanwendung, um den vollständigen Deployment-Fluss nachzuvollziehen.

Schauen wir uns zuerst an, welche Voraussetzungen wir für die Implementierung benötigen:

3.3.2 Voraussetzungen

Um die Implementierung selbst nachspielen zu können, benötigst du

- folgende Programme:
  1. eine Unix-Shell. Unter Windows bietet sich *Git for Windows*[6] an.
  2. eine Container Runtime, beispielsweise Docker[7]
  3. die Kubernetes-CLI (`kubectl`)[8]
  4. einen lokalen Kubernetes-Cluster. Wir haben diese Implementierung mit `minikube`[9] unter macOS getestet; andere Tools wie `kind`[10] oder k3d[11] sollten ebenfalls funktionieren.
  5. den Argo CD Autopilot[12]
- einen Account in einem öffentlich erreichbaren SCM. Du kannst dich zum Beispiel kostenlos bei GitLab registrieren[13].

3.4 Schritt 1: Einen Cluster starten

Ganz zu Beginn starten wir einen lokalen Cluster mit `minikube`. Dafür genügt der Befehl `minikube start`.

3.5 Schritt 2: Argo CD installieren

Bevor wir Argo CD mithilfe des Autopiloten installieren, versuchen wir einige grundlegende Dinge über Argo zu verstehen: Argo ist eine Familie an Projekten, zu denen offiziell die folgenden gehören:

---

[6] *https://gitforwindows.org*

[7] *https://docs.docker.com/engine/install*

[8] *https://github.com/kubernetes/website/blob/snapshot-initial-v1.28/content/en/docs/tasks/tools/_index.md#kubectl*

[9] *https://minikube.sigs.k8s.io/docs/start*

[10] *https://kind.sigs.k8s.io/docs/user/quick-start*

[11] *https://k3d.io/*

[12] *https://github.com/argoproj-labs/argocd-autopilot/blob/v0.4.17/docs/Installation-Guide.md*

[13] *https://gitlab.com/users/sign_up*

1. Argo CD: das GitOps-Tool für Continuous Delivery
2. Argo Rollouts: eine Erweiterung der typischen Deployment-Strategien in Kubernetes
3. Argo Workflows: parallelisiertes Ausführen von Jobs, besonders genutzt für Machine Learning und Data Science
4. Argo Events: Webhooks für Kubernetes-Ressourcen exponieren

Der Argo CD Autopilot gehört noch nicht offiziell zur Argo-Familie, bietet uns aber dennoch einige Vorteile:

- Wir haben *einen* pragmatischen, vorgegebenen Weg im Meer der vielen Möglichkeiten, ein Git-Repository mit Argo CD zu strukturieren. (In Kapitel 6 auf Seite 133 gehen wir auf verschiedene Ordner- und Repository-Strukturen genauer ein, auch auf die Struktur von Autopilot-Repos.)
- Wir installieren Argo CD nicht nur in den Cluster, sondern haben direkt ein Setup, in dem Argo CD danach sich selbst verwaltet. Damit haben wir von Anfang an bereits viele Komponenten unseres Systems unter GitOps-Kontrolle, was zum Beispiel auch das Wiederherstellen eines Clusters im Katastrophenfall erleichtert.

Config-Repo erstellen und Autopilot autorisieren

Wir werden jetzt zuerst Argo CD aufsetzen mithilfe des Autopiloten und anschließend nachvollziehen, was alles in diesen wenigen Schritten passiert ist. Im Zuge dessen werden wir auch ein Config-Repo befüllen. Dafür erstellen wir ein neues Repo in GitLab unter https://gitlab.com/projects/new. (Die HTTPS-URL dieses Repositorys bezeichnen wir im Folgenden mit `GITLAB_REPO_URL`.) Dieses Repo lassen wir gleich vom Autopiloten befüllen.

> Als Beispiel stellen wir auf GitLab auch ein fertig befülltes Referenz-Config-Repo zur Verfügung[14]. Der Unterordner `ch03/` in diesem Repo enthält die Inhalte, wie sie am Ende dieses Kapitels aussehen können. Ein eigenes Repo zu erstellen ist dennoch nötig, weil du andernfalls keine Schreibrechte auf das Config-Repo hast.

Damit auch der Autopilot in unser neues Repo committen kann, benötigt er Credentials. Dafür erzeugen wir in GitLab einen Personal Access Token (PAT) mit Schreibzugriff auf unser neues Repo. Unter https://gitlab.com/-/profile/personal_access_tokens wählen wir unter »Select scopes« nur den Scope `write_repository` aus. Den Wert, der anschließend unter »Your new personal access token« angezeigt wird, referenzieren wir im Folgenden mit `GITLAB_PAT`.

[14] *https://gitlab.com/gitops-book/erp-gitops*

Dann exportieren wir folgende Variablen und starten die initiale Provisionierung:

Listing 3–1
Initiales Provisionieren mit Argo CD Autopilot

```
export GIT_USER=YOUR_GITLAB_USERNAME
export GIT_TOKEN=GITLAB_PAT
# Example repo and directory:
# GIT_REPO=https://gitlab.com/gitops-book/erp-gitops/ch03
export GIT_REPO=GITLAB_REPO_URL
argocd-autopilot repo bootstrap
```

Argo CD wird gestartet, und es dauert einige Minuten, bis der Cluster die Images heruntergeladen hat. Nach wenigen Minuten sollte am Ende der Terminal-Ausgabe ein Text ähnlich wie der folgende erscheinen:

Listing 3–2
Ende der initialen Ausgabe

```
INFO argocd initialized. password: 59NKDxtX-uvKOzwn
INFO run:

    kubectl port-forward -n argocd \
      svc/argocd-server 8080:80
```

Wir starten diesen Port-Forward und öffnen https://localhost:8080 im Browser. Dort melden wir uns mit dem Usernamen »admin« und dem Passwort aus der Terminal-Ausgabe an.

> Argo CD leitet uns direkt zu HTTPS weiter. Die meisten Browser sind damit bei `localhost` nicht unmittelbar einverstanden und müssen entsprechend konfiguriert werden. In Chrome und verwandten Browsern (auch Edge) kannst du dem Vertrauen von selbstsignierten Zertifikaten unter `localhost` zustimmen unter einer bestimmten URL[15]. Andere Browser ermöglichen das Öffnen der Seite, indem man auf der Warnseite einer Ausnahmeoption zustimmt.

Nach dem Login sollten wir vier `Applications` zu sehen bekommen wie in Abb. 3–3.

3.5.1 Ressourcentypen von Argo CD verstehen

Mit diesen wenigen Befehlen sind mehrere Dinge auf einmal geschehen: Der Autopilot hat Argo CD direkt in den Cluster installiert und anschließend einige Manifeste ins Config-Repo committet. Abb. 3–4 zeigt die Ordnerstruktur im Repository.

Wir werden in diesem Kapitel nur mit den Ordnern `apps` und `projects` umgehen. Die genaue Struktur, die der Autopilot erzeugt, werden wir in 6.7.1 auf Seite 170 genauer betrachten.

[15] *chrome://flags/#allow-insecure-localhost*

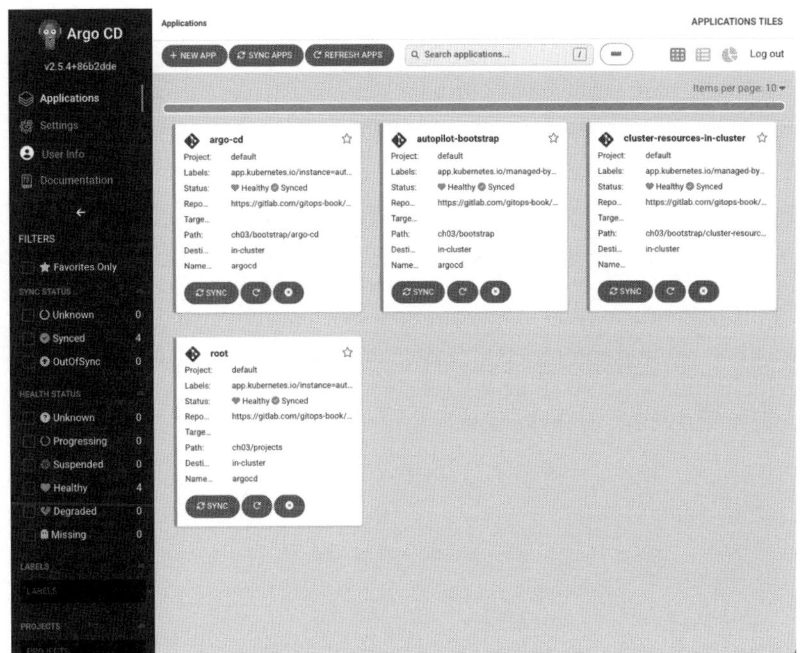

Abb. 3–3
Die UI von Argo CD nach der initialen Provisionierung durch den Autopiloten

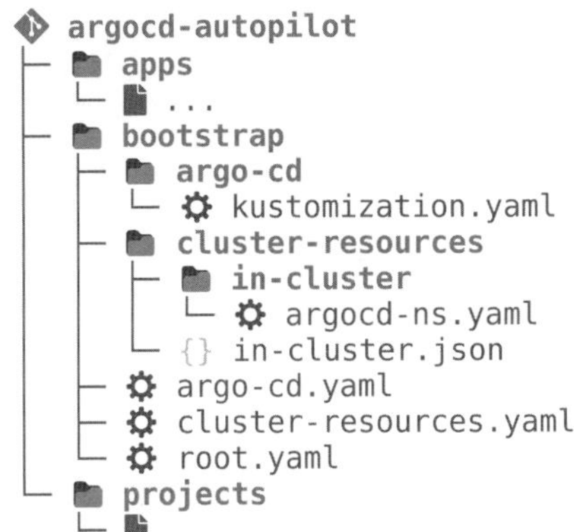

Abb. 3–4
Ordnerstruktur wie von Argo CD Autopilot erzeugt

Damit wir besser verstehen, wie Argo CD funktioniert, betrachten wir drei *Custom Resource Definitions* (CRDs), die Argo CD von Haus aus mitbringt:

1. `Application`: Sie bündelt Kubernetes-Manifeste und synchronisiert sie in den Cluster. Die Quelle einer `Application` kann ein Git-Repository sein (entweder mit bloßen Manifesten oder Kustomizations) oder ein Helm-Repository.

2. ApplicationSet: Ein ApplicationSet kann Applications generieren anhand von Templates und Variablen.
3. AppProject bezeichnet: Mithilfe eines AppProject können Applications und ApplicationSets gruppiert werden. Sie sind optional und wirken in der Ergonomik ähnlich wie Kubernetes-Namespaces.

Der untere Teil von Abb. 3–2 auf Seite 53 kann in diesem Abschnitt sehr hilfreich sein, um visuell besser zu verstehen, wie die verschiedenen Argo-CD-Ressourcentypen miteinander zusammenhängen.

Wir betrachten an dieser Stelle noch jeweils ein Beispiel für eine Application und ein ApplicationSet unter den Dateien, die vom Autopilot erzeugt wurden. Eine der Applications, die erzeugt wurden, ist die Application argo-cd im Namespace argocd:

Listing 3–3
Eine Application in bootstrap/argo-cd.yaml

```
apiVersion: argoproj.io/v1alpha1
kind: Application
metadata:
  creationTimestamp: null
  labels:
    app.kubernetes.io/managed-by: argocd-autopilot
    app.kubernetes.io/name: argo-cd
  name: argo-cd
  namespace: argocd
spec:
  destination:
    namespace: argocd
    server: https://kubernetes.default.svc
  ignoreDifferences:
  - group: argoproj.io
    jsonPointers:
    - /status
    kind: Application
  project: default
  source:
    path: bootstrap/argo-cd
    repoURL: https://gitlab.com/gitops-book/erp-infra.git
  syncPolicy:
    automated:
      allowEmpty: true
      prune: true
      selfHeal: true
    syncOptions:
    - allowEmpty=true
```

Eine `Application` hat ein Ziel (ein Kubernetes-Cluster, in diesem Fall der Cluster, in dem Argo CD selbst läuft) und eine Quelle (in diesem Fall das Config-Repo, mit dem wir gerade arbeiten). Wenn eine `Application` ein Git-Repo referenziert, können in diesem Repo auch weitere `Applications` liegen; eine `Application` ist schließlich selbst nur ein gewöhnliches Kubernetes-Manifest.

Auf diese Weise kann man `Applications` auch hierarchisch verschachteln. Diese Herangehensweise wird als »App of Apps« bezeichnet (mehr dazu in Abschnitt 6.6.2 auf Seite 168). In der UI von Argo CD können wir dieses Pattern direkt bei der `Application` `autopilot-bootstrap` sehen: Sie bindet zwei `Applications` und ein `ApplicationSet` ein (siehe Abb. 3–5).

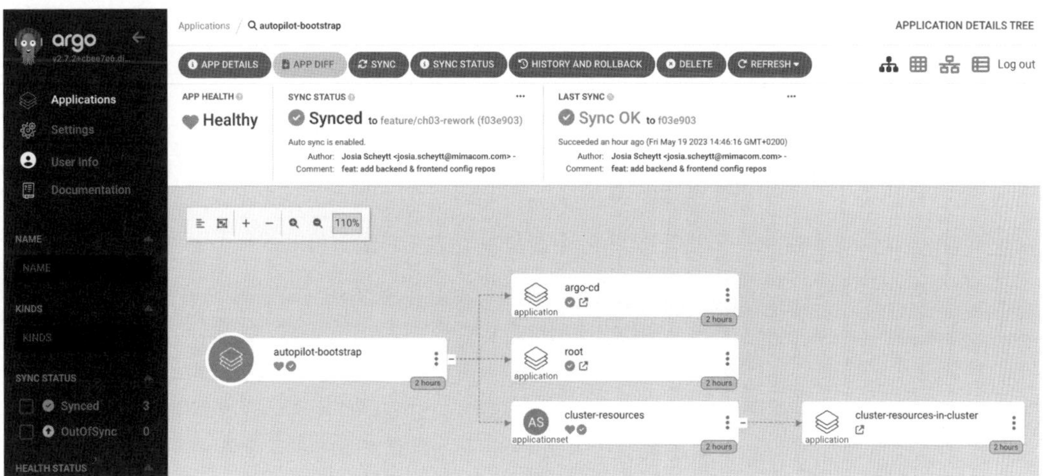

Abb. 3–5
App of Apps: Die Application autopilot-bootstrap bindet weitere Applications ein.

`ApplicationSets` wiederum sind Templates, aus denen `Applications` erzeugt werden durch Variablen und Generatoren. Die Funktionsweise lässt sich mit `Deployments` und `Pods` vergleichen: Ein `ApplicationSet` und die `Applications`, die daraus erzeugt werden, sind analog zu einem `Deployment`, aus dem `Pods` (genauer gesagt `ReplicaSets`) erzeugt werden. Das Template im `ApplicationSet` ist dann analog zum `Pod`-Template im `Deployment`.

Ein `ApplicationSet` lässt sich auch in gewisser Weise mit einem Helm-Chart vergleichen: Das Template im `ApplicationSet` entspricht den Templates im Chart. Die Generatoren im `ApplicationSet` entsprechen ungefähr den Values-Files, aus denen konkrete Helm-Releases instanziiert werden können.

Ein Beispiel für ein `ApplicationSet` unter den vom Autopilot generierten Dateien ist das `ApplicationSet` `cluster-resources` im `Namespace` `argocd`. Wir stellen es aus Platzgründen hier nur verkürzt dar:

Listing 3–4
Ein ApplicationSet in bootstrap/cluster-resources.yaml

```
apiVersion: argoproj.io/v1alpha1
kind: ApplicationSet
metadata:
  # ...
  name: cluster-resources
  namespace: argocd
spec:
  generators:
  - git:
      files:
      - path: bootstrap/cluster-resources/*.json
      repoURL: https://gitlab.com/gitops-book/erp-infra.git
      # ...
  template:
    metadata:
      labels:
        app.kubernetes.io/managed-by: argocd-autopilot
        app.kubernetes.io/name: cluster-resources-{{name}}
      name: cluster-resources-{{name}}
      namespace: argocd
    spec:
      destination:
        server: '{{server}}'
      # ...
      source:
        path: bootstrap/cluster-resources/{{name}}
        repoURL: https://gitlab.com/gitops-book/erp-infra.git
      syncPolicy:
        automated:
          allowEmpty: true
          selfHeal: true
```

In diesem Fall werden Variablen in doppelten geschwungenen Klammern wie `{{name}}` ersetzt durch ihre Werte in den Dateien unter `bootstrap/cluster-resources/*.json`, und aus den resultierenden ausgefüllten Templates erzeugt das `ApplicationSet` dynamisch `Applications`.

3.6 Schritt 3: Eine eigene Application erzeugen

Wir werden jetzt ein `AppProject`, eine `Application` und ein Kubernetes-`Deployment` erzeugen. Das `Deployment` wird von der `Application` verwaltet werden, und die `Application` wird wiederum dem `AppProject` zugeordnet sein.

> Die Zuordnung von `Applications` in ein `AppProject` ist optional (es gibt standardmäßig ein `AppProject` namens »default«), doch es bietet Vorteile: Man kann Berechtigungen auf den zugehörigen `Applications` zentral steuern und beispielsweise festlegen, in welchen `Namespaces` diese `Applications` Ressourcen erzeugen dürfen.

Wir erstellen in diesem Fall ein `AppProject` namens `podinfo-dev`, welches das gesamte Environment für unseren Workload enthalten wird:

Listing 3–5 *Erstellen des AppProjects*

```
argocd-autopilot project create podinfo-dev
```

Der Autopilot erzeugt daraufhin eine Datei namens `projects/podinfo-dev.yaml`, welche das `AppProject` und das `ApplicationSet` enthält.

Anschließend erzeugen wir eine (leere) Application:

Listing 3–6 *Erstellen der Application*

```
argocd-autopilot app create podinfo \
  --project podinfo-dev --type kustomize \
  --app deployment.yaml
```

Der Autopilot committet dabei eine Kustomization in das Repository, die auf die Datei `apps/podinfo/base/deployment.yaml` verweist, die aber noch nicht existiert. Erzeugen wir sie, um unsere Beispielanwendung zu deployen!

Bevor wir das tun können, müssen wir noch den neuesten Stand des Repositorys pullen, weil der Autopilot alle Commits im Hintergrund (und nicht in der Working Directory unserer Shell-Session) macht. Anschließend können wir unser Manifest erzeugen:

Listing 3–7 *Erstellen des Deployments*

```
git pull
kubectl create deployment podinfo \
  --dry-run=client -o=yaml --port=9898 \
  --image=ghcr.io/stefanprodan/podinfo:6.4.0 \
  > apps/podinfo/base/deployment.yaml
```

Dieses Manifest könnten wir an diesem Punkt auch imperativ deployen mit `kubectl apply`, um das `Deployment` im Cluster zu installieren. Wenn wir aber mit GitOps arbeiten, wollen wir stattdessen die Datei committen und die Arbeit des Ausrollens dem GitOps-Operator überlassen. Committen wir also die Datei:

Listing 3–8 *Erstellen des Deployments*

```
git add apps/podinfo/base
git commit -m "feat: add podinfo deployment"
git push
```

Wenn wir ein paar Sekunden warten, sollte die UI von Argo CD uns eine neue `Application` mit einem gesunden `Deployment` zeigen wie in Abb. 3–6 und Abb. 3–7.

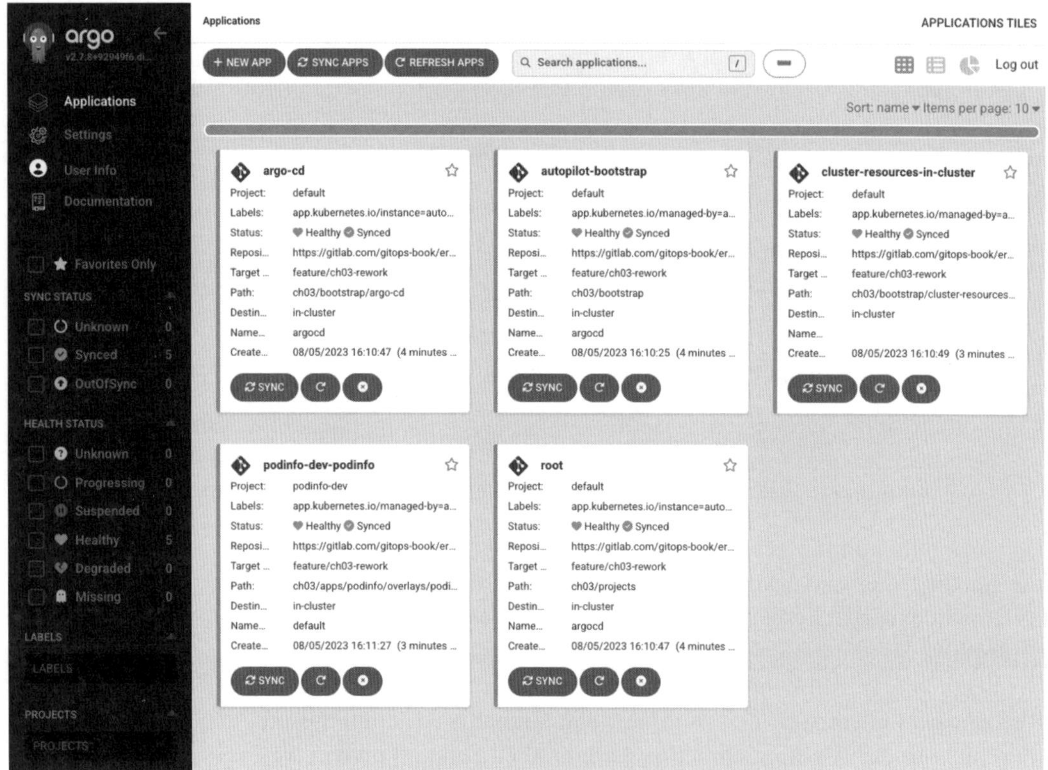

Abb. 3–6 *Eine neue Application in der Übersicht*

Wir können uns auch noch konkreter von der gesunden Ausführung der Anwendung überzeugen, indem wir einen Port-Forward starten und anschließend die URL http://localhost:9898 im Browser öffnen.

Listing 3–9 *Port-Forward des Deployments*

```
kubectl port-forward deploy/podinfo 9898:9898
# Open http://localhost:9898
```

Eine Ansicht wie in Abb. 3–8 sollte uns begegnen.

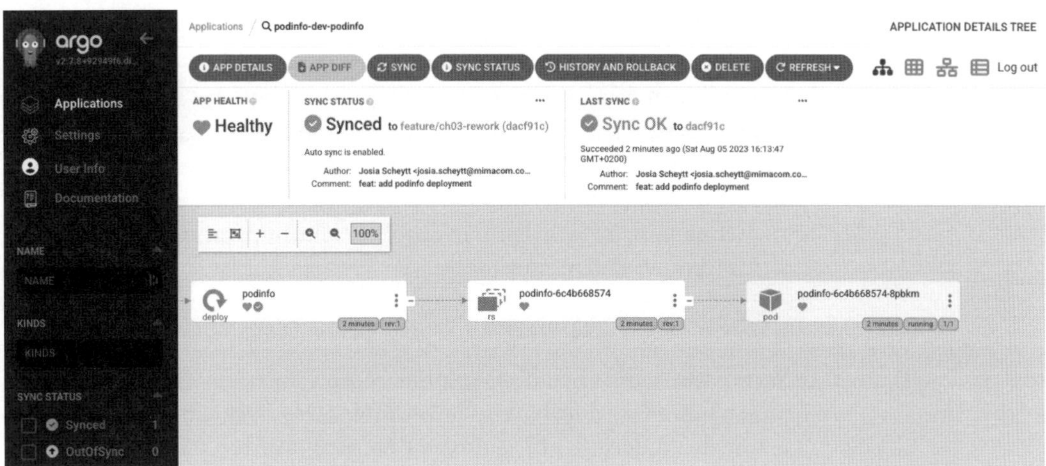

Abb. 3–7
Ein gesundes Deployment in der neuen Application

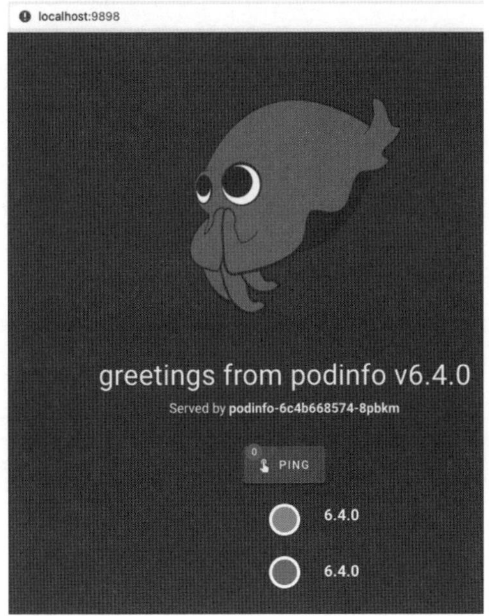

Abb. 3–8
Podinfo im Browser

3.7 Schritt 4: Eine Änderung deployen

Nach diesem erfolgreichen Setup sind wir in der Lage, Änderungen an unserer Beispielanwendung voll kontinuierlich von Argo CD deployen zu lassen. Als einfaches Beispiel nehmen wir eine Skalierung: Sagen wir, wir wollen das `Deployment` auf zwei Replicas hochskalieren.

Ohne GitOps würden wir das vielleicht imperativ machen, indem wir folgenden Befehl ausführen:

Listing 3–10
Imperatives Skalieren des Backends

```
kubectl scale deploy/podinfo --replicas=2
```

Wenn wir diesen Befehl ausführen, startet zwar ein zweiter `Pod`, aber dieser fährt fast sofort wieder herunter. Das liegt daran, dass unsere manuelle Änderung am `Deployment` sofort von Argo CD überschrieben wird.

Statt imperativ zu arbeiten, können wir komplett GitOps-konform arbeiten, indem wir diese Änderung stattdessen deklarativ im Manifest vornehmen: Wir bearbeiten also die `Deployment`-Datei, die wir in Schritt 3 erzeugt haben, und setzen `.spec.replicas=2`. Nachdem wir diese Änderungen committen und pushen, startet eine zweite Replica erfolgreich (siehe Abb. 3–9).

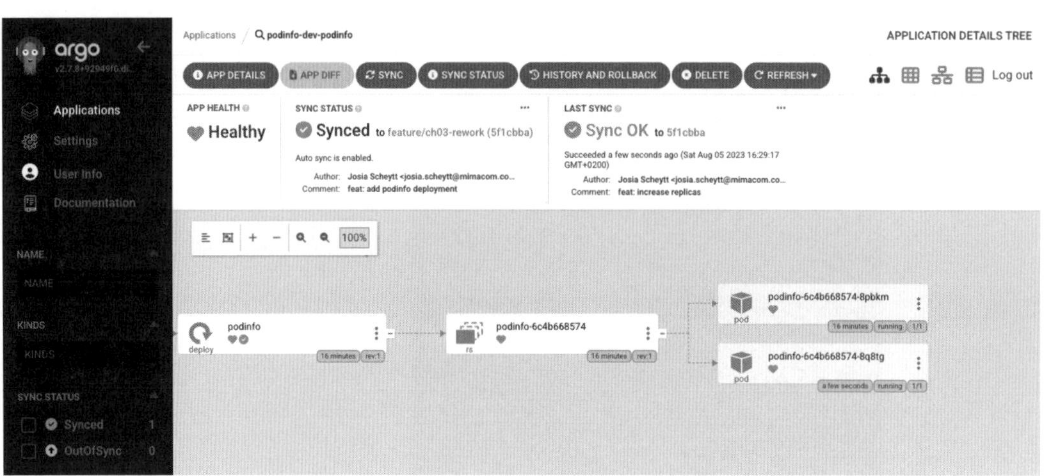

Abb. 3–9
Eine zweite Replica startet

3.8 Fazit

In diesem Kapitel haben wir Hilfsmittel kennengelernt, um GitOps-Lösungen einschätzen und miteinander vergleichen zu können. Diese Hilfsmittel haben wir direkt angewandt bei einer Beispielimplementierung.

Im Rahmen dieser Implementierung haben wir Argo CD mithilfe des Argo CD Autopilot in einem lokalen Cluster installiert und unsere beiden Beispielapplikationen dorthin deployt. Wir haben Argo CD und seine Ressourcentypen kennengelernt, insbesondere `ApplicationSets` mit ihren Templating-Möglichkeiten.

Ebenso haben wir den Unterschied erlebt zwischen imperativem und deklarativem Deployen, indem wir eine der Anwendungen zuerst imperativ und dann deklarativ skaliert haben. Das greifbarste Ergebnis dieses Kapitels ist das Config-Repo, das wir erstellt und mit Manifesten befüllt haben.

Teil II
Praxis

4 Argo CD oder Flux auswählen

Wir haben im vorigen Kapitel einen Einstieg mit Argo CD gewagt. Eine der fundamentalsten Entscheidungen in Bezug auf GitOps wird in den meisten Fällen lauten: Nutzen wir Argo CD oder Flux? Die beiden Platzhirsche unter den GitOps-Tools sind beide ausgereift mit vielen Features. Dieses Kapitel gibt Starthilfe, bespricht die wichtigsten Features, Gemeinsamkeiten und die kleinen aber feinen Unterschiede.

Wie bei allen technischen Entscheidungen ist auch bei der Auswahl eines GitOps-Operators die wichtigste Grundlage die Kenntnis der eigenen Anforderungen, am besten in priorisierter Form. Beim Vergleich von Argo CD mit Flux macht es das in vielen Fällen allerdings nicht einfacher. Beide Tools erfüllen den grundlegenden GitOps-Prozess mit Bravour und haben darüber hinaus eine schwer überblickbare Anzahl an Features, bei denen sie sich nur in Nuancen unterscheiden. An dieser Stelle setzt dieses Kapitel an und erörtert verschiedene praxisrelevante Aspekte Schritt für Schritt.

4.1 Zahlen und Fakten

Zum Einstieg gibt uns Tabelle 4–1 eine Übersicht über einige Zahlen der beiden CNCF-Projekte Argo und Flux. Dazu einige Anmerkungen:

- Sofern nicht anders ausgezeichnet, stammen die Daten von »cncf/devstats«[1] (Argo[2], Flux[3]) und beziehen sich auf die gesamten CNCF-Projekte Argo und Flux.
  Deshalb sind die Metriken nicht 1:1 vergleichbar. Argo ist ein Projekt mit größerem Scope und besteht aus den vier Teilprojekten Workflows, Rollouts, Events und CD. Flux enthält Flux Version 1

[1] *https://github.com/cncf/devstats*

[2] *https://argo.devstats.cncf.io/d/18/overall-project-statistics-table?orgId=1%26var-period_name=Last%2520decade%26var-repogroup_name=All*

[3] *https://flux.devstats.cncf.io/d/18/overall-project-statistics-table?orgId=1%26var-period_name=Last%2520decade%26var-repogroup_name=All*

und 2 sowie Flagger. Flux 2 ist eine komplette Neuimplementierung, daher ein separates Teilprojekt mit eigenen Metriken.
- *Contributors* bezieht sich auf Issues, PRs, Comments, Commits etc.
- *Adopters* sind Listen, auf die sich Firmen selbst setzen können. Die Dunkelziffer ist daher hoch.

Tab. 4–1
Schnelle Fakten über die CNCF-Projekte Argo und Flux

	Argo-Projekt	Flux-Projekt
Erster Commit	02/2018 (Argo CD)[4]	07/2016 (Flux v1)[5]
GitHub Stars	27.400	13.300
Anzahl Repos	127	44
Anzahl Commits	38.127	42.286
Anzahl Issues	16.808	5.726
Anzahl PRs	16.368	8.003
Contributors (Individuen)	11.936	4.022
Contributors (Firmen)	2000[6]	1000[7]
Top 3 Committer	1. Intuit (45 %) 2. Red Hat (6 %) 3. Akuity (3 %)	1. Weaveworks (71 %) 2. Unabhängige (3 %) 3. Cybercom Group (2 %)
Anzahl Adopters	300 (Argo CD)[8]	192 (Flux v1+v2)[9]

Stand: 07/2023

[4] *https://github.com/argoproj/argo-cd/commit/a67038ae2e9cb9b9b16423702f98b41e36601001*

[5] https://github.com/fluxcd/flux/commit/a6fbd68a967846f8c8b62ed0ae3482af1120b58c

[6] *https://argo.devstats.cncf.io/d/5/companies-table?orgId=1%26var-period_name=Last%2520decade%26var-metric=contributions*

[7] *https://flux.devstats.cncf.io/d/5/companies-table?orgId=1%26var-period_name=Last%2520decade%26var-metric=contributions*

[8] *https://github.com/argoproj/argo-cd/blob/v2.8.4/USERS.md*

[9] *https://github.com/fluxcd/website/tree/e7e991c/data/adopters*

4.2 Bootstrapping

Chronologisch betrachtet ist die erste Handlung das Bootstrapping des Operators.

Flux installieren

Dabei zeigt sich ein erster klarer Unterschied: Flux bietet mit dem Befehl `flux bootstrap` seiner CLI eine Best Practice sowohl zur Installation als auch zur Strukturierung des Config-Repos an. Darüber hinaus verlinkt die Dokumentation auf offizielle Beispiele, die Lösungen für weitere Herausforderungen bieten, wie Promotion, clusterweite Ressourcen und die Umsetzung des *Repo per Team*-Patterns. Kapitel 6 auf Seite 133 beleuchtet diese Themen im Detail.

Wer keinen direkten Zugriff auf den Cluster hat, kann sich das notwendige YAML mittels CLI generieren lassen. Da die CLI der offizielle Weg zur Installation ist, bietet das Projekt Flux kein Helm-Chart an. Wer trotzdem eines benötigt, findet eines, das von der Community gewartet[10] wird. Immerhin: Unter den Beitragenden finden sich offizielle Maintainer des Flux-Projekts. Zusätzlich steht ein Terraform-Provider bereit.

Argo CD installieren

Auch bei Argo CD gibt es mehrere Möglichkeiten zur Installation, allerdings ohne empfohlene Repo-Struktur. Die Doku verweist auf fertige Kubernetes-Manifeste[11] zur Installation. Darüber hinaus gibt es folgende Möglichkeiten im Kontext des Projekts:

- Autopilot, eine CLI ähnlich zu `flux bootstrap` (das wir bereits aus Abschnitt 3.3 auf Seite 51 kennen),
- ein Helm-Chart[12] (auch hier Community-maintained) und
- den Argo CD Operator[13], der mehrere Instanzen von Argo CD verwalten kann.

Diese Auswahl ist mehr Fluch als Segen, denn keine der Möglichkeiten ist so einfach und ausgereift ist wie bei Flux. Mit Kubernetes-Manifesten oder Helm-Charts ist die Installation zwar einfach, aber zur Repo-Struktur äußert sich Argo CD nicht. Die Tools Autopilot und Argo CD Operator sind offiziell noch nicht stabil, womit sich Kapitel 6 auf Seite 133 im Detail befasst.

Flux aktualisieren

Wichtig ist auch ein Blick auf das Thema Upgrades, denn mit einer einmaligen Installation ist es ja nicht getan. Auch hier ist die Flux-CLI

[10] *https://github.com/fluxcd-community/helm-charts/tree/flux2-2.10.3/charts/flux2*

[11] *https://github.com/argoproj/argo-cd/tree/stable/manifests*

[12] *https://github.com/argoproj/argo-helm/tree/argo-cd-5.46.8/charts/argo-cd*

[13] *https://github.com/argoproj-labs/argocd-operator*

erfreulich klar: Upgrades installiert man wie beim Bootstrapping[14] per `flux bootstrap`. Dabei ist es auch möglich, einfach die Manifeste in das Config-Repo zu pushen, und Flux aktualisiert sich selbst per GitOps. Alternativ bietet Flux eine GitHub Action[15] zum Upgrade an.

Argo CD aktualisieren

Die Verwaltung des GitOps-Tools per GitOps ist konsequent und vereinfacht den Betrieb. Für Argo CD wäre dies auch wünschenswert. Jedoch gibt es dafür keinen offiziellen Weg. Auch der Autopilot hat für Upgrades noch keine Lösung. Dass es möglich ist, zeigt beispielhaft der GitOps Playground[16] als alternativer Weg zur Installation von Argo CD mit klarer Struktur der Config-Repos. In 6.7.2 auf Seite 175 besprechen wir ihn als ein Beispiel zur Strukturierung von Repos.

Schnelleres Feedback mit Weave GitOps Run

Eine interessante Innovation hinsichtlich des Bootstrapping von GitOps für die lokale Entwicklung bietet die Firma Weaveworks, die Flux ursprünglich an die CNCF spendete. Sie stellt mit »Weave GitOps«[17] eine Erweiterung für Flux bereit. Teil davon ist »GitOps Run«[18], ein interaktiver CLI-Befehl, der das Bootstrapping durchführt und danach das lokale Dateisystem auf Änderungen überwacht. Ändert man Kubernetes-Ressourcen, deployt Flux diese direkt. Dadurch bekommt man schnelles Feedback bei der lokalen Entwicklung.

GitOps Run ist in der aktuellen Version 0.29.0 von Weave GitOps noch im Beta-Stadium, was wir sowohl bei der Benutzung als auch an der Dokumentation merken.

4.3 Linking

Sobald der Operator läuft, ist es an der Zeit, Anwendungen zu deployen. Dazu gilt es Repos, Ordner, Environments etc. zu verbinden und zu gruppieren. Beide Operatoren bieten dafür CRDs an.

Linking mit Argo CD

Bei Argo CD kümmert sich die CRD `Application` um mehrere Belange, beispielsweise Repos, Pfade oder Branches und Helm-Releases (siehe Abschnitt 4.8 auf Seite 80). Der Name `Application` ist zwar treffend, führt aber hin und wieder zur Verwirrung, ob denn nun von der Anwendung als solcher oder von der CRD die Rede ist.

Linking mit Flux

Bei Flux steigt man mit der CRD `Kustomization` ein. Sie kümmert sich ausschließlich um die Konfiguration der Ressourcen. Für die Ver-

[14] *https://github.com/fluxcd/website/blob/e7e991c/content/en/flux/installation/upgrade.md#upgrade-with-flux-cli*

[15] *https://github.com/fluxcd/flux2/tree/v2.1.2/action*

[16] *https://github.com/cloudogu/gitops-playground/tree/fff37b3#argo-cd*

[17] *https://github.com/weaveworks/weave-gitops*

[18] *https://github.com/weaveworks/weave-gitops/blob/v0.34.0/website/docs/gitops-run/gitops-run-overview.mdx*

bindung zu den Repos gibt es eine separate CRD `GitRepository`. Der Name `Kustomization` kommt daher, dass Flux unter der Haube Kustomize einsetzt. Als User muss man nicht zwangsweise Erfahrung mit Kustomize haben, um die CRD zu benutzen. Zusätzlich gibt es noch die Möglichkeit, Kustomize nativ mittels einer Datei `kustomization.yaml` zu verwenden, was zu Verwirrung zwischen dieser Datei und der `Kustomization` CRD führen kann.

Löschen von Ressourcen

Mittels den CRDs `Application` oder `Kustomization` ist auch das Löschen von Ressourcen per GitOps konfigurierbar. Dafür verwenden beide den Begriff »Resource Pruning« oder nur »Pruning«, bei Flux ist zusätzlich »Garbage Collection« synonym. Bei Argo CD ist Pruning standardmäßig deaktiviert. Bei Flux hingegen gibt es keinen Standardwert, und man muss sich bewusst für oder gegen Pruning entscheiden. Alle Codebeispiele in der Dokumentation von Flux haben Pruning aktiviert und geben damit zumindest implizit eine Empfehlung ab.

Grundsätzlich bietet das Löschen eine weitere Automatisierung und sorgt dafür, dass keine »Leichen« im Cluster zurückbleiben. Insofern macht es Sinn, dies möglichst früh zu aktivieren. Sicherheitshalber ist es empfehlenswert, zentrale `Applications` oder `Kustomizations` davon auszunehmen. Sensible Ressourcen (beispielsweise `PersistentVolumeClaims`) kann man sowohl in Argo CD[19] als auch in Flux[20] per Annotation vom Pruning ausnehmen.

4.4 CLI und GUI

Zur Interaktion mit den GitOps-Tools stehen neben Git jeweils eine CLI und GUIs zur Verfügung. Bei den GUIs lohnt sich ein Blick auf die Details.

GUI von Argo CD

Anders als Flux bringt Argo CD von Haus aus eine webbasierte GUI mit. Diese gibt es schon seit vielen Jahren und sie hat daher viele Features: Sie bietet grundlegende Funktionen wie Anzeige aller Anwendungen, Visualisierung der zugehörigen Ressourcen (siehe Abb. 4–1), Generierung von `Application`-YAML, Zugriff auf Konfiguration sowie Diffs zwischen Soll- und Istzustand, die bei Upgrades hilfreich sein können. Darüber hinaus kann man auch mit Argo CD und dem Cluster interagieren, beispielsweise Synchronisierung starten, Kubernetes-Events und Logs einsehen und sogar ein Terminal in `Pods` öffnen, was aber aus Sicherheitsgründen standardmäßig deaktiviert ist.

---

[19] *https://github.com/argoproj/argo-cd/blob/v2.8.4/docs/user-guide/sync-options.md#no-prune-resources*

[20] *https://github.com/fluxcd/kustomize-controller/blob/v1.1.1/docs/spec/v1/kustomizations.md#prune*

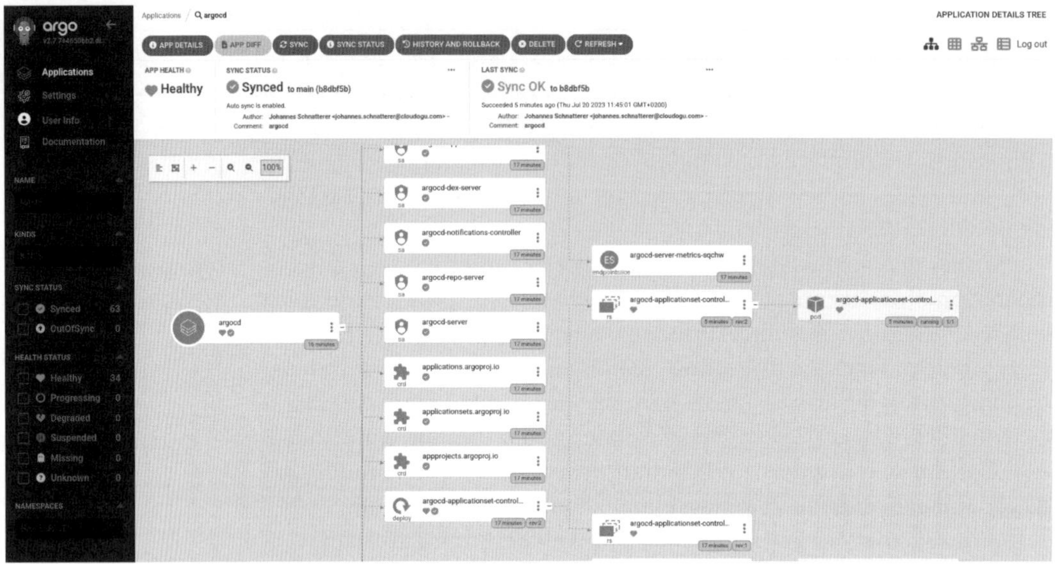

Abb. 4–1
Visualisierte Ressourcen in der UI von Argo CD

Aufgrund der standardmäßig enthaltenen GUI sind Aussagen wie »Flux hat keine UI« oder »Argo CD ist schwergewichtiger als Flux« gängig. Beide sind relativierbar.

Für Flux stellt Weaveworks zwei GUIs bereit: das beim Bootstrapping bereits erwähnte WeaveGitOps und eine Visual Studio Code Extension[21].

GUIs für Flux

Beide sind jünger als die UI von Argo CD und haben einen kleineren Funktionsumfang. Bei WeaveGitOps sind dies primär grundlegende Funktionen wie Anzeige aller Anwendungen, eine einfache Visualisierung der zugehörigen Ressourcen (siehe Abb. 4–2) und Anzeige von YAML. Die einzige Möglichkeit zur Interaktion ist das Starten und Stoppen der Synchronisierung.

Obwohl Weaveworks nach wie vor große Anteile an der Maintenance des Flux-Projekts hat (siehe Tabelle 4–1 auf Seite 70), ist wichtig zu erwähnen, dass deren Produkte nicht Teil des CNCF-Projekts Flux sind. Damit sind sie prinzipiell als Third-Party-Tools anzusehen. Es sind zwar meist ebenfalls Open-Source-Projekte, sie unterliegen aber nicht den gleichen Regularien wie ein CNCF-Projekt, was ihren Einsatz generell riskanter macht: Die Einstellung des Projekts oder eine Lizenzänderung sind hier wahrscheinlicher.

[21] *https://github.com/weaveworks/vscode-gitops-tools*

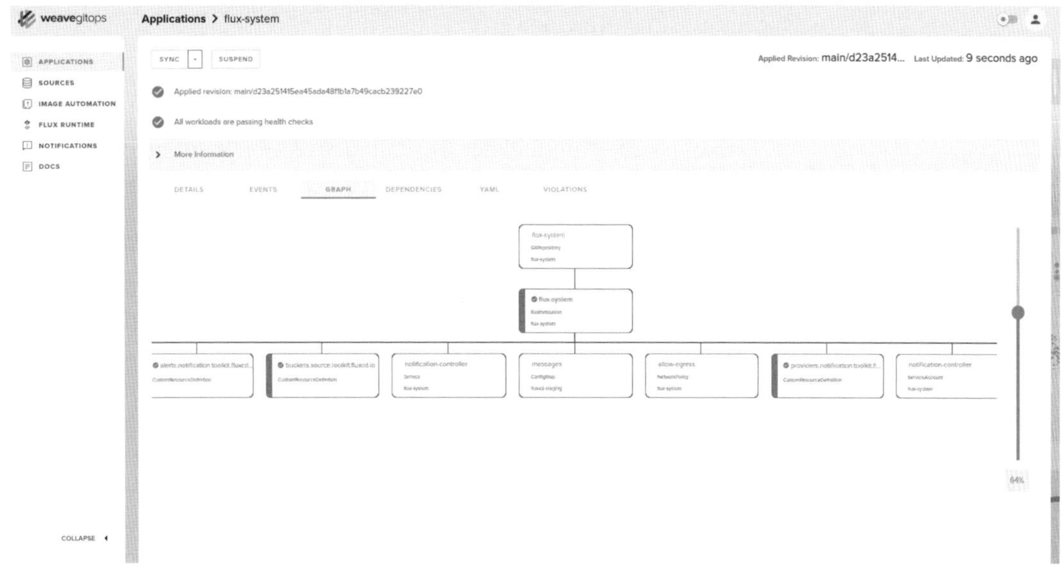

Abb. 4–2
Visualisierte Ressourcen in der UI von WeaveGitOps

Leichtgewichtiger: Argo CD Core

Auf der anderen Seite steht dagegen die leichtgewichtigere Variante Argo CD Core[22] bereit. Diese konfiguriert Argo CD mit einem minimalen Set an Controllern, unter anderem ohne UI.

4.5 Komponenten und Ressourcenbedarf

Der vorherige Abschnitt zeigt uns, dass die Frage, ob Argo CD wirklich schwergewichtiger ist, nicht so einfach zu beantworten ist. Tabelle 4–3 auf Seite 77 und Tabelle 4–4 auf Seite 78 zeigen Fakten, die sich zur Laufzeit über die Container und `Pods` von Argo CD und Flux erheben lassen. Um einen ähnlichen Funktionsumfang zu vergleichen, gehen die zum Zeitpunkt des Tests neueste Version Argo CD (2.7.7) gegen Flux (2.0.1) plus Weave GitOps und GitOpsSet-Controller (mehr dazu in Abschnitt 4.7 auf Seite 79) ins Rennen. Allerdings sind diese Zahlen nicht immer direkt vergleichbar.

[22] *https://github.com/argoproj/argo-cd/blob/v2.8.4/docs/operator-manual/core.md*

Folgendes ist erwähnenswert:

- Alle Komponenten (konkret gemeint sind SBOM-Komponenten, gezählt mit Trivy[23]) von Argo CD stammen aus demselben Image. Daher ist die Summe der enthaltenen Komponenten nicht ohne Weiteres vergleichbar, weil es unter den Komponenten der Flux-Images Duplikate gibt.
- Argo CD spezifiziert von Haus aus keine Resource-Requests und -Limits. Die verwendeten Werte stehen auskommentiert im Helm-Chart. Es ist fraglich, ob diese praxisrelevant sind. Die CPU-Limits sehen unserer Erfahrung nach eher zu klein aus.
- In beiden Images finden sich vergleichsweise wenige bekannte Schwachstellen (ebenfalls mit Trivy gezählt). In diesen Zahlen sind typischerweise False-Positives enthalten.
- Unter dem Strich kann man die Tendenz erkennen, dass Argo CD etwas größere Ressourcenanforderungen und etwas mehr bekannte Vulnerabilities enthält. Dabei ist erwähnenswert, dass bei Argo CD die Schaffung eines alternativen Image auf distroless Basis in Diskussion[24] ist.

  Für Caching und Authentifizierung verwendet Argo CD mit Redis und Dex externe Produkte, wodurch mehr `Pods` laufen. Bei Flux ist dafür Helm in einem dedizierten Controller, was bei Argo CD im Application-Controller integriert ist.

Ob diese Unterschiede groß genug sind, um Einfluss auf die Entscheidung zu haben, ist fraglich. Für die Ressourcenanforderungen wären Benchmarks oder Lasttests aussagekräftiger.

Wir werden in diesem Kapitel noch Punkte sehen, bei denen die Tools sich deutlicher voneinander unterscheiden. Mehr Details zu den Zahlen finden sich in diesem Artikel[25].

---

[23] *https://trivy.dev*

[24] *https://github.com/argoproj/argo-cd/issues/9029*

[25] *https://community.cloudogu.com/t/argo-cd-vs-flux-hard-facts/1194*

Argo CD

- Anzahl Pods: 7
- Anzahl Container zur Laufzeit (ohne Init-Container): 7
- Anzahl Images: 3

Images

Image	Anzahl Vulns (kritische)	Anzahl Komponenten	Größe (MB)
ghcr.io/dexidp/dex:v2.37.0	2 (0)	309	96.6
public.ecr.aws/docker/library/redis:7.0.11-alpine	0 (0)	19	30.2
quay.io/argoproj/argocd:v2.7.7	49 (0)	471	391
SUMME	**51 (0)**	**799**	**517.8**

Pods

Pods	Anzahl Pods	CPU Requests	Memory Requests	CPU Limits	Memory Limits
argocdargocd-application-controller	1	250 m	256 Mi	500 m	512 Mi
argocdargocd-applicationset-controller	1	100 m	128 Mi	100 m	128 Mi
argocdargocd-dex-server	1	10 m	32 Mi	50 m	64 Mi
argocdargocd-notifications-controller	1	100 m	128 Mi	100 m	128 Mi
argocdargocd-redis	1	100 m	64 Mi	200 m	128 Mi
argocdargocd-repo-server	1	10 m	64 Mi	50 m	128 Mi
argocdargocd-server	1	50 m	64 Mi	100 m	128 Mi

Abb. 4–3
Containerbezogene Fakten zu Argo CD

Flux

- Anzahl Pods: 6
- Anzahl Container zur Laufzeit (ohne init Container): 7
- Anzahl Images: 7

Images

Image	Anzahl Vulns (kritische)	Anzahl Komponenten	Größe (MB)
gcr.io/kubebuilder/kube-rbac-proxy:v0.13.1	4 (0)	95	55.2
ghcr.io/fluxcd/helm-controller:v0.35.0	0 (0)	167	80
ghcr.io/fluxcd/kustomize-controller:v1.0.1	2 (0)	245	117
ghcr.io/fluxcd/notification-controller:v1.0.0	0 (0)	160	83.7
ghcr.io/fluxcd/source-controller:v1.0.1	0 (0)	300	88
ghcr.io/weaveworks/gitopssets-controller:v0.6.1	0 (0)	125	62.1
ghcr.io/weaveworks/wego-app:v0.27.0	12 (0)	153	110
SUMME	**18 (0)**	**1245**	**596.0**

Pods

Pods	Anzahl Pods	CPU Requests	Memory Requests	CPU-Limits	Memory-Limits
gitopssets-controllergitopssets-controller	2	5 m, 10 m	64 Mi, 64 Mi	500 m, 500 m	128 Mi, 128 Mi
helm-controller	1	100 m	64 Mi	1	1 Gi
kustomize-controller	1	100 m	64 Mi	1	1 Gi
notification-controller	1	100 m	64 Mi	1	1 Gi
source-controller	1	50 m	64 Mi	1	1 Gi
ww-gitopsweave-gitops	1				

Abb. 4–4
Container-bezogene Fakten zu Flux

4.6 Authentifizierung und Autorisierung

Authentifizierung und Autorisierung sind beim Zugriff auf CLI und UI relevant.

Authentifizierung

Argo CD setzt sowohl für CLI als auch für UI auf Single Sign-On (SSO) mittels OpenID Connect (OIDC) und setzt dafür das Tool Dex ein. Es gibt eingeschränkte Möglichkeiten, lokale User zu verwenden, von denen die Dokumentation abrät.

Bei der Flux CLI authentifiziert man sich typischerweise Kubernetes-nativ via Kubeconfig. Weave GitOps setzt ebenfalls auf SSO via OIDC.

Autorisierung

Das Thema Autorisierung ist bei Flux einfach, aber eingeschränkter (siehe dazu Abschnitt 4.11 auf Seite 88): Flux realisiert die gesamte Autorisierung Kubernetes-nativ über RBAC (Role Based Access Control), sowohl für die CLI als auch für die UI[26].

Anders sieht es bei Argo CD aus. Es hat seine eigene Notation[27] zur Berechtigung von Usern oder Gruppen auf `Applications`, `AppProjects`, Cluster, Repos etc. Diese ist textbasiert und wird in der Konfiguration von Argo CD spezifiziert.

Zusätzlich gibt es die CRD `AppProject`. Sie gruppiert `Applications` und kann Zugriff auf Repos, Cluster und `Namespaces` geben. Unserer Erfahrung nach trennt man mittels `AppProjects` typischerweise Environments und/oder Teams voneinander (siehe Abschnitt 6.8 auf Seite 189).

4.7 Templating

ApplicationSets integriert in Argo CD

Argo CD bot als Erstes eine Funktionalität zum Templating von `Application` CRs an. Dies bietet viele neue Möglichkeiten, beispielsweise zur Skalierung von GitOps, zum Deployment auf mehrere Cluster oder zur Realisierung von *Preview Environments* (siehe Abschnitt 6.5.2 auf Seite 157).

Dafür stellt Argo CD eine CRD `ApplicationSet` mit zugehörigem Controller[28] zur Verfügung, das wir bereits aus Abschnitt 3.3 auf Seite 51 kennen. Das `ApplicationSet` steht zur `Application` im gleichen Verhältnis wie das `Deployment` zum `Pod`: Im `ApplicationSet` definiert man ein Template, aus dem der Controller mehrere `Applications` generiert. Da-

[26] *https://github.com/weaveworks/weave-gitops/blob/v0.29.0/website/docs/configuration/recommended-rbac-configuration.mdx*

[27] *https://github.com/argoproj/argo-cd/blob/v2.8.4/docs/operator-manual/rbac.md*

[28] *https://github.com/argoproj/argo-cd/blob/v2.8.4/docs/operator-manual/applicationset/index.md*

für stehen verschiedene Generatoren zur Verfügung, beispielsweise für Cluster, Verzeichnisse oder Dateien in Git oder für PRs. Damit generiert der Controller dann `Applications` pro Cluster, Verzeichnis, Datei oder Pull Request. Darin enthaltene Werte kann man als Variablen im `ApplicationSet` verwenden, beispielsweise den Namen Pull Requests.

GitOpsSets als Enterprise-Feature von Weave GitOps

Weaveworks hat dieses Potenzial erkannt und für Weave GitOps den bereits erwähnten GitOpsSet-Controller[29] entwickelt. Dieser ist allerdings weder Bestandteil des CNCF-Projekts Flux noch Open Source, sondern ein Enterprise-Feature von Weave GitOps. Außerdem ist er noch im Alpha-Stadium[30].

4.8 Configuration Management

Eine wichtiger Teil der täglichen Arbeit mit GitOps ist die Verwendung von Configuration Management (CM) Tools. Sowohl Argo CD als auch Flux unterstützen die prominentesten CM-Tools: Kustomize und Helm.

Kustomize

Kustomize ist bei beiden über eine `kustomization.yaml`[31] einsetzbar. Dies macht Kustomize zu einem Operator-agnostischen Werkzeug. Dadurch ist es besonders empfehlenswert bei der Strukturierung von Config-Repos, wie wir in Kapitel 6 auf Seite 133 genauer betrachten. Beim Einsatz von Kustomize bei Argo CD ist zu beachten, dass in der `Application` nicht `recurse: true` gesetzt sein darf. Wie in Abschnitt 4.3 auf Seite 72 erwähnt, verwendet Flux unter der Haube außerdem Kustomize zur Realisierung von `Kustomizations`.

Helm

Bei Helm ist die Lage sowohl bei Argo CD als auch bei Flux komplizierter: Es sind Operator-spezifische CRDs notwendig. Bei Flux gibt es einen dedizierten Helm-Controller mit eigenen CRDs, beispielsweise `HelmRelease`. Flux nutzt die native Helm Library und führt damit Helm-Releases genau wie die `helm` CLI durch. Dadurch stehen alle Features von Helm wie gewohnt zur Verfügung.

Anders geht Argo CD vor. Dort installiert man Helm-Charts mittels einer `Application` CR. Argo CD nutzt intern dann `helm template` und wendet die daraus erzeugten Manifeste selbst auf den Cluster an. Dadurch sind beispielsweise `helm ls` und die Nutzung der `lookup`-Funktion in Helm-Charts nicht möglich.

---

[29] *https://github.com/weaveworks/weave-gitops/blob/v0.34.0/website/docs/gitopssets/gitopssets-installation.mdx*

[30] *https://github.com/weaveworks/weave-gitops/blob/v0.34.0/website/docs/gitopssets/gitopssets-intro.mdx*

[31] *https://github.com/kubernetes-sigs/cli-experimental/blob/a8847ee/site/content/en/references/kustomize/kustomization/_index.md*

Oftmals ist die Pflege der `values.yaml` außerhalb der `Application`, zur Vermeidung von geschachteltem YAML und für die lokale Entwicklung gewünscht. Dies war bei Argo CD lange nicht direkt möglich. Daher ist oft das *Umbrella Chart*-Pattern (siehe Abschnitt 6.5.4 auf Seite 160) im Einsatz. Dieses ist generell aber eingeschränkt, da man beispielsweise nicht mit Authentifizierung auf Helm-Repos zugreifen und keine Charts aus Git laden kann. Um dies zu verbessern, gibt es seit Argo CD 2.6 »Multi-Source Applications«, die allerdings in Version 2.8 noch im Beta-Stadium[32] sind.

Aufgrund der feingranulareren CRD ist der Einsatz des *Umbrella Chart*-Patterns bei Flux selten. Mit der Kombination der CRDs `GitRepo` und `HelmRelease` ist dies aber generell möglich. Abschnitt 7.2.1 auf Seite 205 beschreibt dies im Detail.

Die Pflege der `values.yaml` außerhalb der `HelmRelease`-CRs ist etwas umständlich über Kustomize realisierbar[33].

JSonnet und Plugin-Mechanismus bei Argo CD

Argo CD hat darüber hinaus Support für JSonnet. Außerdem ist es prinzipiell möglich, weitere CM-Tools über einen Plugin-Mechanismus einzubinden, was allerdings aufwendig und für die Security von Nachteil ist, weil ein externes Binary aufgerufen wird. Im Gegensatz zu Argo CD erlaubt Flux aus diesem Grund keine Kustomize-Plugins[34].

JSonnet, Cuelang und Timoni via OCI-Registries bei Flux

Das von Flux-Maintainer Stefan Prodan gestartete Projekt Timoni schickt sich an, eine bessere User Experience (UX) für das Package Management in Kubernetes zu bieten als Helm oder Kustomize. Es ist so entworfen, dass es mit dem Support für OCI-Artifacts von Flux (siehe Abschnitt 4.13 auf Seite 90) zusammenspielt[35].

Das Speichern von Kubernetes-Manifesten in OCI-Registries schlägt Flux auch offiziell zur Anbindung weiterer CM-Tools wie JSonnet oder Cuelang vor[36]. Dieses Vorgehen der Verwendung der CM-Tools auf dem CI-Server statt im GitOps-Operator bezeichnen wir als *Rendered Manifest*-Pattern (siehe Abschnitt 6.5.4 auf Seite 160). Es erlaubt die Verwendung von beliebigen CM-Tools mit allen GitOps-Operatoren, also auch mit Argo CD.

---

[32] *https://github.com/argoproj/argo-cd/blob/v2.8.4/docs/user-guide/multiple_sources.md*

[33] *https://github.com/fluxcd/website/blob/e7e991c/content/en/flux/guides/helmreleases.md#refer-to-values-in-configmaps-generated-with-kustomize*

[34] *https://github.com/fluxcd/website/blob/e7e991c/content/en/flux/faq.md#should-i-be-using-kustomize-helm-chart-plugin*

[35] *https://github.com/stefanprodan/timoni/blob/v0.14.2/docs/gitops-flux.md*

[36] *https://github.com/fluxcd/website/blob/e7e991c/content/en/flux/cheatsheets/oci-artifacts.md*

4.9 Monitoring und Alerting

Die asynchrone Natur des GitOps-Prozesses macht Monitoring und Alerting besonders wichtig. Mit den Themen Asynchronität befassen wir uns in Kapitel 7 auf Seite 197, mit Alerting in Kapitel 8 auf Seite 229 noch genauer. In diesem Abschnitt fokussieren wir uns auf die konkreten Möglichkeiten, die Argo CD und Flux bieten.

Prometheus und Grafana

Sowohl Argo CD als auch Flux exponieren standardmäßig Prometheus-Metriken und bieten fertige Grafana-Dashboards an. Abb. 4–5 und Abb. 4–6 zeigen jeweils das offizielle Dashboard. Auf Basis der Metriken sind Alerts per Grafana oder Prometheus Alertmanager realisierbar, siehe Abb. 4–7.

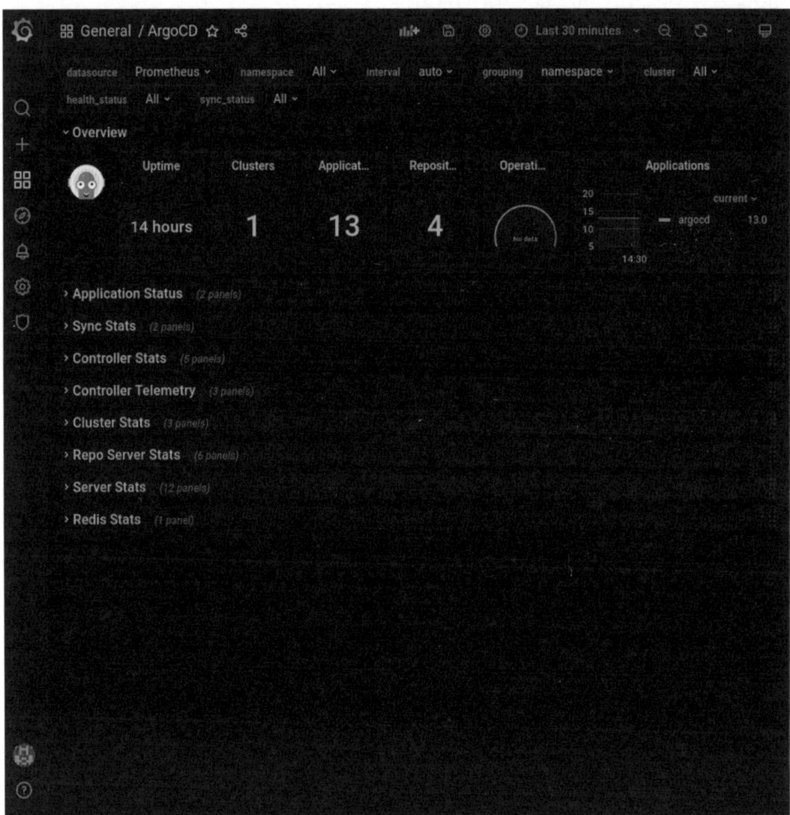

Abb. 4–5 *Grafana-Dashboard für Argo CD*

Flux bietet eine einfache Anleitung zur Installation von Prometheus und Grafana, inklusive Dashboard, an[37]. Dies ist für den Start bequem.

[37] *https://github.com/fluxcd/website/blob/e7e991c/content/en/flux/monitoring/metrics.md#monitoring-setup*

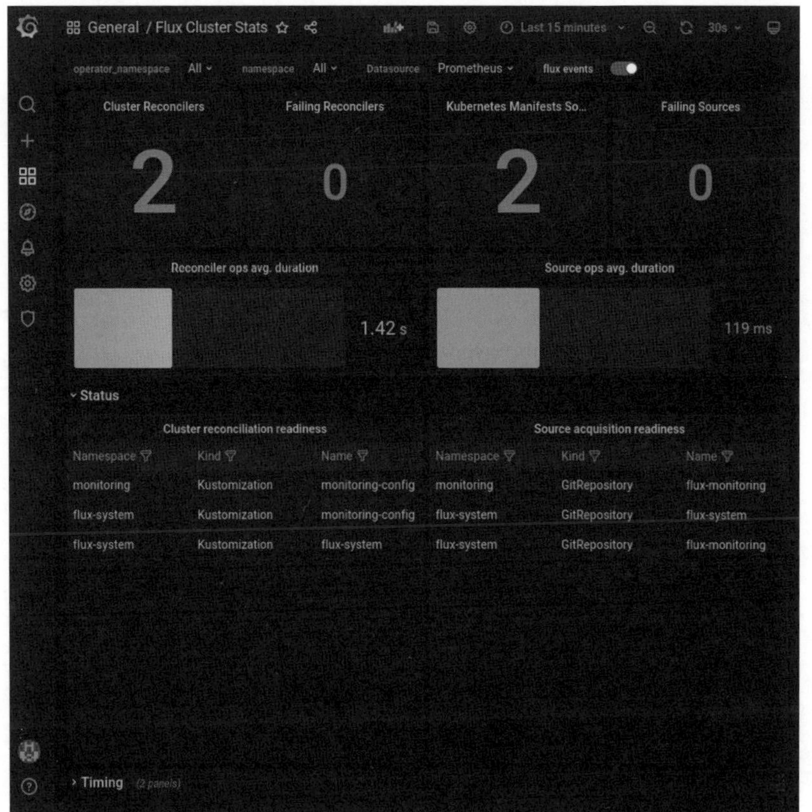

Abb. 4–6
Grafana-Dashboard für Flux

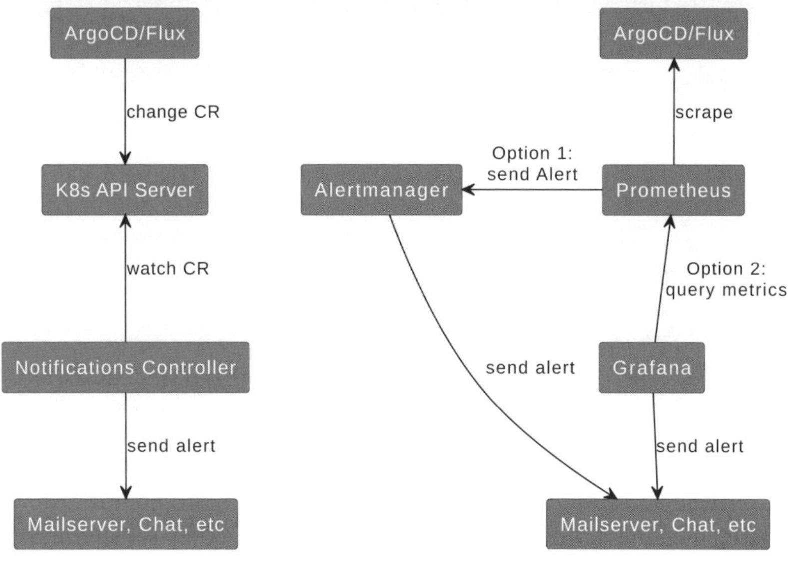

Abb. 4–7
Alerting per Notification-Controller (links) und Metriken (rechts)

Sowohl Flux[38] als auch Argo CD[39] bieten die Möglichkeit, in Grafana Annotations zu setzen. Dadurch lassen sich Korrelationen zwischen Deployment und Veränderungen an den Metriken schneller erkennen.

Notification-Controllers

Als Alternative zum Alerting über Metriken bringen beide Tools Notification-Controllers mit. Mit diesen kann man auf Basis von Events Notifications versenden. Abb. 4–7 zeigt deren generelle Funktionsweise. Bei Argo CD liegt der Fokus auf den Zuständen der `Application` CRs, bei Flux sind Events pro Controller spezifizierbar.

Bei Argo CD sind Notifications in der globalen Konfiguration sowie auf `Application`- und auf `AppProject`-Ebene (jeweils per Annotation an der CR) konfigurierbar. Bei Flux gibt es dafür eigene CRDs, beispielsweise `Alert`. Abschnitt 8.2 auf Seite 239 beschreibt dies im Detail.

Bei beiden gibt es wenig Tipps, welche Notifications zum Starten sinnvoll sind. Argo CD bietet immerhin einen »Katalog«[40], doch der zeigt eher alle Möglichkeiten als ein Paket zum Starten.

Nachrichten und Empfänger konfiguieren

Bei der Konfiguration der Nachrichten und der Empfänger unterscheiden sich beide Tools in Details. Argo CD[41] und Flux[42] unterstützen jeweils eine lange Liste von Diensten, über deren APIs oder Protokolle sie Nachrichten versenden können. Darunter sind verschiedene Chat-Dienste. Interessanterweise unterstützt nur Argo CD den Versand von Mails per SMTP.

Wer dies bei Flux benötigt, ist auf Workarounds angewiesen. Unserer Erfahrung nach ist dies beispielsweise über Prometheus Alertmanager möglich.

In der Liste von Diensten finden sich auch einige andere Arten von Notifications, wie die oben erwähnten Grafana Annotations oder das Setzen des Commit Status. Argo CD kann dies nur für GitHub[43], Flux für verschiedene SCM-Dienste[44].

[38] *https://github.com/fluxcd/notification-controller/blob/v1.1.0/docs/spec/v1beta2/providers.md#grafana*

[39] *https://github.com/argoproj/argo-cd/blob/v2.8.4/docs/operator-manual/notifications/services/grafana.md*

[40] *https://github.com/argoproj/argo-cd/blob/v2.8.4/docs/operator-manual/notifications/catalog.md*

[41] *https://github.com/argoproj/argo-cd/blob/v2.8.4/docs/operator-manual/notifications/services/overview.md*

[42] *https://github.com/fluxcd/notification-controller/blob/v1.1.0/docs/spec/v1beta2/providers.md#type*

[43] *https://github.com/argoproj/argo-cd/blob/v2.8.4/docs/operator-manual/notifications/services/github.md*

[44] *https://github.com/fluxcd/notification-controller/blob/v1.1.0/docs/spec/v1beta2/providers.md#git-commit-status-updates*

Falls der gewünschte Dienst nicht unterstützt wird, kann gegebenenfalls, je nach Anwendungsfall, die Verwendung eines ausgehenden generischen Webhooks Abhilfe schaffen. Dies bieten sowohl Argo CD[45] als auch Flux[46] an.

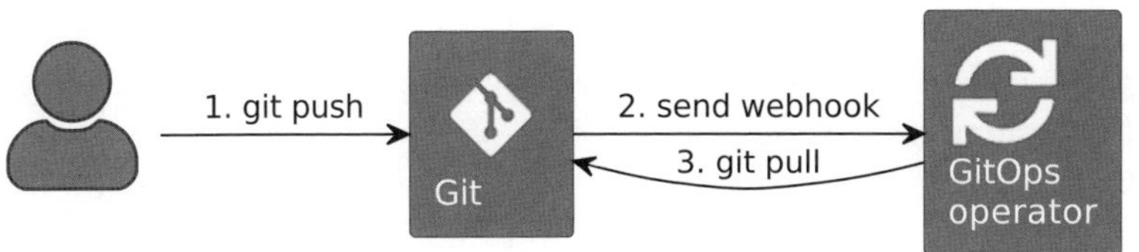

Abb. 4–8
Eingehende Webhooks bei GitOps-Operatoren

GitOps per Webhook beschleunigen

Nicht zu verwechseln sind diese ausgehenden Webhooks mit den eingehenden. GitOps-Operatoren prüfen regelmäßig das Git-Repo auf Änderungen (Polling). Diesen Prozess kann man durch die Verwendung eingehender Webhooks beschleunigen: Der SCM-Dienst meldet Git-Pushes per Webhook an den Operator, was den normalen Pull-Mechanismus anstößt (siehe Abb. 4–8). Abschnitt 7.2.4 auf Seite 212 beschreibt dies im Detail. Dieses Prinzip findet auch beim Starten von Jobs auf CI-Servern häufig Anwendung.

Das Polling bleibt mit niedrigerer Frequenz dennoch bestehen, um sicherzustellen, dass das System auch beim Scheitern der Auslieferung des Webhooks *eventually consistent* bleibt. Ein Scheitern ist denkbar durch Downtimes des Operators oder Probleme im Netzwerk.

Im Rahmen seines Supports für OCI-Artifacts (siehe auch Abschnitt 4.13 auf Seite 90) unterstützt Flux zusätzlich die Webhooks verschiedener OCI-Registries. Damit kann man bei Flux auch einen GitOp-Prozess, der mit OCI-Registries statt Git läuft, beschleunigen. Darüber hinaus unterstützt Flux auch einen Receiver für eingehende generischen Webhooks, über den man auch nicht offiziell unterstützte SCM-Dienste und OCI-Registries anbinden kann.

4.10 Ökosystem

Neben den bisher genannten grundlegenden GitOps-Funktionen gibt es weitere, die im Alltag mit GitOps eine Rolle spielen können. Viele von diesen stehen als zusätzliche Tools in den Ökosystemen von Flux oder Argo CD bereit.

---

[45] *https://github.com/argoproj/argo-cd/blob/v2.8.4/docs/operator-manual/notifications/services/webhook.md*

[46] *https://github.com/fluxcd/notification-controller/blob/v1.1.0/docs/spec/v1beta2/providers.md#generic-webhook*

Config Update per Image Update Controller

Eine Herausforderung im GitOps-Prozess ist das *Config Update* (siehe auch Abschnitt 6.5.5 auf Seite 163), bei dem man neue Image-Tags in die Kubernetes-Manifeste schreibt. Zur Automatisierung dieses Prozesses bietet sich die Verwendung von Image Update Controllers an. Sowohl Argo CD als auch Flux bieten hierfür optionale Controller an.

Bei Argo CD ist das externe Projekt »Image Updater«[47] noch nicht stabil und die Weiterentwicklung steht seit Monaten still[48], während Diskussionen über die grundsätzliche Eingliederung in Argo CD im Gange sind[49]. Der Image Updater wird generell per Annotation an `Applications` konfiguriert. Man kann dem Controller mitteilen,

- welche Images,
- mit welcher Strategie (beispielsweise nur Minor- oder Patch-Versionen nach Semantic Versioning) und
- ob und auf welchen Branch er die Änderungen pushen soll.

Bei Flux teilen sich die Aufgaben mehrere »Image Automation Controllers«[50] untereinander auf. Diese sind über CRDs (`ImageRepository`, `ImagePolicy`, `ImageUpdateAutomation`) sowie »image policy markers« (Kommentare im YAML, direkt am Image des Kubernetes-Objekts) konfigurierbar. Die Optionen sind vergleichbar mit denen von Argo CD. Allerdings bezeichnet Flux seine Controller als stabil. Darüber hinaus kann Flux nicht nur Images aktualisieren. Dank des bereits erwähnten OCI-Features kann es auch die Version von Helm-Charts aus OCI-Registries aktualisieren.

Bei beiden ist es nicht möglich, Pull Requests zu erstellen, was die Controller gegenüber anderen Methoden zum *Config Update* einschränkt. Diese Methoden vergleichen wir im Detail in Abschnitt 6.5.5 auf Seite 163.

Secrets Management

Ein Thema, das nicht direkt etwas mit GitOps zu tun haben muss, ist Secrets Management. Da bei GitOps alles in Git gespeichert wird, stellen sich jedoch viele in diesem Kontext die Frage, wie man dies mit Secrets Management vereinbaren kann. Daher wird es oft mit GitOps in Verbindung gebracht. Unabhängig von GitOps gibt es für das Secrets Management eine große Anzahl von Möglichkeiten, auf die wir in Kapitel 5 auf Seite 97 im Detail eingehen. Grundsätzlich bedarf es keiner

[47] *https://github.com/argoproj-labs/argocd-image-updater*

[48] *https://github.com/argoproj-labs/argocd-image-updater/issues/491*

[49] *https://github.com/argoproj/argo-cd/pull/10447#issuecomment-1333839258*

[50] *https://github.com/fluxcd/website/blob/e7e991c/content/en/flux/components/image/_index.md*

speziellen Lösung durch den GitOps-Operator. Trotzdem ist es erwähnenswert, dass sowohl Flux als auch Argo CD Lösungen anbieten.

Flux und SOPS

Flux kann nativ mittels des CNCF-Projekts SOPS entschlüsseln[51]. SOPS bietet viele Möglichkeiten wie GPG, Hashicorp Vault oder die Key-Management-Systeme (KMS) verschiedener Cloud-Anbieter. SOPS konfiguriert man in der `Kustomization`, beispielsweise über den Zugriff auf ein Kubernetes-`Secret`, das ein GPG-Key-Pair enthält. Dann entschlüsselt Flux per SOPS verschlüsselte Kubernetes-`Secrets` direkt im Cluster.

Vault-Plugin bei Argo CD

Argo CD bietet das Vault-Plugin[52] an. Anders als der Name vermuten lässt, bietet es nicht nur Anbindung an Hashicorp Vault, sondern an eine große Zahl von »Backends«, darunter alle bei Flux genannten. Das Plugin verwendet den in Abschnitt 4.8 auf Seite 80 erwähnten CM-Plugin-Mechanismus. Das macht die Verwendung umständlich: Man muss es separat installieren, und die Konfiguration hängt dann von der Art der Installation des Plugins, vom verwendeten Backend und von der Kombination mit anderen CM-Tools wie Helm und Kustomize ab[53]. Beispielsweise mountet man einen Key-Pair mittels `Secret` in den Repo-Server von Argo CD. Danach aktiviert man das Plugin in der `Application`. Dann kann Argo CD `Secrets`, die mit Platzhaltersyntax und spezifischen Kubernetes Annotations versehen sind, im Cluster entschlüsseln. Das Plugin liegt zwar seit Jahren in einer Version *1.x* vor, befindet sich aber nach wie vor in der »argoproj-labs«-Organisation bei GitHub statt in »argoproj«. Insofern ist fraglich, ob man es offiziell als stabil ansehen kann. Auch die Mandantenfähigkeit ist durch die Realisierung als Plugin eingeschränkt. Außerdem bietet das Plugin keine automatische Aktualisierung von `Secrets`, wenn sie sich im KMS ändern[54].

Progressive Delivery

Ähnlich wie mit dem Thema Secrets Management verhält es sich mit *Progressive Delivery* (PD): Es hat nicht zwangsweise mit GitOps zu tun, wird aber oft im gleichen Kontext erwähnt. Der Begriff PD fasst verschiedene Deployment-Strategien (Canary-Releases, A/B-Testing, Blue/Green-Deployment) zusammen. Abschnitt 7.4.3 auf Seite 221 beleuchtet das Thema genauer. Argo CD und Flux haben jeweils ein Schwesterprojekt, das die Möglichkeit bietet, PD deklarativ um-

[51] *https://github.com/fluxcd/website/blob/e7e991c/content/en/flux/guides/mozilla-sops.md*

[52] *https://github.com/argoproj-labs/argocd-vault-plugin*

[53] *https://github.com/argoproj-labs/argocd-vault-plugin/blob/v1.16.1/docs/usage.md*

[54] *https://github.com/argoproj-labs/argocd-vault-plugin/blob/v1.16.1/docs/usage.md#refreshing-values-from-secrets-managers*

zusetzen: »Flagger«[55] aus dem Projekt Flux und »argo-rollouts«[56] aus dem Projekt Argo. Beide liefern separate Operatoren, die auch ohne GitOps verwendbar sind. Daher spielen sie für diesen Vergleich keine entscheidende Rolle.

Relevanter für die Entscheidung könnten weitere Tools aus dem Ökosystem von Flux sein.

Terraform per GitOps mit Flux

Weaveworks bietet mit dem »tf-controller«[57] eine Option zum Deployment von Terraform-Ressourcen per GitOps. Der Operator erlaubt es, neben Anwendungen auch Infrastruktur per GitOps auszurollen. Der Controller ist Open Source und liegt noch in einer Version *0.x* vor, bekommt aber im Rahmen von »Weave GitOps Enterprise« schon kommerziellen Support.

Argo CD und Flux kombinieren mit Flamingo

Wer das Beste aus beiden Welten vereinen möchte, beispielsweise Helm-Handling von Flux mit der UI von Argo CD, greift zum »Flux Subsystem for Argo« (FSA, auch bekannt als »Flamingo«[58]). Flamingo steht als Argo-CD-Image zur Verfügung, das um die Möglichkeit der Verwaltung von Flux-CRs erweitert ist. Flamingo ist ein Open-Source-Projekt, für das Weaveworks kommerziellen Support anbietet. Die Kehrseite der Medaille ist der erhöhte Betriebs- und Ressourcenaufwand, denn man betreibt dann sowohl Flux als auch Argo CD. Außerdem ist auch hier wichtig zu erwähnen, dass Flamingo nicht Teil der CNCF-Projekte Flux und Argo ist (siehe Abschnitt 4.4 auf Seite 73 für Details). In 11.1.5 setzen wir das Flux-Subsystem auf und verwenden dieses in Kombination mit Terraform.

4.11 Mandantentrennung

Ein Thema, auf das man beim Design des GitOps-Prozesses stößt, ist die Mandantentrennung. In diesem Abschnitt werden wir dieses Thema hinsichtlich der Features von Argo CD und Flux beleuchten. Eine umfangreichere Betrachtung liefert dann Abschnitt 6.8 auf Seite 189.

Grundsätzlich haben wir die Möglichkeit, die Mandantentrennung durch eine dedizierte Instanz pro Mandant umzusetzen oder die Trennung innerhalb einer Instanz durchzuführen.

Dedizierte Instanz pro Mandant

Eine dedizierte Instanz pro Mandant, die allein in einem eigenen Cluster läuft, ist die stärkste Form der Isolation. Es sind keine weiteren Optionen zur Mandantentrennung seitens des Operators notwendig. Damit ist dies sowohl mit Argo CD als auch mit Flux möglich.

---

[55] *https://github.com/fluxcd/flagger*

[56] *https://github.com/argoproj/argo-rollouts*

[57] *https://github.com/weaveworks/tf-controller*

[58] *https://github.com/flux-subsystem-argo/flamingo*

Mehrere Instanzen im selben Cluster

Ein Sonderfall ist der Betrieb dedizierter Operator-Instanzen in unterschiedlichen `Namespaces` desselben Clusters. Argo CD bietet hierfür den »namespace-scoped mode«[59], der allerdings etwas schlecht dokumentiert ist. Dazu ergänzend bietet Argo CD die Option »namespace-install«[60] fürs Bootstrapping an. Alternativ steht mit dem in Abschnitt 4.2 auf Seite 71 erwähnten Argo CD Operator ein eigenes Tool bereit, mit dem mehrere Instanzen bequem verwaltbar sind.

Bei Flux finden sich zum Betrieb in `Namespaces` desselben Clusters keine Informationen in der Dokumentation. Prinzipiell sollte dies aber möglich sein: Man kann mittels Patching der Flux-Installation über eine `kustomization.yaml` `RoleBindings` statt `ClusterRoleBindings` für die `ServiceAccounts` der einzelnen Controller je `Namespace` erzeugen.

Geteilte Instanz

Bei einer geteilten Instanz wird die Autorisierung mittels der RBAC-Methoden des jeweiligen Operators wichtig. Argo CD bringt dafür seine eigene Notation mit (siehe Abschnitt 4.6 auf Seite 79). Daneben spielt die Custom Resource `AppProject` eine wichtige Rolle. Sie autorisiert zugehörige `Applications` auf Cluster, `Namespaces` und Repos. Für besseren Self-Service der Mandanten empfiehlt sich bei einer geteilten Instanz zudem das Feature »Applications in any namespace«[61]: Argo CD liest `Application`-CRs aus allen `Namespaces` statt nur aus dem, in dem es installiert ist. Das Feature ist allerdings noch im Beta-Stadium.

In Bezug auf Self-Service schränkt zusätzlich die globale Konfiguration ein: Mandanten können die Konfiguration von Repos und Cluster standardmäßig nicht selbst pflegen. Mittels zusätzlicher RBAC-Regeln kann man Project-scoped Repos und Cluster[62] jedoch ermöglichen.

Multi-Tenancy Lockdown

Flux bietet die Möglichkeit eines »Multi-Tenancy Lockdown«[63]. Dieser erlaubt die Nutzung des RBAC von Kubernetes[64] zur Mandantentrennung. Dazu berechtigt man jede `Kustomization` über einen `ServiceAccount`. Zur Vereinfachung gibt es den CLI-Befehl `flux create`

[59] *https://github.com/argoproj/argo-cd/discussions/6375#discussioncomment-864923*

[60] *https://github.com/argoproj/argo-cd/tree/v2.8.4/manifests#normal-installation*

[61] *https://github.com/argoproj/argo-cd/blob/v2.8.4/docs/operator-manual/app-any-namespace.md*

[62] *https://github.com/argoproj/argo-cd/blob/v2.8.4/docs/user-guide/projects.md#project-scoped-repositories-and-clusters*

[63] *https://github.com/fluxcd/website/blob/e7e991c/content/en/flux/installation/configuration/multitenancy.md*

[64] *https://github.com/fluxcd/kustomize-controller/blob/v1.1.1/docs/spec/v1/kustomizations.md#role-based-access-control*

tenant, der noch im Beta-Stadium[65] ist. 6.7.4 auf Seite 183 zeigt dafür ein Beispiel.

4.12 Multi-Cluster-Management

Im Kontext der Mandantentrennung stellt sich oft die Frage nach der Verwaltung mehrerer Cluster. Dies ist sowohl bei Flux als auch bei Argo CD möglich. In Argo CD gibt es in der globalen Konfiguration die explizite Möglichkeit, Cluster anzugeben. Diese finden sich dann in den `AppProjects` und `Applications` wieder.

Bei Flux ist die Verwaltung mehrerer Cluster weniger prominent. Man kann eine KubeConfig in einem `Secret` ablegen und diese in `HelmRelease` oder `Kustomization` referenzieren[66]. Zusätzlich dazu zeigt Abschnitt 6.7 auf Seite 169, dass beide offiziellen Beispiele von Flux zu Repo-Strukturen das *Instance per Cluster*-Pattern (siehe Abschnitt 6.3 auf Seite 137) verwenden. Daraus kann man schließen, dass die Verwaltung mehrerer Cluster mit einer Flux-Instanz, also das *Hub and Spoke*-Pattern, bei Flux kein Kern-Feature ist.

4.13 OCI statt Git

Generell bietet Flux mit dem Support für OCI-Artifacts[67] ein Feature, das Argo CD nicht hat. Dabei schreibt man die beispielsweise auf dem CI-Server mittels CM-Tools generierten Kubernetes-Manifeste in eine OCI-Registry, statt sie in Git zu speichern, siehe Abb. 4–9. Das Config-Repo verweist dann nur noch per `Kustomization` auf die OCI-Registry. Je nachdem, wie unveränderlich man es haben möchte (siehe Diskussion zu GitOps-Prinzip 2 in Abschnitt 1.3.2 auf Seite 18), verweist man auf `latest/stable` beziehungsweise SemVer, wie es die oben genannten Flux-Dokumentation beschreibt, oder auf eine unveränderliche Version.

---

[65] *https://fluxcd.io/flux/cmd/flux_create_tenant*

[66] *https://github.com/fluxcd/kustomize-controller/blob/v1.1.1/docs/spec/v1/kustomizations.md#remote-clusterscluster-api*

[67] *https://github.com/fluxcd/website/blob/e7e991c/content/en/flux/cheatsheets/oci-artifacts.md*

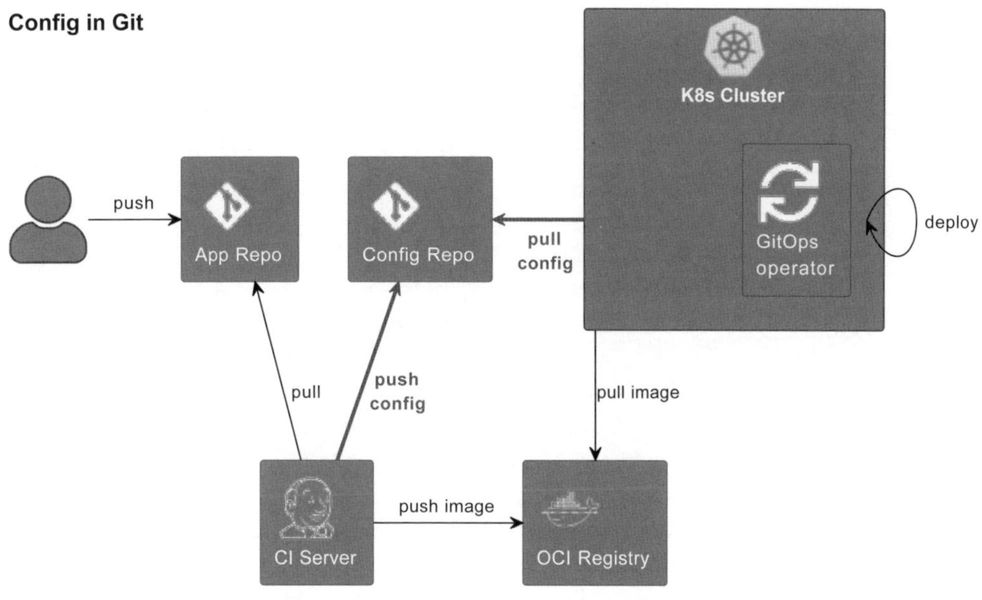

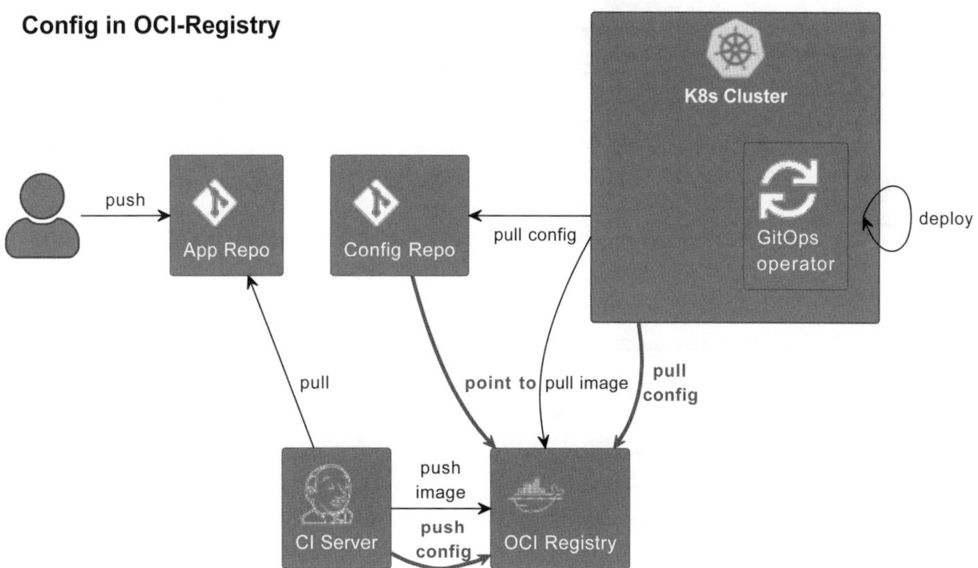

Abb. 4–9
GitOps-Prozess mit Speicherung der Config in Git (oben) und in OCI-Registry (unten)

Die Nutzung der OCI-Registry für Config bietet einige Vorteile:

- einheitliches Tooling für Container-Images, Kubernetes-Manifeste und Helm-Charts (siehe zum Beispiel die Helm-Charts von Bitnami[68]). Dies verringert den Aufwand für Betrieb und Konfiguration. Zudem bietet es weitere Features: Die Verifikation der Authentizität von Kubernetes-Manifesten ist beispielsweise über Cosign-Signaturen in der OCI-Registry einfacher zu handhaben als über GPG-Signaturen an Commits im Git-Repo[69].
- Der Zugriff auf OCI-Artifacts ist effizienter als ein `git clone`. Auch die Ausführung der CM-Tools wird in den CI-Server verlagert. Die Registry funktioniert also wie ein *GitOps-Cache*, wie Alexis Richardson es in seiner Keynote »GitOps Emerging Developments and Predictions« auf der Mastering GitOps 2023[70] ausdrückte.
- Der Cluster braucht keinen Zugriff auf Git, was in Enterprise-Settings vorteilhaft ist (Stichwort: Firewall-Freischaltung). Der Zugriff auf die Registry besteht ohnehin wegen der Container-Images. Auch wenn die Images von den Kuberentes-Nodes (kubelet) und die Config durch den API-Server bezogen werden, sind diese erfahrungsgemäß netzwerktechnisch oft in vergleichbaren Netzwerken oder Zonen.

GitOps-Cache

Durch die Speicherung der Config in OCI-Registries können allerdings auch neue Herausforderungen entstehen. Beispielsweise ist die Ansicht der fertig gerenderten Manifeste, wie sie in der Registry gespeichert werden, aufgrund fehlenden Toolings deutlich schwieriger als in Git direkt. Je nachdem, wie man seinen GitOps-Prozess gestaltet, ist diese Ansicht allerdings nur fürs Debugging notwendig.

Abhängig von der Repo-Struktur und der Frage, ob man Code und Config in einem Repo speichert (siehe Abschnitt 6.4.3 auf Seite 141), muss man seinen Prozess anpassen. Beispielsweise ist es denkbar, dass die Umsetzung von Reviews/PRs neu gedacht werden muss. Und der CI-Job auf dem Config-Repo (so er denn bereits existiert) muss so angepasst werden, dass er zusätzlich die gerenderten Manifeste in die OCI-Registry pusht. Das bringt mehr Asynchronität und Komplexität ins Gesamtsystem.

Da das Thema GitOps mit OCI-Registry noch recht neu ist, sind dazu noch wenige Erfahrungen zu finden.

---

[68] *https://blog.bitnami.com/2023/01/bitnami-helm-charts-available-as-oci.html*

[69] *https://youtu.be/gKR95Kmc5ac*

[70] *https://vimeo.com/805175348*

4.14 Hochverfügbarkeit und Lastverteilung

Die Themen Hochverfügbarkeit (High Availability, HA) und Lastverteilung (Load Balancing, LB) und horizontale Skalierung sind eng verwandt. Beide Operatoren speichern ihren Zustand in Kubernetes-Objekten, wodurch es kein zusätzliches Risiko von Ausfällen durch externen Storage gibt.

HA bei Argo CD

Argo CD bietet für HA eine spezielle Konfiguration beim Bootstrapping an und empfiehlt diese sogar[71]. Dazu gibt es viele Optionen zur Verbesserung der Performance und Daumenregeln, wie viele Objekte eine einzelne Instanz verwalten kann, beispielsweise mindestens 1500 `Applications`[72].

LB bei Flux

Bei Flux gibt es keine Konfiguration für HA, allerdings eine für LB mittels Sharding, was ab »zehntausenden« Anwendungen relevant sein kann[73]. Dafür ordnet man Flux-CRs per Label einem Satz von Flux-Controllern (Shard) zu. Zusätzlich kann die Verwendung von OCI-Registries statt Git die Performance verbessern.

Die Frage ist, ob das Fehlen eines HA-Features bei Flux[74] entscheidend ist. Die Controller von Flux starten schnell und haben regelmäßige Synchronisierungsintervalle. Insofern wäre durch einen Ausfall nur die Synchronisation um wenige Sekunden verzögert.

Es existiert noch keine Benchmark, die einen objektiven Vergleich der Skalierbarkeit von Argo CD und Flux ermöglicht.

4.15 Reifegrad

Beide Tools sind bei der CNCF im Status »Graduated«. Damit erfüllen sie umfassende Kriterien[75] in Bezug auf Dokumentation, Community, Verbreitung, Maintainers, Security und Open Source Governance.

Darüber hinaus lohnt sich ein Blick auf die Stabilität der APIs.

---

[71] *https://github.com/argoproj/argo-cd/tree/v2.8.4/manifests#high-availability*

[72] *https://codefresh.io/blog/a-comprehensive-overview-of-argo-cd-architectures-2023*

[73] *https://github.com/fluxcd/website/blob/e7e991c/content/en/flux/installation/configuration/sharding.md*

[74] *https://github.com/fluxcd/flux2/discussions/2238#discussioncomment-1848228*

[75] *https://github.com/cncf/toc/blob/572e6eb/process/graduation_criteria.md#graduation-stage*

Bei Flux sind die grundlegenden CRDs[76] wie `Kustomization` stabil. Andere CRDs wie die `Alert` sind noch im Beta-Stadium.

Bei Argo CD sind alle CRDs noch im Alpha-Stadium. Allerdings sind Breaking Changes selten. So gab es beispielsweise beim Übergang von Version 1 zu 2 keine Breaking Changes am API.

4.16 Kommerzielle Angebote

Enterprise Support und Plattformintegrationen bei Flux

Wie Tabelle 4–1 auf Seite 70 zeigt, hat Weaveworks mit Abstand den größten Anteil am Projekt Flux. Dort ist auch Enterprise Support im Angebot. Darüber hinaus ist Flux in Plattformen integriert[77], wird also mit diesen ausgerollt, lässt sich optional installieren oder ist ins Produkt integriert. Beispiele sind AWS EKS Anywhere, Azure AKS sowie Azure Arc, Giant Swarm, Gimlet, VMware Tanzu, D2iQ und GitLab.

Besonders erwähnenswert ist GitLab, das von einem selbst entwickelten GitOps-Operator zu Flux wechselte. Für Flux und gegen Argo CD spricht dabei, dass GitLab schon seine eigene UI hat und Flux komplett auf Kubernetes-APIs basiert[78].

Außerdem ist das Fallbeispiel von D2iQ interessant: Diese stellten ebenfalls aufgrund der guten Integration von Flux in Kubernetes ihr Produkt von Argo CD auf Flux um[79].

Angebote als managed Service gibt es bei Flux nicht.

Managed Services und Plattformintegrationen bei Argo CD

Genau das sieht bei Argo CD anders aus: Es gibt keinen Enterprise Support, dafür viele Angebote von managed Argo CD oder Plattformen, die Argo CD enthalten oder darauf aufbauen. Beispiele sind Akuity, CodeFresh und Harness. Die prominenteste Plattform für den Betrieb on-Premises, die Argo CD enthält, ist OpenShift von RedHat. Ihr Produkt »OpenShift GitOps« basiert auf Argo CD.

Wie ein Blick auf Tabelle 4–1 auf Seite 70 zeigt, sind die meisten der genannten Firmen auch an der Weiterentwicklung beteiligt. Intuit, die Firma, die das Argo-Projekt an die CNCF spendete, hat selbst keine kommerziellen Angebote, sondern nutzt die Tools intern.

---

[76] *https://github.com/fluxcd/flux2/releases/tag/v2.0.0*

[77] *https://fluxcd.io/ecosystem*

[78] *https://about.gitlab.com/blog/2023/02/08/why-did-we-choose-to-integrate-fluxcd-with-gitlab*

[79] *https://d2iq.com/blog/goodbye-dispatch-hello-fluxcd*

4.17 Fazit und Tipps zur Entscheidungsfindung

Dieser Abschnitt vergleicht Argo CD und Flux in Bezug auf verschiedene Bereiche und gibt damit eine Übersicht, welche Punkte bei der Entscheidung eine Rolle spielen können. Dabei fällt auf, dass der Teufel im Detail steckt. Wie finden wir nun das richtige Tool für unseren Anwendungsfall?

Für viele Anwendungsfälle sind diese Details nicht relevant. Für sie sind sowohl Argo CD und Flux eine gute Wahl. Die Unterschiede liegen dann eher in der unterschiedlichen UX. Trotzdem ist eine Kenntnis der eigenen Anforderungen essenziell. Es gibt einige Punkte, bei denen eines der Tools die Nase vorn hat: Argo CD hat Vorteile im Bereich UI und Templating, was erfahrungsgemäß oft wichtige Anforderungen sind. Bei Flux könnte die Verfügbarkeit eines Terraform-Operators oder das OCI-Feature entscheidend sein. Auch das Bootstrapping und CM sind unserer Erfahrung nach mit Flux angenehmer, doch hier findet man auch bei Argo CD (umständlichere) Lösungen. Prinzipiell kann man mittels Flamingo auch beide Operatoren gemeinsam nutzen.

Grundsätzlich ist Flux modularer und fühlt sich durch mehr CRDs und RBAC Kubernetes-nativer an. Das ist ein Grund, warum es öfter in andere Produkte integriert wird. Argo CD richtet sich mit seiner UI eher an End-User.

5 Secrets sicher verwalten

Was sind Secrets und warum spielen sie bei GitOps eine so große Rolle? Als Secrets betrachten wir alle Daten, die wir standardmäßig geheim halten wollen. Unter dieser Definition von schützenswerten Informationen sehen wir hauptsächlich folgende Kategorien:

1. *Zugangsdaten* wie Usernamen mit Passwörtern, API-Keys, SSH Private Keys und Kubeconfig-Dateien
2. *Zahlungsmittel* wie Kreditkartennummern
3. *Geschäftsgeheimnisse*
4. *persönlich identifizierbare Informationen* (PII) wie E-Mail-Adressen

Unverschlüsselt committete Secrets sind ein Risiko.

Im Kontext von GitOps spielen Secrets eine große Rolle, weil wir laut Prinzip 1 unser System deklarativ verwalten und laut Prinzip 2 die Deklarationen in etwas wie Git speichern wollen – Secrets wollen wir aber aus Sicherheitsgründen nicht unmittelbar in Git lagern. Unter den OWASP Top 10 von 2021[1], einer ausführlich analysierten Zusammenstellung häufig auftretender Sicherheitsschwachstellen in Software, nimmt die Kategorie »Verschlüsselungsfehler« (*Cryptographic Failures*) Platz 2 von 10 ein. Diese Kategorie hieß vorher »Preisgabe sensibler Daten« (*Sensitive Data Exposure*) und umfasst die Nutzung riskanter Verschlüsselungsalgorithmen, aber eben auch das Hartkodieren von Passwörtern. GitHub hat aus solchen Erfahrungen heraus bereits proaktiv Secret-Scanning auf öffentlichen Repositories aktiviert[2], und auch andere SCMs wie GitLab bieten solche Funktionalitäten an.

Wir betrachten in diesem Kapitel die Möglichkeiten, die uns zur Verfügung stehen, um GitOps umzusetzen und trotzdem unsere Secrets sicher zu behandeln. Inhaltlich orientieren wir uns stark an dem sehr umfassenden Vortrag »100,000 Different Ways to Manage Secrets in GitOps« von Andrew Block (Red Hat) auf der GitOpsCon 2022[3]. Mit folgenden Fragen beschäftigen wir uns:

---

[1] *https://owasp.org/Top10*

[2] *https://docs.github.com/en/code-security/secret-scanning/about-secret-scanning*

[3] *https://youtu.be/FVaaqP7_AJg*

1. Wo können wir sinnvollerweise *Secrets lagern und verwalten*? (Diesen Ort bezeichnen wir im Folgenden als *Secret-Store*.) Wir betrachten das verschlüsselte Speichern im Repo und die externe Verwaltung.
   Die externe Verwaltung kann im Zielsystem, im CI-Server oder in einem dedizierten Tool erfolgen.
2. Wie können Workloads *kontinuierlich Secrets konsumieren*? Wir betrachten native Kubernetes-`Secrets`, geteilte Volumes aus injizierten Sidecar-Containern und CSI-Mounts.

Nachdem wir diese Fragestellungen betrachtet haben, erweitern wir unsere Implementierung aus Abschnitt 3.3 auf Seite 51 um eine dieser Varianten, indem wir HashiCorp Vault und den *External Secrets Operator*[4] (ESO) ins Spiel bringen.

5.1 Secrets lagern und verwalten

5.1.1 Secrets verschlüsselt im Repo speichern

Der einfachste Weg unsere Secrets zu verwalten, ohne sie im Klartext in Git abzulegen, ist sie verschlüsselt in Git abzulegen. Es gibt einige beliebte Werkzeuge, die in dieser Kategorie helfen:

- *SOPS* (Secrets OPerationS)[5], ein CNCF-Sandbox-Projekt
  - Einige Tools wie helm-secrets[6] und KSOPS[7] agieren als Wrapper für SOPS.
    Wie Abschnitt 4.10 auf Seite 85 zeigt, bietet Flux sogar native Unterstützung für SOPS. In Argo CD können wir diese über den ebenfalls dort erwähnten CM-Plugin-Mechanismus mittels KSOPS nachrüsten[8].
  - Tools wie git-crypt[9] funktionieren ähnlich wie SOPS, sind aber weniger flexibel und weniger mit anderen Tools integriert.

---

[4] *https://external-secrets.io*

[5] *https://github.com/getsops/sops*

[6] *https://github.com/jkroepke/helm-secrets*

[7] *https://github.com/viaduct-ai/kustomize-sops*

[8] *https://cloud.redhat.com/blog/a-guide-to-gitops-and-secret-management-with-argocd-operator-and-sops*

[9] *https://github.com/AGWA/git-crypt*

- *Sealed Secrets*[10] von Bitnami
- *Ansible Vault*[11] von Red Hat

Gut integriert: das Git-Repo als Secret-Store mit externem Master-Key

Das Grundprinzip ist bei allen diesen Tools ähnlich: Mithilfe eines Master-Keys werden ganze Dateien oder nur Werte verschlüsselt und in Git gespeichert. Damit wird das Git-Repo zum Secret-Store. Der Master-Key selbst muss außerhalb des Repos gelagert werden, damit Werte nicht direkt wieder entschlüsselt werden können.

Zur Illustration des Grundprinzips spielen wir ein kleines Beispiel mit SOPS und einem GPG-Key durch. Sagen wir, wir haben folgende Datei, in der wir alle Werte verschlüsseln wollen, aber nicht die Namen:

Listing 5–1 *Beispiel-Datei example.yaml mit vertraulichen Werten*

```
database:
  username: technical-user
  password: qfjJN4gGK77PeCSx
```

Zuerst erzeugen wir einen GPG-Key für unseren aktuellen User und verschlüsseln dann die Datei mit SOPS:

Listing 5–2 *Erzeugen eines GPG-Keys und Verschlüsseln der Datei mit SOPS*

```
gpg --quick-generate-key $(whoami)
SOPS_PGP_FP=$(gpg --with-colons --list-keys $(whoami) \
  | grep 'fpr:' | tail -n1 | sed -E 's/fpr:*(.*):/\1/')
sops --pgp $SOPS_PGP_FP --encrypt example.yaml \
  > example.enc.yaml
```

Die resultierende verschlüsselte Datei sieht dann ungefähr so aus (einige Werte haben wir der Darstellung halber mit »...« abgekürzt):

Listing 5–3 *Verschlüsselte Variante der Beispiel-Datei*

```
database:
    username:
      ENC[AES256_GCM,data:9GBzem8zRpg12AxHCaQ=,iv:X62b...,
      tag:gbtA...,type:str]
    password:
      ENC[AES256_GCM,data:1Ual0ZYDlCtiglpBuAM2mw==,iv:Wt2r...,
      tag:BfVC...,type:str]
sops:
    # ...
    mac:
 ↪ ENC[AES256_GCM,data:mAds...,iv:XOHV...,tag:FLgL...,type:str]
    pgp:
        - created_at: "2023-02-24T11:06:45Z"
```

[10] *https://github.com/bitnami-labs/sealed-secrets*

[11] *https://github.com/ansible/ansible-documentation/blob/v2.15.5/docs/docsite/rst/vault_guide/vault.rst*

```
          enc: |
            -----BEGIN PGP MESSAGE-----
            # ...
            -----END PGP MESSAGE-----
          fp: 6390DE41093F5CC2FF6D885513A027C4225739EE
```

Die verschlüsselte Datei kann mit dem Befehl `sops example.enc.yaml` entschüsselt, editiert und wieder verschlüsselt werden, wenn der editierende Prozess Zugriff auf den Schlüssel hat, mit dem die Datei verschlüsselt wurde.

In Tabelle 5–1 stellen wir einen Vergleich an zwischen den drei genannten Tools.

Name	Arten von Master-Keys	Lagerung der Master-Keys	Verschlüsselbare Formate	Was wird im Repo gespeichert?
SOPS	Schlüsselpaare, externe KMS (zum Beispiel Azure Key Vault)	Im externen KMS; bei Schlüsselpaar-Datei: eigene Verantwortung	YAML, JSON, Binärdateien. Bei YAML/JSON werden standardmäßig alle Werte verschlüsselt; Deaktivieren für einzelne Werte ist möglich.	Originaldatei verschlüsselt
Sealed Secrets	Automatisch erzeugtes Schlüsselpaar	Nur im Cluster des erzeugenden Operators	Werte von Kubernetes-`Secrets`	SealedSecret-Manifeste
Ansible Vault	Passwörter	Eigene Verantwortung	YAML, JSON. Jeder zu verschlüsselnde Wert muss explizit markiert werden. Vollständige Verschlüsselung von Namen und Werten ist möglich.	Originaldatei verschlüsselt

Tab. 5–1
Vergleich von Tools für Secret-Verschlüsselung

SOPS als Empfehlung bei Secrets im Repo

SOPS bietet aus unserer Sicht in der aktuellen Tool-Landschaft den größten Nutzen: Sowohl Menschen als auch technische User können Dateien auf die gleiche Art und Weise entschlüsseln; man muss nur vor einem Apply dafür sorgen, dass die Manifeste entschlüsselt werden. Die Integration mit externen KMS erhöht die Resilienz, weil der Master-Key extern gelagert ist und nicht (wie bei Sealed Secrets) von der Verfügbarkeit eines Kubernetes-Clusters abhängt. Sehr positiv ist auch, dass die Unterstützung im umgebenden Ökosystem bei Helm, Flux und Argo CD groß ist, wie wir in Abschnitt 4.10 auf Seite 85 genauer beschreiben.

Sealed Secrets verbreitet, aber begrenzt auf ein Cluster

Unserer Erfahrung nach ist auch Sealed Secrets weit verbreitet. Es besticht durch einfache Konfiguration, solange man es in wenigen Clustern einsetzt. Andererseits macht man sich sehr abhängig vom Cluster, in dem der Sealed Secrets Operator läuft. Ist dieser Cluster nicht erreichbar, dann können keine damit verschlüsselten Secrets entschlüsselt werden. Sollte der Cluster sogar vollständig verschwinden, dann wären die Secrets nie wieder entschlüsselbar, außer man hat vorher den Private Key des Operators gesichert, wozu wir eindringlich raten.

Repo als Secret-Store hat bessere Recovery im Disaster-Fall.

Ein gewichtiges Argument für verschlüsselte Secrets im Git-Repo führt Schlomo Schapiro ins Feld in seinem Vortrag »Betriebliche Geheimnisse in der Cloud und offline verwalten«[12]: Wenn im Disaster-Fall das KMS des Cloud-Providers oder dessen Keys verschwinden, dann hätte man das gleiche Problem wie bei Sealed Secrets, wenn der verschlüsselnde Operator oder dessen Cluster verschwindet. Bei SOPS kann man über das Konfigurieren mehrerer Trust-Anchors festlegen, dass das Ver- und Entschlüsseln sowohl mit bestimmten Cloud-KMS als auch dateibasierten Keys (zum Beispiel age-Keys) möglich sein soll. Im Disaster-Fall können verschlüsselte Dateien mit der offline gelagerten Key-Datei entschlüsselt und mit neu provisionierten Cloud-KMS-Keys wieder neu verschlüsselt werden.

Repo als Secret-Store erfüllt Prinzip 2 besser.

In Abschnitt 5.1.2 auf Seite 105 werden wir sehen, dass kein Setup das GitOps-Prinzip der Unveränderlichkeit so gut erfüllt wie das Speichern von verschlüsselten Secrets in Git. Im gleichen Abschnitt werden wir auch genauer darauf eingehen, warum bei Git-basiertem Secrets Management die Developer Experience besser ist.

Verschlüsselte Secrets zu committen kann womöglich zu mehr Plaintext-Commits führen.

All die genannten Vorteile machen SOPS besonders dann attraktiv, wenn man stark erhöhte Ausfallsicherheit haben will oder keine Cloud-KMS nutzen kann oder will. Wir Autoren mahnen dennoch zur Vorsicht: Die weite Verbreitung von SOPS ist definitiv eine Verbesserung gegenüber Klartext-Secrets in Git.

Aber mit dem Repo als Secret-Store gewöhnen wir Entwickelnde daran, dass es unter gewissen Umständen akzeptabel ist, Secrets zu committen. Aus unserer Sicht kann daraus schnell eine »slippery slope« werden, sodass versehentliche Commits mit Plaintext-Secrets in solchen Setups wahrscheinlicher sind. Zwar lässt sich mit Pre-Push-Hooks in SCMs das Hochladen von Plaintext-Secrets blockieren, aber damit geht ein Wartungsaufwand einher, und keine solche Filterung wird immer lückenlos sein. Stattdessen empfehlen wir als Startwert die Nutzung eines externen Secret-Stores, um dieses Risiko zu verringern.

[12] *https://youtu.be/K7WrOjY3CYA*

5.1.2 Secrets extern verwalten

Secrets im Zielsystem verwalten

Wir können unser Zielsystem (meist ein Kubernetes-Cluster) zum Secret-Store machen, indem wir unsere Secrets manuell als native Kubernetes-`Secrets` erstellen (beispielsweise mit `kubectl create secret`). Solche Wege können sich (zumindest anfangs) lohnen, wenn der manuelle Aufwand zu verkraften ist und erprobte Runbooks dafür im Team vorhanden sind.

*Kubernetes-*Secrets *sind nur flüchtig.*

Allerdings haben wir keine Garantien, dass die `Secrets`, die wir heute erstellt haben, morgen noch vorhanden sind. Wenn wir das Löschen von `Secrets` nicht sehr streng mit RBAC begrenzen, können wir unsere `Secrets` jederzeit durch Missgeschick oder Böswilligkeit verlieren. Nur regelmäßige Backups der `Secret`-Manifeste (beispielsweise mit `kubectl get secret -o=yaml`) oder der Inhalte von etcd (beispielsweise mit Velero[13]) an einen mit Verschlüsselung konfigurierten Ort außerhalb des Clusters (beispielsweise ein verschlüsselter AWS-S3-Bucket) können hier etwas Abhilfe schaffen. Als *primärer* Mechanismus für Secrets-Verwaltung lohnt sich dieser Weg auf Dauer nicht.

Secrets im CI-Server verwalten

Zentralisierung ist mit CI vereinfacht.

Eine Verbesserung gegenüber Git und Kubernetes als Verwaltungsebene für Secrets sind CI-Server. GitHub Actions beispielsweise ermöglicht das Festlegen von Umgebungsvariablen auf Repo- und Organisationsebene[14], GitLab ermöglicht zusätzlich das Verwalten von Secrets-Dateien[15] und Jenkins bietet über das Credentials-Plugin[16] verschiedenste Secrets-Typen an. Meist werden diese Secrets automatisch in Logs maskiert, sodass man aus CI-Logs keine Secrets auslesen kann.

Die manuellen Aufwände im vorherigen Ansatz (»Secrets im Zielsystem verwalten«) können in dieser Herangehensweise großteils automatisiert werden: Wir speichern *Templates* unserer `Secrets` als Manifeste in Git, lassen sie von unserem GitOps-Operator ignorieren (beispielsweise indem wir sie in eine Kustomization eintragen, die nicht von Argo CD überwacht wird) und tragen als Werte Umgebungsvariablen ein. Eine CI-Pipeline nimmt diese Manifeste, interpoliert die im CI-Server hinterlegten Werte hinein (beispielsweise mit `envsubst`), verbindet sich in den Cluster und rollt die Manifeste aus.

[13] *https://velero.io*

[14] *https://docs.github.com/en/actions/security-guides/encrypted-secrets*

[15] *https://docs.gitlab.com/16.5/ee/ci/secure_files*

[16] *https://plugins.jenkins.io/credentials*

Wie wir allerdings am Anfang in Abschnitt 2.10 auf Seite 45 gesehen haben, sind CI-Server gern genutzte Angriffsvektoren für Eindringlinge. Sicherlich wird es nie ganz gelingen, Secrets aus CI-Servern fernzuhalten. Dennoch sehen wir es als erstrebenswert an, wenn *so wenig Secrets wie möglich in CI-Servern* liegen.

CI-Server sind beliebte Angriffsziele.

Außerdem benötigen wir mit diesem Ansatz wiederum Zugriff vom CI-Server auf das Zielsystem, um `Secrets` auszurollen – ein Sicherheitsrisiko, das wir durch den Einsatz von GitOps ursprünglich vermeiden wollten.

Secrets in dediziertem Service verwalten

Alternativ zu CI-Servern kann man einen dedizierten Service nutzen, um Secrets zu verwalten. Uns sind folgende Optionen häufig begegnet:

- bei Anbietern im Bereich Public Cloud:
  - AWS Secrets Manager, AWS Parameter Store
  - Azure Key Vault
  - Google Cloud Secret Manager
  - IBM Cloud Secrets Manager
- von eigenständigen Anbietern:
  - 1Password
  - Akeyless
  - HashiCorp Vault

Ohne Frage entstehen beim Integrieren eines externen Secret-Stores in eine bestehende Landschaft zusätzliche Aufwände. Der Aufwand kann zusätzlich steigen, wenn man sich entscheidet, den Store in der eigenen Infrastruktur selbst zu betreiben. Auch Lizenzkosten fallen bei manchen dieser Tools an. Viele dieser Werkzeuge bieten allerdings zusätzliche Vorteile, die in den vorherigen Szenarien nicht möglich sind:

Externe Secret-Stores bieten bessere Zugriffskontrolle und dedizierte Secrets-Verwaltung.

- Zugriff auf die Anwendung und innerhalb der Anwendung selbst lässt sich meist feingranularer verwalten als in den vorher genannten Alternativen. Vorhandene Identitätsinfrastruktur wie LDAP und zusätzliche Sicherheitsfaktoren wie MFA lassen sich oft sehr gut integrieren. Dadurch haben wir mehr Möglichkeiten, *unbefugte Zugriffe auf Secrets zu vermeiden.*

- Dedizierte Tools für Secrets-Verwaltung haben *das passendere Feature-Set*. Beispielsweise ist das Rotieren von Secrets leichter und weniger fehleranfällig; bei manchen Diensten lässt es sich sogar komplett automatisieren. Dadurch können wir die Inhalte unserer Secrets besser absichern, sollte einmal ein Secret kompromittiert werden.

An dieser Stelle kürzen wir ab und gehen noch nicht auf konkrete Tools zum Einbinden eines externen Secret-Stores ein. Erst in Abschnitt 5.2.1 auf Seite 108 greifen wir diese Thematik wieder auf, wenn wir betrachten, wie wir Secrets aus solchen externen Secret-Stores konsumieren können. Wir betrachten aber noch kurz ein Henne-Ei-Problem, das sich bei externen Secret-Stores auftut:

Wenn wir einen externen Secret-Store verwenden, wollen wir alle Secrets dort verwalten und keine Secrets mehr manuell im Cluster anlegen. Dennoch brauchen wir in den meisten Fällen einen initialen Zugriff auf den Secret-Store, den wir manuell hinterlegen müssen.

Mit Workload Identity sind keine Verbindungs-Secrets nötig.

In manchen Fällen können wir diese Notwendigkeit vollständig umgehen. Nehmen wir als Beispiel einen EKS-Cluster, der versucht, auf Secrets im Secrets Manager desselben AWS-Accounts zuzugreifen: Wenn dem EC2-Instanzprofil der Worker Nodes eine entsprechende IAM-Rolle hinzugefügt wird, dann kann der Zugriff auf den Secrets Manager unmittelbar erfolgen *ohne weitere Zugangsdaten*. Solche Vorgehensweisen sind oftmals sicherer, weil keine Zugangsdaten im Spiel sind, die im schlechtesten Fall kompromittiert werden könnten. Statt auf dem reinen Wissen von Zugangsdaten, in dessen Besitz auch ein nicht legitimer Akteur gelangen kann, basiert die Zugriffsberechtigung auf der *Identität des Workloads*, die schwerer zu fälschen ist.

Workload Identity über Cloud-Provider-Grenzen hinaus

Dieses Prinzip von *Workload Identity* ist dann am leichtesten zu implementieren, wenn ein Kubernetes-Cluster und der Secret-Store sich beim selben Cloud-Provider befinden. Darüber hinaus bieten aber auch einige Cloud-Provider Möglichkeiten, über die Grenzen ihres Territoriums hinaus sich als bestimmte Workloads auszuweisen. Als Beispiele nennen wir an dieser Stelle `kube2iam` für AWS[17] und `azwi` für Azure[18].

[17] *https://github.com/jtblin/kube2iam*

[18] *https://github.com/external-secrets/external-secrets/blob/v0.9.7/docs/provider/azure-key-vault.md#workload-identity*

Manuelles Provisionieren und Rotieren als Fallback

Wenn wir jedoch keine andere Wahl haben, als Zugangsdaten zu provisionieren, dann sind wir zurück bei den Varianten »manuell deployen« und »per CI deployen« (siehe Abschnitt 5.1.2 auf Seite 102). Da es sich hier in der Regel um ein einziges `Secret` pro Cluster oder zumindest `Namespace` handelt, ist der manuelle Aufwand gering, und um die Menge an Secrets in CI-Servern zu reduzieren, ist der manuelle Weg hier meistens der gesündeste. Diese Zugangsdaten können dann logischerweise ausschließlich manuell rotiert werden.

Implikationen für den Umgang mit Secrets

Externe Secret-Stores verletzen GitOps-Prinzip 2.

Wenn wir einen externen Secret-Store verwenden, dann behandeln wir unsere Secrets fast ohne GitOps, denn das, was wir faktisch in Git hinterlegen, ist nicht das Secret selbst, sondern nur eine *Referenz* auf das Secret. Das verletzt vor allem Prinzip 2 hinsichtlich der Unveränderlichkeit, ähnlich wie es das Referenzieren eines Rolling-Image-Tags (zum Beispiel `latest`) tut: Die Manifeste sind dann *nicht mehr deterministisch*, weil das Anwenden derselben Manifeste zu unterschiedlichen Zeitpunkten unterschiedliche Ergebnisse erzielen kann. Ebenso leidet die Auditierbarkeit der Secrets darunter.

> Einige Provider speichern tatsächlich unveränderliche Versionen beim Bearbeiten eines Secrets (darunter beispielsweise AWS Secrets Manager, AWS Parameter Store, HashiCorp Vault, Keeper Security, Scaleway, Delinea), sodass wir diese exakten Versionsreferenzen tendenziell nutzen könnten. Allerdings müssten wir dann auch sicherstellen, dass bei jedem Erzeugen einer neuen Version ein Commit auf ein Config-Repo getriggert wird. Solche Integrationen sind bisher in keinem der genannten Provider nativ verfügbar und würden zusätzlichen Implementierungsaufwand bedeuten.

Schlechtere Developer Experience bei lokal benötigten Secrets

Die Nutzung eines externen Secret-Stores kann auch Nachteile hinsichtlich der *Developer Experience* haben: Wenn Entwickelnde zum lokalen Entwickeln gewisse Secrets benötigen, können sie diese mit Ansätzen wie SOPS ohne viel Aufwand entschlüsseln. Und wenn ein Team bereits Tools zum Verschlüsseln von Secrets in Git verwendet, dann sind im besten Fall auch schon Mechanismen aufgesetzt, um zu verhindern, dass Secrets im Klartext committet werden. Ohne solche Ansätze müssen Entwickelnde erst Zugriff auf den Secret-Store haben, dort vielleicht manuell das passende Secret finden und es dann lokal in einer von Git ignorierten Konfigurationsdatei eintragen. Mit der CLI des jeweiligen Secret-Stores lassen sich manche Schritte sicherlich automatisieren, aber damit schafft man eine Trennung, bei der Entwickelnde und Kubernetes-Cluster unterschiedliche Schnittstellen auf die Nutzung von Secrets haben.

Unversionierte Ressourcen können nativ keinen automatischen Restart triggern.

Dass wir Secrets außerhalb von Git verwalten, bringt noch weitere Herausforderungen mit sich: Das Rotieren von Secrets ist auf der Provider-Seite komfortabel machbar (beispielsweise durch Ändern des Wertes in HashiCorp Vault), aber das *Propagieren von geänderten Werten in die Workloads* funktioniert nicht unbedingt automatisch, weil die Secrets ja dann außerhalb des Lebenszyklus des Config-Repos verwaltet werden. Sind Secrets als Volume gemountet und die Anwendung ist so implementiert, dass sie Dateien auf Änderungen überwacht, ist dies zwar möglich. Viele Anwendungen laden Dateien jedoch oft nur einmalig beim Start, und Umgebungsvariablen, über die Secrets in Prozesse gelangen (siehe Abschnitt 5.2), können generell nicht zur Laufzeit geändert werden.

> Wer seine Secrets verschlüsselt in Git lagert, kann mit Kustomize oder Helm auf einfachste Weise Prüfsummen in die Ressourcennamen einbauen: Ändert sich der Dateiinhalt, dann ändert sich der Ressourcenname (automatisch bei Kustomize[19]) oder eine Annotation (manuell hinzugefügt bei Helm[20]) und damit auch das Manifest (beispielsweise ein `Deployment`-Manifest). Wird die Änderung ausgerollt, werden automatisch auch neue `Pods` erzeugt, die den neuen Secret-Wert auslesen.

*Reloader ermöglicht automatische Restarts bei geänderten Kubernetes-*Secrets*.*

Am einfachsten und skalierbarsten lässt sich dieses Problem lösen mit Tools wie Reloader von Stakater[21]: Bei jedem Pod-Controller (einem `Deployment` beispielsweise), der eine bestimmte statische Annotation trägt, werden alle eingebundenen `ConfigMaps` und `Secrets` überwacht, und bei Änderungen der Inhalte dieser Ressourcen werden die `Pods` automatisch neu erzeugt.

Separate Zugriffskontrollen

Ein weiterer Zusatzaufwand bei einem externen Secret-Store ist, dass wir RBAC für das Verwalten von Secrets komplett separat von Git implementieren müssen. Wir können Secrets dann nämlich nicht mehr über den exakt gleichen Mechanismus wie unsere restlichen Manifeste verwalten (beispielsweise über Berechtigungen auf Repositories und Arbeiten über PRs). Andererseits kann genau das durchaus gewollt sein, wenn wir für Secrets ein anderes Sicherheitsniveau als für unsere anderen Ressourcen haben wollen.

---

[19] *https://github.com/kubernetes-sigs/cli-experimental/blob/a8847ee/site/content/en/references/kustomize/kustomization/configmapgenerator/_index.md#propagating-the-name-suffix*

[20] *https://github.com/helm/helm-www/blob/e2ea1b9/content/en/docs/howto/charts_tips_and_tricks.md#automatically-roll-deployments*

[21] *https://github.com/stakater/Reloader*

Trotz all der genannten Schwierigkeiten sind externe Secret-Stores aus unserer Sicht der beste Weg, um mit Secrets im Kontext von GitOps zu arbeiten.

5.2 Secrets konsumieren

In Kubernetes können wir `Secrets` grundsätzlich in zwei Formen in unsere Workloads einbinden:

1. Wir injizieren sie als *Umgebungsvariablen.*
2. Wir mounten sie als *Dateien in einem Filesystem.*

Je nach Applikation sind womöglich sogar beide Wege relevant: Eine Spring-Boot-Anwendung kann beispielsweise viele Properties über Umgebungsvariablen entgegennehmen, aber die Logging-Konfiguration muss oftmals als XML-Datei übergeben werden.

Das Bereitstellen über Umgebungsvariablen ist meist einfacher in der Handhabung, das Bereitstellen über Dateien hingegen deutlich flexibler. Datei-Mounts haben auch einen Geschwindigkeitsvorteil: Solche gemounteten Dateien werden automatisch im `Pod` aktualisiert, wenn von außen Änderungen daran vorgenommen werden, sodass (wenn die Anwendung dazu fähig ist) ein direktes Laden der neuen Konfiguration möglich ist ohne einen vollständigen Neustart der Anwendung.

Bei Umgebungsvariablen hingegen muss der Container insgesamt neu gestartet werden, damit geänderte Werte wirksam werden. Solche Neustarts können allerdings auch durchaus gewünscht sein, um zunehmende Entropie und daraus folgenden Drift durch langlebige Container zu vermeiden.

Wir werden in diesem Abschnitt das Hauptaugenmerk nicht auf die Details zwischen Umgebungsvariablen und Datei-Mounts legen, sondern auf die Art der Bereitstellung dieser Secrets. Hier besprechen wir drei Möglichkeiten:

1. native Kubernetes-`Secrets`
2. über `Pod`-Annotationen injizierte Sidecar-Container, die Secrets als Dateien in einen gemeinsamen, temporären Volume-Mount ablegen
3. Volume-Mounts über den Secret Store CSI Driver

Eine weitere Möglichkeit bieten native Integrationen der GitOps-Operator, die wir in Abschnitt 4.10 auf Seite 85 betrachten: Bei Argo CD erlaubt das Vault-Plugin, Secrets aus verschiedenen Backends per Templating direkt in Kubernetes-Ressourcen einzufügen. Flux kann per SOPS verschlüsselte Kubernetes-`Secrets` entschlüsseln.

5.2.1 Secrets als native Kubernetes-Secrets konsumieren

Dies ist der Weg, der am natürlichsten zu Kubernetes passt: Das Secret wird als Kubernetes-`Secret` zur Verfügung gestellt und ein Container in einem `Pod` kann es als Umgebungsvariable oder Datei mounten.

Nachfolgend sehen wir ein Beispiel für ein `Secret`, dessen Keys als Umgebungsvariablen in einen `Pod` gemountet werden:

Listing 5–4
Ein Pod mountet Daten eines Secrets als Umgebungsvariablen.

```
apiVersion: v1
kind: Secret
metadata:
  name: database-connection
data:
  DB_USERNAME: bXktYXBw
  DB_PASSWORD: MzklMjgkdmRnNOpi
---
apiVersion: v1
kind: Pod
metadata:
  name: secret-test
spec:
  containers:
    - name: nginx
      image: nginx
      envFrom:
        - secretRef:
            name: database-connection
```

Beste DevEx und Performance

Wir empfehlen grundsätzlich diejenigen Ansätze, die Secrets als native Kubernetes-`Secrets` bereitstellen, weil es keine Umstellung in der Arbeitsweise benötigt und damit die Developer Experience nicht beeinträchtigt. Außerdem können Kubernetes-native `Secrets` als eine Art Cache dienen, falls ein externer Secret-Store zwischenzeitlich nicht erreichbar sein sollte.

ESO integriert sich mit den allermeisten Secret-Stores.

Viele Anbieter von externen Secret-Stores haben im Lauf der Zeit ihre eigene Implementierung entwickelt, um Secrets aus ihrem Store als Kubernetes-`Secrets` in einen Cluster zu synchronisieren. 2019 entschlossen sich einige der Entwickelnden hinter diesen separaten Tools dazu, ihre Anstrengungen zu vereinen[22]. Als Ergebnis entstand der ESO, der mittlerweile ein CNCF-Sandbox-Projekt ist. Mittels ESO lassen sich alle Secret-Stores, die wir unter Abschnitt 5.1.2 auf Seite 103

[22] *https://github.com/external-secrets/kubernetes-external-secrets/issues/47*

aufzählen, einbinden und noch weitere. Wir haben bei der Recherche für diesen Abschnitt kein anderes Produkt im Kubernetes-Umfeld gefunden, das in der Lage ist, ein derart breites Spektrum an Secret-Stores über eine einheitliche Schnittstelle als native `Secrets` in einen Cluster zu synchronisieren.

> Einer der Provider, die über ESO auch angesprochen werden können, sind GitLab Variables[23]. Damit können Secrets ausgelesen werden, die in GitLab als Variablen hinterlegt sind. Wir raten stark ab von der Lagerung von Secrets in SCMs und CI-Servern (siehe Abschnitt 5.1.2 auf Seite 102) und empfehlen die Nutzung eines alternativen Secret-Stores!

Der ESO bringt mehrere CRDs mit, von denen zwei für uns besonders wichtig sind: den `SecretStore` und das `ExternalSecret`. Der `SecretStore` ermöglicht die *Anbindung an den Secret-Store* und benötigt gegebenenfalls ein initial erstelltes `Secret` für die Authentifizierung mit dem Store. (Den auf einen `Namespace` beschränkten `SecretStore` gibt es auch in einer clusterweit verfügbaren Geschmacksrichtung als `ClusterSecretStore`.) Das `ExternalSecret` wiederum *synchronisiert ein konkretes Secret* in den `Namespace`, in dem das `ExternalSecret` sich befindet.

Wir zeigen nachfolgend ein Beispiel für einen `SecretStore`, der mithilfe eines manuell erstellen Kubernetes-`Secrets` namens `gcpsm-credentials` auf den Google Cloud Secret Manager zugreift:

Listing 5–5
Ein SecretStore mit Zugriff auf Google Cloud Secret Manager

```
apiVersion: external-secrets.io/v1beta1
kind: SecretStore
metadata:
  name: gcp-store
spec:
  provider:
      gcpsm:
        auth:
          secretRef:
            secretAccessKeySecretRef:
              name: gcpsm-credentials
              key: secret-access-credentials
        # Name of Google Cloud project
        projectID: alphabet-123
```

Das folgende `ExternalSecret` wird das Secret `database_password` in Google Cloud Secret Manager referenzieren. Der Operator wird daraus

[23] *https://github.com/external-secrets/external-secrets/blob/v0.9.7/docs/provider/gitlab-variables.md*

ein Kubernetes-`Secret` namens `database-credentials` erzeugen, das alle 10 Minuten aktualisiert wird und unter dem Key `password` den Base64-kodierten Wert aus dem Secret-Store enthält:

Listing 5–6
Ein ExternalSecret, aus dem ein natives Secret entsteht

```
apiVersion: external-secrets.io/v1beta1
kind: ExternalSecret
metadata:
  name: database-credentials
spec:
  refreshInterval: 10m
  secretStoreRef:
    kind: SecretStore
    name: gcp-store
  target:
    name: database-credentials
    creationPolicy: Owner
  data:
    - secretKey: password
      remoteRef:
        key: database_password
```

Das resultierende `Secret` wird folgendermaßen aussehen:

Listing 5–7
Ein natives Secret, das auf Basis eines ExternalSecrets erzeugt wurde

```
apiVersion: v1
kind: Secret
metadata:
  name: database-credentials
data:
  password: ZGF0YWJhc2VfcGFzc3dvcmQ=
```

Dieses native `Secret` können wir dann wie gewohnt in einer `Pod`-Spezifikation als Umgebungsvariable oder Volume einbinden.

Kubernetes-Secrets lagern immer unverschlüsselt in etcd.

In manchen stark regulierten Kontexten kann es Anforderungen hinsichtlich der Datensicherheit geben, wonach keine Secrets unverschlüsselt in etcd, der Datenbank der Kubernetes Control Plane, gespeichert werden dürfen. In solchen Fällen können wir Secrets *ausschließlich als Dateien mounten* und nicht als Umgebungsvariablen. (Über Umwege kann man beim Start eines Containers gemountete Dateien wiederum als Umgebungsvariablen bereitstellen; siehe dazu den Kasten »Gemountete Secrets als Umgebungsvariablen« in Abschnitt 5.2.3 auf Seite 113).

Base64-Kodierung von Kubernetes-Secrets

Dass die Werte von Kubernetes-`Secrets` immer Base64-kodiert sind, hat auf den Grad der Sicherheit keine Auswirkung, weil Base64 eine reine (symmetrische) Kodierung ist und keine Verschlüsselung: Wer den Base64-Wert sieht, benötigt keine Zusatzinformationen, um den Originalwert zu erhalten; dafür reicht bereits ein einfacher Shell-Befehl wie `echo $ENCODED_VALUE | base64 -d`.

Die beiden folgenden Abschnitte beschäftigen sich mit diesem Szenario: Welche Optionen haben wir, wenn wir Secrets mounten wollen, ohne sie im Klartext in etcd zu speichern?

5.2.2 Secrets über Sidecar-Container injizieren

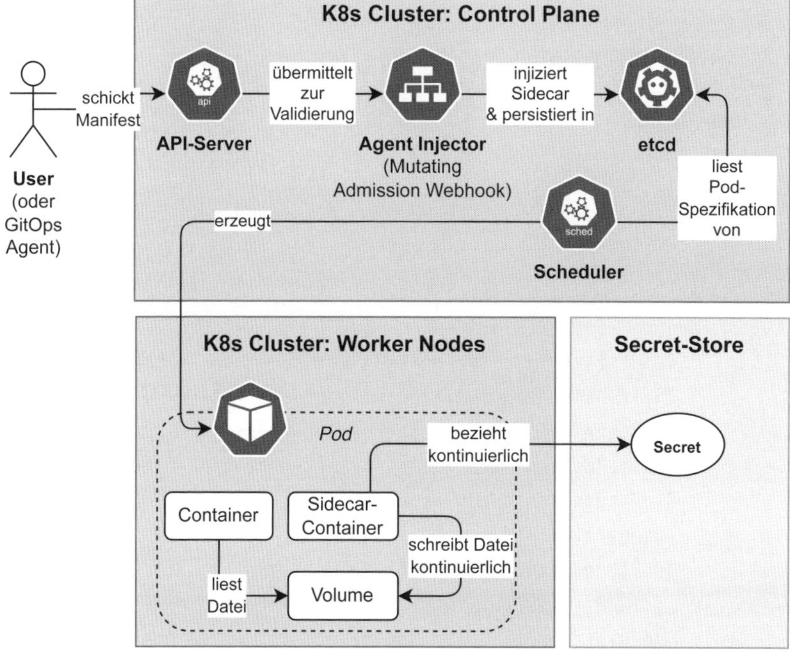

Abb. 5–1 *Arbeitsweise eines Agent Injectors*

Agent Injectors mounten Secrets als Dateien über Sidecar-Container.

Unter diesen beschränkten Umständen kann ein *Agent Injector* helfen. In einem Aufbau mit Agent Injector wird ein Sidecar-Container parallel zu den laufenden Containern in einen `Pod` »injiziert«. Dieser Sidecar-Container lädt Secrets aus einem externen Secret-Store, erstellt ein Volume mit Dateien auf dieser Basis und mountet dieses Volume in den annotierten Container. Das Injizieren des Sidecar-Containers geschieht über einen *Mutating Admission Webhook*[24], der Manifeste verändern

[24] *https://github.com/kubernetes/website/blob/snapshot-initial-v1.28/content/en/docs/reference/access-authn-authz/admission-controllers.md*

kann, während sie noch vom API-Server des Clusters validiert werden und noch nicht in etcd persistiert wurden.

In Abb. 5–1 ist visuell dargestellt, wie ein Agent Injector arbeitet. Wichtig zu wissen ist dabei, dass wir *nur den Hauptcontainer selbst* explizit spezifieren müssen. Alle anderen Ressourcen, die für den Mechanismus des Agent Injectors relevant sind, werden über Annotations am Workload gesteuert und davon ausgehend automatisch in das Manifest eingefügt. Das gewährleistet eine möglichst nahtlose Integration, sodass wir bis auf Annotationen nichts grundlegend an unseren Manifesten verändern müssen, um einen Agent Injector zu nutzen.

Hier zeigen wir beispielhaft ein `Deployment`, bei dem wir die Annotationen für den *HashiCorp Vault Agent Injector*[25] im `Pod`-Template einfügen:

Listing 5–8
Deployment mit Annotationen für HashiCorp Vault Agent Injector

```
apiVersion: apps/v1
kind: Deployment
metadata:
  name: nginx
spec:
  # ...
  template:
    metadata:
      # ...
      annotations:
        # Activate injector on this PodSpec.
        vault.hashicorp.com/agent-inject: "true"
        # Create file "/vault/secrets/db-creds".
        vault.hashicorp.com/agent-inject-secret-db-creds:
          database/creds/db-app
        # Generate file content based on template.
        vault.hashicorp.com/agent-inject-template-db-creds: |
          {{- with secret "database/creds/db-app" -}}
          postgres://{{ .Data.username }}:{{ .Data.password
            }}@postgres:5432/appdb?sslmode=disable
          {{- end }}
        # Set Vault Kubernetes authentication role.
        vault.hashicorp.com/role: db-app
    spec:
      containers:
        - name: nginx
          image: nginx:1.25.2
```

[25] *https://github.com/hashicorp/vault/blob/v1.15.0/website/content/docs/platform/k8s/injector/index.mdx*

Aufgrund dieser Annotationen fügt der Agent Injector Folgendes in den `Pods` des `Deployments` hinzu:

- ein Volume
- einen Sidecar-Container mit einem Mount auf dem Volume, der darin eine Datei erzeugt (auf Basis des Secrets in HashiCorp Vault und dem Template in der Annotation)
- einen Volume Mount im Container `app`

Als Endergebnis entsteht im Container `app` die Datei `/vault/secrets/db-creds` mit dem interpolierten Inhalt aus dem Secret.

5.2.3 Secrets über ein CSI-Volume konsumieren

Will man das Speichern von Secrets in etcd vermeiden, kommt neben einem Agent Injector auch der *Secrets Store CSI Driver* (SSCD)[26] infrage. Dieser Driver implementiert das *Container Storage Interface* (CSI)[27].

CSI ist eine Initiative, um die enorme Vielfalt an Volume-Typen verschiedenster Anbieter *generisch* abzubilden, statt in Kubernetes und anderen Orchestratoren für jeden Volume-Typ eine neue Schnittstelle zu schaffen. Der SSCD wiederum nutzt dieses CSI und ermöglicht es dadurch, Secrets aus externen Secret-Stores als *native Volume-Mounts* in Kubernetes-`Pods` einzubinden.

Zur Nutzung müssen sowohl der SSCD als auch ein geeigneter Provider im Cluster installiert werden. Momentan existieren offizielle Provider für folgende Secret-Stores:

- AWS Parameter Store
- AWS Secrets Manager
- Azure Key Vault
- Google Cloud Secret Manager
- HashiCorp Vault
- (Für Akeyless existiert ein inoffizieller Provider[28].)

Wir schauen uns ein konkretes Beispiel für den AWS Parameter Store an. Zuerst definieren wir eine `SecretProviderClass`, die unter dem YAML-Pfad `.spec.paremters.objects` ein oder mehrere Secrets verfügbar machen kann:

[26] *https://secrets-store-csi-driver.sigs.k8s.io*

[27] *https://kubernetes-csi.github.io/docs*

[28] *https://docs.akeyless.io/docs/kubernetes-secrets-store-csi-provider*

Listing 5–9
SecretProviderClass für AWS Parameter Store

```
apiVersion: secrets-store.csi.x-k8s.io/v1alpha1
kind: SecretProviderClass
metadata:
  name: nginx-aws-secrets
spec:
  provider: aws
  parameters:
    objects: |
        - objectName: MySecret
          objectType: ssmparameter
```

In einem `Deployment` können wir das `Secret`, das in der `SecretProviderClass` per `objectName` verfügbar gemacht wird, folgendermaßen mounten:

Listing 5–10
Deployment mit CSI-Mount

```
apiVersion: apps/v1
kind: Deployment
metadata:
  name: nginx
spec:
  selector:
    matchLabels:
      app: nginx
  template:
    metadata:
      labels:
        app: nginx
    spec:
      volumes:
        - name: secrets-store-inline
          csi:
            driver: secrets-store.csi.k8s.io
            readOnly: true
            volumeAttributes:
              secretProviderClass: nginx-aws-secrets
      containers:
        - name: nginx
          image: nginx
          volumeMounts:
            - name: secrets-store-inline
              mountPath: /mnt/secrets-store
              readOnly: true
```

Unter dem Dateipfad `/mnt/secrets-store/MySecret` ist dann im Container der Inhalt des Parameters »MySecret« aus dem AWS Parameter Store vorhanden. Ein Mounten als *Umgebungsvariable* ist mit dem CSI Driver nur dann möglich, wenn wir zusätzlich den Inhalt in ein `Secret` synchronisieren lassen, was wir ja ursprünglich verhindern wollten.

Gemountete Secrets als Umgebungsvariablen

Ein Workaround dafür, der sowohl bei Agent Injectors als auch CSI-Mounts funktioniert, ist das Überschreiben des Container-Befehls, sodass beim Ausführen des Containers zuerst Umgebungsvariablen aus einer Datei exportiert werden, um sie für alle Prozesse im Container sichtbar zu machen, und dann der ursprüngliche Startbefehl ausgeführt wird. Mit einem solchen Schritt werden allerdings die spezifische Implementierung des jeweiligen Container-Entrypoints und das Einbinden der Umgebungsvariablen sehr eng miteinander gekoppelt.

CSI-Mounts sind Agent Injectors überlegen.

Im Vergleich zu CSI-Mounts führen Agent Injectors meist zu einem höheren Ressourcenverbrauch, und zwar sowohl beim Secret-Store (durch die größere Anzahl an Requests) als auch im Cluster: Beim Agent Injector läuft sowohl ein zentrales Injector-`Deployment` (für den Webhook) als auch zusätzlich ein Container pro `Pod`, während beim CSI Driver nur ein zentrales `DaemonSet`, also ein Pod pro Node, läuft.

Agent Injectors haben zusätzlich den Nachteil, dass sie meist spezifisch vom Anbieter des jeweiligen Secret-Stores gebaut werden. Der Secrets Store CSI Driver hingegen ist eine generische Schnittstelle, und jeglicher Anbieter eines Secret-Stores kann durch Implementieren eines Providers sich damit integrieren. Einige Anbieter von Agent Injectors, zum Beispiel AWS, haben bereits deren Weiterentwicklung eingestellt und empfehlen die Nutzung des Secrets Store CSI Driver.

5.3 Wir erweitern die Beispielimplementierung

Als nächsten Schritt wollen wir den Umgang mit Secrets im GitOps-Kontext praktisch einüben. Wir erweitern dazu die Beispielimplementierung aus Abschnitt 3.3 auf Seite 51. Dazu nutzen wir HashiCorp Vault in einer selbstgehosteten Variante als externen Secret-Store und deployen den ESO in den Cluster.

Um das Setup so einfach wie möglich zu halten, werden wir HashiCorp Vault in denselben lokalen Cluster deployen wie unsere Workloads und den ESO. Berechtigterweise könnte man hier kritisieren, dass wir damit eben keinen *externen* Secret-Store haben, weil wir ihn im Zielsystem betreiben.

Das Prinzip bleibt dennoch dasselbe: Wir haben einen Secret-Store und nutzen den ESO als generische Schnittstelle zu diesem Secret-Store – wo dieser Secret-Store läuft, ist dem ESO prinzipiell egal. HashiCorp Vault könnte genauso gut außerhalb des Clusters laufen, und dennoch würde die Schnittstelle (nämlich das `ExternalSecret` des ESO) identisch bleiben.

Ähnlich wie für Kapitel 2 auf Seite 25 haben wir auch für dieses Kapitel eine mögliche fertige Lösung bereitgestellt im Ordner `ch05/` im Beispiel-Config-Repo[29].

Eine Alternative ist der GitOps Playground, der es ebenfalls ermöglicht, mit ESO, Vault und einer Beispielanwendung zu experimentieren. Hier kann man mit Befehl eine lokale Testumgebung aufsetzen[30].

5.3.1 Ziele

Wir wollen am Ende dieses Kapitels die Beispielimplementierung folgendermaßen erweitert haben:

1. Wir haben einen zusätzlichen `Namespace` `platform`, in dem wir den ESO, HashiCorp Vault und Reloader als Helm-Charts betreiben. Wir wollen einen dedizierten `Namespace` dafür, weil wir diese Anwendungen nicht einem einzelnen Environment zuordnen (beispielsweise Dev oder Staging), sondern sie im ganzen Cluster verfügbar machen wollen.
2. Wir betreiben HashiCorp Vault (allerdings in einem *nicht produktionsreifen* Zustand).
3. Wir haben in HashiCorp Vault ein Beispiel-Secret.
4. Der ESO authentifiziert sich mit HashiCorp Vault über einen `ServiceAccount`. Damit können wir ein Setup simulieren, das Workload Identity ähnelt.
5. Wir haben ein `ExternalSecret`, das den Inhalt des Vault-Secrets in ein Kubernetes-`Secret` synchronisiert.
6. Unsere Beispielanwendung bindet dieses Kubernetes-`Secret` als Umgebungsvariable ein.
7. Wenn sich das Secret in HashiCorp Vault ändert, dann ändert sich auch das Kubernetes-`Secret`, und unsere Beispielanwendung wird automatisch neu gestartet.

---

[29] *https://gitlab.com/gitops-book/erp-gitops*

[30] *https://github.com/cloudogu/gitops-playground/tree/fff37b3#dev-mode*

Um diese Ziele zu erreichen, werden wir konkret in diesem Abschnitt folgende Schritte durchführen:

1. Wir bootstrappen initiale Inhalte in einen frischen Cluster, ähnlich wie wir es in Abschnitt 3.5 auf Seite 54 getan haben.
2. Wir erstellen einen neuen `Namespace` und deployen unsere drei neuen Anwendungen hinein.
3. Wir verbinden den ESO mit HashiCorp Vault über einen `ClusterSecretStore`.
4. Wir erstellen das Beispiel-Secret in HashiCorp Vault und synchronisieren es über ein `ExternalSecret` in ein Kubernetes-`Secret`.
5. Wir binden das Kubernetes-`Secret` in unsere Beispielanwendung ein und testen, ob es ankommt.
6. Wir verändern unser Secret in HashiCorp Vault und verifizieren, dass die Änderung automatisch in unserer Beispielanwendung ankommt.

5.3.2 Datenfluss von HashiCorp Vault über ESO in den Cluster

Die folgenden eher mechanischen Details sind relevant, um den Datenfluss zwischen HashiCorp Vault und ESO besser zu verstehen. Damit der ESO in der Lage ist, Secrets von HashiCorp Vault zu lesen, benötigen wir folgende Zutaten[31]:

- in HashiCorp Vault:
    1. eine *Authentifizierungsmöglichkeit*. Dafür erstellen wir eine Rolle, die der `ServiceAccount` des ESO nutzen darf.
    2. eine *Autorisierung* für diesen `ServiceAccount`, damit er Secrets in HashiCorp Vault lesen kann. Dafür erstellen wir eine Policy, die vollen Lesezugriff auf alle Secrets erlaubt.
- im Cluster:
    1. einen `ServiceAccount`, dessen Name mit dem übereinstimmt, den wir in HashiCorp Vault konfiguriert haben. Wir nutzen den `ServiceAccount`, der bereits mit dem ESO ausgeliefert und von ihm genutzt wird.
    2. einen ESO-`ClusterSecretStore`, der sich über den `ServiceAccount` mit HashiCorp Vault verbindet

[31] *https://github.com/external-secrets/external-secrets/blob/v0.9.7/docs/provider/hashicorp-vault.md#kubernetes-authentication*

3. ein ESO-`ExternalSecret`, das über den `ClusterSecretStore` auf HashiCorp Vault zugreift, um das Image Pull Secret auszulesen und daraus ein Kubernetes-`Secret` in einem `Namespace` zu erzeugen

Wir haben hierbei folgenden Informationsfluss, den wir in Abb. 5–2 zusätzlich grafisch darstellen:

1. Das originale Secret wohnt in HashiCorp Vault.
2. Der ESO ist durch einen `ServiceAccount` berechtigt, auf das Secret in HashiCorp Vault zuzugreifen.
3. Der ESO überwacht ein `ExternalSecret`, das dieses Secret referenziert, und erzeugt deshalb ein Kubernetes-`Secret` mit dem Inhalt des originalen Secrets von HashiCorp Vault.
4. Das `Deployment` mountet das `Secret`.
5. Reloader überwacht das `Secret` und triggert einen Neustart des `Deployments`, sobald der Inhalt des Kubernetes-`Secrets` sich ändert.

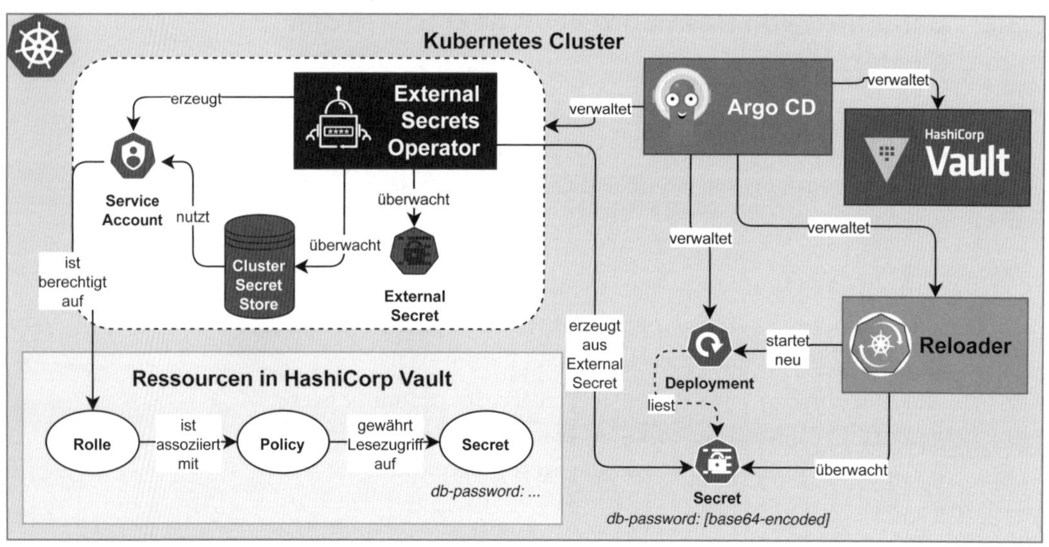

Abb. 5–2
Architektur mit ESO, HashiCorp Vault, Custom Resources und Secrets

5.3.3 Schritt 1: Das Config-Repo bootstrappen

Wir setzen an diesem Punkt unseren Cluster noch einmal von vorne auf, damit wir die ganzen Referenzen auf den Ordner `ch03/` aufräumen können. Dazu kopieren wir die Manifeste von `ch03/` nach `ch05/`, ersetzen die Ordnerreferenzen und stellen Argo CD im Cluster wieder her aus den neu erstellten Manifesten:

```
# Copy contents.
cp -a ch03 ch05

# Rename references.
find ch05 -type f \
  \( -name '*.yaml' -or -name '*.json' \) \
  -exec sed -i '' 's!ch03/!ch05/!g' {} \;

# Commit files.
git add ch05
git commit -m "feat: copy ch03 to ch05"
git push

# Recreate cluster.
minikube delete
minikube start

# Bootstrap config repo.
  export GIT_USER=YOUR_GITLAB_USERNAME
  export GIT_TOKEN=GITLAB_PAT
export GIT_REPO=https://gitlab.com/gitops-book/erp-gitops/ch05
argocd-autopilot repo bootstrap --recover
```

Listing 5–11
Wiederaufsetzen des lokalen Clusters

Anschließend sollte der lokale Cluster wieder nur Argo CD ausführen inklusive der Beispielanwendung. Mit dem Port-Forwarding-Befehl, der nach dem Bootstrap-Recover-Befehl angezeigt wird, kannst du dich wieder in die UI von Argo CD einloggen.

Feature Branch

Wenn du die Änderungen im Ordner `ch05/` auf einem Feature Branch durchführst, musst du in folgenden Dateien das Feld `revision` beziehungsweise `targetRevision` anpassen:

1. `ch05/apps/podinfo/overlays/podinfo-dev/config.json`
2. `ch05/bootstrap/argo-cd.yaml`
3. `ch05/bootstrap/cluster-resources.yaml`
4. `ch05/bootstrap/root.yaml`
5. `ch05/projects/podinfo-dev.yaml`

5.3.4 Schritt 2: Anwendungen in neuen Namespace deployen

Plattform-Namespace erstellen

Wir erstellen für unsere Zwecke nun den `Namespace` `platform`.

Namespace-Konzipierung

Bei vielen Tools, die man per Helm installieren kann, wird geraten, einen `Namespace` zu erzeugen, der den Namen des Tools trägt – quasi einen `Namespace` pro Tool. Wir empfinden diese Aufteilung oftmals als zu unübersichtlich. Stattdessen empfehlen wir als Startpunkt das Erstellen eines generischen `Namespace` (oder generischer `Namespaces` für zusammenhängende Tools wie *secrets* oder *monitoring*), in dem oder denen clusterweit genutzte Workloads deployt werden. Eine Aufteilung in zusätzliche `Namespaces` kann später immer noch je nach Kontext erfolgen.

Ein Beispiel kann Argo CD sein: Aufgrund seiner Bauweise haben wir oft kaum eine andere Wahl, als einen zusätzlichen `Namespace` erstellen zu lassen, in dem Argo CD läuft und in dem auch alle `Applications` wohnen (außer man nutzt »Applications in any namespace«, wie Abschnitt 4.11 auf Seite 88 beschreibt).

Für den Plattform-`Namespace` erzeugen wir einen neuen Ordner im Bereich `cluster-resources` und darin ein `Namespace`-Manifest:

Listing 5–12 *Erzeugen des Plattform-Namespace*

```
cd ch05/bootstrap/cluster-resources/in-cluster
mkdir -p platform
kubectl create ns platform --dry-run -o=yaml \
  > platform/namespace.yaml
cd -
```

Untergeordnete Ressourcen erfolgreich deployen

Wenn wir diese neue Datei einfach so committen und pushen, wird Argo CD den `Namespace` wider Erwarten *nicht* unmittelbar erzeugen. Das liegt daran, dass unser `ApplicationSet cluster-resources` noch nicht passend konfiguriert ist: In der zugehörigen Datei `cluster-resources.yaml` im Ordner `ch05/bootstrap/` ist unter dem YAML-Pfad `.spec.template.spec.source.path` der Dateipfad `ch05/bootstrap/cluster-resources/{{name}}` eingetragen, der korrekterweise interpoliert wird zum Ordner `in-cluster`, in dem unser neu erzeugter Unterordner `platform` liegt. Argo CD aggregiert die Ressourcen unterhalb dieses Pfades allerdings nur eine Ebene tief und *nicht automatisch rekursiv*. Dies werden wir als Nächstes aktivieren.

Eine weitere Änderung, die sich in diesem `ApplicationSet` anbietet, ist das Aktivieren von Pruning auf dem eben bearbeiteten `ApplicationSet` in `ch05/bootstrap/cluster-resources.yaml`. Diese Änderung ist nicht zwingend nötig, aber sie hilft uns, falls wir zu Reparaturzwecken die `Application cluster-resources-in-cluster` löschen wollen.

Wir bearbeiten die Datei `ch05/bootstrap/cluster-resources.yaml` also wie im folgenden *Strategic Merge Patch*[32] dargestellt:

Listing 5–13
Strategic Merge Patch für cluster-resources.yaml

```
spec:
  template:
    spec:
      source:
        directory:
          recurse: true
      syncPolicy:
        automated:
          prune: true
```

Wenn wir nun das `Namespace`-Manifest und das `ApplicationSet`-Manifest committen und pushen, sollte der `Namespace` erzeugt werden.

Applications deployen

Argo CD Applications *erzeugen mit Copy & Paste*

Anschließend wollen wir unsere drei neuen Anwendungen deployen. Dafür erstellen wir neue `Applications`.

[32] *https://github.com/kubernetes/website/blob/snapshot-initial-v1.28/content/en/docs/tasks/manage-kubernetes-objects/update-api-object-kubectl-patch.md#use-a-strategic-merge-patch-to-update-a-deployment*

Eigene Argo CD Custom Resources schreiben

Wir könnten `Applications` mithilfe der Argo CD CLI erstellen, beispielsweise

- imperativ mit `argocd app create` oder
- deklarativ mit `argocd admin app generate-spec` oder
- über die UI (indem wir statt auf *Create* auf *Edit as YAML* klicken und den Inhalt kopieren).

An dieser Stelle gehen wir allerdings mit Copy & Paste vor. Unserer Erfahrung nach ist der Lerneffekt höher, wenn wir nicht irgendwelche anwendungsspezifischen Befehle zur Codegenerierung erlernen, sondern uns stattdessen direkt mit der eigentlichen Schnittstelle auseinandersetzen, nämlich den Kubernetes-Manifesten. Auf diese Weise ist außerdem die Einstiegshürde geringer, weil man keine zusätzliche CLI installieren und erlernen muss. Dazu zwei Empfehlungen:

- Im Repo von Argo CD finden wir Referenzen für alle CRDs, die konkrete Beispiele für die meisten Optionen enthalten, beispielsweise für `Application`[33]. Links dazu finden sich auch in der Dokumentation.
- Es gibt Tools, die uns auf Basis der CRD durch automatische Vervollständigung beim Schreiben der CRs unterstützen können. Beispielsweise kann das Kubernetes-Plugin von JetBrains die CRDs direkt aus dem laufenden Cluster beziehen und uns so punktgenau unterstützen[34].

Wir kopieren also das `Application`-Manifest von Argo CD selbst in drei neue Manifeste:

Listing 5–14 *Erzeugen der Application für HashiCorp Vault*

```
cd ch05/bootstrap
for app in external-secrets-operator reloader vault; do
  cp argo-cd.yaml \
    cluster-resources/in-cluster/platform/${app}.yaml
done
cd -
```

Manifeste anpassen für Anwendungen

Anschließend nehmen wir folgende Änderungen an den Manifesten vor:

1. Wir identifizieren die jeweilige `Application` eindeutig über die Metadaten.
2. Wir setzen den richtigen Ziel-`Namespace`.
3. Wir überschreiben den Block `.spec.source` und ersetzen ihn durch die korrekte Referenz auf das jeweilige Helm-Chart.
4. Wir setzen, wenn nötig, Inline-Values für das jeweilige Helm-Chart unter `.spec.source.helm.valuesObject`.

[33] *https://github.com/argoproj/argo-cd/blob/v2.8.4/docs/operator-manual/application.yaml*

[34] *https://plugins.jetbrains.com/plugin/10485-kubernetes*

Das Manifest für den ESO ändern wir folgendermaßen ab:

```
metadata:
  labels:
    app.kubernetes.io/managed-by: argo-cd
    app.kubernetes.io/name: external-secrets
  name: external-secrets
spec:
  destination:
    namespace: platform
  source:
    chart: external-secrets
    repoURL: https://charts.external-secrets.io
    targetRevision: 0.9.4
```

Listing 5–15
Strategic Merge Patch für external-secrets-operator.yaml

Beim Manifest für Reloader gehen wir sehr analog vor:

```
metadata:
  labels:
    app.kubernetes.io/managed-by: argo-cd
    app.kubernetes.io/name: reloader
  name: reloader
spec:
  destination:
    namespace: platform
  source:
    chart: reloader
    repoURL: https://stakater.github.io/stakater-charts
    targetRevision: 1.0.38
```

Listing 5–16
Strategic Merge Patch für reloader.yaml

Das Manifest für HashiCorp Vault verändern wir folgendermaßen:

```
metadata:
  labels:
    app.kubernetes.io/managed-by: argo-cd
    app.kubernetes.io/name: hashicorp-vault
  name: hashicorp-vault
spec:
  destination:
    namespace: platform
  source:
    chart: vault
    repoURL: https://helm.releases.hashicorp.com
    targetRevision: 0.25.0
```

Listing 5–17
Strategic Merge Patch für vault.yaml

5.3.5 Schritt 3: ESO mit HashiCorp Vault verbinden

HashiCorp Vault konfigurieren mit Autorisierung für ESO

Im nächsten Schritt setzen wir einige Values auf dem Helm-Chart von HashiCorp Vault, um Folgendes zu erreichen:

1. Wir wollen HashiCorp Vault im Dev-Modus ausführen.
2. Wir wollen keinen Agent Injector.
3. Wir wollen die notwendige Autorisierung erstellen, damit ESO sich mittels seines `ServiceAccounts` mit HashiCorp Vault verbinden kann.
   - Dabei wollen wir das Erstellen von expliziten Credentials zum Verbinden vermeiden.
   - Stattdessen erstellen wir eine Autorisierung, die den Namen und `Namespace` des `ServiceAccounts` von ESO mit einer Read-Only-Policy verknüpft. Mit diesem Vorgehen können wir das Prinzip von Workload Identity im kleinen Maßstab demonstrieren.

> Spar dir die Mühe, das folgende Snippet abzutippen, und kopiere es lieber aus dem Beispiel-Config-Repo.

Listing 5–18
Zweiter Strategic Merge Patch für vault.yaml

```
spec:
  source:
    helm:
      valuesObject:
        injector:
          enabled: false
        server:
          dev:
            enabled: true
          postStart:
            - /bin/sh
            - -c
            - |-
              sleep 5
              vault auth enable kubernetes || true
              vault write auth/kubernetes/config \
                kubernetes_host=
    ↪ "https://$KUBERNETES_SERVICE_HOST:
    ↪ $KUBERNETES_SERVICE_PORT_HTTPS"
```

→

```
        vault policy write read-secrets - <<'EOF'
        path "secret/*" {
          capabilities = ["read"]
        }
        EOF
        vault write \
          auth/kubernetes/role/external-secrets \
          bound_service_account_names=external-secrets \
          bound_service_account_namespaces=platform \
          policies=read-secrets
```

Als Nächstes erstellen wir einen `ClusterSecretStore`, damit ESO auf HashiCorp Vault zugreifen kann. Dazu erzeugen wir folgende Datei:

Listing 5–19 *ClusterSecretStore erzeugen*

```
cat <<'EOF' > ch05/bootstrap/cluster-resources
    ↪ /in-cluster/platform/secret-store.yaml
apiVersion: external-secrets.io/v1beta1
kind: ClusterSecretStore
metadata:
  name: hashicorp-vault
  annotations:
    argocd.argoproj.io/sync-options:
      SkipDryRunOnMissingResource=true
spec:
  provider:
    vault:
      server: http://hashicorp-vault:8200
      path: secret
      auth:
        kubernetes:
          role: external-secrets
          serviceAccountRef:
            name: external-secrets
            namespace: platform
EOF
```

Mit dem Wert unter dem YAML-Pfad `.spec.provider.vault.server` adressieren wir den Kubernetes-Service von HashiCorp Vault. Mit dem Block `.spec.provider.vault.auth.kubernetes` setzen wir genau die Authentifizierungsparameter, die wir auch in HashiCorp Vault konfiguriert haben.

Reihenfolge von Custom Resources und CRDs beeinflussen

In den Annotations haben wir eine Zusatzoption namens `SkipDryRunOnMissingResource` aktiviert. So wie wir momentan alle Ressourcen Schritt für Schritt hintereinander deployen, würde der `ClusterSecretStore` auch ohne diese Annotation funktionieren.

Wenn wir aber den Cluster komplett neu provisionieren würden, würde die `Application cluster-resources-in-cluster` beständig fehlschlagen. Das rührt daher, dass diese `Application` sowohl den ESO beinhaltet, der neben anderen CRDs auch die CRD des `ClusterSecretStores` erzeugt, als auch einen `ClusterSecretStore`. Also ist beim Deployen von beidem zusammen die CRD noch gar nicht installiert, auf deren Basis der `ClusterSecretStore` erstellt werden könnte.

Wir könnten instinktiv nach den Sync Waves[35] von Argo CD greifen, um dieses Problem zu lösen. Damit kann man die Reihenfolge beeinflussen, in der Ressourcen deployt werden.

Dummerweise erwischt uns der Fehler aber noch vor dem Punkt des Deployens, weil er beim Rendern und Validieren der Manifeste auftritt und nicht beim darauffolgenden Apply. Dadurch kommen wir in dieser Konstellation nie an den Punkt, dass der ESO installiert werden kann und beim anschließenden Durchlauf alle nötigen CRDs vorhanden sind. Als elegante Lösung können wir den `ClusterSecretStore` bewusst beim Validieren fehlschlagen lassen, weil wir wissen, dass das Validieren und anschließende Deployen *beim zweiten Durchlauf* funktionieren wird – und genau das tun wir mit der obigen Annotation.

Nach dem Committen und Pushen dieser vier Manifeste sollte die `Application cluster-resources-in-cluster` neben den drei neuen `Applications` nach wenigen Minuten auch einen `ClusterSecretStore` in gesundem Zustand zeigen, ähnlich wie in Abb. 5–3.

5.3.6 Schritt 4: Beispiel-Secret erstellen

Sobald HashiCorp Vault läuft, werden wir ein Beispiel-Secret über die UI erstellen. Um Zugriff auf die UI von HashiCorp Vault zu bekommen, aktivieren wir Port-Forwarding:

Listing 5–20 *Port-Forward für HashiCorp Vault*

```
kubectl -n platform port-forward \
  sts/hashicorp-vault 8200:8200
```

Wenn wir http://localhost:8200 aufrufen, können wir uns mit dem Standardtoken »root« einloggen. Nun können wir (Mitte oben) die Secrets Engine »secret« öffnen und mit (rechts oben) »Create secret +« ein neues Secret erzeugen. Als »Path for this secret« wählen wir die Be-

[35] *https://github.com/argoproj/argo-cd/blob/v2.8.4/docs/user-guide/sync-waves.md*

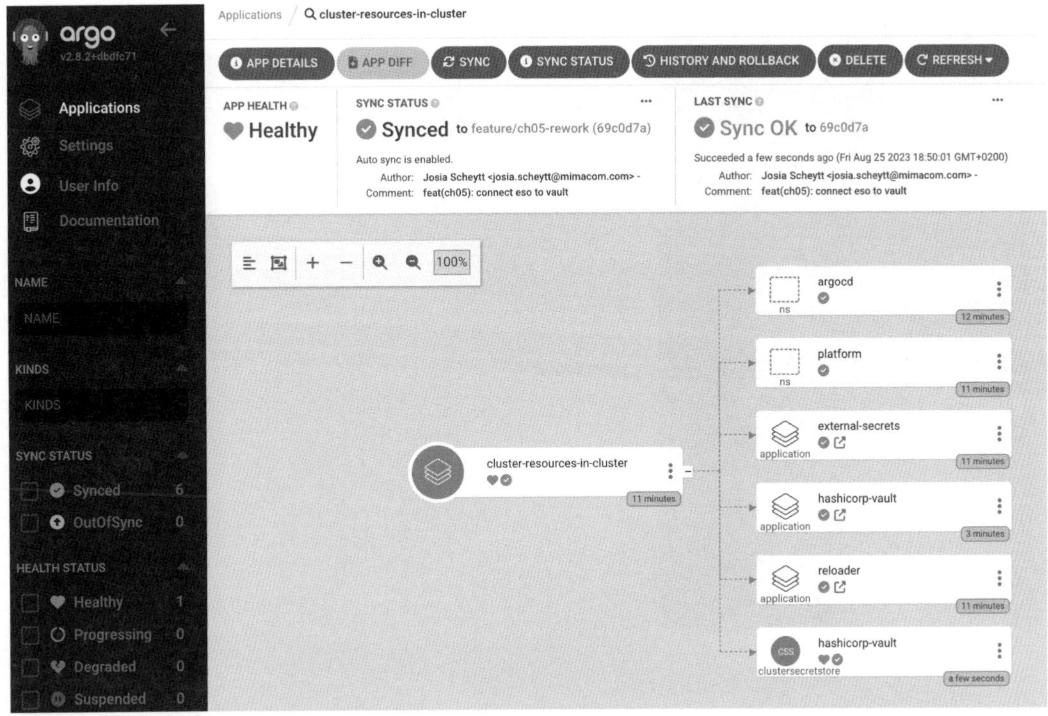

Abb. 5–3
Ein gesunder ClusterSecretStore

zeichnung `erp-gitops/database`. Als »Secret data« setzen wir die Keys »username« und »password« auf jeweils beliebige Werte.

Nach dem Speichern sollte das finale Secret ungefähr wie in Abb. 5–4 aussehen.

Das Secret in den Cluster synchronisieren

Nun erzeugen wir ein `ExternalSecret`, um das Secret aus HashiCorp Vault in den `Namespace` zu synchronisieren, in dem unsere Beispielanwendung lebt. Dafür erzeugen wir folgende Datei:

Listing 5–21
ExternalSecret erstellen

```
# Create ExternalSecret
cd ch05/apps/podinfo/base
cat <<'EOF' > external-secret.yaml
apiVersion: external-secrets.io/v1beta1
kind: ExternalSecret
metadata:
  name: database-credentials
spec:
  refreshInterval: 1m
  secretStoreRef:
    kind: ClusterSecretStore
    name: hashicorp-vault
```

→

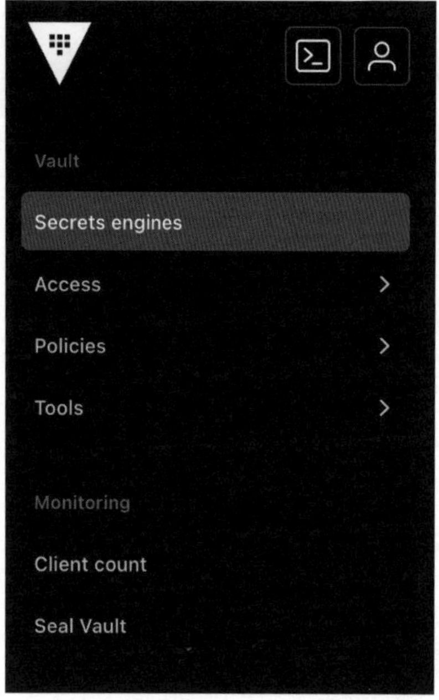

Abb. 5–4
Erstelltes Secret in HashiCorp Vault

```
  target:
    name: database-credentials
  data:
    - secretKey: username
      remoteRef:
        key: secret/erp-gitops/database
        property: username
    - secretKey: password
      remoteRef:
        key: secret/erp-gitops/database
        property: password
EOF

# Update Kustomization
rm -f kustomization.yaml
kustomize create --autodetect
cd -
```

Nach dem Committen dieser Dateien sollte in der `Application` `podinfo-dev-podinfo` ein `ExternalSecret` erscheinen, aus dem ein natives `Secret` erzeugt wird, ähnlich wie in Abb. 5–5.

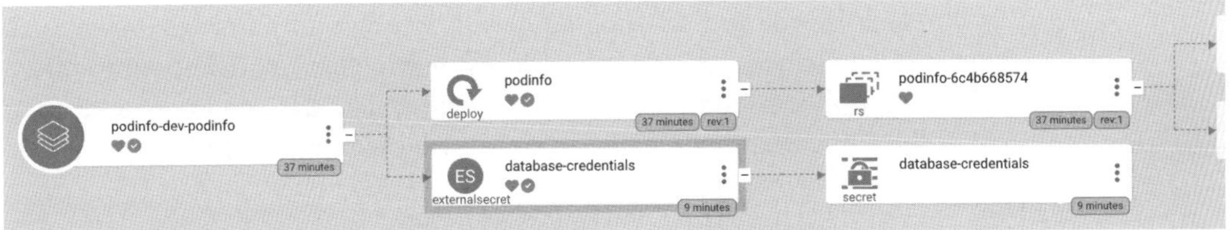

Abb. 5–5
Ein gesundes ExternalSecret und natives Secret

Über die Kubernetes-CLI können wir zusätzlich sicherstellen, dass die Werte korrekt gesetzt wurden:

Listing 5–22
ExternalSecret erstellen

```
$ kubectl get secret database-credentials \
  --template='{{.data.username | base64decode}}
     ↪ :{{.data.password | base64decode}}'
admin:foobar
```

5.3.7 Schritt 5: Das Secret integrieren

Wir sind in der Lage, ein Secret in HashiCorp Vault zu verwalten und in einen `Namespace` in unserem Cluster zu synchronisieren, sodass es dort als Kubernetes-`Secret` liegt. Jetzt wollen wir dieses `Secret` auch konkret verwenden. Als einfachsten Anwendungsfall werden wir jetzt das komplette `Secret` als Umgebungsvariablen in die Beispielanwendung mounten. Zusätzlich werden wir eine Annotation am `Deployment` setzen, damit bei zukünftigen Änderungen am `Secret`-Inhalt das `Deployment` automatisch neu gestartet wird.

Dementsprechend wenden wir folgenden Strategic Merge Patch an auf der Datei `ch05/apps/podinfo/base/deployment.yaml`:

Listing 5–23
Strategic Merge Patch für das Deployment der Beispielanwendung

```
spec:
  template:
    metadata:
      annotations:
        reloader.stakater.com/auto: "true"
    spec:
      containers:
      - name: podinfo
        envFrom:
          - secretRef:
              name: database-credentials
```

Nachdem diese Änderung ausgerollt wurde und unser `Deployment` sich erfolgreich neu gestartet hat, können wir einen Port-Forward starten und auf dem Endpunkt `/env` verifizieren, dass das `Secret` erfolgreich in unsere Anwendung integriert ist. Starten wir zuerst den Port-Forward:

Listing 5–24
Port-Forward für die Beispielanwendung

```
kubectl -n default port-forward \
  deploy/podinfo 9898:9898
```

Und in einem separaten Terminal schicken wir einen Request an den Endpunkt:

Listing 5–25
Die Anwendung hat korrekt das aktuelle Secret gemountet.

```
$ curl http://localhost:9898/env
[
  # ...
  "password=foobar",
  "username=admin",
  # ...
]
```

5.3.8 Schritt 6: Das Secret ändern

Als letzten Schritt wollen wir die Werte im Secret ändern und sehen, wie sie automatisch in der Anwendung ankommen. Dafür starten wir wieder einen Port-Forward für HashiCorp Vault, öffnen die UI im Browser und navigieren zu dem Secret, wie wir es in Abschnitt 5.3.6 auf Seite 126 bereits getan haben.

Nun werden wir die Werte des Secrets ändern:

1. Wähle (rechts oben) »Create new version +«, um eine neue Version des Secrets zu erzeugen.
2. Ändere jetzt nur die Werte von »password« und »username«, aber *nicht die Namen*.
3. Wähle »Save«.

Wenn du schnell genug bist, wirst du in der UI von Argo CD sehen können, wie die `Pods` des Beispiel-`Deployments` sich innerhalb einer Minute automatisch updaten (siehe Abb. 5–6). Sollte der Restart zu schnell passiert sein, wiederhole einfach die Schritte von gerade eben und halte nebenher die UI von Argo CD offen.

Abb. 5–6
Die Pods werden automatisch von Reloader neu gestartet.

Anschließend kannst du mit einem erneuten Aufruf des Port-Forward der Beispielanwendung und einem erneuten curl-Aufruf (wie im vorherigen Schritt 5) verifizieren, dass die neuen Werte im `Deployment` angekommen sind:

Listing 5–26
Die Anwendung hat die geänderten Secrets-Werte erhalten.

```
$ curl http://localhost:9898/env
[
  # ...
  "password=asdf",
  "username=podinfo",
  # ...
]
```

5.4 Fazit

Wir haben in diesem Kapitel ausführlich beleuchtet, welche Möglichkeiten wir haben, im GitOps-Umfeld Secrets zu lagern und zu konsumieren. Unsere generelle Empfehlung lautet folgendermaßen:

1. Nutze einen externen Secret-Store und binde ihn über den ESO an.
   - Nutze nach Möglichkeit einen Secret-Store, der im selben Cloud-Provider läuft wie deine Workloads.
   - Verwende Workload Identity zur Authentifizierung ohne sensible Zugangsdaten.
   - Verwende Reloader, um Änderungen an `Secrets` automatisch in Workloads hinein zu propagieren, die diese nicht ohne Neustart aktualisieren.

2. Wenn du keine nativen Kubernetes-`Secrets` nutzen kannst, verwende den Secrets Store CSI Driver. (Hier gelten dieselben Hinweise zu Cloud-Providern und Workload Identity wie beim vorherigen Szenario mit ESO.)
3. Wenn du keinen externen Secret-Store verwenden kannst, verschlüssle deine Secrets in Git mit SOPS (oder bei wenigen Clustern mit Sealed Secrets).

Der allerersten Empfehlungsstufe sind wir direkt gefolgt und haben die Beispielimplementierung erweitert um HashiCorp Vault als Beispiel eines externen Secret-Stores und zusätzlich ESO und Reloader. Wir haben ESO über seine Workload Identity (in diesem Fall den `ServiceAccount`) bei unserem Secret-Store authentifiziert und ein Secret aus diesem Store in einen `Namespace` synchronisiert.

Durch diese Schritte haben wir eine Secrets-Verwaltung bekommen, die hohen Ansprüchen genügen kann:

1. *Vermeidung von Secrets in Git*: Wir benötigen keinerlei Secrets in Git, weder verschlüsselt noch unverschlüsselt.
2. *Reduzierung von Secrets*: Durch Workload Identity benötigen wir keinerlei sensible Zugangsdaten zum Secret-Store.
3. *Vereinbarkeit mit GitOps*: Bis auf die reinen Inhalte unserer Secrets können wir alles komplett über GitOps steuern. Selbst alle Authentifizierung und Autorisierung auf Secrets wird vollständig versioniert und automatisiert verwaltet.
   Wir verstoßen bezüglich der Secret-Referenzen zwar gegen das Prinzip der Unveränderlichkeit, aber das nehmen wir für die anderen Vorteile in Kauf.
4. *gute Zugriffskontrollen, passendes Feature-Set*: Durch eine dedizierte Anwendung zur Secrets-Verwaltung können wir Zugriffe auf Secrets besser steuern und haben passende Features wie Secret-Rotation eingebaut.
5. *Performance*: Das Einbinden von Secrets ist über kurze Manifeste möglich. Änderungen an Secrets werden in hoher Geschwindigkeit automatisiert ausgerollt.

6 Repositories und Ordner strukturieren

Ein zentraler Punkt bei der Einführung von GitOps ist das Design des GitOps-Prozesses und der zugehörigen Repos. Beim Design des Prozesses entscheiden wir über

- Struktur der Repos,
- Umsetzung von Stages/Environments,
- Verwendung von Branches oder Ordnern,
- Verhältnis der Anzahl GitOps-Operatoren zur Anzahl Cluster und/oder `Namespaces` und
- darüber wie am Ende alles verdrahtet wird.

Anhand dieser Punkte erkennen wir in diesem Kapitel wiederkehrende Elemente als GitOps-Patterns und vermeiden Verwirrung durch Nennung von Synonymen. Die Patterns ordnen wir dann in vier Kategorien ein, die einen roten Faden beim Design des GitOps-Prozesses liefern können.

Die Patterns illustrieren wir anhand von sechs öffentlichen Beispielen für Config-Repos im Detail. Diese können Impulse für eigene Repos geben oder sogar als Grundlage dienen.

Abschließend widmen wir uns dem Thema Mandantentrennung. Dabei können wir das Vorwissen aus Patterns und Beispielen direkt einsetzen.

6.1 Design des GitOps-Prozesses

Stellen wir uns vor, wir wären dabei, GitOps in unserer Organisation einzuführen. Einen GitOps-Operator haben wir bereits ausgewählt. Nun geht es darum, den GitOps-Prozess zu entwerfen. An dieser Stelle steigt dieses Kapitel ein.

Die Wahl des GitOps-Operators fällt unserer Erfahrung nach meist auf Flux oder Argo CD, weshalb wir in in diesem Kapitel Beispiele aus deren Kontext verwenden. Einen umfangreichen Vergleich bietet Kapitel 4 auf Seite 69.

Infrastruktur oder Anwendungen

Eine der ersten Fragen, die wir uns stellen sollten, ist die nach dem Anwendungsfall. Was wollen wir eigentlich per GitOps deployen? Infrastruktur oder Anwendungen? Dies kann das Design beeinflussen. Dieses Kapitel geht vom wahrscheinlich häufigsten Anwendungsfall aus: dem Deployment von Anwendungen. Dabei berücksichtigen wir auch clusterweite Ressourcen wie Ingress-Controller, Monitoring, Secrets Management etc. Dem Thema »Infrastruktur per GitOps verwalten« widmen wir uns in Kapitel 11 auf Seite 291.

Begriffe und Synonyme

Im Kontext des Platform Engineering werden teilweise andere Begriffe verwendet, die wir als Synonyme begreifen:

- *Applikationsteam*: Produktteam, Portfolioteam
- *Plattformteam*: Infra-Team, Admin-Team

Platform Engineering

Ein weiterer wichtiger Punkt ist die Verantwortlichkeit: Wer kümmert sich in einer Organisation um den GitOps-Prozess? Je nach Teamtopologie und Grad der technischen Teamautonomie kümmern sich Applikationsteams selbst um den GitOps-Operator oder delegieren dies. Die Komplexität von Kundenanforderung und Produktentwicklung auf der einen bis hin zu stark auf Betrieb bezogenen Themen wie GitOps auf der anderen Seite ist hoch. Unter anderem deshalb setzt sich vermehrt das Thema *Platform Engineering* durch. Dabei entwickelt und betreibt ein dediziertes Plattformteam eine sogenannte Internal Developer Platform für die Applikationsteams. Der Fokus liegt dabei auf *Developer Experience* und Self-Service: Für die Applikationsteams soll es einfach sein, ihre Anwendungen zu deployen und zu betreiben. In einem solchen Szenario liegt es nahe, dass das Plattformteam den GitOps-Prozess designt und Abstraktionen schafft, die einen Teil der Gesamtkomplexität verstecken. Ziel sind die einfache Benutzbarkeit und geringer Betriebsaufwand für die Applikationsteams. Außerdem erleichtert ein einheitlicher Prozess die Wartung und Komplexität.

Gesetz von Conway

Organizations which design systems ... are constrained to produce designs which are copies of the communication structures of these organizations[1].

Bei dieser Diskussion über Teams und Softwareprodukte liegen Gedanken an das *Gesetz von Conway* nahe. Mel Conway erkannte bereits 1968 eine Gesetzmäßigkeit bei der Architektur von Softwaresystemen: Die Kommunikationsstrukturen in einer Organisation haben direkten Einfluss auf das Design. Dies trifft auch beim Design des GitOps-Prozesses zu. Insofern gibt es absichtlich keinen Standard für GitOps-Prozesse und für die Struktur der zugehörigen Repos. Jede Organisation ist verschieden, also werden auch die GitOps-Prozesse unterschiedlich sein.

Infra		Real-world
▪ Repos		▪ Firma/Abteilungen
▪ Ordner/Branches		▪ Teams/Projekte
▪ Cluster/Namespaces	**Wie abbilden?**	▪ Anwendungen/Dienste
▪ Operator-Instanzen	↔	▪ Stages/Environments
▪ Operator-CRDs		▪ Kunden/Mandanten
		▪ etc.

Abb. 6–1
GitOps Chasm

Was ist beim Design dieser Prozesse eigentlich zu tun? Die Herausforderung ist die Abbildung der »echten Welt« auf die Infrastruktur mit ihren jeweils unterschiedlichsten Konstrukten, wie sie Abb. 6–1 zeigt. Diese Abbildung kann man sich bildlich wie einen Abgrund vorstellen, den es zu überwinden gilt – den *GitOps Chasm* (engl. *chasm* für tiefe Kluft). Der GitOps Chasm ist Herausforderung und Chance zugleich. Zur Überwindung ist ein Konzept zur Abbildung der »echten Welt« auf die Infrastruktur notwendig. Bei der Erstellung des Konzepts beantworten wir unter anderem die folgenden Fragen:

- Bilden wir Teams als Ordner, Branches oder Repos ab?
- Bekommt jedes Team eigene Cluster?
- Realisieren wir jedes Environment in einem eigenen Cluster?

Dieses Konzept sorgt für Struktur und damit Wartbarkeit. Verglichen mit einem Start ohne GitOps ist das ein klarer Vorteil: Ohne GitOps kann man ohne Konzept von verschiedenen Stellen, Repos, CI-Jobs oder manuell auf den Cluster deployen. Auf lange Sicht kann keiner mehr nachvollziehen, wer wann was wieso deployt hat.

[1] *http://www.melconway.com/research/committees.html*

6.2 Kategorien von GitOps-Patterns

Begriffe und Synonyme

Mehr oder weniger synonym zu *Patterns* tauchen folgende Begriffe in Literatur und in Vorträgen auf: *Strategies, Models, Approaches* und *Best Practices.*

Es gibt also nicht *den* einen GitOps-Prozess, der zu jeder Organisation passt. Aus unserer Erfahrung zeigen sich jedoch gewisse wiederkehrende Elemente, die wir in diesem Kapitel kategorisieren und beschreiben. Bisher sind diese Patterns weder einheitlich benannt noch kategorisiert. Zeit, dies zu ändern! Dieses Kapitel benennt und beschreibt die folgenden GitOps-Patterns in vier Kategorien:

- *Operator Deployment Patterns*: beschreiben das Verhältnis Anzahl GitOps-Operatoren zu Kubernetes-Clustern und `Namespaces`
  - *Hub and Spoke*
  - *Instance per Cluster*
  - *Instance per Namespace*
- *Repository Patterns*: beschreiben die Anzahl der Config-Repos
  - *Monorepo*
  - *Repo per Team*
  - *Repo per Application* (kann mittels *Repo Separation*, *Config Replication*, *Repo Pointer* oder *Config Split* implementiert werden)
  - *Repo per Environment*
- *Promotion Patterns*: werden bei Konzeption und Implementierung von Environments und der Übergänge zwischen diesen angewandt
  - *Folder per Environment*
  - *Branch per Environment*
  - *Repo per Environment*
  - *Preview Environments*
  - *Global Environments*
  - *Environment per Application*
  - *Configuration Management*, dazu gehören auch *Rendered Manifest* und *Umbrella Chart*
  - *Config Update* per CI-Server, Image Update Controller oder Dependency-Bot

- *Verdrahtungs-Patterns*: beschreiben das Aufsetzen des Operators, Verbinden der Repos, Branches und Ordner, Gruppieren von Ressourcen
  - *Bootstrapping*
  - *Linking*, dazu gehören *Nesting* (eine Verallgemeinerung von *App of Apps*) und *Templating*

Viele der Namen für die Patterns werden auch in anderer Literatur verwendet. Eine Übersicht der Patterns und Quellen findet sich im Repo »cloudogu/gitops-patterns« bei GitHub[2].

6.3 Operator Deployment Patterns

Die Patterns der Kategorie *Operator Deployments* beschreiben Möglichkeiten, das Verhältnis von GitOps-Operatoren zu Kubernetes-Clustern oder `Namespaces` zu gestalten. Dieser Abschnitt beschreibt die drei unserer Erfahrung nach gängigsten Patterns:

1. *Instance per Cluster*
2. *Hub and Spoke*
3. *Instance per Namespace*

Über diese grundlegenden Patterns hinaus gibt es noch Mischformen, wie sie beispielsweise Nicholas Morey in seinem Artikel »How many do you need? Argo CD Architectures Explained«[3] vorstellt. Ebenso beschreibt Dan Garfield in seinem Post »A Comprehensive Overview of Argo CD Architectures«[4] die Patterns *Split Instance* und *Control Plane*.

Diese Patterns erscheinen uns nicht als sehr gängig, weshalb wir uns auf die oben genannten beschränken.

Generell ist es wichtig, bei der Auswahl des *Operator Deployment*-Patterns auch der geplante Umgang mit Mandanten zu betrachten, worauf Abschnitt 6.8 auf Seite 189 im Detail eingeht.

[2] *https://github.com/cloudogu/gitops-patterns*

[3] *https://akuity.io/blog/argo-cd-architectures-explained*

[4] *https://codefresh.io/blog/a-comprehensive-overview-of-argo-cd-architectures-2023*

6.3.1 Instance per Cluster

Begriffe und Synonyme

Synonym zu *Instance per Cluster* ist gelegentlich von *Standalone* die Rede. Unserer Meinung nach grenzt dieser Begriff den Bezug zu Cluster und `Namespaces` nicht genau genug ab. Standalone könnte sowohl auf eine Instanz pro `Namespace` als auch auf eine Instanz pro Cluster zutreffen. Wie wir in Abschnitt 4.11 auf Seite 88 sehen, muss nicht jeder Operator auch alle Deployment Patterns unterstützen.

Abb. 6–2
Instance per Cluster Pattern

Instance per Cluster bezeichnet die Verwendung von einem GitOps-Operator mit einem Kubernetes-Cluster, siehe Abb. 6–2. Dieses Pattern bietet starke Isolation. Dies hat zum einen Vorteile in Bezug auf Security, da im Falle eines Einbruchs nur die Anwendungen der einen Instanz in Gefahr sind. Zum anderen skaliert dieses Vorgehen besser in Bezug auf Last und Verfügbarkeit. Der Nachteil ist der Aufwand für die Wartung, da man statt einer zentralen Instanz mehrere betreibt. Außerdem steigt der Ressourcenbedarf.

6.3.2 Hub and Spoke

Begriffe und Synonyme

Synonym zu *Hub and Spoke* ist der Begriff *Management Cluster* im Einsatz. Dieser Begriff ist zwar bereits geläufig beispielsweise von der Cluster API (siehe Abschnitt 10.2 auf Seite 265), jedoch setzt er einen Cluster voraus. In SaaS/PaaS-Konstellationen wird die zentrale Instanz gegebenenfalls gar nicht in einem Cluster betrieben. Insofern kommt uns der Begriff *Hub and Spoke* hier treffender vor, zumal auch dieser vielen bekannt ist von Computernetzwerken oder der Logistik.

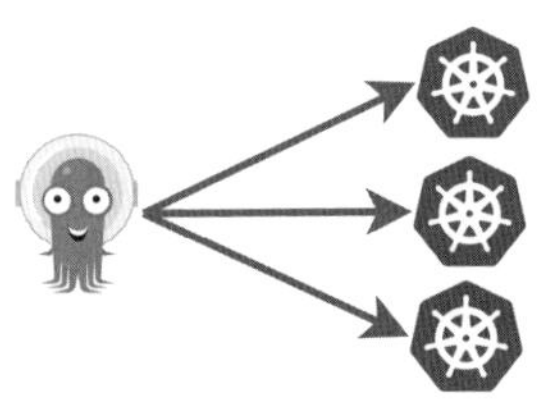

Abb. 6–3
Operator Deployment Pattern Hub and Spoke

Im Gegensatz zu *Instance per Cluster* steht das Pattern *Hub and Spoke* (engl. für Nabe und Speiche), siehe Abb. 6–3. Dabei kommt ein zentraler GitOps-Operator für mehrere Kubernetes-Cluster zum Einsatz. Entsprechend sind die Vor- und Nachteile genau invertiert zum *Instance per Cluster*-Pattern: Der Wartungsaufwand ist geringer, dafür gibt es einen Single Point of Failure, was schlechter skaliert. Das Aufsetzen kann dafür aufwendiger sein, da gegebenenfalls eine Mandantentrennung innerhalb der Instanz stattfinden muss. Die setzt auch voraus, dass der Operator diese Trennung überhaupt unterstützt. Generell ist diese geringere Isolation auch weniger sicher. Abschnitt 4.11 auf Seite 88 zeigt, wie dies bei Argo CD und Flux aussehen kann.

6.3.3 Instance per Namespace

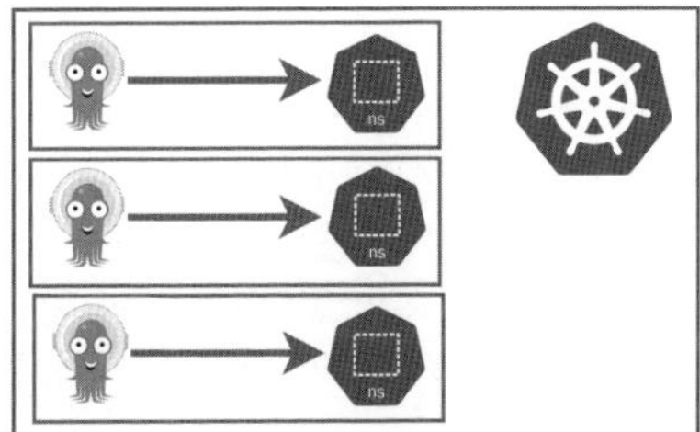

Abb. 6–4
Instance per Namespace Pattern

Das Pattern *Instance per Namespace* ist ähnlich zu *Instance per Cluster*, allerdings gibt es hier einen Operator pro `Namespace` statt pro Cluster, siehe Abb. 6–4. Die Verwendung dieses Patterns kann sinnvoll sein, wenn man eine hohe Isolation anstrebt, aber der Betrieb eigener Kubernetes-Cluster nicht in Frage kommt. Dies kann beispielsweise aufgrund hoher Kosten on-Premises oder aufgrund organisatorischer Einschränkungen vorkommen.

Dieses Pattern hat prinzipiell die gleichen Vorteile wie *Instance per Cluster*. Zu beachten ist, dass die Isolation von Kubernetes `Namespaces` generell geringer ist, als bei getrennten Clustern. Auch ist zu beachten, ob Operatoren die Unterteilung in `Namespaces` überhaupt unterstützen (siehe beispielsweise Abschnitt 4.11 auf Seite 88).

6.4 Repository Patterns

Die Repository Patterns beantworten die Frage nach der Anzahl der Config-Repos. In dieser Kategorie gibt es einige Patterns zur Auswahl. Diese Auswahl muss jedoch nicht exklusiv getroffen werden. Einige Patterns sind kombinierbar.

Bei den Repository Patterns unterscheiden wir generell das *Monorepo*-Pattern von den drei *Polyrepo*-Patterns *Repo per Team*, *Repo per Application* und *Repo per Environment*. Bei *Repo per Application* betrachten wir zudem vier Wege, es zu implementieren: *Repo Separation*, *Config Replication* und *Repo Pointer* und *Config Split*.

6.4.1 Monorepo

Wir sprechen von *Monorepo*, wenn sich die gesamte Config in einem einzigen Repo befindet. Unserer Meinung nach ist es fraglich, ob die typischen Vorteile von Monorepo in der Softwareentwicklung, wie sie einige Big-Tech-Unternehmen einsetzen, beispielsweise einfacheres Refactoring und Dependency Management[5], auch für GitOps gelten. Zu den Nachteilen von Monorepos zählen oft schwieriger zu konfigurierende Autorisierung pro Ordner und schlechtere Performance durch das große Repo aufgrund der vielen Commits. Bei ArgoCD können beispielsweise konkrete Performanceprobleme entstehen, wenn eine große Anzahl `Applications` in einem Repo liegt[6].

Als Gegenteil von Monorepo lesen wir vereinzelt den Begriff *Polyrepo*. Dieser Begriff bezeichnet allerdings nicht ein einzelnes Pattern, sondern mehrere, die wir in den folgenden Abschnitten genauer betrachten.

6.4.2 Repo per Team

Begriffe und Synonyme

Verallgemeinert liest man statt *Team* auch manchmal den Begriff *Tenant* (engl. für Mandant).

Wenn mehrere Config-Repos existieren, denken die meisten zuerst an das *Repo per Team*-Pattern. Dieses bietet den Vorteil, dass die Autorisierung auf Repo-Ebene im SCM typischerweise einfach handhabbar ist. Wie bereits eingangs erwähnt, fühlt es sich außerdem oft natürlich an, die Strukturen der Organisation nachzubilden (*Gesetz von Conway*). Zudem sieht jedes Team auch nur das, was es betrifft. Dadurch verringern sich Komplexität und Mental Load und die Sicherheit verbessert sich (Least Privilege).

---

[5] *https://cacm.acm.org/magazines/2016/7/204032-why-google-stores-billions-of-lines-of-code-in-a-single-repository*

[6] *https://github.com/argoproj/argo-cd/blob/v2.8.4/docs/operator-manual/high_availability.md#monorepo-scaling-considerations*

6.4.3 Repo per Application

Begriffe und Synonyme

Unter *Third-Party-* oder (dazu synonym) *Off-the-shelf*-Apps verstehen wir Anwendungen, die betrieben, aber nicht selbst entwickelt werden.

Wer es feingranularer mag, kann auch ein Repo pro Applikation verwalten. Hier sprechen wir vom *Repo per Application*-Pattern.

Dabei ist eine kontrovers diskutierte Frage, ob die Config und der Code im selben oder in getrennten Repos gespeichert sind. Hier kommen die Begriffe *App-Repo* und *Config-Repo* ins Spiel, die wir schon aus Abschnitt 2.3.1 auf Seite 29 kennen.

Code und Config in einem Repo

Abhängig von der Ausprägung der DevOps-Kultur und Historie einer Organisation ist nun die Frage, ob nicht einfach Code und Config in einem Repo liegen können. Unserer Erfahrung nach ist dieser Ansatz vor allem beliebt bei

- Teams, die selbst entwickelte Anwendungen betreiben (also nicht reiner Betreiber von Third-Party-Apps sind),
- Entwickelnden, die es gewohnt sind, sich mit Infrastruktur zu beschäftigen und
- Organisationen, die von CI-basierten Verfahren zu GitOps migrieren.

Hier ist der Vorteil, dass alles, was zu einer Anwendung gehört, in einem Repo liegt. Dazu gehören der Code der Anwendung, Dokumentation und Config. Beispielsweise vereinfacht dies Entwicklung, Tagging und Refactoring.

Aufteilung in App-Repo und Config-Repo

Wenn wir uns mehr von der Seite des Betriebs oder einem nativen GitOps-Ansatz nähern, stellen wir fest, dass die Trennung des Source Code der Anwendung von der Config Vorteile hat. Beispielsweise empfiehlt dies die Doku von Argo CD[7].

Diese Aufteilung der Repos hat unter anderem den Vorteil, dass die gesamte Config (beispielsweise einer Microservices-Anwendung mit mehreren Services, eines Teams, das mehrere Anwendungen betreibt, oder eines ganzen Clusters) an einer zentralen Stelle ist und man diese dort besser auditieren und durchsuchen kann.

Dies ermöglicht außerdem direkte Änderungen an bestimmten Environments ohne vorherige Promotion durch die anderen Environments.

[7] *https://github.com/argoproj/argo-cd/blob/v2.8.4/docs/user-guide/best_practices.md*

Auch für das *Config Update*, die Automatisierung des Aktualisierens neu gebauter Image-Versionen mit dem CI-Server (siehe Abschnitt 6.5.5 auf Seite 163) hat diese Trennung Vorteile, da sie Endlosschleifen von Build-Jobs und Git-Pushes vermeidet und Config-Änderungen ohne Image-Build möglich und daher schneller durchführbar sind.

Andererseits ist genau das auch ein Nachteil: Es ist nicht automatisch ein CI-Job vorhanden, um beispielsweise statische Codeanalysen durchzuführen. Der Kasten »Beispiele für Tools zur statischen Codeanalyse der Config« zeigt eine Auswahl von Tools, die unserer Erfahrung nach in diesem Kontext sinnvoll sein können.

Beispiele für Tools zur statischen Codeanalyse der Config

- Mittels `yamllint`[8] sind einfache Syntaxfehler früher auffindbar.
- `kubeconform`[9] verhindert, dass Kubernetes Ressourcenfelder verwenden, die nicht im Schema des API-Servers vorhanden sind.
- `helm lint`[10] findet Fehler in Helm-Charts.

  Tipp: Auch für Helm-Charts kann man ein Schema generieren und validieren lassen[11].
- `conftest`[12] kann OpenPolicyAgent Policies schon vor dem Deployment auf den Cluster validieren.
- Außerdem gibt es eine große Anzahl an Security-Scannern, die sicherstellen, dass keine unsicheren Configs im Cluster landen. Im Rahmen der CNCF findet beispielsweise die Entwicklung von `kubescape`[13] statt.
- Tipp: Wer mehrere Tools einsetzt, könnte mit einer Linter-Sammlung wie super-linter[14] oder dessen Fork/Rewrite megalinter[15] schneller zum Ziel kommen. Diese enthalten Linter für viele Sprachen, Formate und Tools, die sie abhängig von den im Projekt entdeckten Dateien ohne weitere Konfiguration ausführen.

[8] *https://github.com/adrienverge/yamllint*

[9] *https://github.com/yannh/kubeconform*

[10] *https://helm.sh/docs/helm/helm_lint/#helm*

[11] *https://github.com/helm/helm-www/blob/e2ea1b9/content/en/docs/topics/charts.md#schema-files*

[12] *https://github.com/open-policy-agent/conftest*

[13] *https://www.cncf.io/projects/kubescape*

[14] *https://github.com/super-linter/super-linter*

[15] *https://github.com/oxsecurity/megalinter*

Je nach Präferenz bieten sich unterschiedliche Patterns zur Umsetzung des *Repo per Application*-Patterns an:

- Wer von der strikten Trennung von *App-Repo* und *Config-Repo* überzeugt ist, schreitet mit *Repo Separation* (Abschnitt Repo Separation) zur Tat.
- Wer Code der Anwendung, Dokumentation und Config gerne zentral im *App-Repo* verwaltet und trotzdem die Vorteile eines getrennten *Config-Repos* nutzen möchte, dem bieten folgende Patterns Kompromisse: *Config Replication* (Abschnitt Config Replication) oder *Repo Pointer* (Abschnitt Repo Pointer).
  Damit liegt auch eine Mischung von *Repo per App* mit anderen Patterns nahe. Abschnitt 6.7.2 auf Seite 175 beschreibt am echten Beispiel eine Mischung mit dem *Repo per Team*-Pattern.
- Wer einen Kompromiss sucht, findet ihn möglicherweise im *Config Split*-Pattern (Abschnitt Config Split).

Repo Separation

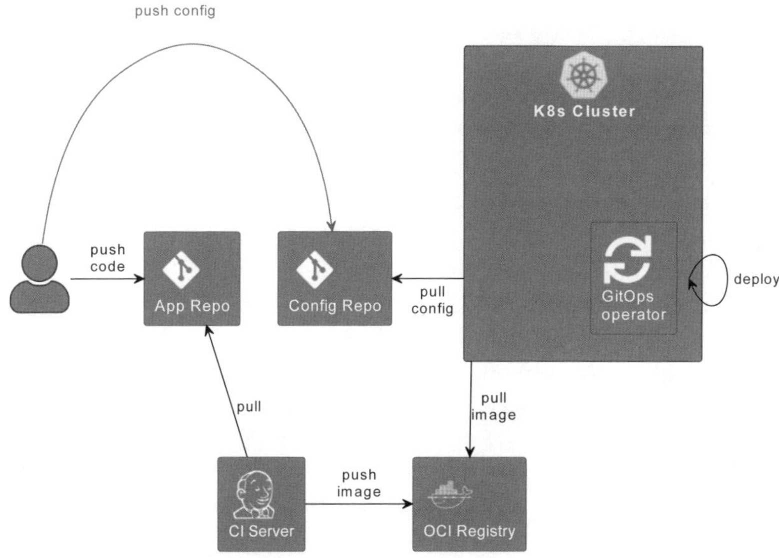

Abb. 6–5
Implementierung von Repo per Application durch Repo Separation

Bei *Repo Separation* landen Code und Config in getrennten Repos. Abb. 6–5 zeigt dies schematisch. Der oben genannte Nachteil der fehlenden statischen Codeanalyse lässt sich entweder darüber beheben, dass der CI-Job des App-Repos diese durchführt oder man legt einen eigenen Job für das Config-Repo an. Diese Jobs kann man auch verwenden, um automatisch oder manuell Config Update und Promotion (siehe Abschnitt 6.5.5 auf Seite 163) durchzuführen. Abschnitt 2.3.2 auf Seite 31 zeigt dafür ein Beispiel.

Dabei ist das Bewusstsein wichtig, dass die Ergebnisse des Jobs des Config-Repos und das Deployment durch den GitOps-Operator zunächst unabhängig voneinander sind. Ist beispielsweise der GitOps-Operator so konfiguriert, alles von `main` Branch zu deployen, führt er dies aus, auch wenn der Build scheitert. Dies lässt sich durch Prozesse, beispielsweise über PRs, einschränken.

Config Replication

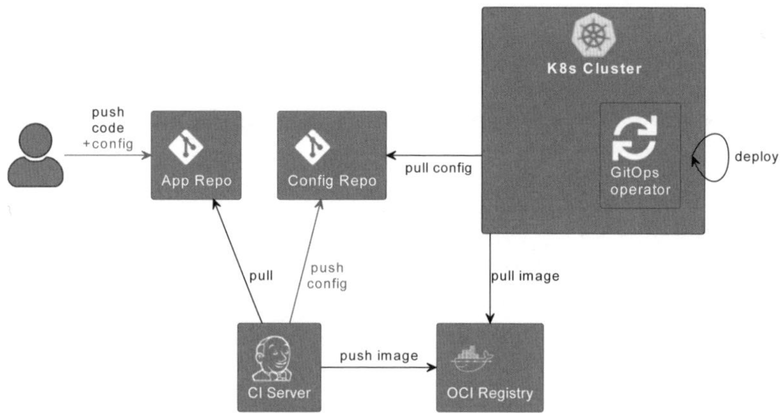

Abb. 6–6 *Implementierung von Repo per Application per Config Replication*

Bei der Implementierung des *Repo per Application*-Patterns durch *Config Replication* bleibt die Config im App-Repo und der CI-Server pusht diese dann in das Config-Repo, wie Abb. 6–6 zeigt.

Zusätzliche Möglichkeiten durch CI-Server

Generell kann man an dieser Stelle den CI-Server zur Umsetzung von *Shift Left* nutzen: Er kann statische Codeanalysen durchführen und scheitert früher, als wenn man Fehler erst beim Deployment findet.

Außerdem bietet es sich bei *Config Replication* an, auch gleich das *Rendered Manifest*-Pattern umzusetzen. Auch dieses führt oft zu früherem Scheitern und erlaubt den Einsatz beliebiger CM-Tools. In Abschnitt 6.5.4 auf Seite 160 beschreiben wir dieses Pattern im Detail.

Zudem kann der CI-Server für weitere Automatisierung sorgen, beispielsweise für die Promotion (dazu mehr in Abschnitt 6.5 auf Seite 150) oder um Commits und PRs mit weiteren Informationen zu versehen. Abb. 6–7 zeigt einen beispielhaften PR.

Darin enthält der Commit ein Präfix für das Environment (in diesem Fall `production`), einen Link zum Issue Tracker (erzeugt Links zwischen der Config und der User Story) und einen Link zum zugehörigen Commit im App-Repo. Um klarzustellen, dass es sich um einen generierten Commit handelt, trägt sich der CI-Server als Committer ein. Um

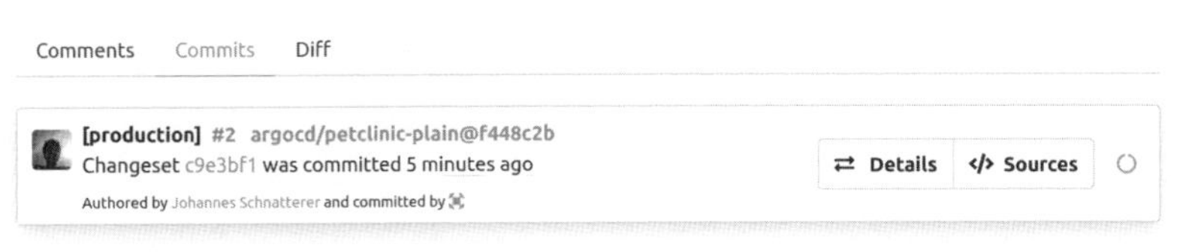

Abb. 6–7 *Automatisch erstellter Commit mit weiteren Informationen (Screenshot SCM-Manager)*

die Herkunft des Commits klarzustellen, übernimmt der CI-Server den Autor aus dem Commit im App-Repo.

Herausforderungen von Config Replication

Natürlich hat auch Config Replication nicht nur Vorteile. Ein Nachteil ist die Komplexität der entstehenden Pipelines. Um die Logik nicht für jede Anwendung duplizieren zu müssen, macht es Sinn, etwas Wiederverwendbares zu verwenden. Beispiele dafür sind eine GitHub Action oder eine Jenkins Shared Library. Unserer Erfahrung nach fällt einiges an Aufwand an, bis das alles resilient funktioniert. Beispielsweise kann die Concurrency im Zusammenspiel mit Git und automatischen Merges riskant sein durch die Notwendigkeit von Retry-Strategien und die Gefahr von Inkonsistenz. Die Implementierung der angesprochenen fortgeschrittenen Features wie statische Codeanalyse und Informationen in Commits verursachen zusätzlichen Aufwand. Unsere Empfehlung ist also, etwas Bestehendes zu verwenden, statt selbst zu bauen. Voraussetzung ist natürlich, dass etwas Passendes für die eingesetzten Tools verfügbar ist. Dies gilt zunächst für den CI-Server, der das Ganze ausführt. Wenn außerdem die Erstellung von PRs gewünscht ist, gilt dies auch für das SCM, was wir in Abschnitt 6.5.5 auf Seite 164 im Detail betrachten. Ein Beispiel ist die GitOps-Build-Lib[16] für Jenkins. Mit ihr wurde auch der in Abb. 6–7 gezeigte Commit erstellt.

Ein weiterer Nachteil von Config Replication ist die Redundanz der Config: Die Config existiert am Ende zwei Mal, einmal im App-Repo und einmal im Config-Repo.

Repo Pointer

Wen die Redundanz stört, der kann das *Repo per Application*-Pattern alternativ durch einen *Repo Pointer* implementieren, wie ihn Abb. 6–8 schematisch zeigt. Statt Replizierung des Codes kommt dabei ein Verweis vom Config-Repo auf das App-Repo zum Einsatz. Dies kann man beispielsweise mit den Custom Resources `Application` in Argo CD oder `Kustomization` in Flux realisieren. Der GitOps-Operator zieht sich dann die Config direkt aus dem App-Repo. Denkbar ist auch der Git-native Weg über Submodules. Die Verwendung von CRs ist unserer Erfahrung nach einfacher realisierbar.

[16] *https://github.com/cloudogu/gitops-build-lib*

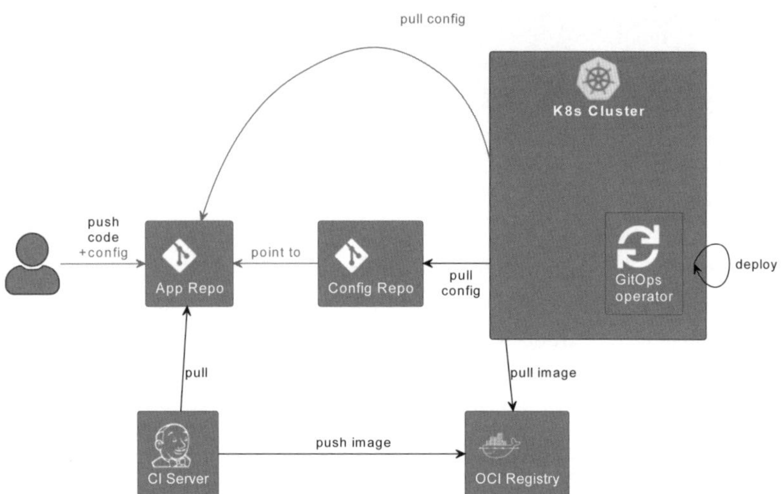

Abb. 6–8
Implementierung von Repo per Application per Repo Pointer

Auch die Nutzung von Repo Pointers hat Nachteile. Beispielsweise muss man den GitOps-Operator auf viele Repos autorisieren, und das Config-Repos ist nicht mehr die zentrale Stelle für Config, sondern enthält nur noch Links.

Config Split

Ein Kompromiss kann die Umsetzung mittels *Config Split* sein: Hier teilt man die Config zwischen den Repos auf. Dabei kommt ein Config-Management-Tool wie Helm oder Kustomize zum Einsatz (siehe auch Abschnitt 6.5.4 auf Seite 160). Die Aufteilung ist dann wie folgt:

- *App-Repo*: Templates oder Basis
- *Config-Repo*: Values oder Overlays für die Environments

Konkret am Beispiel vom Helm:

- *App-Repo*: Helm-Chart
- *Config-Repo*: Helm-Values, verpackt in *Umbrella Charts* oder spezifische CRDs wie Argo CD `Application` oder Flux `HelmRelease`

Diese Aufteilung vereinfacht beispielsweise die lokale Entwicklung, weil das Chart im App-Repo liegt, und bietet trotzdem die Vorteile einer getrennten Config.

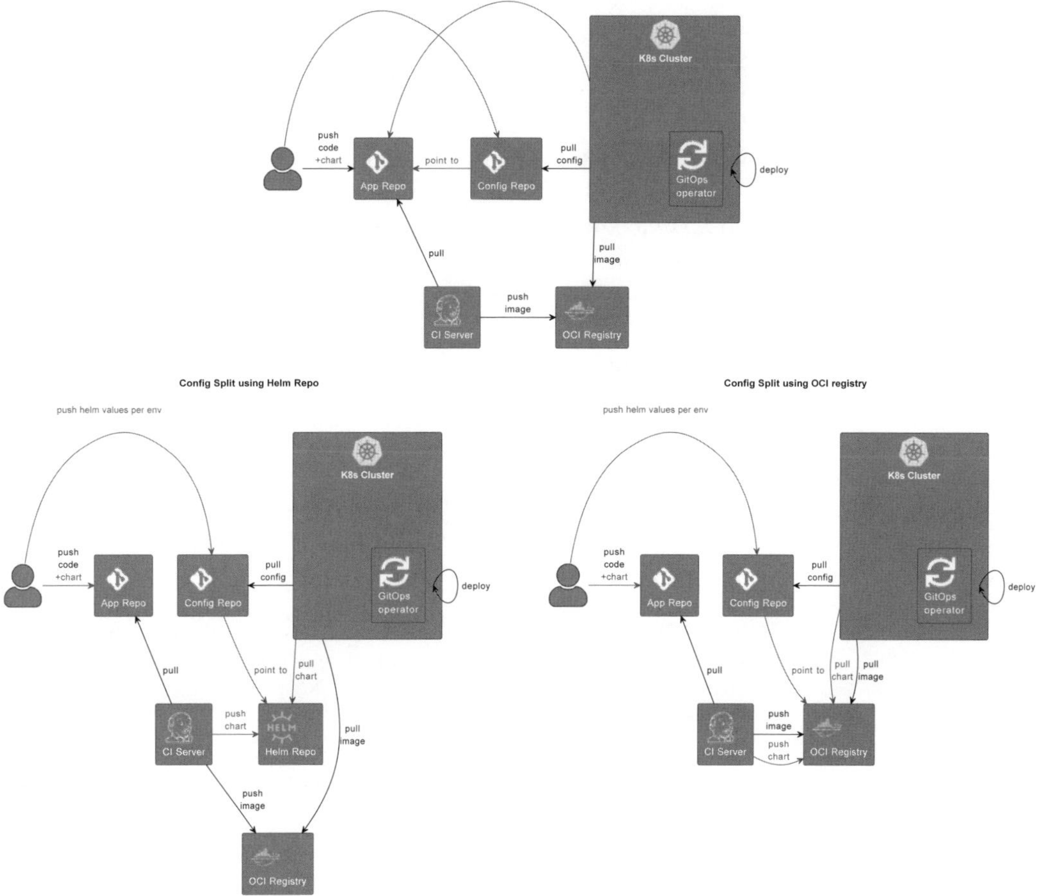

Abb. 6–9
Implementierungen von Repo per Application per Config Split am Beispiel eines Helm-Charts mit Speicherung in Git, Helm-Repo, OCI

Abb. 6–9 zeigt mehrere Möglichkeiten, das Pattern umzusetzen, am Beispiel von Helm. Der Ablauf beim Deployment ist in allen gleich:

1. Der GitOps-Operator holt sich die Custom Resource aus dem Config-Repo. Die Custom Resource verweist auf das Helm-Chart und Values oder enthält die Values selbst.
2. Der GitOps-Operator holt das Helm-Chart aus der angegebenen Quelle (Git-Repo, Helm-Repo oder OCI-Registry).
3. Der GitOps-Operator erzeugt aus Helm-Chart und Values die eigentlichen Manifeste und deployt sie.

Die Abbildung zeigt die Umsetzung mit drei unterschiedlichen Speicherorten für das Helm-Chart (von links nach rechts):

- *Git-Repo*: Der technisch einfachste Weg ist es, direkt auf das Chart im Git zu verweisen. Nachteile dieser Lösung sind, dass der GitOps-Operator direkten Zugriff auf das App-Repo benötigt. Außerdem kann Helm nativ keine Charts aus Git ziehen. Daher ist dieser Weg nicht mit *Umbrella Charts* umsetzbar. Jedoch können sowohl Argo CD als auch Flux bei Verwendung der jeweiligen CRs Charts aus Git ziehen.
- *Helm-Repo*: Alternativ kann man das Helm-Chart in ein Helm-Repo pushen. Nachteil dieser Lösung ist, dass man ein solches Repo betreiben muss. Zwar handelt es sich dabei nur um einen einfachen Webserver, trotzdem entstehen zusätzlicher Aufwand und technische Komplexität.
- *OCI-Registry*: Eine zeitgemäße Alternative ist die Speicherung des Charts in einer OCI-Registry. Diese betreibt man ohnehin schon für die Container Images, und Helm unterstützt das Beziehen von Charts aus OCI-Registries nativ.

Bleibt nur noch die Frage des *Config Update*, also in unserem Beispiel, wie die neue Chart-Version ins Config-Repo kommt. Dies kann man

- manuell,
- durch den CI-Job des App-Repos,
- durch einen (gegebenenfalls manuell gestarteten) CI-Job auf dem Config-Repo,
- durch einen Image Update Controller oder durch
- einen Dependency-Bot realisieren.

Dies beschreiben wir in Abschnitt 6.5.5 auf Seite 163 im Detail und thematisieren dabei auch die Rolle von PRs.

OCI-Artifacts

Statt das Rendering dem GitOps-Operator zu überlassen, besteht zumindest bei Flux auch die Möglichkeit, dies auf dem CI-Server durchzuführen und als OCI-Artifacts in die Registry zu schreiben. Dabei kann man auch auf CM-Tools zurückgreifen, die nicht vom GitOps-Operator unterstützt werden. Abschnitt 4.13 auf Seite 90 beschreibt dies im Detail. Dieses Vorgehen ist ähnlich einer Kombination der *Repo Pointer-* und *Config Replication*-Patterns.

Unterschied zum Repo Pointer-Pattern

Generell ist *Config Split* technisch ähnlich zum *Repo Pointer*-Pattern. Bei *Repo Pointer* liegt der Fokus auf der zentralen Speicherung der Config im App Repo bei Vermeidung von Redundanz (im Gegensatz zur *Config Replication*). Bei *Config Split* ist die Idee, die Environment-spezifische Config im Config-Repo abzulegen.

Tatsächlich ist es auch das *Config Split*-Pattern, das man beim Betrieb von Third-Party-Apps einsetzt. Oft verwendet man Helm-Charts oder Kustomize-Bases, die von anderen bereitgestellt werden, und speichert nur die selbst gesetzten Values oder Overlays im Config-Repo. Die Idee des *Config Split*-Patterns ist es, dass dieses Vorgehen auch bei selbst entwickelten Apps umsetzbar ist.

Gleiches Pattern bei Third-Party-Apps

6.4.4 Repo per Environment

Begriffe und Synonyme

Repo per Environment ist auch bekannt als

- *Environment per Repo*
- *Repo per Stage*
- *Stage per Repo*

Ein letztes Pattern, das sich in Bezug auf Repos zeigt, ist *Repo per Environment*. Bei diesem Pattern gibt es ein Repo für jedes Environment (beispielsweise QA, Staging und Production). Unserer Erfahrung nach findet dieses Pattern selten Anwendung, da es zu einer großen Zahl an Repos und zu einem weniger automatisierten, umständlicheren GitOps-Prozess führt. Gründe, sich dafür zu entscheiden, sind meist organisatorische Anforderungen. Beispielsweise wenn

- Entwickelnde nicht auf Produktion zugreifen dürfen,
- die Autorisierung auf Ordnern oder Branches (siehe Abschnitt 6.5.1 auf Seite 151) innerhalb eines Git-Repos mit dem jeweiligen SCM nicht möglich oder als nicht ausreichend angesehen wird,
- Releases durch ein Security-Team freigegeben werden müssen oder
- die produktive Config auf einer getrennten SCM-Instanz liegen muss.

6.5 Promotion Patterns

Begriffe und Synonyme

- Andere Literatur stellt dem Begriff *Promotion* teilweise ein Wort voran wie
  - *Release Promotion,*
  - *Application Promotion,*
  - *Environment Promotion,*
  - *Workload Promotion* oder
  - *Change Promotion.*

  Dieses Buch beschränkt sich auf *Promotion* ohne Präfix.
- Was dieses Buch als *Environment* bezeichnet, kennen wir auch als *Stage* oder *Umgebung*.

Den Prozess des Übergangs von einem Environment in das nächste bezeichnen wir als *Promotion*. Die Promotion-Patterns beschreiben verschiedene Möglichkeiten, Environments und Übergänge zwischen ihnen mit GitOps umzusetzen.

Im Bereich der Promotions sehen wir folgende Patterns, die wir in den nächsten Abschnitten genauer beschreiben:

- *Branch per Environment* oder *Folder per Environment*: Wie bildet man Environments ab, in Ordnern oder Branches?
- *Preview Environments*: kurzlebige Alternative zu klassischen Environments
- *Global Environments* oder *Environment per Application*: Wollen wir für alle Anwendungen die gleichen Environments oder für jede Anwendung eigene Environments einsetzen?
- *Configuration Management* Tools: Bei der Umsetzung der Promotions bietet der Einsatz dieser Tools Vorteile. Wir betrachten Kustomize und Helm im Detail, die wir für die am weitesten verbreiteten halten.
- *Config Update*: Wir besprechen drei Wege zur Automatisierung der Aktivitäten, die bei der Promotion anstehen: CI-Server, Image Update Controller und Dependency-Bot.

Zur Nutzung von PRs bei der Promotion

Bei GitOps ist es gängig, die Promotion per PR zu realisieren. Dies folgt der ursprünglichen GitOps-Idee Alexis Richardsons (»Operations by Pull Request«, siehe Abschnitt 1.2.5 auf Seite 14).

Einschränkend sei hier gesagt, dass uns keiner zur Nutzung von PRs zwingt. Auch in den GitOps-Prinzipien findet sich kein Hinweis auf die Nutzung von PRs, und in einigen Fällen kann es pragmatisch sein, davon abzusehen. Anbei einige Beispiele:

- Wenn mehrere Environments, aber keine Preview Environments vorhanden sind, empfehlen wir, das unterste Environment (beispielsweise `dev` oder `staging`) direkt ohne PR zu deployen (Continuous Deployment). Siehe auch Abschnitt 2.3.2 auf Seite 31. Erfahrungsgemäß verlangsamt ein PR ohne testbare Instanz den Prozess nur.
- Das Team nimmt die Erstellung von PRs als zusätzlichen Arbeitsschritt wahr. Hier kann Automatisierung Abhilfe schaffen (diese diskutieren wir in Abschnitt 6.5.5 auf Seite 163), was aber initial zusätzliche Aufwände bedeutet. Gerade wenn nur wenige Environments vorhanden sind, kann es pragmatisch sein, PRs manuell anzulegen oder darauf zu verzichten. Beispielsweise wenn ein Team keine automatisierte Erstellung von PRs, aber andere Mechanismen zur Qualitätssicherung hat, wie Pair-Programming.

Unser Fazit zur Verwendung von PRs bei GitOps ist, dass wir dies nicht als stumpfen Cargo Cult befolgen sollten, sondern sie nur dann einsetzen, wenn sie einen Mehrwert für unseren individuellen GitOps-Prozess bringen.

6.5.1 Branch oder Folder per Environment

Begriffe und Synonyme

- *Branch per Environment*: auch *Environment per Branch*
- *Folder per Environment*: auch
  - *Environment per Folder*
  - *Environment per Directory*
  - *Directory per Environment*

Bei der Konzeption von Promotions lautet eine zentrale Frage: Wie bildet man Environments ab, in Ordnern oder Branches? Tabelle 6–1 gibt eine Überblick über diese unterschiedlichen Vorgehen, die wir als *Branch per Environment*- und *Folder per Environment*-Patterns bezeichnen.

	Branch per Environment	Folder per Environment
Environments	Permanente Branches	Ordner (trunk-based)
Mapping-Beispiel	Branch `develop` → Staging Branch `main` → Production	Ordner `staging` → Staging Ordner `production` → Production
Promotion	Merge	Kopieren (+Merge von kurzlebigen Branches)
Ablauf-Beispiel	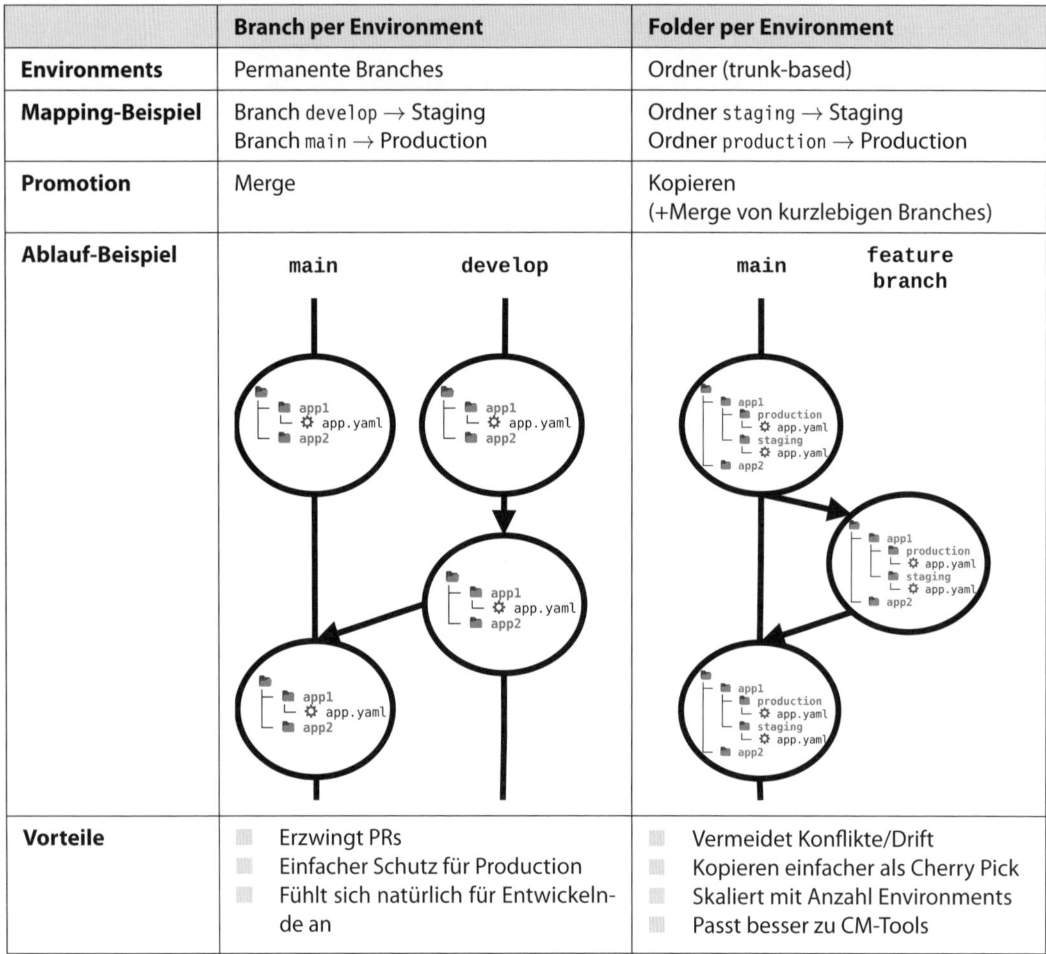	
Vorteile	- Erzwingt PRs - Einfacher Schutz für Production - Fühlt sich natürlich für Entwickelnde an	- Vermeidet Konflikte/Drift - Kopieren einfacher als Cherry Pick - Skaliert mit Anzahl Environments - Passt besser zu CM-Tools

Tab. 6–1
Gegenüberstellung von Branch per Environment und Folder per Environment

Branch per Environment

Unserer Erfahrung nach denken viele Teams (vor allem mit Hintergrund in der Softwareentwicklung) zunächst daran, die Environments durch permanente Branches zu trennen, also per *Branch per Environment*-Pattern. Dieses Vorgehen kommt vielen aus der Softwareentwicklung bekannt vor. Ein Beispiel ist der weit verbreitete (aber mittlerweile oft als zu kompliziert kritisierte) Git-Flow[17]:

- Features sammeln sich auf dem Branch `develop` an und
- werden zu definierten Zeitpunkten als Release auf den Branch `main` gemergt.

[17] *https://nvie.com/posts/a-successful-git-branching-model*

Analog kann man auch bei der Promotion vorgehen: Man führt das Bootstrapping seines GitOps-Operators so aus, dass er beispielsweise

- die Config auf dem Branch `develop` in das Staging-Environment und
- die Config auf dem Branch `main` in das Production-Environment deployt.

> Natürlich kann man die Branches im Config-Repo auch gleich nennen wie die Environments, was sich gerade bei mehr als zwei Environments anbietet.

Die Promotion findet dann durch einen Merge im Git statt.

Operations by Pull Request

Diesen Merge macht man typischerweise per PR, was gut passt zu Alexis Richardsons ursprünglicher GitOps-Idee (»Operations by Pull Request«, siehe Abschnitt 1.2.5 auf Seite 14). Dieses Vorgehen hat damit das Vier-Augen-Prinzip fest eingebaut, was für ein Deployment in Produktion empfehlenswert ist. Zudem haben viele SCMs die Option, bestimmte Branches vor direktem Commit zu schützen. Dadurch werden PRs und damit ein Review erzwungen. Dieses Vorgehen entspricht oft auch Vorgaben, die in großen Organisationen verpflichtend sind.

Konzept Branches nicht ganz passend für Environments

Ein wichtiger Unterschied zwischen Code und Config ist allerdings, dass beim Code nach dem Merge der Stand auf `main` gleich dem Stand auf `develop` ist. Bei der Config gibt es typischerweise Unterschiede zwischen Environments. Insofern wäre hier der Zielzustand, die beiden Branches in gewissen Punkten unterschiedlich zu halten. Daher sind Branches für die Abbildung von Environment semantisch nicht ganz passend.

Umgang mit CM-Tools

Dazu kommt, dass CM-Tools nicht auf Ebene von Branches arbeiten. Environments unterscheiden sich nur in wenigen Bereichen. Der Einsatz von CM-Tools wie Helm und Kustomize kann Redundanzen vermeiden. Beispielsweise hat Kustomize hat seine typische Ordnerstruktur mit `base` und `overlays`, wie sie unter anderem Tabelle 2–1 auf Seite 30 zeigt. Damit lassen sich Environments auf Ordner abbilden, aber eben nicht auf Branches. Tabelle 6–1 zeigt eine fürs erste Verständnis vereinfachte, naive Herangehensweise, in der `main` und `develop` jeweils nur den Stand eines Environments beinhalten. In der Realität würde man hier zusätzlich mit Ordnern arbeiten und könnte dann auch beispielsweise Kustomize einsetzen. Allerdings hätte hat man es dadurch mit Redundanz zu tun: Die Config jedes Environments besteht auf jedem Branch.

Synchronisierung der Branches

Die Branches synchron zu halten ist eine der Herausforderungen dieses Patterns. Dies gilt vor allem, wenn eine größere Anzahl Environments im Spiel ist. Damit steigt die Komplexität, denn die Promotion eines Changes durch mehrere Environments erfordert dann Änderungen mehrerer Dateien auf mehreren Branches. Wenn dann noch Hotfixes (also direkte Änderungen an beispielsweise `main`) ins Spiel kommen, sollten wir dringend darauf achten, dass wir die Änderungen auch wieder zurück auf die vorhergehenden Branches mergen. Sonst besteht bei der nächsten regulären Promotion die Gefahr, die Änderungen des Hotfixes wieder zu überschreiben. Durch Auto-merge können sich sogar inkonsistente Zustände ergeben, im schlechtesten Fall in Produktion.

Promotion einzelner Features

Auch wenn von einer Menge an Änderungen oder Features nur einzelne in Produktion gebracht werden sollen, ist dies mit dem Branching-Modell aufwendig. Im besten Fall entspricht ein Feature einem Commit, und dieser kann per Cherry Pick ausgewählt werden. Diese sind jedoch nicht immer trivial.

Folder per Environment

Viele dieser Herausforderungen können durch das *Folder per Environment*-Pattern umgangen werden. Dieses stellt die Environments als Ordner auf *einem* Branch (trunk-based) dar.

Für die Promotion erzeugt man kurzlebige Branches, auf denen man die Änderungen von einem Environment-Ordner in den nächsten kopiert. Diese kurzlebigen Branches enthalten jeweils nur ein Feature. Nach dem Merge löscht man sie wieder.

Die Verwendung von Ordnern hat Vorteile gegenüber Branches:

- Man spart sich die Redundanzen und das Synchronisieren zwischen den Branches.
- CM-Tools sind einfach anzuwenden.
- Mit steigender Anzahl an Environments steigt die Komplexität mit Ordnern weniger stark als mit Branches.
- Einzelne Features können durch Kopieren von Dateien ausgewählt werden statt durch Cherry Picks, was einfacher und weniger fehleranfällig ist.

Nachteile bei Folder per Environment

Natürlich hat auch *Folder per Environment* Nachteile. Der Prozess der Promotion ist weniger intuitiv. Das Vorgehen: Datei kopieren, kurzlebigen Branch anlegen und PR erzeugen muss man erklären. Dass man einen PR anlegt, um von `develop` auf `main` zu mergen, sollte hingegen jedem klar sein. Zudem lassen sich Branches einfacher schützen: In den meisten SCMs kann man PRs per Einstellung erzwingen. Auch aus politischer Sicht ist dies oft für *Folder per Environment* nachteilig: In vielen Organisationen (besonders in regulierten Branchen) ist es undenkbar, dass ein Deployment in Produktion prinzipiell durch ein einfaches Kopieren ausgelöst werden kann.

Ordner, Branches oder Repos als Environments?

Nach dieser Diskussion stellt sich die Frage: Welches ist nun das richtige Pattern für meinen Anwendungsfall: *Branch per Environment*, *Folder per Environment* oder vielleicht sogar das in Abschnitt 6.4.4 auf Seite 149 beschriebene *Repo per Environment*?

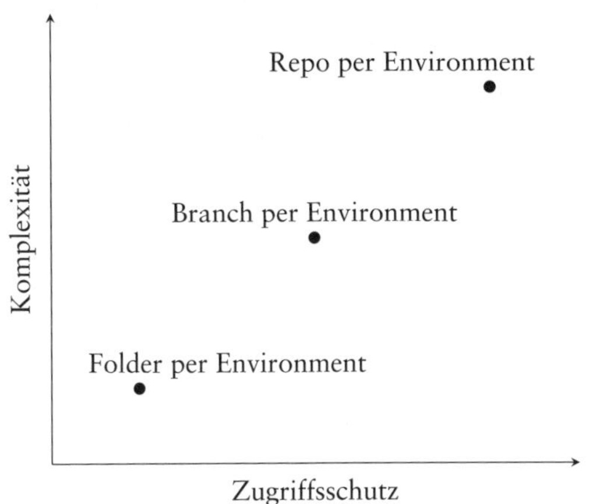

Abb. 6–10 *Vereinfachte Darstellung der Kompromisse zwischen den Promotion Patterns*

Wie immer in der Softwarearchitektur müssen wir hier Kompromisse eingehen. Eine grobe Daumenregel zeigt uns Abb. 6–10: Grundsätzlich scheint uns *Folder per Environment* technisch am wenigsten komplex zu sein, weil man sich die Redundanz der Branches spart. Dafür ist der Zugriffsschutz auf Ordnern am schwersten umzusetzen. Wir sollten uns also zuerst fragen: Müssen wir in unserer Organisation bestimmte Environments (beispielsweise Produktion) besonders schützen? Gerade in großen Organisationen ist dies oft notwendig und kann daher den Einsatz von *Folder per Environment* erschweren.

Wer diesen Fall hat oder wem der erzwungene Prozess mit PRs wichtiger ist als Vermeidung von Redundanzen, greift zum *Branch per Environment*-Pattern. In komplexeren Umgebungen kann auch eine Mischung beider Patterns ein Kompromiss sein: Ordner in den entwicklungsnahen Environments, um dort schnell zu iterieren. Dazu einen separaten Branch für die Produktion, um den Zugriffsschutz zu gewährleisten.

Zum *Repo per Environment* raten wir hingegen nur, wenn organisatorische Richtlinien vorliegen, die den Zugriffsschutz durch Branches als nicht ausreichend ansehen. Abschnitt 6.4.4 auf Seite 149 beschreibt hierfür einige Beispiele.

Nachteile beider Patterns verhindern

Abschließend sei noch erwähnt, dass einige der beschriebenen Nachteile beider Patterns sich durch Einstellungen im SCM verhindern lassen:

- Inkonsistenzen kann man bei Branches dadurch verhindern, dass man nur Fast-Forward-Merges erlaubt.
- PRs lassens sich bei manchen SCMs auch auf Ordner erzwingen (beispielsweise SCM-Manager[18]).
- Alternativ kann man per `CODEOWNERS`-Datei ein Review für PRs auf bestimmten Ordnern erzwingen und auf anderen als optional markieren[19].

Je nach Umgebung können also manche Argumente nicht zutreffen, was die Entscheidung zwischen Ordnern oder Branches beeinflussen kann.

Erfahrungsberichte zu den Patterns

Für die Entscheidung hilft außerdem ein Blick auf konkrete Erfahrungsberichte.

Zum *Branch per Environment*-Pattern kennen wir nur wenige Erfolgsgeschichten. Ein Beispiel ist »Monitoring and Hardening the GitOps Delivery Pipeline with Flux«[20] von Florian Heubeck. Er nennt den Vorteil, dass das Erzwingen der Nutzung von PRs, als gute Praxis für die Promotion, auf Branches einfacher ist als auf Ordnern.

Dem gegenüber stehen viele Berichte, die von diesem Pattern abraten und stattdessen zu *Folder per Environment* raten. Beispielsweise:

- Thoughtworks Technology Radar[21] (hier war *Branch per Environment* der Grund, warum von GitOps bis September 2023 komplett abgeraten wurde)
- »Git best practices: Workflows for GitOps deployments«[22] von Christian Hernandez
- »Stop Using Branches for Deploying to Different GitOps Environments«[23] von Kostis Kapelonis (hier wird *Branch per Environment* sogar als Anti-Pattern bezeichnet)

---

[18] *https://scm-manager.org/plugins/scm-review-plugin/docs/2.31.x/de/configuration/#beschr%C3%A4nkungen-f%C3%BCr-branches*

[19] *https://docs.gitlab.com/16.5/ee/user/project/codeowners*

[20] *https://medium.com/mediamarktsaturn-tech-blog/monitoring-and-hardening-the-gitops-delivery-pipeline-with-flux-a226bdef0351*

[21] *https://www.thoughtworks.com/radar/techniques/gitops*

[22] *https://developers.redhat.com/articles/2022/07/20/git-workflows-best-practices-gitops-deployments*

[23] *https://codefresh.io/blog/stop-using-branches-deploying-different-gitops-Environments*

- »GitOps: Core Concepts & Ways of Structuring Your Repos«[24] von Pinky Ravi und Scott Rigby

Auch die uns bekannten öffentlichen Beispiele für GitOps-Repo-Strukturen, von denen wir einige in Abschnitt 6.7 auf Seite 169 vorstellen, verwenden alle das *Folder per Environment*-Pattern.

Verbreitung der Patterns

Diese subjektive Repräsentation in den Medien muss nicht zwangsweise der echten Verbreitung entsprechen. Durch den Austausch mit Kunden und auf Konferenzen haben wir Autoren den Eindruck, dass beide Patterns verbreitet sind. Es lohnt sich also ein unvoreingenommenes Abwägen der jeweiligen Vor- und Nachteile mit Hinblick auf den eigenen Anwendungsfall.

6.5.2 Preview Environments

Begriffe und Synonyme

Statt *Preview Environments* ist an anderer Stelle oft die Rede von

- *Ephemeral Environments,*
- *Dynamic Environments,*
- *Pull Request Environments,*
- *Test Environments* oder
- *Temporary Environments.*

Andere Synonyme sind *Deploy Previews* und *Preview Deployments.*

Eine andere Art, mit Environments umzugehen sind *Preview Environments*. Dabei stößt die Erstellung eines PRs ein Deployment an, das auf der Config dieses PRs basiert. Das Mergen oder Ablehnen des PRs führt dann zu einer automatischen Löschung des Deployments. Dieses Feature ist bei serverless Platforms as a Service wie Netlify oder Vercel schon seit längerem gängig. Diese verwenden die Begriffe *Preview Deployments*[25] oder *Deploy Previews*[26].

Bei einem Deployment mittels CI-Server ist vor allem das automatische Löschen schwer umsetzbar. Mit GitOps, konkret beispielsweise bei Argo CD, ist dieser ganze Prozess nun mittels eines eigenen Controllers und zugehöriger CRD `ApplicationSet` (siehe Abschnitt 3.3 auf Seite 51) und dessen »Pull Request Generator«[27] automatisierbar. Dieser

[24] *https://youtu.be/vLNZA_2Na_s?t=2144*

[25] *https://vercel.com/docs/concepts/deployments/preview-deployments*

[26] *https://docs.netlify.com/site-deploys/deploy-previews*

[27] *https://github.com/argoproj/argo-cd/blob/v2.8.4/docs/operator-manual/applicationset/Generators-Pull-Request.md*

erzeugt mittels Templating pro PR eine `Application`. Dabei folgt er einer im `ApplicationSet` definierten Vorlage, beispielsweise `myapp-{{branch}}-{{number}}`.

Bei Flux (oder zumindest dem darauf basierenden Weave GitOps) sieht dies in Form von `GitOpsSets` so ähnlich aus[28]. Eine spannende Erkenntnis daraus ist, dass GitOps-Tools Features und Vorteile bieten können, die über die eigentlichen Prinzipien von GitOps hinausgehen. Wir dürfen gespannt sein, welche weiteren Vorteile sich in diesem innovativen Umfeld in der Zukunft noch zeigen werden.

Herausforderungen der Preview Environments

Die Nutzung von *Preview Environments* bringt auch ihre eigenen Herausforderungen mit sich. Ein zentraler Punkt ist der Ressourcenverbrauch: Mit der Anzahl der offenen PRs steigt auch die Anzahl der laufenden Systeme und damit der Bedarf an CPU, Memory und Storage. Zumindest in der public Cloud kann Kubernetes mittels Cluster Autoscaler automatisch mitwachsen. Allerdings wachsen damit auch die Kosten mit, was ein Risiko darstellen kann. An dieser Stelle macht es also Sinn, entweder über Prozesse oder Automatismen die Anzahl der Instanzen zu beschränken. Beispielsweise kann das Deployment per Tags am PR gesteuert werden.

Eine weitere Herausforderungen können Datenbanken darstellen. Bei der Nutzung vom managed Service außerhalb von Kubernetes kann man diese nicht ohne Weiteres Tooling per GitOps deployen. Darüber hinaus stellt sich die Frage, wie Testdaten in diese Datenbanken kommen. Hier wäre die Entwicklung eines Automatismus, der Testdaten einspielt, eine Möglichkeit. Dies kann direkt über die Anwendung geschehen, per Sidecar-Container oder Kubernetes-`Job`.

Eine pragmatische Alternative für beide Herausforderungen ist die Verwendung einer stehenden Datenbank, die von allen Preview Environments verwendet wird. Dieses Vorgehen ist allerdings bei Schemaänderungen riskant.

Auch die dynamisch generierten `Namespaces` durch die Preview Environments bringen Herausforderungen mit sich: Zugriffsberechtigungen in Argo CD und gegebenenfalls an Benutzer für den Zugriff per `kubectl` müssen entsprechend vergeben werden.

Wer Sealed Secrets (siehe Abschnitt 5.1.1 auf Seite 98) benutzt, muss diese clusterweit verschlüsseln, damit sie auch in den dynamisch generierten `Namespaces` entschlüsselt werden können. Dadurch können gegebenenfalls Unbefugte Zugriff auf die `Secrets` erlangen, was ein Sicherheitsrisiko darstellen kann.

---

[28] *https://github.com/weaveworks/weave-gitops/blob/v0.34.0/website/docs/gitopssets/gitopssets-intro.mdx*

6.5.3 Global Environments oder Environment per Application

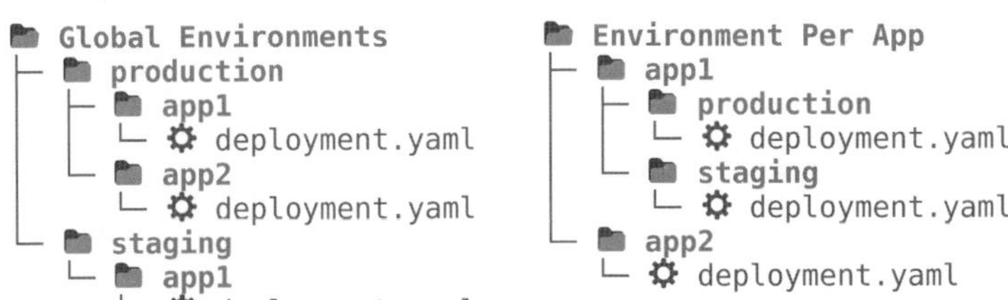

Abb. 6–11 *Global Environments vs. Environment per Application*

Eine entscheidende Frage bei der Modellierung von Environments ist, ob jede Anwendung selbst über ihre Environments entscheidet (*Environment per Application*-Pattern) oder ob alle Anwendungen die gleichen Environments nutzen (*Global Environments*-Pattern). Abb. 6–11 zeigt beispielhafte Ordnerstrukturen für beide Patterns. Wie die Abbildung zeigt, ist beides einfach umsetzbar. Der einzige Unterschied ist, dass Anwendungen oder Environments auf oberster Ebene im Ordnerbaum liegen.

Bei *Environment per Application* ist es möglich, pro Anwendung über Anzahl und Namen der Environments zu entscheiden. Bei *Global Environments* haben prinzipiell alle Anwendungen die gleichen Environments. Das macht es zwar einheitlicher, jedoch haben unserer Erfahrung nach nicht alle Anwendungen die gleichen Environments. Hat eine Anwendung also weniger oder andere Environments als andere Anwendungen, findet man sie bei *Global Environments* nicht in allen Ordnern wieder. Dies kann zu Verwirrung führen, die bei *Environment per Application* nicht auftritt. Gerade in der Verwendung in Kombination mit *Preview Environments* (siehe Abschnitt 6.5.2 auf Seite 157) kann *Environment per Application* seine Vorteile ausspielen. Durch den Einsatz von *Preview Environments* wird es wahrscheinlicher, dass einzelne Anwendungen nur noch ein permanentes Environment haben und man Änderungen jeweils auf *Preview Environments* testet und reviewt. Erstaunlicherweise zeigen viele öffentliche Beispiele oder Literatur Strukturen mit dem *Global Environments*-Pattern. Dies könnte damit zusammenhängen, dass *Preview Environments* noch recht neu sind.

6.5.4 Configuration Management

Begriffe und Synonyme

Mehr oder weniger synonym zu *Configuration Management* (CM) finden oft die Begriffe *Templating, Patching, Overlay* oder *Rendering* Verwendung.

Zur Implementierung der Promotion kommen oft Tools wie Kustomize oder Helm zum Einsatz. Wir fassen diese unter dem Begriff CM-Tools zusammen.

Rendered Manifest vs. GitOps Operator Rendering

Es gibt zwei Möglichkeiten CM-Tools im GitOps-Prozess einzusetzen:

- Der CI-Server führt das CM-Tool aus und schreibt das Ergebnis in das Config-Repo oder die OCI-Registry (*Rendered Manifest*-Pattern). Der GitOps-Operator wendet am Ende dann nur die daraus entstandenen Kubernetes-Objekte auf den Cluster an, ohne CM-Tools ausführen zu müssen.
- Der GitOps-Operator führt das CM-Tool selbst aus und wendet das Ergebnis direkt auf den Cluster an (*GitOps Operator Rendering*).

Rendered Manifests bieten mehr Transparenz, weil der endgültige Stand, den der GitOps-Operator auf den Cluster anwendet, vorher in Git reviewt werden kann. Fehler beim Rendering fallen damit außerdem früher auf. Neben den Änderungen durch Chart oder Config zeigen sich auch Änderungen durch veränderte Helm- oder Kubernetes-Versionen, die sonst nicht transparent wären. Das *Rendered Manifest*-Pattern kann sich zudem positiv auf die Performance des GitOps-Operators auswirken, da dieser nicht mehr bei jeder Angleichung von verschiedenen Quellen Daten beziehen und kombinieren muss. Außerdem erlaubt es die Verwendung beliebiger CM-Tools, auch wenn der GitOps-Operator keine native Unterstützung für sie enthält.

Nachteile des Rendered Manifest-Patterns

Ein Nachteil des *Rendered Manifest*-Patterns ist die erhöhte Komplexität der CI-Pipelines.

Ein weiterer Nachteil ist, dass CM-Tools oftmals große Mengen an YAML erzeugen. Beispielsweise ergibt das Rendern des Helm-Charts »kube-prometheus-stack«[29] (Version 45.8.1) fast 45.000 Zeilen YAML. Das lässt sich jedoch etwas relativieren, da zwar der erste

[29] *https://artifacthub.io/packages/helm/prometheus-community/kube-prometheus-stack*

Commit unübersichtlich sein mag, aber zukünftige Commits im Diff ein eindeutiges und überschaubares Bild der Änderungen zeigen.

Theoretisch ist ein weiterer Nachteil, dass `helm lookup` auf dem CI-Server nicht funktioniert. Allerdings trifft dies generell für Argo CD[30] zu, da Argo CD auch bei der Verwendung von `Applications` oder *Umbrella Charts* `helm template` verwendet. Dafür verliert man durch das *Rendered Manifest*-Pattern bei Argo CD die Möglichkeit Build-Environment-Variablen[31] (beispielsweise den Namen der aktuellen `Application` oder des aktuellen `Namespace`) in Ressourcen in Argo CD zu injizieren. Für beide Herausforderungen bietet uns die imperative Natur des CI-Servers Lösungen. Beispielsweise ist der `Namespace` oft vom Environment (Ordner oder Branch) ableitbar. `helm lookups` können wir meist über das explizite Setzen von Helm-Values umgehen.

Ein kleinerer Nachteil ist, dass in manchen Anwendungsfällen das Anlegen eines CI-Jobs als unverhältnismäßig aufwendig angesehen wird. Ein Beispiel sind Third-Party-Applications, bei denen kein Bauen der Anwendung, sondern nur das Deployen nötig ist.

Alternative mittels UI von Argo CD

Abschließend möchten wir noch erwähnen, dass die UI von Argo CD auch eine eingebaute Diff-Funktionalität hat. Wer nicht das *Rendered Manifest*-Pattern verwenden will, kann vor einem Upgrade `.spec.syncPolicy.automated.selfHeal` auf `false` setzen. Dann kann man über die UI von Argo CD ein Review des Diff durchführen, einen manuellen Sync starten und danach die `syncPolicy` wieder zurücksetzen. Dieser dreischrittige Prozess ist allerdings umständlich. Auch besteht die Gefahr, das Rücksetzen der `syncPolicy` zu vergessen. Außerdem wird keine Historie des Diff erhalten.

Konkrete CM-Tools

Kustomize

Unter den CM-Tools tut sich Kustomize als Operator-agnostisch hervor: Sowohl Argo CD als auch Flux sind in der Lage, eine standardisierte `kustomization.yaml` zu interpretieren. Verwirrung stiftet oft die Flux CRD `Kustomization`, auf die Abschnitt 6.6 auf Seite 168 eingeht. Diese ist spezifisch für Flux und bietet mehr Optionen als die `kustomization.yaml`, beispielsweise die Verbindung zu einem Git-Repo. Trotzdem sind sowohl `Kustomization` als auch `kustomization.yaml` bei Flux im Einsatz.

Helm

Externe Packages sind oft als Helm-Charts verfügbar. Unserer Erfahrung nach stellt sich uns oft nicht die Frage, ob wir Kustomize *oder* Helm einsetzen. Häufig sieht man auch eine Kombination von beiden.

[30] *https://github.com/argoproj/argo-cd/issues/5202*

[31] *https://github.com/argoproj/argo-cd/blob/v2.8.4/docs/user-guide/build-environment.md*

Bei Flux lässt sich ein Helm-Release sogar mittels Kustomize nachbearbeiten[32].

Die Nutzung von Helm mit GitOps ist komplizierter. Es stehen drei Optionen zur Verfügung:

- Das im vorherigen Absatz beschriebene *Rendered Manifest*-Pattern, also konkret die Ausführung von `helm template` auf dem CI-Server.
- Die Nutzung der nativen CRDs der GitOps-Operatoren.
- Das *Umbrella Chart*-Pattern.

Sowohl Flux (`HelmRelease`) als auch Argo CD (`Application`) bieten CRDs für die Durchführung von Helm-Releases. Bei Argo CD übernimmt die `Application` neben Helm noch andere Aufgaben. Vielleicht liegt es daran, dass die *Developer Experience* in Bezug auf Helm-Charts vor der Einführung von Multi-Source `Applications` (siehe Abschnitt 4.8 auf Seite 80) eingeschränkt war[33].

Umbrella Charts

Daher sind *Umbrella Charts* ein gängiges Pattern bei Argo CD. Dabei handelt es sich um ein Pattern, das unabhängig von GitOps bei Helm einsetzbar ist[34], um verschiedene Helm-Charts zu orchestrieren.

Bei Argo CD findet das Pattern häufig Anwendung beim Deployment von Third-Party-Applications (Prometheus, Ingress-Controller etc.). Dabei erzeugt man ein *Umbrella*-Helm-Chart in einem Repo, das Verweise auf externe Helm-Charts enthält, die in anderen Repos liegen. Den Begriff *Umbrella* (engl. Regenschirm) kann man hier bildlich verstehen: Das Chart umfasst die anderen wie ein Regenschirm.

Das *Umbrella Chart* erzeugt man mittels `helm create` und gibt die Third-Party-Application als `Dependency` in der `Chart.yaml` an. Die Konfiguration der Anwendung erfolgt dann in der `values.yaml` des *Umbrella Charts*. Weitere Ressourcen kann man Helms Konventionen entsprechend mittels des Ordners `templates` deployen. Abschnitt 6.7.2 auf Seite 175 beschreibt dieses Pattern in der Praxis. In Abb. 6–16 auf Seite 176 sehen wir die Ordnerstruktur eines *Umbrella Charts* (unter `argocd/argocd`) sowie eine beispielhafte `Chart.yaml` in Listing 6–5 auf Seite 177.

Diese Kombination von zwei Repos war mit der Argo CD `Application` CRD vor der Einführung von Multi-Source `Applications` nicht möglich. Allerdings haben *Umbrella Charts* bei Argo CD auch Ein-

[32] *https://github.com/fluxcd/helm-controller/blob/v0.36.2/docs/spec/v2beta1/helmreleases.md#post-renderers*

[33] *https://github.com/argoproj/argo-cd/issues/2789*

[34] *https://github.com/helm/helm-www/blob/e2ea1b9/content/en/docs/howto/charts_tips_and_tricks.md#complex-charts-with-many-dependencies*

schränkungen: Anders als beim Deployment von Helm-Charts mittels `Application` kann man bei *Umbrella Charts* keine Charts aus Git-Repos verwenden und nicht auf die in Argo CD konfigurierten `Secrets` zur Authentifizierung zugreifen. Daher ist es wahrscheinlich, dass Multi-Source `Applications` das *Umbrella Charts*-Pattern bei Argo CD langfristig ersetzen.

Andere CM-Tools im CI-Server

Generell könnten wir auch CM-Tools auf dem CI-Server ausführen und das Ergebnis in Git oder einer OCI-Registry speichern (*Rendered Manifest*-Pattern). Analog zu `helm template` können wir also auch `kustomize build` oder `kubectl kustomize` im CI-Server ausführen. Dieses Vorgehen erlaubt es uns außerdem, beliebige CM-Tools einzusetzen, auch wenn der GitOps-Operator diese nicht unterstützt. Beispiele sind CM-Tools wie JSonnet, Cuelang oder Timoni, die mit Ausnahme von JSonnet in Argo CD nicht in GitOps-Operatoren integriert sind. Wie wir in Abschnitt 4.8 auf Seite 80 erfahren, sieht Flux den Weg über den CI-Server sogar als offizielle Lösung zur Anbindung weiterer CM-Tools vor.

6.5.5 Config Update

Unserer Erfahrung nach sind für den Prozess der Promotion folgende drei Fragen essenziell:

- Wer aktualisiert die Image-Version im Config-Repo, also wer führt den Commit aus?
- Wer erzeugt den Branch?
- Wer erzeugt den PR?

Je nach Prozess und Environment sind die letzten beiden Schritte optional. Die dafür notwendigen Aktivitäten fassen wir unter dem Begriff *Config Update* zusammen.

Je nach Prozess und Environment sind die letzten beiden Schritte optional, wie wir eingangs in Abschnitt 6.5 auf Seite 150 diskutieren.

Wir sehen vier Ansätze für das *Config Update*:

- manuell
- CI-Server
- Image Update Controller
- Dependency-Bot

Die technisch einfachste Lösung ist manuell. Dabei übernimmt alle Aufgaben ein Mensch. Dies ist zunächst einfach umzusetzen. Bei großer Anzahl von Environments, hoher Deployment-Frequenz und generell auf lange Sicht ist es aufwendig, fehleranfällig und ermüdend. Daher bietet sich Automatisierung an. Die folgenden Absätze stellen die oben genannten drei Ansätze zur Automatisierung vor.

> Kapitel 7 auf Seite 197 beschreibt die drei Ansätze mit höherer Detailtiefe und beleuchtet dabei zusätzlich das Thema *Prüfen.*

Config Update mittels CI-Server

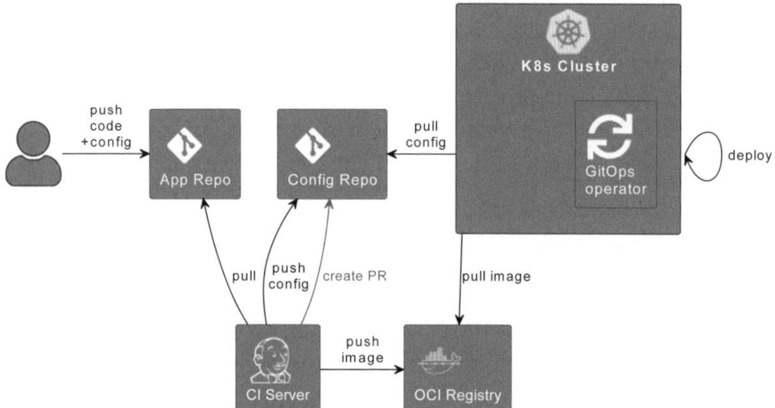

Abb. 6–12 *Config Update und Config Replication mittels CI-Server*

Die für viele Applikationsteams offensichtliche Möglichkeit ist, den CI-Server das gesamte *Config Update* übernehmen zu lassen. Gerade für Teams, die zu GitOps umsteigen, fühlt sich dies oft wie der natürliche nächste Schritt an. Je nach Repo-Patterns und Aufteilung in App- und Config-Repo (siehe Abschnitt 2.3.1 auf Seite 29) kommt dafür ein CI-Job in einem der Repos in Frage. Besonders wenn der CI-Server ohnehin schon für die Umsetzung von *Config Replication* (siehe Abschnitt Config Replication) und/oder des *Rendered Manifest*-Patterns (siehe Abschnitt 6.5.4 auf Seite 160) im Einsatz ist, bietet es sich an auch das *Config Update* mittels CI-Server zu realisieren.

Wenn der CI-Server bereits die Config ins SCM pusht, was liegt da näher, als auch noch PRs anzulegen? Abb. 6–12 zeigt dies schematisch. Im Gegensatz zum Image Update Controller kann der CI-Server den gesamten Prozess automatisieren. Allerdings muss man diesen Prozess im Zweifel auch selbst implementieren, inklusive dem Anlegen der PRs. Was auf der Abbildung einfach aussieht, enthält tatsächlich einiges an Komplexität: PRs sind nicht über das Git-Protokoll erstellbar. Jedes SCM hat dafür eine eigene API, die der Controller implementieren muss. PRs sind nicht Teil des Git-Protokolls, sie sind über die API des SCM ansprechbar. Daher entwickelt man eine Lösung, die nur für die jeweilige Kombination von CI-Server und SCM funktioniert. Das macht die Portierung zu anderen CI-Servern und SCMs schwieriger. Außerdem sinken die Chancen, eine bereits implementierte Lösung für die jeweils gesuchte Kombination zu finden.

Ein Beispiel ist die GitOps-Build-Lib für Jenkins und SCM-Manager, die wir bereits aus Abschnitt Config Replication kennen. Diese ist so designt, dass zumindest der SCM-Provider einfach auf andere SCMs erweiterbar ist[35].

Auch OCI statt Git möglich

Statt eines Push in das Config-Repo ist es auch denkbar, dass der CI-Server die Config in eine OCI-Registry pusht. Voraussetzung ist, dass der GitOps-Operator das Lesen der Config aus OCI-Registries unterstützt, siehe beispielsweise Abschnitt 4.13 auf Seite 90. Da es im OCI-Repo keine Branches und PRs gibt, muss man hier neue Wege für den GitOps-Prozess finden.

Config Update mittels Image Update Controller

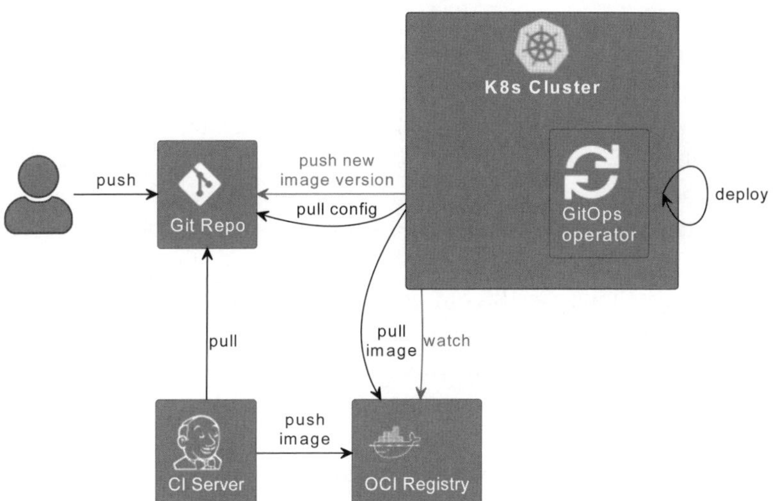

Abb. 6–13 *Config Update mittels Image Update Controller*

Eine Alternative stellt die Verwendung eines Image Update Controllers dar, den viele GitOps-Operatoren zur Verfügung stellen. Wie Abschnitt 4.10 auf Seite 85 darstellt, bieten sowohl Argo CD (»Image Updater«) als auch Flux (»Image Automation Controllers«) dafür Lösungen an. Abschnitt 7.3 auf Seite 215 erklärt im Detail, wie man diese verwendet. Abb. 6–13 zeigt schematisch, wie Image Update Controllers funktionieren:

[35] *https://github.com/cloudogu/gitops-build-lib/tree/0.4.0#scm-provider*

- Der Controller überwacht die OCI-Registry.
- Der CI-Server pullt Code aus Git und pusht ein neues Image in die Registry.
- Sobald der Controller das neue Image entdeckt, führt er das *Config Update* durch: Er schreibt den neuen Image-Tag in die Config im Config-Repo.
- Wie alle Änderungen in Config-Repos verarbeitet der GitOps-Operator auch diese: Er pullt aus dem Git und wendet die Änderungen auf den Cluster an, was schlussendlich zu einem Deployment führt.
- Kubernetes pullt das Image aus der Registry.

Prinzipiell kann der Image Update Controller das Image auch direkt im Cluster aktualisieren. Dies würde allerdings gegen die GitOps-Prinzipien 1 und 2 verstoßen, mit entsprechenden Nachteilen.

Sowohl Flux[36] als auch Argo CD[37] können die Änderungen auf neue Branches pushen. Bei Flux ist der Name des Branches fix, bei Argo CD kann man ihn durch Variablen beeinflussen. Beide können keine PRs erzeugen. Der Grund liegt wahrscheinlich auch in der bereits im vorherigen Abschnitt erwähnten Komplexität: Der Controller müsste die API jedes unterstützten SCM implementieren. Ausgeschlossen ist dies nicht, wie beim Thema *Preview Environments* ersichtlich: Der `ApplicationSet`-Controller von Argo CD kann mit PRs verschiedener SCMs interagieren. In der Zukunft ist es also nicht ausgeschlossen, dass die Erstellung von PRs in den Image Update Controllers landet. Bis dahin kann ein Workaround sein, mittels CI-Server für bestimmte Branches bei jedem Commit einen PR zu erzeugen, wie in der Flux-Dokumentation[38] vorgeschlagen.

Config Update mittels Dependency-Bot

Am besten wäre es, eine Option zu haben, die das *Config Update* ohne Implementierungsaufwand auf dem CI-Server durchführt und automatisch PRs erstellt. Dies verspricht die Nutzung von Dependency-Bots

---

[36] *https://github.com/fluxcd/website/blob/e7e991c/content/en/flux/guides/image-update.md#push-updates-to-a-different-branch*

[37] *https://github.com/argoproj-labs/argocd-image-updater/blob/v0.12.2/docs/basics/update-methods.md#specifying-a-separate-base-and-commit-branch*

[38] *https://github.com/fluxcd/website/blob/e7e991c/content/en/flux/use-cases/gh-actions-auto-pr.md*

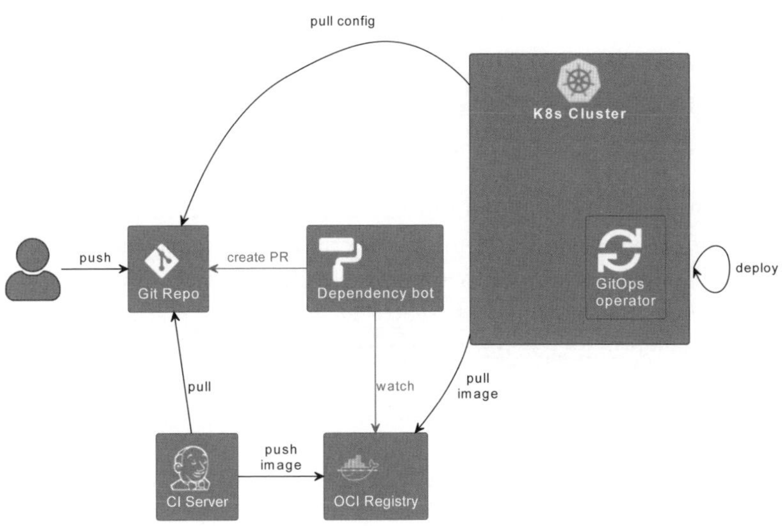

Abb. 6–14
Config Update mittels Dependency-Bot

wie Renovate Bot[39] oder Dependabot[40]. Wie der Name schon erahnen lässt, ist die Aufgabe dieser Tools das Aktualisieren von Dependencies, beispielsweise um bekannte Schwachstellen zu verhindern. Es handelt sich also nicht um spezielle GitOps-Tools. Ein Dependency-Bot ist eine Software, die Dependencies in Git-Repos erkennen und gegen deren Quellen auf neuere Versionen prüfen kann. Je nach Konfiguration erstellt der Dependency-Bot dann PRs oder aktualisiert die Versionen direkt im Git. Klassisch geht es dabei um Dependencies aus der Programmierung wie beispielsweise

- `package.lock.json`-Dateien in NodeJS-Projekten, die Dependencies aus NPM-Registries enthalten oder
- `pom.xml`-Dateien in Java-Projekten, die Dependencies aus Maven-Repos enthalten.

Dependency-Bots können aber auch Kubernetes- oder Helm-YAML-Dateien verarbeiten. Dies ermöglicht den Einsatz im Kontext von GitOps. Die YAML-Dateien enthalten Dependencies auf OCI-Images, die auf OCI-Registries verweisen. Diese kann der Dependency-Bot prüfen. Wie Abb. 6–14 zeigt, kann der Dependency-Bot beim Finden neuer Versionen automatisch PRs erstellen. Die Verfügbarkeit eines zum eingesetzten SCM kompatiblen Dependency-Bots vorausgesetzt ist die Automatisierung der Config Updates also reine Konfigurationssache.

[39] *https://docs.renovatebot.com*

[40] *https://docs.github.com/en/code-security/dependabot*

In Abschnitt 7.3.3 auf Seite 217 erfahren wir mehr über die Vor- und Nachteile der Verwendung von Dependency-Bots mit GitOps.

6.6 Verdrahtungs-Patterns

Die letzte Kategorie von Patterns beschäftigt sich damit, wie man den GitOps-Operator mit den Repos, Ordnern, Environments etc. verdrahtet. In diesem Bereich benennen wir die beiden Patterns *Bootstrapping* und *Linking*. Bei Letzterem beschreiben wir zudem *Nesting* (als eine Verallgemeinerung von *App of Apps*) und *Templating*.

6.6.1 Bootstrapping

Der erste Schritt beim Verdrahten ist das *Bootstrapping* des GitOps-Operators. Dabei installiert man den GitOps-Operator in den Cluster und richtet ihn so ein, dass er auf ein erstes Config-Repo zeigt. Das Bootstrapping ist per `kubectl` realisierbar, meist gibt es aber spezielle CLIs für die jeweiligen GitOps-Operatoren, die einfacher zu benutzen sind. Abschnitt 4.2 auf Seite 71 beschreibt die Optionen, die uns Argo CD und Flux bieten.

GitOps-Operator per GitOps betreiben

Idealerweise bildet man dabei auch die Konfiguration des GitOps-Operators in Git ab, sodass zukünftig auch Updates und Änderungen am GitOps-Operators per GitOps erfolgen können. Dabei ist es wichtig, sich bewusst zu sein, dass besonders an dieser Stelle Situationen entstehen können, die ein imperatives Eingreifen erfordern können (siehe auch Kapitel 9 auf Seite 247).

Ein Beispiel ist die Änderung der Referenz für das SSH-`Secret`, das der Operator benutzt. Wenn diese Änderung einen Zugriff auf das Repo unmöglich macht, ist es auch unmöglich, dies per GitOps zu reparieren.

Dennoch ist der Betrieb des GitOps-Operators per Git empfehlenswert, da es in den meisten Fällen ein einheitliches Vorgehen sowie die Vorteile von GitOps bietet.

6.6.2 Linking

Grouping

Nach dem Bootstrapping erfolgt das *Linking*, also das Anbinden weiterer Repos, Ordner oder Branches. Damit einhergehend ist oft das *Grouping*, die Gruppierung bestimmter Ressourcen, beispielsweise alles, was einer Anwendung oder einem Environment zugehörig ist. Sowohl *Linking* als auch *Grouping* erfolgen typischerweise mittels spezifischer CRDs, beispielsweise der `Kustomization` bei Flux und der `Application` bei Argo CD.

Nesting, beispielsweise App of Apps

Das Linking erfolgt oft geschachtelt (*Nesting*). Bei Argo CD gibt es für dieses Pattern eine eigene Bezeichnung: *App of Apps*. Mit der ersten `Application`, die man beim Bootstrapping angelegt hat, deployt man weitere `Applications`, die jeweils noch weitere `Applications` beinhalten können.

Bei Flux ist das gleiche Vorgehen mit `Kustomizations` gängig, allerdings gibt es dafür keine eigene Bezeichnung.

Templating beim Linking und Grouping

Ein neueres Feature von GitOps-Operatoren ist die Verwendung von *Templating* beim *Linking* und *Grouping*. Dabei handelt es sich um dasselbe Prinzip wie bei *Preview Environments*. Bei Argo CD zum Beispiel gibt es neben dem PR-Generator noch weitere Generatoren für `ApplicationSets`.

Dadurch kann man beispielsweise Environments in Ordnern modellieren, und der Git-Generator[41] erzeugt dann für jeden Ordner eine `Application`. Auch Konfigurationsdateien kann dieser aus dem Config-Repo lesen. Abschnitt 6.7.1 zeigt ein Beispiel für umfangreiche Nutzung dieser Features. Eine weitere Option ist die Generierung auf Basis von Listen im `ApplicationSet`[42]. Damit stehen umfassende Möglichkeiten bereit, das Linking mit geringer Redundanz durchzuführen. Dies skaliert auch sehr gut, denn ob man mit diesen Generatoren eine oder einhundert `Applications` generiert, macht zumindest für die Config keinen großen Unterschied.

6.7 Beispiele für Config-Repos

Bis hierher beschreibt und kategorisiert dieses Kapitel recht theoretisch verschiedene GitOps-Patterns. Zum Abschluss illustrieren wir die beschriebenen Patterns an sechs echten Beispielen öffentlicher Config-Repos. Darunter sind jeweils zwei mit Fokus auf Argo CD oder Flux, eines, das für beide denkbar ist, und eines, das mit den anderen kombinierbar ist. Außerdem werden wir feststellen, dass die Unterschiede zwischen Argo CD und Flux im Design gering sind. Auch hier stellen wir wiederkehrende Themen fest, die teils unterschiedlich benannt und in Repo-Strukturen abgebildet werden.

[41] *https://github.com/argoproj/argo-cd/blob/v2.8.4/docs/operator-manual/applicationset/Generators-Git.md*

[42] *https://github.com/argoproj/argo-cd/blob/v2.8.4/docs/operator-manual/applicationset/Generators-List.md*

6.7.1 Beispiel 1: Argo CD Autopilot

- **Repo-Pattern:** *Monorepo*
- **Operator Pattern:** *Instance per Cluster* oder *Hub and Spoke*
- **Operator:** Argo CD
- **Bootstrapping:** `argocd-autopilot` CLI
- **Linking:** `Application`, `ApplicationSet`, Kustomize
- **Besonderheiten:**
  - automatische Erzeugung der Struktur und der YAML-Dateien via CLI
  - Argo CD selbst per GitOps verwalten
  - Lösung für clusterweite Ressourcen
- **Quelle:** argoproj-labs/argocd-autopilot[43]

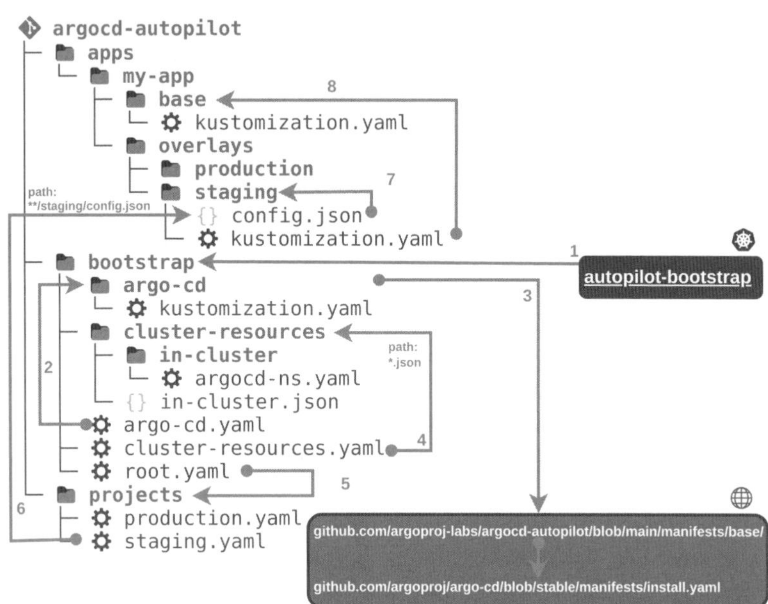

Abb. 6–15
Repo-Struktur bei argocd-autopilot

Argo CD Autopilot ist eine CLI, die die Installation und den Einstieg in Argo CD vereinfachen soll. Dazu bietet es die Möglichkeit, das Bootstrapping von Argo CD im Cluster sowie das Anlegen von Repo-Strukturen durchzuführen. Mehr Details zu Autopilot sowie zu den grundlegenden Bausteinen von Argo CD, nämlich `Application`, `ApplicationSet`, und `AppProject` gibt Kapitel 3 auf Seite 47.

[43] *https://github.com/argoproj-labs/argocd-autopilot/releases/tag/v0.4.10*

Bootstrapping

Das Bootstrapping von Argo CD erfolgt mit einem einzigen Befehl: `argocd-autopilot repo bootstrap`. Um mit der daraus resultierenden Struktur auch Anwendungen zu deployen, sind zudem ein `AppProject` (Befehl `project create`) und eine `Application` (Befehl `app create`) notwendig. Abb. 6–15 auf der vorherigen Seite zeigt die Repo-Struktur nach Ausführung von Listing 6–1.

Listing 6–1
Bootstrapping mittels Argo CD Autopilot

```
# Basic setup
argocd-autopilot repo bootstrap

# Add first app
argocd-autopilot project create staging
argocd-autopilot app create my-app -p staging --app ...

# Add additional stage with app
argocd-autopilot project create production
argocd-autopilot app create my-app -p production --app ...
```

Listing 6–2
in-cluster.json

```
{"name":"in-cluster",
  "server":"https://kubernetes.default.svc"}
```

Listing 6–3
staging.yaml

```
apiVersion: argoproj.io/v1alpha1
kind: ApplicationSet
metadata:
  name: staging
spec:
  generators:
  - git:
      files:
      - path: apps/**/staging/config.json
      repoURL: https://gitlab.com/gitops-book/
    ↪ argocd-autopilot-example.git
  template:
    metadata:
      name: staging-{{ userGivenName }}
      namespace: argocd
    spec:
      destination:
        namespace: '{{ destNamespace }}'
        server: '{{ destServer }}'
      project: staging
```

→

```
    source:
      path: '{{ srcPath }}'
      repoURL: '{{ srcRepoURL }}'
      targetRevision: '{{ srcTargetRevision }}'
```

Listing 6–4 *Von Autopilot generierte config.json für das Staging Environment*

```
{
  "appName": "my-app",
  "userGivenName": "my-app",
  "destNamespace": "default",
  "destServer": "https://kubernetes.default.svc",
  "srcPath": "apps/my-app/overlays/staging",
  "srcRepoURL": "https://gitlab.com/gitops-book/
    ↪ argocd-autopilot-example.git",
  "srcTargetRevision": "",
  "labels": null,
  "annotations": null
}
```

Die Struktur kannst du im Repo »gitops-book/argocd-autopilot-example«[44] interaktiv einsehen und ausprobieren.

Zusammenhänge der Repo-Struktur

Der folgende Abschnitt beschreibt die Zusammenhänge der Repo-Struktur anhand der Nummern in Abb. 6–15:

1. Die `Application` `autopilot-bootstrap` verwaltet den Ordner `bootstrap` und bindet damit alle anderen `Applications` in dieser Aufzählung ein. `autopilot-bootstrap` selbst steht nicht unter Versionsverwaltung. Stattdessen übermittelt die CLI sie einmalig imperativ während des Bootstrappings an den Cluster.
2. Die `Application` `argo-cd` verwaltet Argo CD selbst per GitOps.

Installation von Argo CD über stable-Branch

3. Dazu enthält sie eine `kustomization.yaml`, die weitere Ressourcen aus dem Internet einbezieht. Sie verweist direkt auf eine Kustomization im Repo von Autopilot[45], die wiederum alle zur Installation von Argo CD notwendigen Ressourcen aus dem Repo von Argo CD selbst[46] holt. Dabei verweist sie auf den Branch `stable` von Argo CD.

Clusterweite Ressourcen

4. Das `ApplicationSet` `cluster-resources` referenziert mittels Git-Generator für Dateien (siehe Abschnitt 6.6.2 auf Seite 168) alle JSON-Dateien unter dem Pfad `bootstrap/cluster-resources`.

[44] *https://gitlab.com/gitops-book/argocd-autopilot-example*

[45] *https://github.com/argoproj-labs/argocd-autopilot/blob/v0.4.17/manifests/base/kustomization.yaml*

[46] *https://raw.githubusercontent.com/argoproj/argo-cd/stable/manifests/install.yaml*

Damit kann man clusterweite Ressourcen verwalten, die von mehreren `Applications` genutzt werden, wie beispielsweise `Namespaces`.

- Zunächst gibt es nur die Datei `in-cluster.json` (siehe Listing 6–2), die Werte für die Variablen `name` und `server` enthält. Diese Variablen werden im Template des `ApplicationSets` eingesetzt, sodass eine `Application` entsteht, welche die Manifeste unterhalb von `bootstrap/cluster-resources/in-cluster/` referenziert.
- Dadurch entsteht der `Namespace argocd` in dem Cluster, in dem Argo CD deployt ist. Dies eignet sich für das *Instance per Cluster*-Pattern, ist aber erweiterbar auf weitere Cluster, um das *Hub and Spoke*-Pattern zu implementieren.

Mehrere Cluster

5. Die `Application root` ist dafür zuständig, alle `AppProjects` und `Applications` einzubinden, die im Ordner `projects/` liegen. Nach dem Ausführen des Befehls `bootstrap` ist dieser Ordner noch leer.
6. Jede Ausführung des Befehls `project create` führt zur Generierung einer Datei, die ein `AppProject` und ein zugehöriges `ApplicationSet` enthält. Listing 6–3 auf Seite 171 zeigt einen Ausschnitt aus dieser Datei. Diese sind für die Umsetzung mehrerer Environments gedacht.

   Mehrere Environments

   - Das `ApplicationSet` referenziert mittels Git-Generator für Dateien alle `config.json`-Dateien, die in Unterordnern des Ordners `apps` für das jeweilige Environment liegen, beispielsweise `apps/my-app/overlays/staging/config.json`.
   - Allerdings ist der Ordner `apps` initial leer, weshalb zunächst keine `Applications` generiert werden.
7. Der Befehl `app create` befüllt den Ordner `apps` mit der Struktur für eine `Application` in einem Environment. Dazu gehört die im letzten Punkt beschriebene `config.json`, mittels der das im Ordner `projects` liegende `ApplicationSet` eine `Application` erzeugt, die den Ordner selbst deployt, also beispielsweise `apps/my-app/overlays/staging` (siehe Listing 6–4 auf der vorherigen Seite). Die `config.json` enthält dabei die Werte, die das `ApplicationSet` in die `Application` einträgt, vergleiche dazu Listing 6–3 auf Seite 171.
   Der Zweck dieses Ordners ist die Ablage der Config, die spezifisch für ein Environment ist.
8. Zusätzlich erzeugt der Befehl `app` eine `kustomization.yaml`, die auf den Ordner `base` zeigt. Der Zweck dieses Ordners ist die Ablage der Config, die in allen Environments gleich ist. Diese Aufteilung vermeidet redundante Config.

Analog zu 6. bis 8. kann man weitere Environments und Anwendungen hinzufügen. Abb. 6–15 auf Seite 170 zeigt hier beispielhaft eine Anwendung `my-app` mit zwei Environments `staging` und `production`.

Autopilot in Produktion

Abschließend wollen wir betonen, dass wir einige Gründe sehen, die zur Vorsicht bei der Verwendung von Autopilot in der Produktion raten.

Das Projekt bezeichnet sich selbst nicht als stabil, es liegt noch in einer Version *0.x* vor. Es ist auch nicht Teil der offiziellen »argoproj«-Organisation bei GitHub, sondern liegt in der Organisation »argoproj-labs«. Die Commits kommen hauptsächlich von einem Unternehmen: Codefresh. Dadurch besteht ein höheres Risiko für das Auftreten von Breaking Changes oder sogar für das Einstellen des Projekts. Aufgrund dieser Punkte halten wir eine Verwendung von Autopilot in Produktion im aktuellen Status nicht für empfehlenswert.

Standardmäßig ist außerdem die Version von Argo CD nicht gepinnt. Stattdessen verweist die `kustomization.yaml` (3. in Abb. 6–15 auf Seite 170) schlussendlich auf den `stable`-Branch des Argo-CD-Repos. Wir empfehlen, per Kustomize eine deterministische Version zu referenzieren (siehe Abschnitt 1.3.2 auf Seite 18). Eine derart laxe Versionsangabe schreit nach Problemen:

- Upgrades von Argo CD könnten unbemerkt stattfinden.
- Wie sieht es bei Breaking Changes in Argo CD aus?
- Welche Version stellt man im Disaster-Recovery-Fall wieder her?

Außerdem ist die Repo-Struktur, die Autopilot erzeugt, kompliziert, also schwierig zu verstehen und zu warten. Das Ausmaß an Konzentration, das zum Verständnis von Abb. 6–15 auf Seite 170 und der zugehörigen Beschreibung nötig ist, spricht dabei schon eine deutliche Sprache. Dazu kommen weniger offensichtliche Themen:

- Warum befindet sich die Anwendung `autopilot-bootstrap` (1. in Abb. 6–15) nicht im Config-Repo, sondern nur im Cluster?
- Der Ansatz eines `ApplicationSet` innerhalb des `AppProjects` YAML, das auf eine `config.json` zeigt, ist schwer zu verstehen (4. und 6. in Abb. 6–15).
- Die oben beschriebene Mischung von YAML und JSON erschwert die Wartung. Das `ApplicationSet` `cluster-resources` ist zwar generell ein gut skalierbarer Ansatz für die Verwaltung mehrerer Cluster über das *Hub and Spoke*-Pattern. Doch auch hier muss man in JSON schreiben (4. in Abb. 6–15).

Mandantentrennung

Autopilot modelliert Environments über Argo CD Projects (6. und 7. in Abb. 6–15). Wie wäre bei dieser Monorepo-Struktur eine Trennung unterschiedlicher Applikationsteams, also eine Mandantentrennung, realisierbar? Eine Idee wäre die Verwendung mehrerer Argo-CD-Instanzen nach dem *Instance per Cluster* Pattern. Dabei müsste jedes Team seine Argo-CD-Instanz selbst verwalten.

Viele Organisationen lagern solche Aufgaben gerne an Plattformteams aus und implementieren ein *Repo per Team*-Pattern. Dies ist mit dem Autopilot nicht intuitiv.

Das nächste Beispiel zeigt hierfür eine Alternative auf.

6.7.2 Beispiel 2: GitOps Playground

- **Repo-Pattern:** *Repo per Team* gemischt mit *Repo per Application* (implementiert mittels *Config Replication*)
- **Operator Pattern:** *Instance per Cluster* (*Hub and Spoke* auch möglich)
- **Operator:** Argo CD (Flux auch möglich[47])
- **Bootstrapping:** `Helm`, `kubectl`
- **Linking:** `Application`
- **Besonderheiten:**
  - Argo CD selbst per GitOps verwalten
  - Lösung für clusterweite Ressourcen
  - Mandantentrennung: zentraler Operator für mehrere Teams, auf einem Cluster mit Namespace-Environments (auch mehrere Cluster möglich)
  - *Config Update* und *Config Replication* via CI-Server (*Rendered Manifest* mit Helm)
  - gemischte Repo-Patterns
  - *Environment per Application*-Pattern
- **Quelle:** cloudogu/gitops-playground[48]

Produktionsreife Repo-Struktur für Argo CD

Der GitOps Playground stellt ein OCI-Image bereit, das einen Kubernetes-Cluster mit allem provisionieren kann, was für den Betrieb mittels GitOps nötig ist, und veranschaulicht dies mittels Beispielapplikationen. Zu den installierten Tools gehören GitOps-Operator, SCM, CI-Server, Monitoring und Secrets Management. Der gesamte Stack lässt sich außerdem mittels eines einzigen Befehls auf einem lokalen Kubernetes-Cluster starten. Durch den Einsatz von k3d[49] wird dafür nur Docker benötigt.

[47] *https://github.com/cloudogu/gitops-playground/tree/8f2c969#deploy-gitops-operators*

[48] *https://github.com/cloudogu/gitops-playground/tree/fff37b3*

[49] *https://k3d.io/*

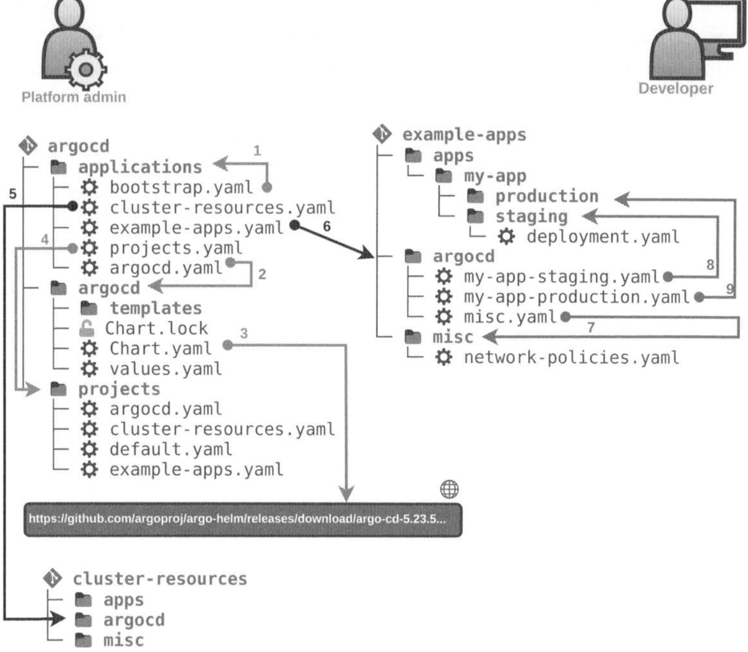

Abb. 6–16
Zusammenhang der Config-Repos im GitOps Playground (Argo CD)

Die Repo-Struktur des GitOps Playground ermöglicht einen Betrieb von Argo CD selbst per GitOps.

Abb. 6–16 zeigt, wie die Config-Repos verdrahtet sind.

Bootstrapping

Der GitOps Playground führt für das Bootstrapping von Argo CD bei der Installation einige Schritte einmalig imperativ durch. Dabei erstellt und initialisiert er drei Repos:

- `argocd` (Verwaltung und Konfiguration von Argo CD selbst)
- `example-apps` (Beispiel für das Config-Repo eines Applikationsteams)
- `cluster-resources` (Beispiel für das Config-Repo eines eines Plattform- oder Cluster-Admin-Teams)

Die Installation von Argo CD erfolgt beim Bootstrapping mittels des Helm-Charts von Argo CD.

Um das Bootstrapping abzuschließen, wendet der GitOps Playground außerdem zwei Ressourcen imperativ auf den Cluster an:

- ein `AppProject` namens `argocd` und
- eine `Application` namens `bootstrap`.

Diese sind ebenfalls im `argocd`-Repo enthalten.

Nach Abschluss des Bootstrappings können wir alles, auch Argo CD selbst, per GitOps verwalten.

```
apiVersion: v2
name: argocd
version: 1.0.0
description: Wraps the upstream argo-cd helm chart
dependencies:
  - name: argo-cd
    version: 5.23.5
    repository: https://argoproj.github.io/argo-helm
```

Listing 6–5
Chart.yaml des Umbrella Charts für Argo CD

```
dependencies:
- name: argo-cd
  repository: https://argoproj.github.io/argo-helm
  version: 5.23.5
digest: sha256:64chars
generated: "2023-05-35T13:00:00.444549403+02:00"
```

Listing 6–6
Chart.lock des Umbrella Charts für Argo CD

Zusammenhänge der Repo-Struktur

Der folgende Abschnitt beschreibt die Zusammenhänge der Repo-Struktur anhand der Nummern in Abb. 6–16:

1. Die `Application` `bootstrap` verwaltet den Ordner `applications`, und damit sich selbst (`bootstrap.yaml`).
   Dadurch kann man Änderungen an `bootstrap` per GitOps vornehmen. `bootstrap` enthält außerdem noch andere Anwendungen (*App-of-Apps*-Pattern).
2. Die `Application` `argocd` verwaltet den Ordner `argocd`, der die Ressourcen von Argo CD als *Umbrella Chart* enthält.
   Dabei enthält die `values.yaml` die eigentliche Config der Argo-CD-Instanz. Zusätzliche Ressourcen (beispielsweise `Secrets` und `Ingresses`) kann man über den Ordner `template` deployen. Das eigentliche Helm-Chart deklariert man in der `Chart.yaml` (siehe Listing 6–5).
3. Die `Chart.yaml` enthält das Helm-Chart von Argo CD als Dependency. Die Datei verweist auf eine deterministische Version des Charts, die aus dem Chart-Repo im Internet bezogen wird. Die Version ist gepinnt und per Digest abgesichert durch die `Chart.lock`, siehe Listing 6–6.
   Argo CD kann man per GitOps updaten, indem man `helm dep update .` ausführt und das Ergebnis ins Git pusht.

Installation von Argo CD

4. Die `Application` `projects` verwaltet den Ordner `projects`, der wiederum die folgenden `AppProjects` enthält:
   a. `argocd`, das beim Bootstrapping zum Einsatz kommt
   b. das in Argo CD fest verbaute `default`, dessen Rechte gegenüber dem Standardverhalten beschränkt sind, um die Angriffsfläche zu reduzieren (siehe »Argo CD End User Threat Model«[50])
   c. ein `AppProject` pro Team (zur Implementierung von Least Privilege und Notifications pro Team):
      i. `cluster-resources` (für Plattform-Admins, benötigt mehr Rechte auf dem Cluster)
      ii. `example-apps` (für Entwickelnde, benötigt weniger Rechte auf dem Cluster)

Clusterweite Ressourcen

5. Die `Application` `cluster-resources` verweist auf das Repo `cluster-resources` und darin auf den Ordner `argocd`. Dieses Repo hat die typische Ordnerstruktur eines Config-Repos (mehr Details siehe nächster Schritt).
   Auf diese Weise nutzen Plattform-Admins GitOps auf die gleiche Weise wie ihre »Kunden« (die Entwickelnden) und können so besseren Support leisten (*dogfooding*).

Typische Ordnerstruktur eines Config-Repos

6. Die `Application` `example-apps` verweist auf das Repo `example-apps` und darin auf den Ordner `argocd`. Wie die `cluster-resources` hat es auch die typische Ordnerstruktur eines Config-Repos:
   - `apps` – enthält die Kubernetes-Ressourcen aller Anwendungen (das eigentliche YAML)
   - `argocd` – enthält Argo CD `Applications`, die auf Unterordner von `apps` verweisen (*App of Apps*-Pattern)
   - `misc` – enthält Kubernetes-Ressourcen, die nicht zu bestimmten Anwendungen gehören (beispielsweise `Namespaces` und RBAC)
7. Die `Application` `misc` zeigt auf den Ordner `misc`.

Mehrere Environments

8. Die `Application` `my-app-staging` verweist auf den Ordner `apps/my-app/staging` innerhalb desselben Repos. Dies bietet eine Ordnerstruktur für die Promotion, also für mehrere Environments.
   - Die `Applications` mit dem Präfix `my-app-` implementieren das *Environment per Application*-Pattern. Dieses ermöglicht es jeder Anwendung, individuelle Environments zu verwenden,

[50] *https://github.com/argoproj/argoproj/blob/b879794/docs/end_user_threat_model.pdf*

beispielsweise `production` und `staging` oder gar keine. Das eigentliche YAML kann man entweder manuell oder automatisiert, wie in Abschnitt 6.5.5 auf Seite 163 beschrieben, pushen.

- Der GitOps Playground enthält Beispiele, die das *Config Update* per CI-Server auf Basis eines App-Repos realisieren. Dieses Vorgehen ist ein Beispiel für die Mischung der *Repo per Team*- und *Repo per Application*-Patterns.

Gemischte Repo-Patterns

9. Die `Application` `my-app-production` realisiert die zugehörige Produktionsumgebung, indem sie auf den Ordner `apps/my-app/production` innerhalb desselben Repos verweist.
   Generell raten wir zur Vorsicht bei direkten Änderungen am `production`-Ordner und diesen zu schützen, entweder durch Prozesse wie Reviews und PRs oder Einstellungen im SCM, wie Abschnitt 6.5.1 auf Seite 151 beschreibt.

Alternativen zur Erstellung der `Applications` pro Environment

Anstelle der in Abb. 6–16 auf Seite 176 gezeigten einzelnen YAML-Dateien pro `Application` (`my-app-staging` und `my-app-production`) sind folgende Ansätze denkbar:

- zwei `Applications` in derselben YAML
- zwei `Applications` mit dem gleichen Namen in verschiedenen Kubernetes `Namespaces`.
  Voraussetzung dafür ist, dass diese `Namespaces` in Argo CD konfiguriert sind[51].
- ein `ApplicationSet`, das den Git-Generator für Ordner (siehe Abschnitt 6.6.2 auf Seite 168) verwendet

Von oben nach unten sinkt die Redundanz und dafür steigt das Wissen, das nötig ist, um die Lösung zu verstehen. Das Treffen dieses Kompromisses ist unserer Erfahrung nach eine sehr individuelle Entscheidung.

Mehrere Cluster

Der GitOps Playground selbst verwendet standardmäßig einen einzelnen Kubernetes-Cluster und implementiert damit das *Instance per Cluster*-Pattern. Die gezeigte Repo-Struktur ist jedoch auch für mehrere Cluster nach dem *Hub and Spoke*-Pattern verwendbar: Zusätzliche Cluster kann man entweder in der `values.yaml` oder als `Secrets` mittels des `templates`-Ordners definieren.

Alternativen zum Umbrella Chart

Wie Abschnitt 6.5.4 auf Seite 160 beschreibt, hat das *Umbrella Chart*-Pattern den Nachteil, dass man keinen Zugriff auf die in Argo CD definierten `Secrets` hat. Wer in Umgebungen mit Anspruch an

[51] *https://github.com/argoproj/argo-cd/blob/v2.8.4/docs/operator-manual/argocd-cmd-params-cm.yaml#L27*

hohe Sicherheit arbeitet, kann dadurch Probleme bekommen, weil man dem *Umbrella Chart*-Pattern keine Credentials mitgeben kann. Alternativen sind Multi-Source `Applications` (sobald sie in Argo CD stabil sind) oder die Verwendung des Argo CD Operators, den wir aus Abschnitt 4.2 auf Seite 71 kennen. Dieser ist zwar auch noch nicht stabil, allerdings über den OperatorHub gut integriert in beispielsweise OpenShift.

6.7.3 Beispiel 3: Flux Monorepo

- **Repo-Pattern:** *Monorepo*
- **Operator Pattern:** *Instance per Cluster*
- **Operator:** Flux (wäre ähnlich mit Argo CD umsetzbar)
- **Bootstrapping:** `flux` CLI
- **Linking:** `Kustomization`, Kustomize
- **Besonderheiten:**
  - Flux selbst per GitOps verwalten
  - Lösung für clusterweite Ressourcen
- **Quelle:** fluxcd/flux2-kustomize-helm-example[52]

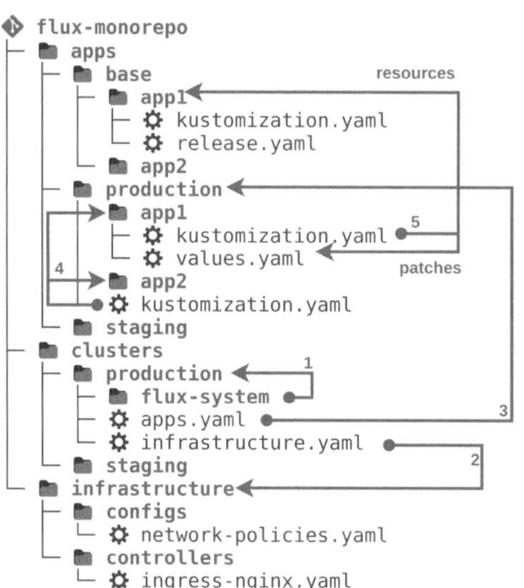

Abb. 6–17
Repo-Struktur von flux2-kustomize-helm-example (erweitert)

Nach diesen nicht trivialen Beispielen im Kontext von Argo CD beginnt unser praktischer Einblick in die Welt von Flux mit einer positiven Überraschung: Es sind keine Vorüberlegungen oder externe Tools

[52] *https://github.com/fluxcd/flux2-kustomize-helm-example/tree/d54e2501*

zur Installation notwendig. Das `flux` CLI bringt den Befehl `bootstrap` mit, der das Bootstrapping von Flux im Cluster sowie das Anlegen von Repo-Strukturen durchführt. Zusätzlich bietet Flux offizielle Beispiele, die verschiedene Patterns implementieren und als grobe Vorlage für eigene Repo-Strukturen dienen können. Wir beginnen mit dem *Monorepo*.

Zusammenhänge der Repo-Struktur

Der folgende Abschnitt beschreibt die Zusammenhänge der Repo-Struktur anhand der Nummern in Abb. 6–17:

Bootstrapping

1. Im Ordner `clusters/production/flux-system` generiert der Befehl `flux bootstrap` alle zur Installation von Flux notwendigen Ressourcen sowie ein `GitRepository` und eine `Kustomization`. Zum Bootstrapping wendet `flux` diese einmalig imperativ auf den Cluster an. Die `Kustomization` referenziert dann ihren eigenen Überordner `production`. Ab hier wird alles über GitOps verwaltet.

Clusterweite Ressourcen

2. Die `flux-system` Kustomization deployt zudem eine weitere `Kustomization infrastructure`, die auf den gleichnamigen Ordner zeigt. Mittels dieser kann man clusterweite Ressourcen wie Ingress-Controller und Network Policies deployen.

Verschiedene Environments

3. Außerdem deployt `flux-system` die `Kustomization apps`. Diese zeigt auf den Unterordner des jeweiligen Environments unter `apps`, beispielsweise `apps/production`.
4. Im Ordner `apps/production` liegt eine `kustomization.yaml`, welche die Ordner aller Anwendungen einbindet.
5. Im Ordner jeder Anwendung liegt eine weitere `kustomization.yaml`, welche die Ressourcen für jede Anwendung in einem Environment zusammenstellt: Als Grundlage dient, typisch für Kustomize, ein Unterordner von `base` (beispielsweise `apps/base/app1`). Dieser enthält Config, die in allen Environments gleich ist.
   Dazu kommt Config, die spezifisch für jedes Environment ist. Diese wird mittels Patches aus dem jeweiligen Ordner des Environments (beispielsweise `apps/production/app1`) über die `base` gelegt.

Mehrere Cluster

Analog zum Ordner `apps` gibt es im Ordner `clusters` ebenfalls je einen Ordner pro Environment. Flux implementiert also das *Instance per Cluster*-Pattern: eine Flux-Instanz pro Environment auf einem eigenen Cluster. Die Strukturen, die oben am Beispiel von `production` beschrieben sind, existieren analog noch einmal für `staging`, was in der Abbildung nur angedeutet ist. Für diese führt man gegen den `staging`-Cluster erneut den Befehl `bootstrap` aus. Nach diesem Muster ist dies für zusätzliche Environments erweiterbar.

Verwaltung mehrerer Anwendungen

Das öffentliche Beispiel selbst zeigt nur die Verwaltung einer einzelnen Anwendung, und es ist nicht offensichtlich, wie man weitere hinzufügt. Unsere Erfahrung aus der Praxis ist, dass eine Flux-Instanz meist mehrere Anwendungen verwaltet. Daher zeigt Abb. 6–17 eine um die Erkenntnisse aus einem Issue[53] erweiterte Variante, die mehrere Anwendungen unterstützt. Diese Struktur kannst du im Repo »gitops-book/flux2-kustomize-helm-example« bei GitLab[54] einsehen und ausprobieren.

Herausforderungen

Der Nachteil dieser Struktur ist, dass eine einzige Kustomization pro Environment alle Anwendungen unter `apps` deployt. Hier wird also das *Grouping* nicht pro Anwendung durchgeführt. Beispielsweise zeigt eine grafische Oberfläche wie Weave GitOps dann alle in der Kustomization enthaltenen Ressourcen als eine »App« auf der Oberfläche an (siehe Abb. 6–18). Dies wird schnell unübersichtlich. Analog zur Verwendung von `Applications` bei Argo CD (siehe vorherige Beispiele) ist es auch bei Flux denkbar, eine `Kustomization` pro Anwendung anzulegen statt einer einzigen `Kustomization` in der Datei `apps.yaml`. Dies bedarf zwar mehr Wartung, sorgt aber für übersichtlichere Strukturen.

Verwendung mit Argo CD

Die beschriebene Repo-Struktur würde mit wenigen Änderungen auch für Argo CD funktionieren. Statt der `Kustomizations` würde man `Applications` zum *Linking* einsetzen. Beide Tools können mit den `kustomization.yaml`s umgehen.

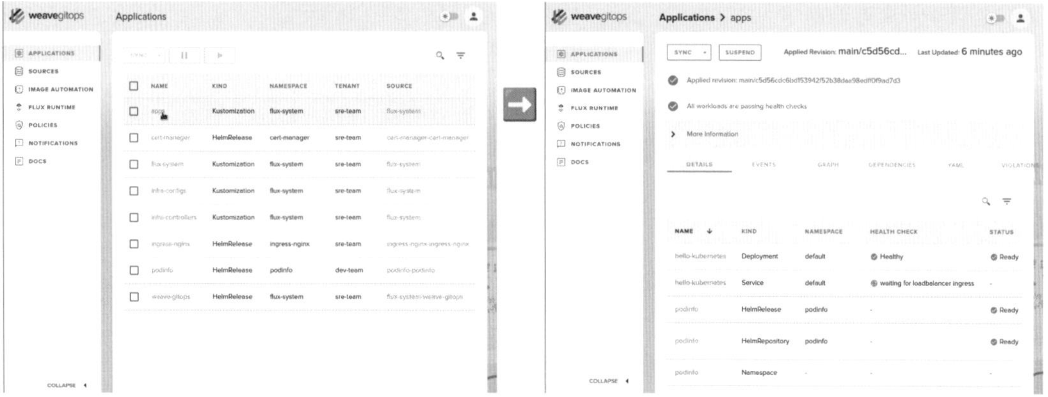

Abb. 6–18
Mehrere Anwendungen in einer Kustomization (Screenshot Weave GitOps)

[53] *https://github.com/fluxcd/flux2-kustomize-helm-example/issues/16*
[54] *https://gitlab.com/gitops-book/flux2-kustomize-helm-example*

6.7.4 Beispiel 4: Flux Repo per Team

- **Repo-Pattern:** *Repo per Team*
- **Operator Pattern:** *Instance per Cluster*
- **Operator:** Flux (wäre ähnlich mit Argo CD umsetzbar)
- **Bootstrapping:** `flux` CLI
- **Linking:** `Kustomization`, Kustomize
- **Besonderheiten:**
  - wie Beispiel 3
  - Mandantentrennung: Ein Operator pro Cluster-Environment verwaltet jeweils mehrere Teams.
- **Quelle:** fluxcd/flux2-multi-tenancy[55]

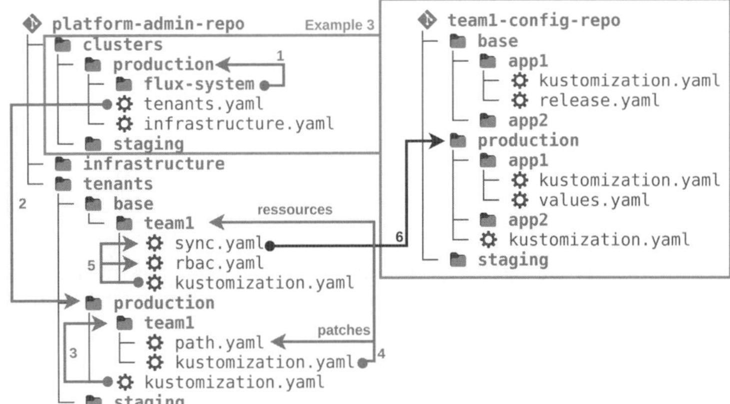

Abb. 6–19 *Zusammenhang der Config-Repos bei flux2-multi-tenancy*

Wem für seine Organisation ein *Repo per Team* sinnvoller erscheint, findet im Flux-Projekt auch dafür ein offizielles Beispiel. Flux verwendet dafür den Begriff *Multi-Tenancy*. Statt des allgemeineren Begriffs *Tenant* (engl. Mandant) verwenden wir den zum Pattern passenden Begriff *Team*.

Mehrere Cluster, clusterweite Ressourcen

Einige Punkte sind bereits aus dem vorherigen Beispiel bekannt:

- das Bootstrapping mittels des Ordners `clusters`, über den sich mehrere Cluster verwalten lassen, sowie
- die clusterweiten Ressourcen im Ordner `infrastructure`.

Zusammenhänge der Repo-Struktur

Der folgende Abschnitt beschreibt die Zusammenhänge der Repo-Struktur anhand der Nummern in Abb. 6–19:

[55] *https://github.com/fluxcd/flux2-multi-tenancy/tree/46034dbb*

Bootstrapping

1. Wie in Abschnitt 6.7.3 auf Seite 180 beschrieben befinden sich im Ordner `clusters/production/flux-system` die von der CLI generierten Ressourcen zum Bootstrapping von Flux. Zusätzlich ist in der `kustomization.yaml` in diesem Ordner die Mandantentrennung (»Multi-Tenancy Lockdown«) realisiert, die Abschnitt 4.11 auf Seite 88 genauer beschreibt.
2. Die `Kustomization flux-system` deployt eine `Kustomization tenants`, die auf den Ordner `tenants/production` zeigt.
3. In diesem Ordner liegt eine `kustomization.yaml`, welche die Ordner aller Teams in einem Environment einbindet, beispielsweise `tenants/production/team1`.
4. Im Ordner jedes Teams liegt eine weitere `kustomization.yaml`, welche die Ressourcen für jedes Team in einem Environment zusammenstellt.
   Als Grundlage dient, typisch für Kustomize, ein Unterordner von `base` (beispielsweise `tenants/base/team1`). Dieser enthält Config, die in allen Environments gleich ist.
   Dazu kommt Config, die spezifisch für jedes Environment ist. Diese wird mittels Patches aus dem jeweiligen Ordner des Environments (beispielsweise `tenants/production/team1`) über die `base` gelegt.
5. Konkret können sich im Ordner `tenants/base/team1` mehrere Dateien befinden, die eine weitere `kustomization.yaml` zusammenfügt. Die Aufteilung in mehrere Dateien erleichtert die Übersicht und die Promotion. Dazu mehr in Abschnitt 6.7.6 auf Seite 187.
   Die Datei `rbac.yaml` enthält `Namespace`, `ServiceAccount` und `RoleBinding`, die spezifisch für das Team sind und sich mit dem Befehl `flux create tenant` erstellen lassen, den wir in Abschnitt 4.11 auf Seite 88 näher beschreiben.
6. Das Team-Repo wird dabei über die Datei `sync.yaml` eingebunden, in der sich ein `GitRepository` und eine weitere `Kustomization` befinden. Letztere verwendet wegen des Multi-Tenancy Lockdown einen teamspezifischen `ServiceAccount`, der die Rechte des Teams auf seine eigenen `Namespaces` einschränkt.

Verschiedene Environments

Spezifisch für jedes Environment ist dann nur noch der Pfad im Team-Repo, der mittels eines Patches aus dem jeweiligen Ordner des Environments darübergelegt wird, beispielsweise `tenants/production/team1/path.yaml`. In unserem Beispiel ist dieser Pfad `production`, analoge Strukturen lassen sich auch für weitere Environments aufbauen.

Team-Repo mit mehreren Anwendungen

Der Aufbau des Team-Repos entspricht dann genau dem des Ordners `app` aus Abschnitt 6.7.3 auf Seite 180. Auch hier haben wir dieses so angepasst, dass es mehrere Anwendungen unterstützt. Diese Struktur kannst du im Repo »gitops-book/flux2-multi-tenancy« bei GitLab[56] einsehen und ausprobieren.

Herausforderungen

Daher gilt auch hier der Nachteil, dass eine einzige Kustomization pro Environment alle Anwendungen im Team-Repo deployt und dies unübersichtlich wird. Auch hier könnten wir dies mit einer `Kustomization` pro Anwendung umgehen (siehe Abschnitt 6.7.3 auf Seite 180). Und auch in diesem Repo zeigen Diskussionen in den Issues[57], dass die Flux-Beispiele eher Inspiration als direkt Vorlage für die Praxis sind.

Außerdem kann man an dieser Stelle darüber streiten, ob es sinnvoller ist, eine Flux-Instanz pro Environment oder pro Team zu betreiben. Beides möchte man eigentlich voneinander trennen. Der am stärksten isolierte Ansatz wäre eine Flux-Instanz pro Team und pro Environment. Ob man sich diesen hohen Wartungsaufwand leisten will, hängt vom jeweiligen Einsatzszenario ab.

6.7.5 Beispiel 5: The Path to GitOps

- **Repo-Pattern:** *Monorepo*
- **Operator Pattern:** *Instance per Cluster*
- **Operator:** Argo CD (oder Flux)
- **Bootstrapping:** `kubectl`
- **Linking:** `Application`, `ApplicationSet`, Kustomize
- **Besonderheiten:**
  - Lösung für clusterweite Ressourcen
  - *Environment per Application*-Pattern
  - Beispiele für Argo CD *und* Flux
- **Quelle:** christianh814/example-kubernetes-go-repo[58]

In seinem Buch »The Path to GitOps« widmet Christian Hernandez, der sich seit Jahren bei Akuity, RedHat und Codefresh mit dem Thema GitOps auseinandersetzt, dem Thema Repo- und Ordnerstrukturen ein Kapitel. Abb. 6–20 zeigt sein Beispiel für ein Monorepo.

Dieses findest du bei GitHub, und zwar sowohl für Argo CD (das wir hier beschreiben) als auch für Flux[59].

Unterschiedliche Bezeichnungen

Die Bezeichnungen der Ordner unterscheiden sich teilweise zwischen Buch und Repo bei GitHub. Dies passt zu einem Tipp aus dem

[56] *https://gitlab.com/gitops-book/flux2-multi-tenancy*

[57] *https://github.com/fluxcd/flux2-multi-tenancy/issues/89*

[58] *https://github.com/christianh814/example-kubernetes-go-repo/tree/c518107*

[59] *https://github.com/christianh814/example-kubernetes-goflux-repo/tree/f938a7c*

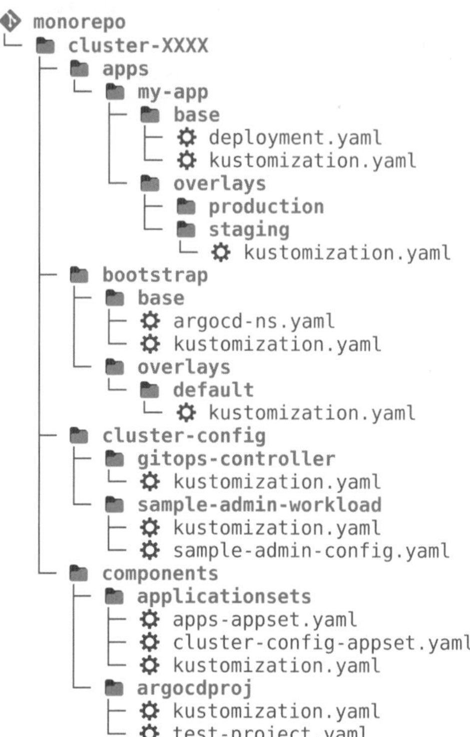

Abb. 6–20 *Die Repo-Struktur bei example-kubernetes-go-repo*

Buch, dass die Namen der Repos nicht wichtig sind, sondern die Konzepte, die diese repräsentieren.

In diesem Beispiel findet sich viel wieder, was bereits aus den vorherigen Beispielen bekannt ist:

Verschiedene Environments

- Es gibt einen Ordner `apps`, in dem die Ressourcen der Anwendungen liegen. Darin werden Environments per `kustomization.yaml` realisiert. Im Repo bei GitHub heißt dieser Ordner `tenants`, ist also wie in Abschnitt 6.7.4 auf Seite 183 auf Teams bezogen.

Clusterweite Ressourcen

- Für clusterweite Ressourcen gibt es einen Ordner `cluster-config`, der im Repo bei GitHub `core` heißt.
- Im Ordner `bootstrap` ist das Bootstrapping des Operators realisiert. Ähnlich wie bei Autopilot in Abschnitt 6.7.1 auf Seite 170 findet dies mittels Kustomize direkt aus dem öffentlichen Argo-CD-Repo übers Internet statt.

Um Wiederholungen zu den vorherigen Beispielen zu vermeiden, beschreibt dieses Kapitel Zusammenhänge der Repo-Struktur nicht im Detail. Interessant sind jedoch die folgenden Punkte:

- Dieses Repo teilt die Config des Operators in zwei Ordner auf: den bereits bekannten Ordner `bootstrap` und einen Ordner `components`.
- Zudem befindet sich die gesamte Struktur in einem Ordner `cluster-XXXX`, was vermuten lässt, dass sich die gesamte Struktur inklusive Argo CD auf einen Cluster bezieht. Dieses Beispiel implementiert also das *Instance per Cluster*-Pattern.

Mehrere Cluster

- Für die Promotion implementiert es ein *Environment per Application*-Pattern mittels Kustomize, siehe Ordner `apps` in Abb. 6–20. Dies wird im Buch beschrieben, ist allerdings nicht im GitHub-Repo umgesetzt.

Beispiel für Flux

Wie erwähnt gibt es die gleiche Repo-Struktur auch für Flux. Es ist generell interessant, dass die gleiche Struktur mit kleineren Änderungen sowohl für Argo CD als auch für Flux verwendbar ist. Bei Flux empfehlen wir allerdings, die Struktur zu verwenden, die der Befehl `flux bootstrap` erzeugt. Da dieser in Flux implementiert ist, kann man sie als Good Practice für Flux ansehen. Er erleichtert das Verständnis und die Wartung, beispielsweise bei Updates von Flux.

6.7.6 Beispiel 6: Environment-Varianten

- **Operator:** Argo CD (prinzipiell auch Flux)
- **Linking:** Kustomize
- **Besonderheiten:**
  - verschiedene Varianten der Environments einer App
  - Promotion durch Kopieren einzelner Dateien
- **Quelle:** kostis-codefresh/gitops-environment-promotion[60]

Viele Environments

Kompatibilität mit Flux

Dieses letzte Beispiel unterscheidet sich von den bisherigen dahingehend, dass es nicht die Struktur eines ganzen Repos beschreibt, sondern nur die einer einzelnen Anwendung. Es ist daher mit den anderen Beispielen kombinierbar. Dieses Beispiel fokussiert sich auf die Umsetzung einer großen Anzahl von Environments. Es zeigt, wie man verschiedene Environments (`integration`, `load`, `prod`, `qa` und `staging`) in unterschiedlichen Regionen (`asia`, `eu`, `us`) ausrollen kann, ohne dass viel redundante Config entsteht. Insgesamt entstehen so elf Environments. In jedem Environment soll zudem zwischen `prod` und `non-prod` unterschieden werden. Dabei zeigt sich, dass Kustomize zur Umsetzung einer so umfangreichen Struktur ohne Redundanzen gut geeignet ist. Obwohl das Beispiel aus dem Umfeld von Argo CD kommt, kann man es ohne

[60] *https://github.com/kostis-codefresh/gitops-environment-promotion/tree/c99a92c*

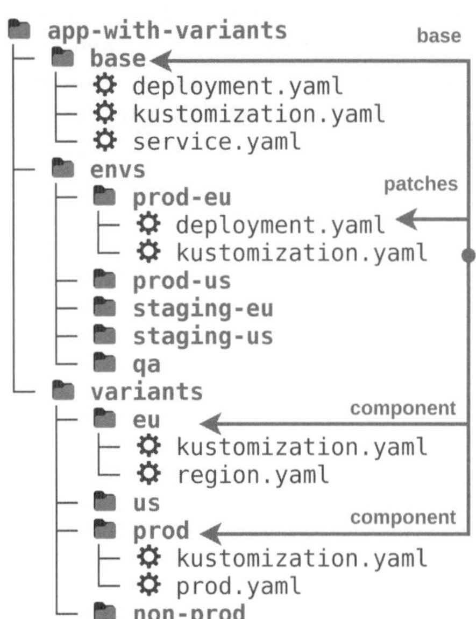

Abb. 6–21 *Die Ordnerstruktur bei gitops-Environment-promotion*

Änderungen auch mit Flux einsetzen, da es das *Linking* ausschließlich per `kustomization.yaml` realisiert.

Abb. 6–21 zeigt die Struktur vereinfacht auf fünf Environments. Ausgangspunkt sind die Unterordner eines Environments im Ordner `envs`, beispielsweise `envs/prod-eu`. Diese Unterordner würden, wie in anderen Beispielen gezeigt, per Argo CD `Application` oder Flux `Kustomization` eingebunden. In jedem Unterordner liegt eine `kustomization.yaml`, die als Grundlage den Ordner `base` verwendet, der in allen Environments identische Config enthält. Die Config der Varianten liegt in Unterordnern von `variants`, beispielsweise `eu` und `prod`. Dazu kommt die für jedes Environment spezifische Config mittels Patches aus dem jeweiligen Unterordner von `env`, beispielsweise `envs/prod-eu`.

Umsetzung mit Helm

Grundsätzlich kann man dieses Beispiel auch per Helm umsetzen, dies wäre aber umständlicher und es würde die Verwendung von speziellen CRDs wie Argo CD `Application` oder Flux `HelmRelease` statt universeller `kustomization.yaml` erfordern.

Einfache Promotion

Dieses Beispiel liefert zudem eine Idee zur Vereinfachung der Promotion: In jedem Ordner befinden sich viele YAML-Dateien, eine Datei pro Property. Der Vorteil ist, dass die Promotion dann durch simples Kopieren einer Datei durchführbar ist. Es ist nicht notwendig, Text auszuschneiden und einzufügen, was den Prozess vereinfach und das Risiko von Fehlern verringert. Außerdem sind die Diffs einfacher zu lesen.

6.8 Mandantentrennung

Aus den vorherigen Abschnitten und Kapiteln haben wir viel Rüstzeug gesammelt, um umfassender auf das Thema Mandantentrennung einzugehen.

Typischerweise trennen wir Teams, Environments oder beides voneinander.

Zur Umsetzung stehen uns folgende technische Möglichkeiten zur Verfügung:

- Instanzen der GitOps-Operatoren und deren CRDs (beispielsweise `AppProject`),
- Repo-Strukturen und SCM-Instanzen sowie
- Kubernetes-Cluster und Namespaces.

Im Folgenden betrachten diese im Einzelnen, bevor wir uns konkret der Frage widmen, wie wir damit Teams und/oder Environments trennen.

Anforderungen abhängig von der eigenen Organisation

Wie so oft ist zu Beginn ein Blick auf die Anforderungen sinnvoll. Was unter Mandanten verstanden wird und wie stark die Trennung ausgeprägt ist, hängt von den Rahmenbedingungen der jeweiligen Organisation ab. Hier können beispielsweise die Teamtopologie, Organisationsstruktur (Plattformteam mit Applikationsteams, oder technisch autonome Teams, die alles selbst betreiben) und Betriebsmodell des GitOps-Operators (SaaS/PaaS oder eigener Betrieb) und externe Faktoren wie Regulierung und Standardisierung und nicht zuletzt persönliche Präferenzen, Erfahrungen und Meinungen unterschiedlich sein.

6.8.1 Rolle der GitOps-Operatoren

Die Rahmenbedingungen einer Organisation nehmen direkt Einfluss auf die Entscheidung zur Anzahl von Instanzen der GitOps-Operatoren: Soll jedem Mandant eine dedizierte Instanz zur Verfügung stehen oder ist es denkbar, dass mehrere Mandanten sich eine Instanz teilen? Diese Mandantentrennung innerhalb einer Instanz muss natürlich der GitOps-Operator unterstützen. Aus Abschnitt 4.11 auf Seite 88 wissen wir, dass dies für Argo CD und Flux zutrifft.

Geteilte Instanzen bieten dabei immer weniger Isolation, also auch weniger Sicherheit als dedizierte Instanzen. So empfiehlt beispielsweise Argo CD trotz der umfassenden Optionen zur Mandantentrennung, beim Umgang mit weniger vertrauenswürdigen Aktoren Mandanten durch separate Instanzen zu trennen[61]. Dieser Meinung schließen wir

[61] *https://blog.argoproj.io/best-practices-for-multi-tenancy-in-argo-cd-273e25a047b0*

uns an. Aus unserer Erfahrung ist eine saubere Mandantentrennung innerhalb einer Argo-CD-Instanz nicht trivial. Abschnitt 6.7.2 auf Seite 175 beschreibt beispielsweise die Gefahr durch das `default`-Projekt, und Abschnitt 4.11 auf Seite 88 zeigt auf, dass ohne »Applications in any namespace«, entweder Self-Service oder Mandantentrennung eingeschränkt ist.

Dedizierte Instanz pro Mandant

Eine dedizierte Instanz pro Mandant, die allein in einem eigenen Cluster läuft, ist also die stärkste Form der Isolation. Die Kehrseite der Medaille ist erhöhter Betriebs- und Ressourcenaufwand.

Mehrere Instanzen im selben Cluster

Um den Aufwand zu reduzieren, haben wir die Möglichkeit, mehrere Instanzen innerhalb eines Clusters, getrennt durch `Namespaces`, zu betreiben, also das *Instance per Namespace*-Pattern zu implementieren (siehe Abschnitt 6.3 auf Seite 137). In Abschnitt 4.11 auf Seite 88 erfahren wir, dass dies zumindest bei Argo CD möglich ist. Allerdings ist die Isolation durch Kubernetes-`Namespaces` schwächer als die Trennung in eigene Cluster. Dazu kommt die Tatsache, dass die CRDs Cluster-Ressourcen sind, also clusterweit gelten. Dies zwingt uns dazu, im Betrieb darauf zu achten, dass die im selben Cluster laufenden Instanzen alle kompatibel zu den CRDs sind.

Unserer Erfahrung nach wird dieses Vorgehen selten angewandt. In On-Premises-Umgebungen kann es ein pragmatischer Kompromiss sein zwischen dort oft höheren Kosten für den Betrieb von Kubernetes-Clustern (im Vergleich zur Public Cloud). Ob es höhere Isolation bietet als die Trennung von Mandanten innerhalb einer Operator-Instanz, kann man nicht pauschal beantworten.

Geteilte Instanz

Bei der Trennung von Mandanten innerhalb einer Instanz eines GitOps-Operators ist die Konfiguration besonders kritisch. Unterlaufen einem hier Fehler, kann das eine Aufweichung der Trennung zur Folge haben. Diese Konfiguration erfolgt typischerweise durch die RBAC-Methoden des jeweiligen Operators. Abschnitt 4.11 auf Seite 88 zeigt uns, dass bei Argo CD eine Kombination seiner RBAC-Notation und der CRD `AppProject` zum Einsatz kommt, bei Flux das native RBAC von Kubernetes.

6.8.2 Rolle der Repo-Struktur

Neben der Anzahl der Operatoren ist die Repo-Struktur entscheidend für die Mandantentrennung. Wie Abschnitt 6.5.1 auf Seite 155 ausführt, können wir Environment mittels *Branch per Environment*, *Folder per Environment* und *Repo per Environment* trennen. Dabei nehmen Isolation und Aufwand in der Reihenfolge der Nennung zu. Auch bei den Repo-Strukturen spielen Rahmenbedingungen wie die

Teamtopologie wieder eine Rolle, hier kommen Patterns wie *Monorepo* und *Repo per Team* zum Einsatz.

Ein technisch autonomes Team, das alles, inklusive GitOps-Operator selbst betreibt, kann die Komplexität mit einem *Monorepo* geringer halten. Dazu passende Beispiele für Repo-Strukturen besprechen wir in Abschnitt 6.7.1 auf Seite 170 (Argo CD), Abschnitt 6.7.3 auf Seite 180 (Flux) und Abschnitt 6.7.5 auf Seite 185 (Argo CD und Flux).

Repo-Strukturen für technisch autonome Teams

Für Plattformteams macht es unserer Erfahrung nach Sinn, mit getrennten Repos, in diesem Fall *Repo per Team* zu arbeiten. Es erhöht durch Umsetzung von Least Privilege die Sicherheit. Außerdem reduziert es die Mental Load der Applikationsteams, weil sie nur das sehen, was sie betrifft. Dazu passende Beispiele für Repo-Strukturen besprechen wir in Abschnitt 6.7.2 auf Seite 175 (Argo CD) und Abschnitt 6.7.4 auf Seite 183 (Flux). In diesen Beispielen zeigt sich auch die Aufteilung der Zuständigkeiten: Das Plattformteam verwaltet den GitOps-Prozess und die Kubernetes-Cluster. Dazu gehören:

Repo-Strukturen für Platform Teams

- Authentifizierung und Autorisierung per RBAC,
- Network Policies,
- Security Policies (beispielsweise mittels Kyverno oder Gatekeeper aus dem Projekt Open Policy Agent) und
- clusterweite Ressourcen wie Monitoring-Tools und die GitOps-Operatoren.

Die Applikationsteams sind Anwender dieser Dienste.

Gerade wenn das Plattformteam eine große Anzahl an Clustern verwaltet, zeigt sich einer der Vorteile von GitOps: Durch die Möglichkeiten des Templating, beispielsweise durch *ApplicationSets*, hält sich der Aufwand auch bei einer großen Anzahl an Clustern in Grenzen. Für clusterweite Ressourcen kann man mittels Cluster-Generator[62] eine `Application` pro Cluster auf Basis einer zentralen Config erzeugen. Wird die Config angepasst (beispielsweise eine neue Version gesetzt), werden automatisch alle Instanzen aktualisiert.

Anwendungen in mehrere Cluster deployen mittels Templating

6.8.3 Rolle der Cluster

Natürlich spielt auch die Anzahl der Kubernetes-Cluster eine Rolle für die Mandantentrennung.

Eine kostengünstige Möglichkeit ist die Trennung in unterschiedliche `Namespaces` eines Clusters. Wie schon erwähnt bietet diese geringere

[62] *https://github.com/argoproj/argo-cd/blob/v2.8.4/docs/operator-manual/applicationset/Generators-Cluster.md*

Isolation. Eine Möglichkeit, die Isolation weiter zu erhöhen, sind Lösungen wie vCluster[63] oder capsule[64].

Cluster bieten großes Potenzial der Isolation, können aber auch großen Aufwand verursachen. Dabei ist die Spanne groß, von einem Cluster, der verschiedene Teams mit all ihren Environments beinhaltet, bis hin zu Clustern, die nur ein Team und Environment beinhalten.

6.8.4 Teams und Environments trennen

Damit haben wir die technischen Grundlagen abgeschlossen und betrachten nun, welche Optionen sich uns bieten, um Teams oder Environments zu trennen. Was wollen wir eigentlich trennen, Team, Environment oder beides?

Ausprägungen der Mandantentrennung

Die Mandantentrennung ist denkbar in den extremen Ausprägungen

- von *Alles geteilt* (ein zentraler Operator für mehrere Teams auf einem Cluster mit Namespaces als Environments auf einem SCM)
- bis *Alles getrennt* (ein Operator pro Team und Environment mit einem Cluster pro Environment mit *Repo per Environment*-Pattern auf getrennter SCM-Instanz).

Zwischen diesen extremen Ausprägungen gibt es viele Zwischenstufen. Diese konkretisieren wir anhand eines Beispiels. Um nicht zu kompliziert zu werden, lassen wir dabei folgende Dimensionen außer Acht:

- Repository Patterns (da diese wenig zum Betriebsaufwand beitragen),
- *Instance per Namespace*-Pattern (weil es nicht sehr verbreitet ist) und
- getrennte SCM-Instanzen pro Team oder Environment (weil auch das nicht sehr verbreitet ist).

Dabei setzen wir voraus, dass der verwendete GitOps-Operator Multi-Cluster-Management (also das *Hub And Spoke*-Pattern) unterstützt. Abschnitt 4.12 auf Seite 90 zeigt, dass dies generell sowohl bei Argo CD als auch Flux möglich ist. Bei Flux scheint es aber weniger üblich zu sein, was auch durch die offiziellen Beispiele in Abschnitt 6.7.3 auf Seite 180 und Abschnitt 6.7.4 auf Seite 183 gestützt wird. Insofern kann die Wahl der GitOps-Operators auch Einfluss haben auf die Umsetzung der Mandantentrennung.

[63] *https://vcluster.com*

[64] *https://capsule.clastix.io*

Bezeichnung	Beschreibung	Anzahl Operatoren	Anzahl Cluster
Alles geteilt	Zentraler Operator für mehrere Teams, auf einem Cluster	1	1
Zentraler Operator mit Namespace-Environments	Ein Operator für mehrere Teams, mit je einem Cluster	1	5
Zentraler Operator mit Cluster-Environments	Ein Operator für mehrere Teams, mit je einem Cluster pro Environment	1	15
Operator pro Environment	Ein Operator pro Cluster-Environment verwaltet jeweils mehrere Teams	3	3
Operator pro Team mit Namespace-Environments	Ein Operator pro Team, mit je einem Cluster	5	5
Operator pro Team mit Cluster-Environments	Ein Operator pro Team, mit je einem Cluster pro Environment	5	15
Alles getrennt	Ein Operator pro Team und Environment	15	15

Tab. 6–2
Ausprägungen der Mandantentrennung am Beispiel

Die Beispiele in Abschnitt 6.7 auf Seite 169 können teilweise als Startpunkt für die Umsetzung einzelner Ausprägungen gewählt werden. So kann für die Ausprägungen *Alles geteilt* und *zentraler Operator* Abschnitt 6.7.2 auf Seite 175 und für *Operator pro Environment* Abschnitt 6.7.4 auf Seite 183 als Beispiel dienen.

Nehmen wir an, wir würden 5 Teams mit jeweils 3 Environments verwalten. Dabei ergäben sich die in Tabelle 6–2 dargestellten Ausprägungen der Mandantentrennung, mit von oben nach unten ansteigender Isolation.

Teams oder Environments?

Die hohe Anzahl an Clustern bei manchen Ausprägungen lässt erahnen, mit welchem Aufwand diese verbunden sein können. In der Praxis ist meist ein Kompromiss zwischen Aufwand und Sicherheit notwendig. Daher können wir uns fragen, was bei der Mandantentrennung wichtiger ist: Teams oder Environments?

Generell ist meist der Aufwand für Cluster-Betrieb größer als für den Operator-Betrieb. Zudem empfiehlt sich, wie eingangs erwähnt, gerade beim Umgang mit weniger vertrauenswürdigen Aktoren die Trennung in separate Operator-Instanzen.

Insofern besteht beispielsweise bei *Zentraler Operator mit Cluster-Environments* aus Sicht der Sicherheit ein ungünstiges Kosten-Nutzen-Verhältnis: Der hohe Betriebsaufwand für die 15 Cluster bringt wenig, weil die Isolation der Mandanten in einer geteilten Operator-Instanz gering ist.

Daher sollte man sich fragen: Wenn man schon den Aufwand für den Betrieb von Mandanten-Clustern betreibt, liegt es da nicht nahe, dedizierte Operator zu betreiben?

Repos stärker isolieren?

Wenn dann Operatoren und Cluster getrennt sind, können jedoch die Repos zum entscheidenden Angriffsvektor werden. Hier kann man mit *Repo per Environment*-Pattern oder gar mit getrennte SCM-Instanzen gegensteuern, mit entsprechend weiter steigendem Aufwand.

Den passenden Kompromiss zwischen Aufwand und Sicherheit finden

Dies führt uns zu der Frage, wo der Grenznutzen liegt oder der jeweils passende Kompromiss zwischen Aufwand und Sicherheit. Diese kann man nicht pauschal beantworten. Liegen Regularien vor, gelten natürlich diese. Darüber hinaus kann ein risikogetriebes Vorgehen mehr Klarheit schaffen. Welche individuellen Risiken liegen bei meiner Organisation vor und wie bewerte ich diese? Ein Threat Modelling kann bei der Identifikation der Risiken helfen. Als Starthilfe kann dabei das in Abschnitt 6.7.2 auf Seite 175 erwähnte Threat Model von Argo CD oder das von Flux[65] dienen.

Am Ende steht der klassischer Kompromiss zwischen Aufwand und Sicherheit. Welches der jeweils passende für eine Organisation ist, wird auf der Spanne von Startup bis reguliertem Unternehmen mit Sicherheit unterschiedlich entschieden (Wortspiel nicht ganz unbeabsichtigt).

Abschließend möchten wir erwähnen, dass die Sicherheit nicht die einzige nichtfunktionale Anforderung ist. So kann eine Aufteilung in mehrere Cluster auch aus Gründen der Performance durchaus Sinn ergeben.

Auch die Aufteilung auf mehrere GitOps-Operator kann auch Perfomancengründen erforderlich sein: In Abschnitt 4.14 auf Seite 93 besprechen wir beispielsweise empirische Leistungsgrenzen einzelner Argo-CD- oder Flux-Instanzen.

6.9 Fazit

Anhand wiederkehrender Elemente bestehender GitOps-Tools beschreibt dieses Kapitel GitOps-Patterns und ordnet sie in die vier Kategorien *Operator Deployment*, *Repository*, *Promotion* und *Verdrahtung* ein. Die Patterns geben einerseits einen Überblick über die Möglichkeiten bei Design-Entscheidungen für den GitOps-Prozess sowie für die Struktur der zugehörigen Repos und was bei diesen zu beachten ist. Andererseits können die Patterns dazu beitragen, einheitliche Begriffe zu finden und damit die Kommunikation zu erleichtern.

[65] *https://docs.google.com/document/d/1Ruf3VNmdJyvp5bgiu3rjhNDEZx3zK4Ui6BIonkHwl_E*

Die Diskussion dieser Patterns mit Experten von Unternehmen unterschiedlichster Größe und Branche zeigen jedoch auch, dass die Patterns eher als grundlegende Bausteine zu sehen sind und die Realität oft komplexer und komplizierter ist. Die Kontexte, Herausforderungen, Rahmenbedingungen und Begrenzungen sind für jede Organisation unterschiedlich. So kann beispielsweise eine Lösung für eine Organisation zwar perfekt, aber aufgrund von Auflagen unmöglich sein. Gleichzeitig sind der Kreativität keine Grenzen gesetzt: Repo-Strukturen können in der Praxis noch umfangreicher, verschachtelter oder hierarchischer werden, um bestimmte Anforderungen zu erfüllen. An dieser Stelle sei noch einmal darauf hingewiesen, dass die gezeigten Patterns in der Praxis oftmals auch gemischt im Einsatz sind. Oftmals ist es also nicht zwangsweise eine Entweder-oder-Entscheidung zwischen Patterns derselben Kategorie. Vielmehr sind sie eine Sammlung von Lösungen aus der Praxis, die als Inspiration dienen sollen.

Patterns sind Grundbausteine.

Außerdem betrachtet dieses Kapitel Beispiele aus der Praxis und zeigt darin die Verwendung der Patterns auf. Diese Beispiele liefern Vorlagen, Ideen und Tipps für eigene Projekte und zeigen Herausforderungen und Kompromisse aus der Praxis auf. Dabei zeigen sich einige wiederkehrende Themen, die teils unterschiedlich benannt werden. Dabei handelt es sich um Repo-Strukturen für

Erkenntnisse aus Beispiel-Repos

- Anwendungen,
- Teams,
- verschiedene Environments,
- mehrere Cluster,
- clusterweite Ressourcen und
- Bootstrapping.

Die Beispiele zeigen auch, dass grundsätzlich kaum Unterschiede zwischen Argo CD und Flux bei den Repo-Strukturen notwendig sind. Diese beschränken sich auf *Bootstrapping* und *Linking* (Operator-spezifische CRDs).

Geringe Unterschiede zwischen Strukturen für Argo CD und Flux

Das Thema Mandantentrennung bezieht sich meist auf die Trennung von Teams und/oder Environments. Zur Umsetzung kommen typischerweise Instanzen der GitOps-Operatoren, Repo-Strukturen sowie Kubernetes-Cluster und Namespaces zum Einsatz.

Mandantentrennung

7 Asynchron deployen

Kubernetes ist eine hervorragende Ressourcenverwaltung und eine erprobte Plattform zum Deployen von Containern. Aber im Gegensatz zu anderen Plattformen ist Debugging viel schwieriger, weil viele Ressourcen voneinander entkoppelt sind und man Fehlerursachen oft erst dann zuverlässig findet, wenn man Events von verschiedenen Ressourcentypen untersucht.

Asynchronität durch GitOps bringt neue Herausforderungen.

GitOps hat genau die gleichen Herausforderungen, und zwar egal, ob wir Kubernetes nutzen oder nicht: Wir bekommen mit Prinzip 4 eine Kontrollschleife, die ständig läuft und unsere Manifeste anwendet. Das bietet uns viele Vorteile in Bezug auf Stabilität, Nachvollziehbarkeit in Git und Reproduzierbarkeit. Es beraubt uns aber auch der Möglichkeit, auf einen Blick den kompletten Deployment-Fluss vom gepushten Code-Commit bis zum Container-Rollout zu erfassen.

In diesem Kapitel wollen wir uns anschauen, wie unser Deployment-Fluss sich durch GitOps verändert und wie wir den resultierenden Herausforderungen begegnen können. Die Grundlagen dieses Kapitels sind inspiriert von Kapitel 6 »CI/CD with GitOps« aus dem Buch »The Path to GitOps« von Christian Hernandez[1].

7.1 Deployment-Flüsse

Zu Beginn definieren wir den Begriff Deployment-Fluss und identifizieren fünf Varianten von Deployment-Flüssen, die wir danach näher beschreiben.

7.1.1 Schritte

Vier grundsätzliche Arten von Pipeline-Schritten

Ein Deployment-Fluss kann aus vielen verschiedenen Schritten bestehen. Wir beschränken uns in diesem Kapitel auf vier Kategorien von Schritten, die unserer Erfahrung nach in fast jedem Szenario vorkommen, in dem mindestens das Prinzip 1 von GitOps grundlegend gelebt

[1] *https://developers.redhat.com/e-books/path-gitops*

wird. Wir haben diese vier häufigen Schritte in der Reihenfolge aufgelistet, in der sie üblicherweise sequenziell hintereinander ausgeführt werden:

1. *Build*: Wir bauen ein Container-Image und pushen es in eine Container-Registry.
   In diese Kategorie schließen wir auch alles mit ein, was üblicherweise vor einem Image-Build passiert, wie Linting, Tests und das Kompilieren eines Artefakts.
2. *Config Update*: Wir tragen den neuen Image-Tag in ein Manifest ein und committen und pushen die Änderung in das Config-Repo. Siehe auch Abschnitt 6.5.5 auf Seite 163.
3. *Rollout*: Wir rollen den neuen Image-Tag im Cluster aus.
4. *Prüfen*: Wir überprüfen, ob die neue Version der Anwendung im Cluster angekommen ist und gesund läuft.

Der Prüfschritt kann sehr unterschiedlich komplex sein: Eine sehr einfache Variante könnte ein minimaler Smoke-Test sein. Dabei könnte man beispielsweise im Build-Schritt einen Endpunkt in die Anwendung einbauen, der die Commit-ID (zum damaligen Zeitpunkt des Builds) zurückgibt. Im Prüfschritt würde dann ein Shell-Skript so lange einen `curl`-Aufruf an den Endpunkt ausführen, bis die neue Commit-ID zurückkommt (als Erfolgsfall) oder ein Timeout überschritten wird (als Fehlerfall). Eine komplexere Spielart können ausgefeilte Integrations- oder End-to-end-Tests sein. Für den größten Teil dieses Kapitel gehen wir von einer Pipeline aus, die sequenziell die Schritte 1 bis 4 ausführt. Am Ende des Kapitels beleuchten wir kurz einige weiterführende Themen, darunter *Testkube* (Abschnitt 7.1.6 auf Seite 203) und *Progressive Delivery* (Abschnitt 7.4.3 auf Seite 221).

Prüfung, Alerting oder beides?

Abschließend sei zum Thema Prüfen gesagt, dass es Alternativen zu einem aktiven Prüfschritt gibt. Ein leichtgewichtigerer Start kann zunächst völlig ohne aktive Prüfung erfolgen. Eine weitere Alternative kann reines Alerting sein, wie es Kapitel 8 auf Seite 229 beschreibt. Gerade die weiterführenden Themen am Ende dieses Kapitels zeigen allerdings auf, dass das aktive Prüfen deutlich größeres Automatisierungspotenzial bietet als reines Alerting. Wie so oft entstehen dadurch höherer Aufwand und höhere Komplexität, die nicht in jedem Anwendungsfall notwendig ist.

Aufgrund der Asynchronität, mit der wir bei GitOps in jedem Fall konfrontiert sind, empfehlen wir, aktive Prüfung oder Alerting umzusetzen. Andernfalls besteht die Gefahr, dass Fehler beim Deployment nicht auffallen.

7.1.2 Kombinationen von Zuständigkeiten

Zwei Akteure im Zusammenspiel: CI-Server und GitOps-Operator

Im traditionellen CI-getriebenen Deployment-Fluss (CIOps, siehe Abschnitt 1.1 auf Seite 4) werden alle vier eben genannten Schritte vom CI-Server verantwortet. Wenn wir mit GitOps deployen, haben wir nicht länger nur den CI-Server als alleinigen Akteur, sondern auch den GitOps-Operator. Welcher der beiden Akteure sollte für welchen Schritt zuständig sein? Potenziell kann jeder der vier Schritte jeweils entweder von unserem CI-Server oder von unserem GitOps-Operator übernommen werden.

CI-Server für Build, GitOps-Operator für Rollout

Dennoch ergibt es grundsätzlich am meisten Sinn, wenn der Build immer vom CI-Server verantwortet wird. Ebenso können wir feststellen, dass in einem GitOps-Szenario die Zuständigkeit für den Rollout ganz klar beim GitOps-Operator liegt, denn er verantwortet die Ausführung der GitOps-Prinzipien 3 und 4.

Wenn wir dementsprechend Schritt 1 immer auf CI fixieren, hätten wir noch $2^3 = 8$ mögliche Kombinationen. Wir können allerdings all diejenigen Kombinationen auslassen, in denen der GitOps-Operator nicht den Rollout ausführt. Denn dann würden wir den GitOps-Operator ausschließlich außerhalb seiner Kernkompetenz einsetzen, und das wäre unsinnig.

Damit bleiben uns noch fünf Varianten übrig. Wir geben diesen Varianten Namen und stellen sie in Tabelle 7–1 mit ihrer jeweiligen Kombination an Zuständigkeiten dar.

Name des Deployment-Flusses	Zuständig für Build	Zuständig für Config Update	Zuständig für Rollout	Zuständig für Prüfen
CIOps	CI-Server	CI-Server	CI-Server	CI-Server
Schmal-GitOps	CI-Server	CI-Server	GitOps-Operator	CI-Server
CI-Klammer	CI-Server	GitOps-Operator (alternativ: Dependency-Bot)	GitOps-Operator	CI-Server
Übergabe	CI-Server	CI-Server	GitOps-Operator	GitOps-Operator
GitOps-geführt	CI-Server	GitOps-Operator (alternativ: Dependency-Bot)	GitOps-Operator	GitOps-Operator

Tab. 7–1 *Varianten von Deployment-Flüssen*

Abschnitt 6.5.5 auf Seite 163 stellt bereits kurz mehrere Möglichkeiten des Config Update vor und beleuchtet dabei auch das Thema Branches und PR-Erstellung. In diesem Kapitel gehen wir mehr in die Tiefe und setzen außerdem einen Schwerpunkt auf das Thema Prüfen. Dabei gibt es folgenden Zusammenhang zu den Optionen beim Config Update:

- *Schmal-GitOps* und *Übergabe* führen das Config Update per CI-Server aus (Abschnitt 6.5.5 auf Seite 164).
- *CI-Klammer* und *GitOps-geführt* führen das Config Update per Image Update Controller (Abschnitt 6.5.5 auf Seite 165) oder Dependency-Bot (Abschnitt 6.5.5 auf Seite 166) aus.

Wir werden jetzt zuerst die fünf Deployment-Flüsse generell beschreiben und anschließend im Detail auf die Konsequenzen eingehen, wenn der CI-Server oder GitOps-Operator für einen bestimmten Schritt zuständig ist. Dabei werden wir aus der jeweiligen Deployment-Fluss heraus auf diejenigen Abschnitte verweisen, die für den jeweiligen Deployment-Fluss relevant sind.

7.1.3 Deployment-Fluss 1: CIOps

Dies ist der traditionelle Weg, wie wir auch ohne GitOps deployen: Der CI-Server ist im vollen Besitz des Prozesses von Anfang bis Ende (siehe Abb. 7–1).

Abb. 7–1 *Deployment-Fluss 1: CIOps*

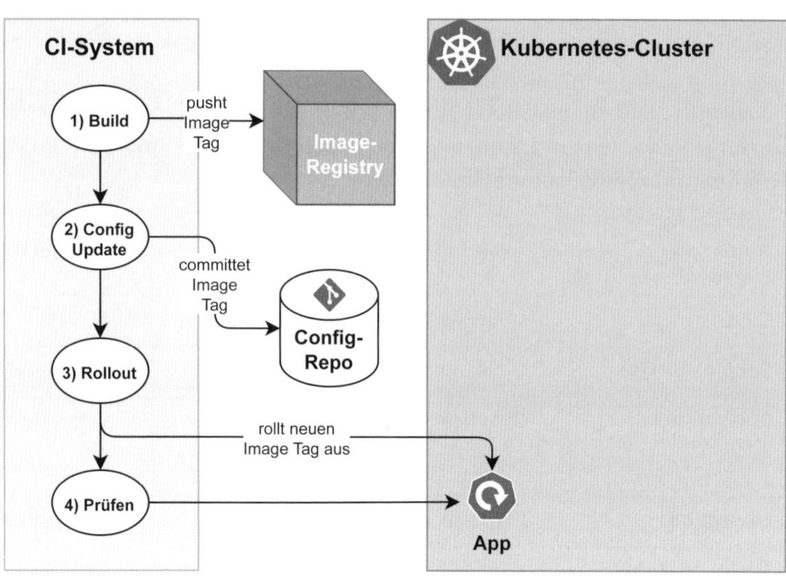

CIOps mit seinen bekannten Nachteilen

Wie wir am Anfang des Kapitels festgestellt haben, hat das den unbestreitbaren Vorzug, dass wir den kompletten Prozess auf einen Blick in einem einzigen Tool überblicken können und dass er sequenziell abläuft. Dennoch bringt dieses CI-geführte Deployen einige Herausforderungen mit sich, wie auch schon in Abschnitt 1.1 auf Seite 4 im Detail erörtert:

1. Wir müssen dem CI-Server Zugriff auf das Zielsystem geben und relativ hohe Befugnisse einräumen, damit es Anwendungen ausrollen kann. Das ist sicherheitstechnisch ungünstig.
2. Wir können uns nicht sicher sein, dass der Image-Tag, den wir in Git committet haben, auch irgendwann automatisch im Cluster ankommt. Da wir nur pushbasiert arbeiten und keinen GitOps-Operator nutzen, sind wir darauf angewiesen, dass unser selbstgeschriebener Rollout-Schritt immer zuverlässig ausrollt – wofür wir selten garantieren können. Damit haben wir wenig Verlässlichkeit, was Git als unsere »Source of Truth« betrifft.
   Da der CI-Job nicht kontinuierlich läuft, reagiert er außerdem nicht auf versehentliche oder absichtliche direkte Änderungen am Cluster selbst. Dies erhöht die Gefahr von Drift.
3. Kein Pruning: Das Löschen von Ressourcen ist nicht durch Löschen eines Manifests in Git möglich. (Bei `kubectl` gibt es zwar begrenzte Möglichkeiten mit `kubectl apply --prune`, aber das Feature ist noch experimentell[2] im Gegensatz zu Pruning bei GitOps-Operatoren.)

7.1.4 Deployment-Fluss 2: Schmal-GitOps

Dieser Deployment-Fluss ist der erste Schritt, wenn wir anfangen, GitOps zu implementieren: Wir überlassen dem GitOps-Operator das Ausrollen einer neuen Version. Alles andere liegt immer noch in der Hand des CI-Servers. Abschnitt 6.5.5 auf Seite 164 reißt dieses Thema bereits an.

Wie wir in Abb. 7–2 auf der nächsten Seite sehen, haben wir hier zum ersten Mal Asynchronität im Spiel: Nach dem Config Update lehnt sich der CI-Server zurück und führt den Prüfschritt so lange aus, bis die neue Version ausgerollt ist (oder vorher ein Timeout auftritt). Um diese Asynchronität hervorzuheben, haben wir ganz bewusst sowohl den Rollout- als auch den Prüfschritt mit »3« nummeriert, weil beide Schritte nach dem Config Update passieren, aber potenziell gleichzeitig.

Der CI-Server hat keinen Einblick mehr in Rollout-Fehler.

Der Rollout passiert also asynchron und ein Stückweit losgelöst von unserer Pipeline, die nur noch blind den Prüfschritt ausführt und im schlechtesten Fall irgendwann fehlschlägt aufgrund eines Timeouts. Welche Faktoren auf der Seite des GitOps-Operators können dann hineinspielen, wenn unser CI-Prüfschritt fehlschlägt? Damit beschäftigen wir uns in Abschnitt 7.2 auf Seite 205 genauer. Die Thematik des Timeouts beim Prüfen beleuchten wir hingegen in Abschnitt 7.4.1 auf Seite 218.

---

[2] *https://github.com/kubernetes/website/blob/snapshot-initial-v1.28/content/en/docs/tasks/manage-kubernetes-objects/declarative-config.md#alternative-kubectl-apply--f-directory---prune*

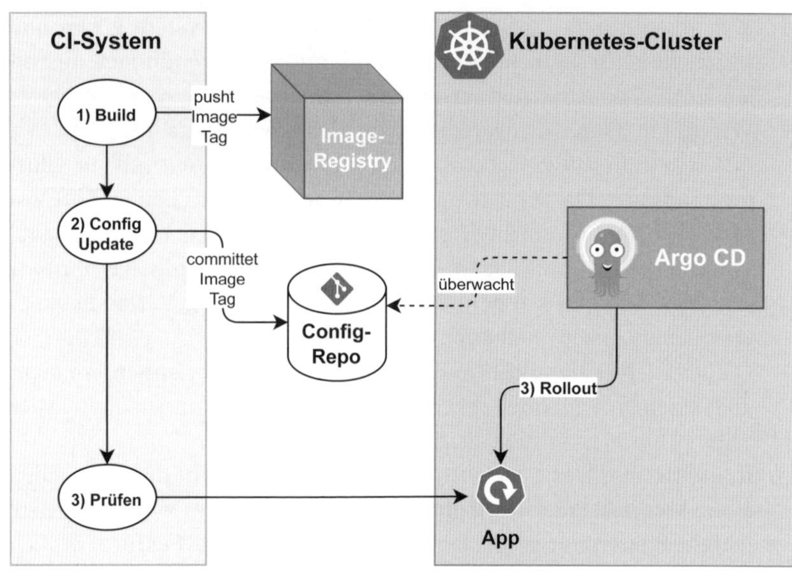

Abb. 7–2
Deployment-Fluss 2: Schmal-GitOps

7.1.5 Deployment-Fluss 3: CI-Klammer

In diesem Deployment-Fluss bildet der CI-Server die Klammer um die gesamte Pipeline (siehe Abb. 7–3): Build und Prüfen sind in der Zuständigkeit des CI-Servers, aber Config Update und Rollout sind in der Zuständigkeit des GitOps-Operators. (Auch bei diesem Deployment-Fluss heben wir im Diagramm die Asynchronität bewusst hervor, indem Config Update und Prüfen den gleichen Index haben.)

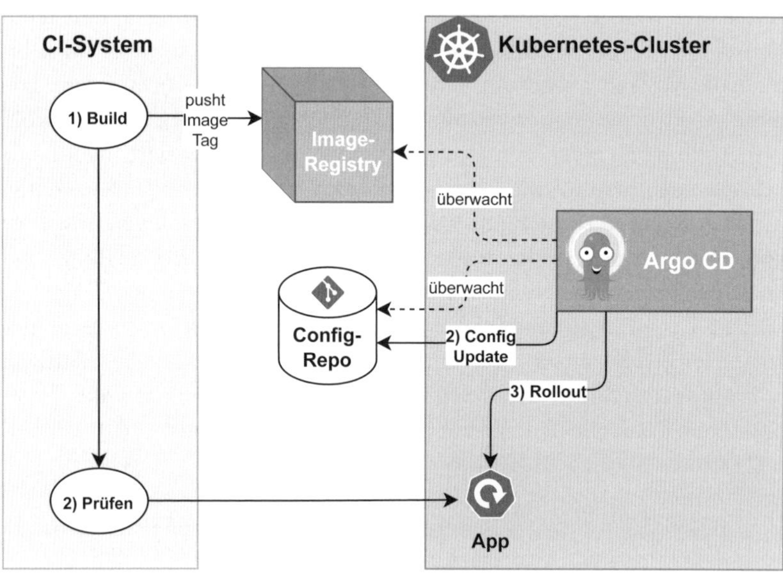

Abb. 7–3
Deployment-Fluss 3: CI-Klammer

Dieser Deployment-Fluss ist *Schmal-GitOps* sehr ähnlich: Der Rollout wird nicht vom CI-Server, sondern vom GitOps-Operator durchgeführt. Die Implikationen aus dieser Umstellung betrachten wir in Abschnitt 7.2 auf Seite 205.

Bei diesem Deployment-Fluss herrschen beim Prüfen ähnliche Schwierigkeiten vor wie bei *Schmal-GitOps*. Diese Probleme beim Prüfen beleuchten wir in Abschnitt 7.4.1 auf Seite 218.

GitOps-Operator braucht Schreibzugriff aufs Config-Repo.

Bei der *CI-Klammer* haben wir zu *Schmal-GitOps* den entscheidenden Unterschied, dass auch das Config Update nicht mehr vom CI-Server, sondern vom GitOps-Operator (oder alternativ von einem Dependency Bot) ausgeführt wird. Eine weitere wichtige Konsequenz dieses Aufbaus ist, dass der GitOps-Operator jetzt nicht allein lesenden, sondern auch schreibenden Zugriff auf das Config-Repo benötigt. Das kann Sicherheitsprobleme eröffnen: Falls beispielsweise ein Angreifer Zugang zum Cluster gewinnt und Secrets auslesen kann (beispielsweise den SSH-Key zum Committen ins Config-Repo), kann er ungehindert eigenmächtig Workloads deployen. Welche weiteren Folgen diese Umstellung für uns hat, sehen wir in Abschnitt 7.3 auf Seite 215.

7.1.6 Deployment-Fluss 4: Übergabe

Beim Deployment-Fluss *Übergabe* werden ab dem Committen des Image-Tags durch den CI-Server sowohl der Rollout als auch die Prüfung vom GitOps-Operator ausgeführt (siehe Abb. 7–4 auf der nächsten Seite). Der Prüfschritt liegt damit im Gegensatz zu den bisherigen Szenarien in der Hand des GitOps-Operators.

Klare Trennlinien

Das ist vorteilhaft, weil der CI-Server dann überhaupt keinen Zugriff auf den Cluster braucht – weder schreibend zum Deployen noch »lesend«, indem er auf Anwendungen im Cluster zugreift (auch nicht per HTTP/DNS). Umgekehrt braucht auch der GitOps-Operator keinen schreibenden Zugriff auf das Config-Repo, weil er nicht das Config Update ausführt. Ein Config Update durch den CI-Server entspricht außerdem den verschiedenen Wissensständen der Akteure am besten, wie wir in Abschnitt 7.3 auf Seite 215 sehen.

Prüfen im Cluster oft leichter und sicherer

Die Prüfmöglichkeiten sind innerhalb des Clusters oftmals vielfältiger und leichter umzusetzen als von außerhalb des Clusters. Womöglich verbessert sich sogar die Sicherheit des Systems: Manchmal werden Dienste nur deswegen per HTTP/DNS von außerhalb des Clusters erreichbar gemacht, damit sie per CI aufgerufen und geprüft werden können. Den Bedarf für solche unnötigen Expositionen können wir durch Prüfen im Cluster vollständig eliminieren.

In Abschnitt 7.4.2 auf Seite 219 sehen wir weitere Konsequenzen aus dem Prüfen durch den GitOps-Operator. Und in Abschnitt 7.2

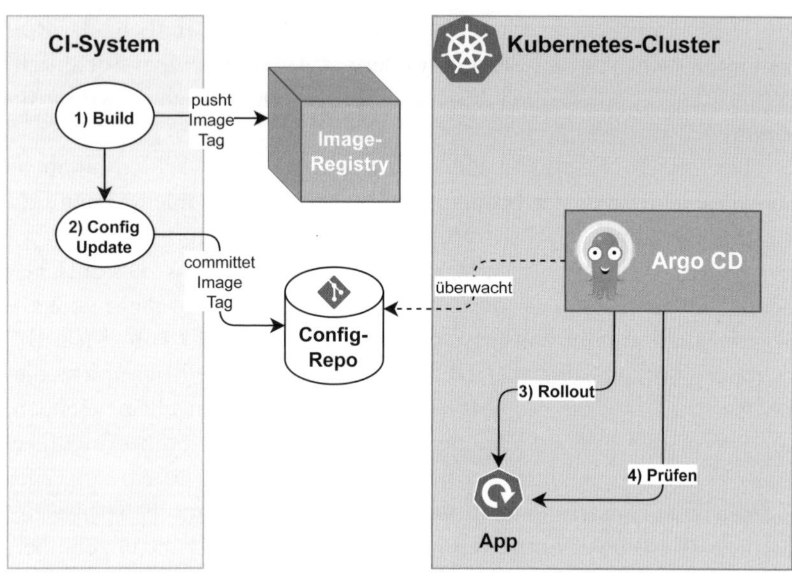

Abb. 7–4 *Deployment-Fluss 4: Übergabe*

betrachten wir, welche Folgen sich daraus ergeben, dass der GitOps-Operator den Rollout durchführt.

7.1.7 Deployment-Fluss 5: GitOps-geführt

Im letzten Deployment-Fluss hat schließlich der CI-Server nur noch die Verantwortung für den Build; alles andere ist in der Hand des GitOps-Operators (siehe Abb. 7–5).

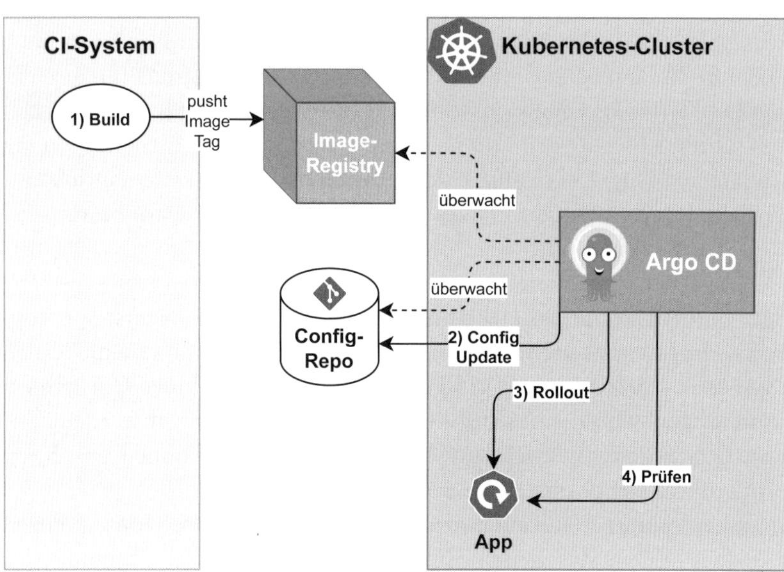

Abb. 7–5 *Deployment-Fluss 5: GitOps-geführt*

Dieser Deployment-Fluss unterscheidet sich von der *Übergabe* nur dadurch, dass auch das Config Update durch den GitOps-Operator (oder alternativ durch einen Dependency-Bot) durchgeführt wird. Die Implikationen dieser Zuständigkeit beleuchten wir in Abschnitt 7.3 auf Seite 215.

Welche Folgen ein Rollout durch den GitOps-Operator hat, betrachten wir in Abschnitt 7.2. Und in Abschnitt 7.4.2 auf Seite 219 sehen wir, welche Vor- und Nachteile daraus erwachsen, wenn der GitOps-Operator auch das Prüfen übernimmt.

7.2 Rollout durch den GitOps-Operator

Wird der Rollout nicht mehr vom CI-Server durchgeführt, sondern vom GitOps-Operator (wie in allen Deployment-Flüssen außer *CIOps*), dann wollen wir besonders folgende Fragen betrachten:

1. Was passiert bei einem Rollout in einem GitOps-Operators und welche Fehler können dabei auftreten?
2. Welchen Einfluss können wir auf das Timing nehmen?

7.2.1 Rollout-Schritte im GitOps-Operator

Sowohl Argo CD als auch Flux führen grob betrachtet immer folgende Schritte aus, und grundsätzlich wird wahrscheinlich jeglicher GitOps-Operator diese Schritte durchführen müssen:

1. Zielzustand aus Git- oder Helm-Repo oder OCI-Registry laden
2. Manifeste rendern und validieren. (Bei Helm-Charts überspringt Flux diesen Schritt und deployt das Chart direkt über die native Helm-Library, damit Helm-native Features wie Hooks und Tests weiterhin funktionieren.)
3. Manifeste anwenden

Der erste Schritt entspricht dem GitOps-Prinzip 3, die beiden anderen Schritte entsprechen Prinzip 4. Bei jedem dieser Schritte können verschiedenste Fehler auftreten:

1. Beim Laden:
   - Repo oder Registry sind kurzzeitig nicht verfügbar.
   - Die Zugangsdaten sind nicht auf dem Repo oder Registry berechtigt.
   - Der gewünschte Dateipfad existiert nicht mehr.
   - Die gewünschte Version ist nicht verfügbar.

2. Beim Rendern und Validieren:
   - Die Manifeste können nicht gerendert werden, weil sie Syntaxfehler enthalten.
   - Erforderliche Felder fehlen in den Manifesten.
   - Felder in den Manifesten enthalten ungültige Werte.
   - Unveränderliche Felder wurden geändert.
3. Beim Anwenden:
   - Admission-Webhooks im Cluster lassen Manifeste nicht zu. Beispiele: Mehrfach definierte Hostnames werden vom Ingress-Controller abgelehnt, unsichere Konfigurationen in `Pod`-Spezifikationen werden vom Pod Security Admission Controller oder von Tools wie Kyverno abgelehnt.

Transiente oder persistente Fehler

Manche dieser Fehler sind transient und vergehen von alleine wieder, zum Beispiel eine unterbrochene Netzwerkverbindung. Oftmals sind diese Fehler allerdings persistent, und wir wollen genau wissen, was schiefgegangen ist.

> Die allermeisten Fehler, die beim Rendern und Validieren auftreten, können wir glücklicherweise durch entsprechendes Linting bereits während des Builds abfangen. Im Kasten »Beispiele für Tools zur statischen Codeanalyse der Config« (siehe 6.4.3 auf Seite 142) betrachten wir mögliche Tools dafür.

*Fehlermeldungen tauchen in Kubernetes-*Events *auf.*

Wir betrachten jetzt für Argo CD und Flux, wie wir Fehlermeldungen wie die eben genannten auffinden können. Beide funktionieren auf Kubernetes-Basis, deswegen werden uns in aller Regel Fehlermeldungen als Kubernetes-`Events` begegnen, die wir auch ganz nativ über `kubectl describe` oder `kubectl get events` abgreifen können. Wir müssen grob gesagt nur wissen, bei welchen Ressourcentypen wir `Events` überprüfen müssen.

Fehler bei Argo CD in Applications, ApplicationSets, AppProjects

Argo CD hat im Kern nur `Applications`, die den kompletten Zustand einer mit GitOps überwachten Anwendung abbilden. Der Zustand einer `Application` hat immer zwei Facetten: Der *Sync Status* drückt den Zustand hinsichtlich Prinzip 3 aus (»Ist die aktuellste Systemdeklaration geladen?«). Der *Health Status* drückt den Zustand hinsichtlich Prinzip 4 aus (»Wurde die aktuell geladene Systemdeklaration erfolgreich angewandt?«). In Abb. 7–6 sehen wir, welche Werte für Sync Status und Health Status jeweils möglich sind in Argo CD.

In der UI von Argo CD kann man über »App Details« (links oben) den Tab »Events« (rechts oben) öffnen und sich so die `Events` der `Application` anzeigen lassen. Ebenso kann man über einen `kubectl describe app` oder `argocd app get` per CLI die `Events` auflisten.

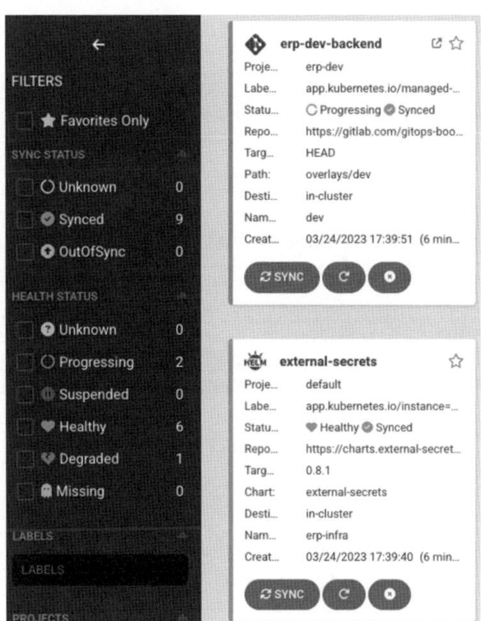

Abb. 7–6
Statuswerte in Argo CD

Darüber hinaus bietet Argo CD aber auch `ApplicationSets` und `AppProjects` als CRDs an, die beim Rollout eine Rolle spielen. `ApplicationSets` lassen sich bei Schritt 2 (dem Rendern und Validieren von Manifesten) einordnen; `AppProjects` hingegen sind eine reine Gruppierungskonfiguration. Fehler bei diesen Ressourcentypen treten unseres Wissens nach *nicht immer* in der UI zutage und können wir gegebenenfalls nur über `kubectl describe` oder `argocd` auslesen.

Flux hat immer mindestens zwei Ressourcen.

Flux ist hinsichtlich der CRDs deutlich feingranularer als Argo CD, konzentriert sich dafür aber auch klarer auf die GitOps-Prinzipien: Es hat separate CRDs für Quellen und Ziele. Hierbei verkörpern die Quellen das GitOps-Prinzip 3 und die Ziele das GitOps-Prinzip 4:

- Quellen (alle überwacht vom Source-Controller):
  1. `GitRepository` repräsentiert ein Git-Repository.
  2. `HelmRepository` repräsentiert ein Helm-Repository.
  3. `HelmChart` repräsentiert eine einzelne Chart-Version in einem Helm-Repository.
  4. `Bucket` repräsentiert eine Quelle mit S3-kompatibler API.
  5. `OCIRepository` repräsentiert ein Repository in einer OCI-basierten Registry.

- Ziele:
  1. `Kustomization`, überwacht vom Kustomize-Controller
  2. `HelmRelease`, überwacht vom Helm-Controller

Für die beiden genannten Ziele ergeben sich unterschiedliche Kombinationsmöglichkeiten. Zum Deployen mit Kustomize nutzt man als Ziel eine Flux-`Kustomization` und kann einen der folgenden Quell-Typen nutzen:

1. `GitRepository`
2. `Bucket`
3. `OCIRepository`

Beim Deployen mit Helm ist das Ziel ein `HelmRelease` und als Quelle kommen folgende Ressourcentypen infrage:

1. `HelmRepository` (hierbei wird automatisch im Hintergrund eine `HelmChart`-Ressource erzeugt)
2. `GitRepository`
3. `Bucket`
4. Für `OCIRepository`-Ressourcen ist Support noch unterwegs[3], aber man kann bereits jetzt Helm-OCI-Registries nutzen, indem man bei der entsprechenden `HelmRepository`-Ressource das Feld `.spec.type=oci` setzt.

Damit ergeben sich unterschiedliche Konsequenzen hinsichtlich der Anzahl der Ressourcen und wo man die verschiedenen Zustände ablesen kann. Wir haben eine Übersicht in Tabelle 7–2 zusammengetragen.

7.2.2 Timing und Koordination der Rollout-Schritte

Wenn wir in einen Prozess, der bisher sehr synchron lief, Asynchronität einführen, werden wir unweigerlich mit Wartezeiten zu tun haben. Das ist schon bei Kubernetes selbst eine Herausforderung, wie wir am Anfang des Kapitels angedeutet haben. Wenn beispielsweise Fehler auftreten, sind sie oftmals über mehrere Ressourcentypen hinweg verteilt und nicht zentral auffindbar, weil in der Regel jeder Ressourcentyp einen eigenen Controller hat, der in einem eigenen Rhythmus läuft. (Genau das haben wir beispielsweise mit Flux im vorherigen Abschnitt gesehen.)

Aber nicht nur an der Stelle ist ein Umlernen nötig: Manchmal sieht man Fehler in `Events` und möchte unmittelbar imperative Maßnahmen ergreifen, um das Problem zu debuggen und zu beheben. Stattdessen

[3] *https://github.com/fluxcd/helm-controller/issues/616*

Szenario	Anzahl relevanter Ressourcen	Status Prinzip 3 ablesbar bei	Status Prinzip 4 ablesbar bei
Argo CD	1 Ressource: Eine `Application`	Sync Status und `Events` der `Application`	Health Status und `Events` der `Application`
Flux mit Kustomize	2 Ressourcen: Eine Quelle (`GitRepository`,...) und eine `Kustomization`	`Events` der Quelle	`Events` der `Kustomization`
Flux mit Helm (klassisch)	3 Ressourcen: Ein `HelmRepository`, ein `HelmChart` (implizit erstellt) und ein `HelmRelease`	`Events` des `HelmRepository`s und `Events` des `HelmChart`s	`Events` des `HelmRelease`s
Flux mit Helm (alternativ)	2 Ressourcen: Eine Quelle (`GitRepository`,...) und ein `HelmRelease`	`Events` der Quelle	`Events` des `HelmRelease`s

Tab. 7–2
Rollout-Flüsse bei Argo CD und Flux

kann es sich oftmals deutlich mehr lohnen, zumindest eine Minute länger zu warten, weil in aller Regel verschiedenste Controller im Hintergrund bereits viele Maßnahmen in die Wege geleitet haben, um in Angleichungsschleifen die betroffene Ressource in einen gesunden Zustand zu versetzen.

Die drei in Abschnitt 7.2 auf Seite 205 genannten Schritte, um die sich ein GitOps-Operator kümmert, können im besten Fall synchron hintereinander durchlaufen, aber es gibt gewisse Nuancen dabei, über die man stolpern kann.

Argo CD und Flux nehmen sich dieser drei Schritte auf unterschiedliche Weise an: Argo CD hat nur eine `Application`-Ressource mit einem zuständigen Application-Controller. Der Application-Controller ist dann für alle drei Schritte zusammen verantwortlich. (Den ApplicationSet-Controller klammern wir an dieser Stelle aus, weil er letztlich nur `Applications` erzeugt, um die sich dann der Application-Controller kümmert.)

Bei Flux hingegen haben wir immer mindestens eine Quellresource und eine Zielressource im Spiel. Dabei ist der Source-Controller für den ersten Schritt zuständig und der Controller für die Zielressource für die anderen beiden Schritte.

Rollout-Schritt 1 passiert zeitlich losgelöst von Schritt 2 und 3.

Auch wenn die Implementierung in beiden Tools unterschiedlich läuft, ist trotzdem entscheidend zu wissen: Der erste Schritt gehört zu GitOps-Prinzip 3, die beiden anderen Schritte gehören zu Prinzip 4. Die Umsetzung beider Prinzipien kann zeitlich unabhängig voneinander erfolgen, und das tut sie auch in beiden Tools.

Das ist eine wichtige Erkenntnis: Nicht nur agiert der GitOps-Operator zeitlich unabhängig vom CI-Server und damit asynchron, sondern auch die Ausführung von Prinzip 3 und 4 *innerhalb des*

GitOps-Operators passiert voneinander asynchron! Nehmen wir als Beispiel Flux mit Kustomize und zeigen nochmal ein `GitRepository` zusammen mit einer Kustomization:

Listing 7–1
GitRepository und Kustomization mit Intervallen

```
apiVersion: source.toolkit.fluxcd.io/v1
kind: GitRepository
metadata:
  name: podinfo
spec:
  interval: 5m
  url: https://github.com/stefanprodan/podinfo
  ref:
    branch: master
---
apiVersion: kustomize.toolkit.fluxcd.io/v1
kind: Kustomization
metadata:
  name: podinfo
spec:
  interval: 10m
  targetNamespace: default
  sourceRef:
    kind: GitRepository
    name: podinfo
  path: "./kustomize"
  prune: true
```

Das `GitRepository` hat ein `.spec.interval` von fünf Minuten; die `Kustomization` hat ein Intervall von zehn Minuten. Der Source-Controller von Flux wird also das oben genannte Repository alle fünf Minuten klonen. Der Kustomization-Controller hingegen wird alle zehn Minuten einen Rollout ausführen mit den Manifesten, die vom letzten Git-Clone vorhanden sind.

> Dieses Anwenden der Manifeste geschieht kontinuierlich, ganz so, wie es von GitOps-Prinzip 4 verlangt wird. Auch wenn das Klonen des Repos kurzzeitig fehlschlagen sollte (beispielsweise wegen Netzwerkproblemen oder Problemen bei der Authentifizierung), wird das Anwenden weiterhin konsequent ausgeführt, weil die Manifeste vom letzten Clone immer noch vorliegen.

Schritt 2 und 3 werden automatisch getriggert bei Clones mit neuen Inhalten.

Bei einer naiven Implementierung könnte das Problem entstehen, dass das `GitRepository` zwar einen neuen Stand des Repos geladen hat, aber die `Kustomization` in ihrem (in diesem Fall längeren) Zyklus noch nicht an dem Punkt ist, dass sie die veränderten Manifeste direkt anwenden würde. Glücklicherweise sind Flux und Argo CD beide so gebaut, dass beim Klonen einer neuen Git-Revision automatisch der Rest des Zyklus getriggert wird.

Im Fall des obigen Beispiels bedeutet das konkret: Das `GitRepository` weiß, welche Flux-Ressourcen es referenzieren, und triggert automatisch eine Angleichung bei ihnen. Trotzdem gilt grundsätzlich: Die Ausführung von Prinzip 3 und 4 ist zeitlich voneinander entkoppelt und geschieht nicht standardmäßig sequenziell.

7.2.3 Intervalle der Rollout-Schritte

Vergleichen wir bei Argo CD und Flux, wo wir Intervalle (also die Ausführungsfrequenz) setzen können und welche Konsequenzen daraus folgen:

Flux hat keine Standardintervalle.

Bei Flux werden keinerlei Intervalle standardmäßig gesetzt; diese Verantwortung kommt allein uns als den Manifest-Autoren zu. Die Intervallwerte auf Quelle und Ziel haben unterschiedliche Konsequenzen: Je niedriger wir das Intervall auf der Quelle setzen, desto schneller kommen Änderungen im Cluster an.

Niedrige Quellintervalle können Quellen überfordern.

Gleichzeitig erhöhen wir damit die Last auf dem Quellsystem. Das Quellsystem kann ein SCM, ein S3-kompatibles Ziel, Helm-Repo oder eine OCI-Registry sein. SCMs werden meistens am empfindlichsten auf niedrige Intervalle reagieren, OCI-Registries und S3-Ziele am wenigsten.

Wir haben `GitRepository`-Intervalle von einer Minute mit Verbindung zu SaaS-SCMs in der Praxis erlebt, bei denen es selten Probleme gab. Bei selbstgehosteten SCMs sind aber `GitRepository`-Intervalle von beispielsweise fünf Minuten sicherlich deutlich gesünder und wahrscheinlich immer noch performant genug. Eine Alternative zur Beschleunigung und gleichzeitiger Reduzierung der Last bietet an dieser Stelle die Verwendung von Webhooks vom SCM zum GitOps-Operator, wie Abschnitt 7.2.4 beschreibt.

OCI-Registries als GitOps-Cache

OCI-Registries sind grundsätzlich auf höheren Download-Durchsatz ausgelegt. Deswegen werden OCI-Registries im GitOps-Kontext immer beliebter. Eine Analogie aus der Welt der Webanwendungen hilft dabei: OCI-Registries können als eine Art vorgelagerter Cache für schnelleren Lesezugriff fungieren, der durch den CI-Server mit dem neuesten Manifest beliefert wird, während das Config-Repo im SCM als eine Art Datenbank fungiert, die auch langsameren Schreibzugriff ermöglicht. Abschnitt 4.13 auf Seite 90 geht darauf am konkreten Beispiel von Flux ein.

Zielintervalle sollten niedriger sein als das Quellintervall.

Bei den Zielressourcen (also den Ressourcen, die Prinzip 4 entsprechen) wird hingegen ausschließlich der Controller für die Zielressourcen beansprucht. Je niedriger wir also das Intervall auf dem Ziel setzen, desto schneller wird Prinzip 4 umgesetzt und werden manuelle Änderungen im Cluster rückgängig gemacht. Deshalb empfiehlt es sich, das Quellintervall mindestens auf den Wert des Zielintervalls zu setzen, besser aber noch auf einen niedrigeren Wert. Beispielsweise könnte man ein `GitRepository`-Intervall von fünf Minuten mit einem `Kustomization`-Intervall von einer Minute kombinieren.

Argo CD hat nur globale Intervalle.

Argo CD hat für das Quellintervall einen Standardwert von drei Minuten[4]. Dieser lässt sich ändern. Im Gegensatz zu Flux, wo wir diese Einstellung jeweils pro Quelle konfigurieren können, gilt diese Einstellung allerdings global für *alle* `Applications`.

Argo CD hat auch einen Standardwert für das Zielintervall: fünf Sekunden[5]. Dieses Intervall wirkt sich nur dann aus, wenn wir Automatic Self-Healing aktiviert haben (was nichts anderes als das Anwenden von GitOps-Prinzip 4 ist). Auch dieser Wert kann überschrieben werden, und auch dieser Wert gilt im Gegensatz zu Flux für alle `Applications` gleichermaßen.

Quellintervall bei Argo CD Autopilot

Der Argo CD Autopilot setzt das Quellintervall schockierenderweise auf 15 Sekunden[6]. Wir konnten weder im Code noch in der Dokumentation Hinweise auf Hintergründe für diese Wahl finden. Wer den Autopilot nutzt, sollte diesen Wert unbedingt wieder erhöhen!

Dies können wir glücklicherweise relativ einfach erreichen, indem wir den `configMapGenerator` in der Kustomization `bootstrap/argo-cd/kustomization.yaml` ändern von `behavior="merge"` auf `behavior="replace"`. Dadurch wird die `ConfigMap`, die vom `configMapGenerator` in der Kustomization des Autopilot erstellt wird, komplett ersetzt.

7.2.4 Rollout im GitOps-Operator aktiv triggern

Wir haben in Abschnitt 7.2.2 auf Seite 208 gesehen, dass Flux und Argo CD automatisch die Rollout-Schritte 2 und 3 triggern, wenn beim Ausführen von Schritt 1 Änderungen festgestellt werden. Im gleichen

[4] *https://github.com/argoproj/argo-cd/blob/v2.8.4/docs/faq.md#how-often-does-argo-cd-check-for-changes-to-my-git-or-helm-repository*

[5] *https://github.com/argoproj/argo-cd/blob/v2.8.4/docs/user-guide/auto_sync.md#automated-sync-semantics*

[6] *https://github.com/argoproj-labs/argocd-autopilot/blob/v0.4.17/manifests/base/kustomization.yaml*

Atemzug haben wir aber davon geredet, dass bei GitOps ganz grundsätzlich diese Sequenzialität kein Muss ist.

Wir können uns die gleiche Frage auch in Bezug auf das Config Update und den Rollout als Ganzes stellen: Wir wissen, dass bei GitOps ein Commit im Config-Repo nicht automatisch den Rollout (mit allen drei Schritten) im GitOps-Operator triggern muss. Aber können wir einen solchen Trigger dennoch bewerkstelligen?

Flux und Argo CD ermöglichen aktives Triggern über Webhooks.

Bei Argo CD und Flux können wir diese Frage mit »Ja« beantworten (siehe Abschnitt 4.9 auf Seite 82): Wir können dort optional Webhooks dafür einrichten. Das Grundprinzip ist simpel: Wir konfigurieren im Cluster unseren GitOps-Operator so, dass er einen Endpunkt öffentlich verfügbar macht, auf dem er auf eingehende Requests lauscht, und an einem Repository außerhalb des Clusters (beispielsweise einem Git-Repository) konfigurieren wir einen Webhook, sodass bei jedem Push eines neuen Artefakts der öffentliche Endpunkt aufgerufen wird. Dadurch können wir den GitOps-Operator aktiv instruieren, das Beziehen und Angleichen jetzt sofort zu starten statt auf die nächste planmäßige Ausführung von Rollout-Schritt 1 zu warten.

Das Repository muss nicht zwingend ein Git-Repository sein und das hochgeladene Artefakt muss nicht zwingend ein Commit sein: Es gibt viele Systeme, die Webhooks implementieren. SCMs gehören dazu, aber auch viele CI-Server und OCI-konforme Registries ermöglichen es, Webhooks bei bestimmten Events aufzurufen. So können wir also nicht nur beim Pushen eines Commits, sondern beispielsweise auch beim Pushen eines Images in ein bestimmtes Image-Repository einen Webhook triggern.

Allerdings muss beim Aufruf des Webhooks für den Operator nachvollziehbar sein, welche Ressource er angleichen soll. Die minimal notwendigen Informationen sind die URL des Git-Repositorys, das geladen werden soll, und die gewünschte Referenz (das heißt: ein Branch, Commit oder Tag).

Argo CD bietet einen Webhook für Commit-Pushes.

Bei Argo CD ist die Konfiguration einfacher, aber auch begrenzter: Der Endpunkt ist generisch gesetzt als `/api/webhook` unterhalb der Instanz-URL[7], die durch einen `Ingress` exponiert werden muss[8]. Die Differenzierung, für welche `Application` eine Angleichung gestartet werden soll, wird aus dem Payload des Webhook-Aufrufs entnommen. Dadurch unterstützt Argo CD nur bestimmte SCMs, weil das Format des Payloads bekannt sein muss. Außerdem kommen durch diese Verein-

[7] *https://github.com/argoproj/argo-cd/blob/v2.8.4/docs/operator-manual/webhook.md*

[8] *https://github.com/argoproj/argo-cd/blob/v2.8.4/docs/operator-manual/ingress.md*

fachung momentan nur Git-Repositories als Trigger infrage und keine Container-Registries, weil Container-Registries nicht ohne Weiteres wissen können, welche Git-Repo-URL und welche Git-Referenz im Payload gesetzt sein soll.

Flux bietet flexiblere Webhooks und Quellen.

Bei Flux konfigurieren wir den Endpunkt über eine Custom Resource namens `Receiver`[9]. Um den `Receiver` zu exponieren, wird der Notification-Controller von Flux exponiert (beispielsweise mittels eines eigens konfigurierten `Ingress`). Um den einzelnen `Receiver`-Pfad abzusichern, wird ein `Secret` mit einem Token erzeugt und im `Receiver` referenziert[10]. Dieses `Secret` muss dann von der Quelle beim Aufruf mitgegeben werden.

Bei einem Flux-`Receiver` entscheidet nicht der Payload des Requests, welches `GitRepository` angeglichen wird, sondern die gewünschten Ressourcen werden im `Receiver` selbst festgelegt. Ein Flux-`Receiver` kann auch nicht nur von Git-Repositories angesprochen werden, sondern von einigen Container-Registries und sogar von generischen Quellen.

Das Einrichten eines aktiven Triggers (egal ob bei Argo CD oder Flux) erhöht zwar im besten Fall unsere Deployment-Geschwindigkeit, aber sie kommt mit gewissen Nachteilen:

- *erhöhte Komplexität*: Wir müssen zusätzliche Integrationen verwalten.
- *Anforderungen an das Netzwerk*: Damit der Webhook aufgerufen werden kann, muss eine Netzwerkverbindung zwischen Repo oder Registry und GitOps-Operator vorhanden sein. Gerade in Enterprise-Netzwerken mit Firewall ist dies nicht immer gegeben.
- *Sicherheitsaspekte*: Wir geben einem System von außerhalb des Clusters Zugriff auf den Cluster. Allerdings handelt es sich ausschließlich um einen Webhook, der ein Beziehen und Angleichen triggert. Die Angriffsvektoren sind daher begrenzt.

Im Licht dieser Tatsachen können wir folgende Alternativen zu Webhooks erwägen:

- *Intervall verringern*: Wir können das Quellintervall verringern, damit unsere maximale Wartezeit sich verkürzt. Damit erhöhen wir aber auch die Last auf unserem Quellsystem.
- *Asynchronität akzeptieren*: In einem Deployment-Fluss mit GitOps werden wir der Asynchronität nie vollständig entkommen, weil auch Webhooks beispielsweise wegen Netzwerkproblemen kurz-

---

[9] *https://fluxcd.io/flux/components/notification/receivers*

[10] *https://github.com/fluxcd/website/blob/e7e991c/content/en/flux/guides/webhook-receivers.md*

zeitig nicht erreichbar sein können. Worauf wir uns aber auch ohne Webhooks verlassen können: Die Kontrollschleife von Beziehen und Angleichen wird in den allermeisten Fällen kontinuierlich laufen. Deshalb sollte sie auch bei Webhooks beibehalten werden, kann aber mit geringeren Intervallen verwendet werden.

7.3 Config Update

Welche Konsequenzen ergeben sich, wenn der CI-Server oder jemand anders das Config Update durchführt? Vergleichen wir doch einmal, welche Schritte der jeweilige Akteur ausführen muss.

Eine CI-Implementierung des Config Update muss nur folgende Aufgaben erfüllen:

Config Update durch CI entspricht am besten den Wissensständen der Akteure.

1. sich mit einem Git-Repository mit Schreibzugriff authentifizieren
2. den neuen Image-Tag in ein Manifest schreiben (zum Beispiel mit `yq`, siehe Listing 2–1 auf Seite 37, oder `kustomize edit set image`)
3. einen Commit erstellen und pushen

Ein Mechanismus, der außerhalb der CI-Pipeline das Gleiche erreichen will, hat einen entscheidenden Nachteil: Er weiß nicht sofort, welchen Image-Tag er schreiben soll. Deshalb hat er zusätzlich zu den Schritten der CI-Implementierung mehr Aufgaben zu erledigen, und zwar insgesamt folgende:

1. sich mit einer Image-Registry authentifizieren
2. ein Image-Repository in der Registry überwachen
3. die gefundenen Image-Tags auf eine Liste filtern, nach einem Kriterium sortieren, den »neuesten« Tag auswählen und mit dem deployten Workload vergleichen, ob ein Update nötig ist
4. sich mit einem Git-Repository mit Schreibzugriff authentifizieren
5. den neuen Image-Tag in ein Manifest schreiben
6. einen Commit erstellen und pushen

Wenn der GitOps-Operator oder ein Dependency-Bot das Config Update übernimmt, haben wir jedoch einen angenehmen Vorteil: Wir müssen keinen eigenen Code schreiben, wie es bei einer CI-Pipeline oftmals nötig sein wird. Das kann gerade hinsichtlich der Authentifizierung mit Git sehr hilfreich sein, weil es je nach SCM verschiedenste Möglichkeiten gibt, schreibend auf ein Repo zuzugreifen.

Config Update durch externe Tools benötigt keinen eigenen Code.

Schauen wir uns nun an, wie wir dieses Config Update mit einem GitOps-Operator oder einem Dependency-Bot bewerkstelligen können. Mehr Details zu dem Thema geben außerdem Abschnitt 4.10 auf Seite 85 und Abschnitt 6.5.5 auf Seite 165.

7.3.1 Argo CD Image Updater

Argo CD Image Updater noch nicht produktionsreif

Der Mechanismus bei Argo CD nennt sich *Argo CD Image Updater*. Der Argo CD Image Updater ist ein separater Controller, der zusätzlich zu Argo CD installiert werden muss und von dem es momentan noch keine produktionsreife Version 1.0 gibt.

Fast die gesamte Konfiguration des Image Updaters geschieht über Annotationen an der jeweiligen `Application`. Das Filtern der Image-Tags ist möglich anhand folgender Kriterien:

- Semantic Versioning (SemVer)
- Regex-Matching mit anschließender alphabetischer Sortierung
- Sortierung nach dem Herstellungszeitpunkt
- Sortierung nach dem neuesten Digest eines Rolling Image-Tags

7.3.2 Flux Image Automation

Image Automation (Flux)

Bei Flux heißt der korrespondierende Mechanismus *Image Automation* und erstreckt sich über mehrere CRDs. Die Flux Image Automation ist ein natives Feature von Flux CD. Folgende CRDs kommen zum Einsatz:

1. Ein `ImageRepository` repräsentiert ein Repository in einer Image-Registry.
2. In einer `ImagePolicy` legt man die Filterung und Sortierung der Image-Tags des `ImageRepositorys` fest.
3. Eine `ImageUpdateAutomation` verbindet sich mit dem Git-Repo und committet die Änderung.

Die größere Anzahl an CRDs bedeutet eine bessere Trennung von Zuständigkeiten, aber ebenso wie beim Rollout besteht hier die Herausforderung darin, dass man oft mehrere Ressourcen überprüfen muss, um Fehler zu finden. Im Gegensatz zum Argo CD Image Updater ist bei Flux die Authentifizierung mit Image-Registries oft leichter, weil ein Image Pull Secret referenziert werden kann, das im gleichen `Namespace` wie der eigentliche Workload liegt.

Die Filterungsmöglichkeiten bei Flux sind etwas begrenzter als bei Argo CD:

- Semantic Versioning (SemVer)
- Regex-Matching mit anschließender alphabetischer Sortierung
- Regex-Matching mit anschließender numerischer Sortierung

Die Implementierung und Dokumentation der Filterung bei Flux lässt erahnen, dass sie ressourcenschonender ist als die von Argo CD, weil explizit nur Image-Tags abgefragt werden und keine Metadaten (wie zum Beispiel der Herstellungszeitpunkt)[11]. Auf diese Weise ist es wahrscheinlicher, dass man Rate-Limits von Container-Registries wie beispielsweise Docker Hub nicht überschreitet[12]. (Allerdings kann bei Docker Hub auch ein authentifizierter Zugriff auf Images Linderung bei Rate-Limits verschaffen.)

Flux-Mechanismus etwas weniger flexibel, dafür ressourcenschonender

7.3.3 Dependency-Bot

Neue Versionen von Software auf Basis von Dateien in Git zu finden und entsprechende Änderungen vorzuschlagen ist keine Aufgabe, die sich ausschließlich auf den Bereich von Deployments beschränkt. Tools zum automatischen Updaten von Dependencies werden immer populärer: Abschnitt 6.5.5 auf Seite 166 stellt mit Dependabot von GitHub und Renovate von Mend zwei Beispiele für solche Werkzeuge vor. Sie können PRs erstellen, wenn sie veraltete Versionen von Code-Dependencies vieler Paketmanager oder von Docker-Images finden.

Ähnlicher Wissensnachteil wie GitOps-Operator, dritter Akteur

Wenn wir bereits ein solches Tool im Einsatz haben und keinen CI-Job dafür schreiben wollen, kann beispielsweise eine Renovate-Konfiguration auf dem Config-Repo in Kombination mit einer Authentifizierung an der Image-Registry eine gangbare Möglichkeit sein. Die Konsequenzen sind allerdings sehr ähnlich zu dem Fall, wenn der GitOps-Operator das Config Update verantwortet:

- Vorteil: Wir müssen keinen CI-Code schreiben.
- Nachteil: Das Config Update wird asynchron und schwerer nachzuvollziehen.
- Nachteil: Der Dependency-Bot hat die gleiche Wissenslücke wie der GitOps-Operator und muss die Image-Registry ständig überwachen und damit belasten.

Ein zusätzlicher Nachteil ist, dass wir bei unserer Deploy-Pipeline nun drei Akteure und damit noch mehr Komplexität haben:

1. den CI-Server (synchron)
2. den GitOps-Operator (asynchron)
3. den Dependency-Bot (asynchron)

[11] *https://github.com/fluxcd/website/blob/e7e991c/content/en/flux/guides/sortable-image-tags.md*

[12] *https://docs.docker.com/docker-hub/download-rate-limit*

Wer jedoch bereits einen Dependency-Bot im Einsatz hat, kann damit mit wenig Aufwand ein integriertes Config Update bekommen.

Sortierbare Image-Tags sind ein Muss.

Für alle Ansätze, bei denen das Config Update nicht durch den CI-Server geschieht, gilt eine wichtige Einschränkung: Wir müssen uns Gedanken machen über eine einheitliche Namenskonvention bei den selbstgebauten Images, weil die eben beschriebenen Ansätze Image-Tags brauchen, die (zumindest mit einem Substring) eindeutig sortierbar sind. Image-Tags, die nur aus dem Commit-Hash bestehen, würden beispielsweise nicht funktionieren.

7.4 Prüfen

Betrachten wir nun den Schritt Prüfen unserer Deployment-Flüsse genauer. Dabei erörtern wir, welche Herausforderungen beim Prüfen durch den CI-Server auftreten, und betrachten Beispiele des Prüfens durch den GitOps-Operator. Abschließend zeigen wir, wie man mit Progressive Delivery Rollout und Prüfung koppeln kann und welche Tools es in diesem Umfeld gibt.

7.4.1 Prüfen via CI-Server

Wenn wir das Prüfen vom CI-Server ausführen lassen (wie beispielsweise in dem Deployment-Fluss *CI-Klammer*), dann wollen wir informiert werden, wenn Fehler auftreten. Dank Abschnitt 7.2.1 auf Seite 205 wissen wir, welche Kubernetes-Ressourcen wir auf fehlerhafte `Events` überprüfen müssen, wenn der Prüfschritt im CI-Server fehlschlägt. Darüber hinaus können wir uns auch automatisiert über solche Fehlermeldungen benachrichtigen lassen; dies betrachten wir in Kapitel 8 auf Seite 229 genauer.

Timeout-Wert komplex zu wählen

Allerdings müssen wir auch einen Timeout für unseren Prüfschritt im CI-Server festlegen. Wie können wir einen sinnvollen Wert für diesen Timeout finden? Mit einem zu niedrigen Wert bekommen wir zu viele falsch negative Ergebnisse und werden mit zu vielen Alerts überschwemmt. Bei einem zu hoch angesetzten Wert bekommen wir zu viele falsch positive Ergebnisse und übersehen womöglich einen fehlerhaften Rollout.

Grundsätzlich sollten wir für einen gesunden Timeout-Wert mindestens folgende Zeiten aufsummieren:

1. das *Quellintervall*. Das Zielintervall ist irrelevant, weil zumindest bei Argo CD und Flux die Angleichung sofort getriggert wird.
2. die Zeit fürs *Herunterladen* der Manifeste (meistens vernachlässigbar, weil nur wenige Sekunden)

3. die Zeit fürs *Anwenden* der Manifeste (meistens vernachlässigbar, weil nur wenige Sekunden)
4. die erwartbare Zeit, bis die zu prüfende Anwendung *anfangen* sollte zu starten. Falls die Anwendung eine Kubernetes-Startup-Probe hat, ist dieser Wert identisch mit `initialDelaySeconds`.
5. die maximal erwartbare Zeit, bis die zu prüfende Anwendung *gestartet* sein sollte. Falls die Anwendung eine Kubernetes-Readiness-Probe hat, ist dieser Wert identisch mit `initialDelaySeconds + periodSeconds × failureThreshold`.

Allerdings kommen zu diesen Minimalzeiten noch einige schwer berechenbare Zeiten hinzu:

- Was ist, wenn der Cluster nicht genügend Ressourcen hat, um den Container zu starten? Das Provisionieren von zusätzlichen Nodes (beispielsweise über den Cluster Autoscaler) kann sehr unterschiedlich lange dauern.
- Die Download-Zeiten zum Herunterladen des Container-Images können sehr unterschiedlich lang ausfallen je nach Image-Größe und Bandbreite.

Wir sehen, dass wir für diesen Timeout-Wert viele verschiedene, teilweise schwer abschätzbare Variablen miteinander kombinieren müssen, um einen hilfreichen Wert zu erhalten. Aus unserer Sicht sind wegen dieser Komplexität diejenigen Deployment-Flüsse zu bevorzugen, bei denen der Prüfschritt nicht vom CI-Server ausgeführt wird, zum Beispiel der Deployment-Fluss *Übergabe* und *GitOps-geführt*.

Betrachten wir alternativ, wie das Prüfen durch den GitOps-Operator aussehen kann.

7.4.2 Prüfen via GitOps-Operator

Prüfen mit Kubernetes-Jobs

Denken wir für ein einfaches Szenario an das Beispiel am Anfang des Kapitels mit dem `curl`-Aufruf von Abschnitt 7.1.1 auf Seite 197. Wir können diesen Schritt aus dem CI-Lebenszyklus herausnehmen und in den GitOps-Lebenszyklus überführen, indem wir beispielsweise einen Kubernetes-`Job` erstellen, der genau diesen Aufruf durchführt.

An dieser Stelle ist eine Klarstellung wichtig: Im Gegensatz zum CI-Server ist in diesem Fall der GitOps-Operator *nicht* derjenige, der das Prüfen *selbst ausführt*. Stattdessen deployt der Operator Ressourcen, die dann das Prüfen durchführen. Dadurch, dass der GitOps-Operator diese Ressourcen deployt hat und mit GitOps überwacht, ist er gleichzeitig prädestiniert für Monitoring auf dem Status dieser Ressourcen. In Kapitel 8 auf Seite 229 widmen wir uns dann der Fragestellung, wie wir automatisch benachrichtigt werden können, wenn Ressourcen unter GitOps-Kontrolle fehlschlagen.

Im Folgenden sehen wir ein Beispiel für einen Kubernetes-`Job`, den man zum Prüfen deployen könnte. Er versucht bis zu dreimal hintereinander für jeweils maximal fünf Sekunden, die URL `https://example.com/version` aufzurufen, und er überprüft dabei, ob die Antwort die aktuelle Versionsnummer enthält.

Listing 7–2
Beispiel für einen Prüf-Job

```
apiVersion: batch/v1
kind: Job
metadata:
  name: test-connection
spec:
  backoffLimit: 2 # This will create up to 3 Pods
  template:
    metadata:
      labels:
        version: "44cc68b"
    spec:
      activeDeadlineSeconds: 5
      restartPolicy: Never
      containers:
        - name: test-connection
          image: curlimages/curl:8.00.1
          env:
            - name: VERSION_ID
              valueFrom:
                fieldRef:
                  fieldPath: metadata.labels['version']
            - name: ENDPOINT
              value: https://example.com/version
          command:
            - /bin/sh
            - -c
          args:
            - |-
              set -eux
              curl --fail-with-body "$ENDPOINT" \
              | grep -i "$VERSION_ID"
```

Labels für Variablen

Wir fügen bei diesem Manifest in `.spec.template.metadata` ein Label hinzu. Dieses Label enthält ein Key-Value-Paar, das mit der momentan deployten Version der Anwendung zusammenhängt. Der Wert kann beispielsweise die Commit-ID zur Buildzeit oder der gebaute Image-Tag sein – Hauptsache, der Endpunkt antwortet mit einem String, der diesen Wert enthält.

Offensichtlich benötigen wir diese Versionsinformation im `Job`-Manifest, weil ansonsten unser `Job` nicht wissen kann, gegen welchen Wert er die Rückgabe vergleichen soll. Bei einem Config Update muss dann der Image-Tag nicht nur im Pod-Controller (zum Beispiel `Deployment`) gesetzt werden, sondern zusätzlich auch in der `Job`-Ressource als Label im `Pod`-Template.

Labels für Recreations

Aber dieses Label erfüllt noch einen wichtigeren Zweck, der unmittelbar mit GitOps zu tun hat: Würden wir dieses Label entfernen, wäre der Inhalt des `Job`-Manifests bei jedem Rollout stets gleich. Wenn wir es bei einem Rollout anwenden würden, hätte sich nichts im `Job`-Manifest verändert, und es würden keine `Pods` erzeugt werden, die unsere Prüfung ausführen. Durch dieses sich ständig ändernde Label sorgen wir dafür, dass der Apply mit dem Zusatzparameter `--force` ausgeführt werden muss, damit wegen der Änderung dieses (laut Spezifikation) unveränderlichen Feldes die `Job`-Ressource neu erzeugt wird.

Letztlich besteht keine Notwendigkeit, ein Label zu setzen; wir können jegliches unveränderliche Feld in der `Job`- oder `Pod`-Spezifikation nutzen. Das Setzen des Labels ist allerdings ein eleganter Weg, weil wir dadurch den `Job` erweiterbar halten für mögliche weitere Container in derselben `Pod`-Spezifikation.

Testkube für komplexere GitOps-basierte In-Cluster-Tests

Wer größere Test-Suites hat, kann mit Tools wie Testkube[13] seine Tests bündeln und mithilfe mehrerer Handvoll vorgefertigter Executors arbeiten. Dabei werden für Executors, Tests und Test-Suites Custom Resources erstellt. Das Tool bietet auch Guides für Flux und Argo CD[14].

7.4.3 Progressive Delivery

Staged Rollouts können Risiken in Produktion minimieren.

Bisher haben wir den Rollout- und den Prüfschritt sehr getrennt voneinander betrachtet. Und auf nichtproduktiven Environments (also alles außer Produktion) ergibt das durchaus Sinn. Aber auf produktiven Umgebungen haben wir mit vielen Unbekannten zu kämpfen, die wir auf den vorherigen Environments kaum reproduziert bekommen, darunter sehr diverse Datenstände und große Mengen kreativer User. In solchen Umgebungen kann es hilfreich sein, den Rollout nuancierter durchzuführen, sodass beispielsweise nicht sofort der gesamte Traffic auf den neuen Anwendungsversionen landet.

[13] *https://docs.testkube.io*

[14] *https://github.com/kubeshop/testkube/blob/v1.15.2/docs/docs/articles/gitops-overview.md*

Damit sind wir im Themenbereich »Staged Rollouts« oder (häufiger) »Progressive Delivery«. In dieser Praxis werden Rollout und Prüfen sehr eng miteinander verzahnt und quasi zusammen ausgeführt.

Einfache native Progressive Delivery mit Multi-Replica-Deployments

Bei Kubernetes-`Deployments` passieren solche nuancierteren Rollouts bereits zu einem gewissen Maß von Haus aus: Standardmäßig kommt die Deployment-Strategie `RollingUpdate` zum Einsatz. Dadurch wird beim Apply eines `Deployments`, bei dem sich beispielsweise der Image-Tag ändert, erst ein neues `ReplicaSet` erzeugt, und erst wenn gemäß der Readiness-Probe ein neuer `Pod` gesund wird, bekommt er Requests ab. Bei `Deployments` mit nur einer Replica passiert die Umstellung sofort, sodass Requests abrupt von einem Moment auf den anderen von 100 % alt zu 100 % neu umgestellt werden. Bei einem `Deployment` mit mehreren Replicas passiert das Schritt für Schritt: Zuerst werden nur noch 75 % der Requests an die alten Replicas und 25 % an die neuen Replicas geschickt. Sobald genügend gesunde neue Replicas vorhanden sind, wird auf 50/50 umgestellt; bei den nächsten gesunden neuen Replicas auf 25/75 und schließlich auf 100 % neu.

Solche nativen Staged Rollouts sind ein guter Anfang, aber wir benötigen dann immer mehrere Replicas. Das kann Ressourcenverschwendung sein oder bei älteren Anwendungen aufwendig bis unmöglich. Außerdem kann ein automatischer Rollback nur auf Basis unserer Readiness-Probe erfolgen, und damit würden wir ihre übliche Aussagekraft deutlich strapazieren. (Normalerweise soll unsere Readiness-Probe die Frage beantworten: »Ist dieser Container bereit dafür, irgendwelche Requests zu empfangen?« Aber in diesem Fall wollen wir viel eher die Frage beantworten: »Ist dieser Container bereit dafür, *Production-Requests* zu empfangen?«)

Bei Argo und Flux gibt es fertige Tools, die bei komfortabler Progressive Delivery helfen: Aus Abschnitt 4.10 auf Seite 85 kennen wir bereits *Argo Rollouts* und *Flagger*. Wir betrachten kurz, wie Progressive Delivery bei Flagger funktioniert:

Flagger von Flux dupliziert Workloads mit Canaries.

Wir deployen zusätzlich zu unserem Kubernetes-`Deployment` eine Custom Resource von Flagger namens `Canary`. Flagger überwacht anhand dieses `Canarys` unser `Deployment`. Sobald das `Deployment` sich verändert (beispielsweise durch einen neuen Image-Tag oder veränderte Inhalte von `ConfigMaps` oder `Secrets`), dupliziert Flagger alle Ressourcen (`Deployment`, `ConfigMap`, `Secret`, `Service`, `HorizontalPodAutoscaler`) und fügt im Namen das Suffix »-canary« hinzu. Anschließend routet Flagger erst einen gewissen Prozentsatz aller Requests auf den automatisch erstellten Canary. Währenddessen überprüft Flagger gewisse Prometheus-Metriken, welche die Anwendung im Canary-`Deployment` ausgibt, beispielsweise die *Request Success Rate* (den Prozentsatz an Responses, die keinen 500er-Status haben).

Dabei verlässt sich Flagger nicht allein auf die realen Requests, die sowieso hereinströmen: Flagger liefert einen simplen Load-Tester mit, mit dem wir automatisch Requests (auch in größeren Mengen) an den Canary schicken können, sobald ein Rollout startet. Wird der Zielwert der Metriken nicht erreicht, dann wird der Rollout abgebrochen und automatisch zurückgerollt. Wird er hingegen innerhalb des vorgegebenen Prüfintervalls eingehalten, wird die nächste prozentuale Verschiebung der Requests durchgeführt. Ab einem bestimmten Prozentsatz wird tatsächlich auch das primäre `Deployment` mit den Änderungen aktualisiert (Replica für Replica) und das Canary-`Deployment` ganz am Ende wieder gelöscht.

Mithilfe von Alerting kann man sich über alle Erfolgs- und Fehlerfälle informieren lassen. Flagger unterstützt nicht nur die eben beschriebenen Canary-Releases, sondern auch A/B-Testing, Blue/Green-Mirroring und integriert sich sowohl mit `Ingress`-Controllern als auch Service Meshes. Prometheus ist nicht die einzige Möglichkeit, um Rollout-relevante Metriken abzugreifen; auch Datadog, New Relic, CloudWatch und weitere Quellen sind nutzbar. Mithilfe von `MetricTemplates` kann man sich auch ganz eigene Metriken erstellen.

Argo Rollouts erfordert Migration auf anderen Ressourcentyp.

Bei Argo Rollouts muss man etwas invasiver vorgehen: Wir bearbeiten unsere `Deployment`-Manifeste und wechseln `apiVersion` und `kind` aus, sodass wir statt einer `Deployment`-Ressource eine Argo-`Rollout`-Ressource deployen. Wenn man umstellt von `Deployments` auf `Rollouts`, dann muss man daran denken, zuerst die `Rollout`-Ressource zu deployen, bevor man die `Deployment`-Ressource löscht, weil man andernfalls Downtime riskiert[15].

Ähnlich zu dem, was wir in einer `Canary`-Ressource bei Flagger setzen würden, fügen wir einer `Rollout`-Ressource dann Konfiguration unterhalb von `.spec.strategy` hinzu. Allerdings kommt die Analyse in eine separate Custom Resource namens `AnalysisTemplate`; außerdem liefert Argo Rollouts keine vorgefertigten Analyse-Metriken mit, wie Flagger es tut. Argo Rollouts bietet auch keine automatischen Rollouts, wenn eingebundene `ConfigMaps` oder `Secrets` sich ändern wie Flagger, sondern verlässt sich dafür auf Reloader von Stakater[16].

Bei Argo Rollouts gibt es allerdings eine dedizierte UI, mit der man Rollouts nicht nur über die CLI live nachvollziehen kann. In allen anderen Punkten schenken sich beide Tools nicht viel. Durch Webhooks kann man in die allermeisten Phasen des Staged Rollouts manuell eingreifen oder Automatisierung integrieren.

[15] *https://github.com/argoproj/argo-rollouts/blob/v1.6.0/docs/migrating.md*

[16] *https://github.com/argoproj/argo-rollouts/issues/958*

Kreuzkombinationen nicht offiziell unterstützt

Interessanterweise können wir in der Theorie die Entscheidung über ein Tool für Progressive Delivery unabhängig treffen von unserem GitOps-Operator: Argo CD sollte mit Flagger funktionieren und Flux sollte mit Argo Rollouts funktionieren, weil GitOps und PD separate Themenfelder sind. Dennoch sind solche Kreuzkombinationen bisher selten, es gibt keinen offiziellen Support dafür und wir haben keine Evidenz für Erfolgsfälle gefunden[17].

Dementsprechend scheint es sinnvoll, bei PD eher die jeweiligen Tools aus der zugehörigen Familie des GitOps-Operators zu nutzen. Wir Autoren haben allerdings noch keine praktische Erfahrung mit Progressive Delivery gesammelt und wagen es deshalb nicht, eine klare Empfehlung für das eine oder andere PD-Tool auszusprechen.

Was uns beim Thema Progressive Delivery noch auffällt, ist Folgendes: Diese Herangehensweise ergibt nur bei den Deployment-Flüssen Sinn, bei denen wir den Rollout- und den Prüfschritt vom GitOps-Operator ausführen lassen, also der Deployment-Fluss *Übergabe* und *GitOps-geführt*. Einen ausführlichen Einstieg in Progressive Delivery mit Flagger gibt es von Florian Heubeck in »Reliable Application Deployments in a GitOps Setup with Flagger«[18].

7.5 CI-Server mit GitOps verwalten

Wir haben am Anfang des Kapitels bereits festgelegt, dass der Build-Schritt am besten immer in der Verantwortung des CI-Servers bleibt. Doch auch wenn wir den Build selbst nicht über den GitOps-Operator ausführen lassen können, könnten wir trotzdem fragen: Können wir zumindest unseren CI-Server selbst mit GitOps verwalten?

Diese Frage liegt bei Plattformteams näher als bei Entwicklungsteams, weil die Fragestellung nicht so sehr sich damit beschäftigt, welcher Deployment-Schritt in der Verantwortung des CI-Servers oder des GitOps-Operators liegt. Stattdessen steht die Infrastruktur im Fokus und teilweise auch das Bereitstellen von wiederverwendbaren Pipelines.

Tools wie Argo CDs Schwesterprojekt Argo Workflows[19] oder das Projekt Tekton[20] aus der Continuous Delivery Foundation ermöglichen das Betreiben von CI/CD-Pipelines direkt in einem Kubernetes-Cluster. Kubernetes bietet sich dafür natürlich sehr gut an, denn heutzutage wollen wir in aller Regel Pipeline-Schritte als einzelne Container (oder

[17] *https://github.com/fluxcd/flux2/discussions/1476*

[18] *https://medium.com/mediamarktsaturn-tech-blog/reliable-application-deployments-in-a-gitops-setup-with-flagger-4fb80405108c*

[19] *https://argoproj.github.io/workflows*

[20] *https://tekton.dev*

als Verbund von Containern) ausführen, was mit Kubernetes-`Pods` sehr leicht möglich ist.

Wir betrachten kurz als konkretes Beispiel Tekton. Dieses Tool bietet CRDs für folgende Aufgaben (und auch eine im Cluster betriebene UI zur Übersicht):

- Jobs und Pipelines definieren:
  - `Task`
  - `Pipeline`, die `Tasks` gruppiert
- Jobs und Pipelines manuell ausführen:
  - `TaskRun`
  - `PipelineRun`
- Jobs und Pipelines von außen triggern:
  - `EventListener`, um über Webhooks Events zu empfangen
  - `TriggerTemplate`, um einen `PipelineRun` zu erzeugen
  - `TriggerBinding`, um Input-Variablen von eingehenden Events vom `EventListener` an das `TriggerTemplate` zu übergeben

Größere Verantwortung als mit SCM-nativen CI-Angeboten

Auch wenn die Menge an CRDs noch relativ überschaubar ist, können wir dennoch erahnen, dass mit einem solchen Setup deutlich mehr Komplexität und Verantwortung auf uns zukommt. Viele SCMs bieten von Haus aus CI-Dienste an, darunter beispielsweise GitHub Actions, GitLab CI, Bitbucket Pipelines oder Gitea Act Runner. Bei diesen SCM-nativen CI-Diensten gelingt die Integration mit dem SCM (zum Beispiel bei der Autorisierung auf Repos und bei Event-Listenern) oftmals deutlich flüssiger als mit weniger nativ integrierten Tools wie Tekton.

Außerdem erhöht das Ausführen von Build-Jobs im Cluster auch folgende Risiken:

- *Last*: Es laufen mehr `Pods`, die oft viel CPU und RAM brauchen und durch solche Lastspitzen die Antwortzeiten anderer Systeme reduzieren können.
- *Sicherheit*: Im Cluster werden mehr und meist größere Images ausgeführt, die oft auch weniger für den produktiven Betrieb optimiert sind. Womöglich möchte man einen dedizierten Cluster für diese Workloads aufsetzen, was aber auch wieder Wartungsaufwände mit sich bringt.

Für Plattformteams mit diverser Landschaft sinnvoll

Für Plattformteams kann die Rechnung dennoch sehr gut aufgehen, denn einen CI-Server muss man in jedem Fall anbieten. Und wenn man so viel wie möglich davon mit GitOps verwalten und Kubernetes-Ressourcen dabei nutzen kann, ist es umso besser. (Einzige Ausnahme dabei ist natürlich der Fall, wenn man einen SaaS-Dienst als CI-Server verwenden kann und nichts selbst hosten muss.)

Christian Hernandez erzählt außerdem von einem Szenario, in dem ein Plattformteam eine CI/CD-Library bereitstellen wollte für Developer-Teams, die verschiedene SCMs nutzen[21]. In einem solchen Fall kann es deutlich leichter sein, sich über Tools wie Tekton mit diversen SCMs zu verbinden.

In Kapitel 11 auf Seite 291 gehen wir ausführlicher darauf ein, wie wir mit GitOps auch Infrastruktur verwalten können.

7.6 Fazit

GitOps bringt zwangsläufig mehr Asynchronität in unseren Deployment-Fluss, weil mehrere Controller mit unterschiedlichen Zuständigkeiten und unterschiedlichen Rhythmen parallel arbeiten. Damit gehen zwar Wartezeiten einher, diese können wir aber beeinflussen.

Argo CD hat weniger CRDs als Flux. Das kann Debugging leichter machen, weil Fehler tendenziell zentralisierter aufzufinden sind als bei den verstreuten Ressourcen von Flux. Allerdings fällt die Konfiguration von Flux-Ressourcen durch die klarere Trennung von Zuständigkeiten meist leichter.

Unsere Empfehlungen

Wir haben fünf verschiedene Deployment-Flüsse betrachtet, die aus unterschiedlichen Kombinationen von Zuständigkeiten bei den vier Schritten resultieren. Je nach Situation empfehlen sich unserer Meinung nach unterschiedliche Flüsse. Generell liegen für uns die Deployment-Flüsse *Übergabe* und *GitOps-geführt* aufgrund folgender Argumente nahe:

- Das Prüfen ist in der Verantwortung des GitOps-Operators. Dadurch, dass das Prüfen im Cluster abläuft, haben wir größere Flexibilität und müssen weniger Kompromisse bei der Sicherheit eingehen.
- Im Gegensatz zu *Schmal-GitOps* und *CI-Klammer* haben wir keine Verzweigungen im Prozess, während denen CI-Server und GitOps-Operator parallel Dinge durchführen. Unser Deployment-Fluss ist linearer und leichter nachvollziehbar. Wir vermeiden dadurch auch das komplexe Optimieren von Timeout-Werten für den CI-Server.
- Weil das Prüfen in der Verantwortung des GitOps-Operators ist, sind wir bereits in einer guten Ausgangsposition für Progressive Delivery.

[21] *https://youtu.be/I7u-v53BW-o*

Wer einen Dependency-Bot einsetzt und die entsprechende Lernkurve bereits hinter sich hat, sollte am besten einen GitOps-geführten Deployment-Fluss damit umsetzen. Dies spart viel Aufwand und Komplexität bei der Implementierung von CI-Pipelines. Das gilt besonders, wenn die Hauptaufgabe des Teams das Betreiben von Third-Party-Applications ist (die nicht selbst gebaut werden), wie beispielsweise bei einem Plattformteam. Außerdem wird auch das Generieren von PRs automatisiert, was dieses Kapitel nicht näher betrachtet. Ähnliches gilt für die Nutzung von Image Update Controllers, jedoch bieten diese noch keine PR-Erzeugung an, was sich aber perspektivisch ändern könnte. Beispielsweise kann der ApplicationSet-Controller von Argo CD bereits mit PRs interagieren. Die Verwendung von Image Updaters hat den Vorteil, dass damit der gesamte GitOps-Prozess von einem Tool umgesetzt wird.

Andererseits sprechen auch viele Argumente für *Übergabe*. Hier ist das Config Update in der Verantwortung des CI-Servers. Besonders wenn das Team Anwendungen betreibt, die es selbst baut, und dadurch ohnehin schon CI-Pipelines vorhanden sind, liegt dieser Deployment-Fluss nahe. Die Verantwortung dieser Aufgabe passt mit dem Wissensstand des CI-Servers am besten zusammen. Dadurch müssen wir uns keine Gedanken machen um Performanceeinbußen bei der Image-Registry oder Sicherheitsrisiken beim Pushen aus dem Cluster heraus.

8 Alerting integrieren

Begriffe und Synonyme

Wir verwenden »Alerting« und »Benachrichtigung« synonym.

In den Deployment-Flüssen im vorherigen Kapitel haben wir mit einem Prüfschritt am Schluss sichergestellt, dass unsere Anwendung stabil und mit der neuesten Version läuft (siehe Abschnitt 7.4.1 auf Seite 218). Wenn wir unseren Prüfschritt im Cluster ausführen, ist er losgelöst von unserer CI-Pipeline und wir können nicht ohne Weiteres über Fehlschläge dieses Schritts benachrichtigt werden. Zusätzlich können unserem GitOps-Operator verschiedenste Probleme begegnen, während er im Cluster tätig ist:

- Das Config-Repo oder Helm-Repo kann unverfügbar sein, zum Beispiel durch Netzwerkprobleme oder abgelaufene Zugangsdaten.
- Manifeste können invalide sein, zum Beispiel durch ungültiges YAML oder nicht existente Felder.
- Das Anwenden von Manifesten kann fehlschlagen, zum Beispiel wenn ein Admission Webhook unverfügbar ist.

Zusätzlich ist es denkbar, dass wir keinen aktiven Prüfschritt implementiert haben. Für den produktiven Betrieb jedoch ist Alerting grundsätzlich unabdingbar, egal in welcher Form. Daher wollen wir uns genauer anschauen, wie ein GitOps-Operator uns benachrichtigen kann, wenn Fehler auftreten oder Ressourcen in einem ungesunden Zustand sind. In diesem Kapitel befassen wir uns bewusst nur mit Alerting und nicht mit Monitoring oder gar Observability. Wir betrachten konkret folgende Fragestellungen:

1. Wie kann ich den Gesundheitszustand einer Ressource mittels meines GitOps-Operators feststellen? (Abschnitt 8.1)
2. Wie kann ich Benachrichtigungen über den Gesundheitszustand aus meinem GitOps-Operator verschicken? (Abschnitt 8.2 auf Seite 239)

Abschließend betrachten wir in Abschnitt 8.3 auf Seite 245, wie wir diese in einer ganzheitlichen Strategie einsetzen können.

8.1 Gesundheitszustand feststellen

Beginnen wir damit, wie wir den Gesundheitszustand von Ressourcen feststellen können. Dabei schauen wir zunächst an, was Kubernetes (Abschnitt 8.1.1) und Helm (Abschnitt 8.1.2 auf Seite 235) unabhängig von GitOps an Bordmitteln mitbringen. Dann betrachten wir, wie Flux (Abschnitt 8.1.3 auf Seite 235) und Argo CD (Abschnitt 8.1.4 auf Seite 238) darauf aufbauen.

Ressourcenzustand in Kubernetes als »low hanging fruit«

Den Gesundheitszustand feststellen zu können ist die Grundlage für das Versenden von Benachrichtigungen in Abschnitt 8.2 auf Seite 239. Kubernetes bietet bereits von Haus aus bei jeder Ressource einen automatisch ermittelten Gesundheitszustand an. Am geläufigsten werden die Zustandsübergänge eines `Pods` sein, der von »Pending« am Anfang seines Schedulings hin zu »Running« wechselt, oder auch die Übergänge eines `Deployments`, das sich im Zustand »Progressing«, »Complete« oder »Failed« befinden kann. Dieser Gesundheitszustand wird über das Tool `kstatus` ermittelt.

Dieser Status einer Kubernetes-Ressource kann hilfreich bei der Umsetzung von Alerting sein, weil wir hier nur wenig selbst implementieren müssen und uns stark auf Vorgefertigtes verlassen können. Außerdem bauen manche GitOps-Operatoren wie Flux bei ihrem eigenen Alerting maßgeblich auf den Kubernetes-Zustand von Ressourcen auf, wie er von `kstatus` gepflegt wird.

Im folgenden Unterabschnitt beschäftigen wir uns genauer damit, wie der Gesundheitszustand einer Kubernetes-Ressource bestimmt wird. Dabei gehen wir teilweise stark in technische Details! Lass dich davon nicht abschrecken: Die wichtigsten Erkenntnisse fassen wir am Ende des Unterabschnitts kurz zusammen.

8.1.1 Kubernetes-nativ mit `kstatus`

`kstatus` *überprüft den Zustand der Angleichung.*

Wie trifft Kubernetes selbst eine Aussage darüber, ob eine Ressource gesund ist – und welche Aussagekraft hat diese Feststellung? Kubernetes hat bei seinen Statusüberprüfungen vor allem ein Ziel: sicherzustellen, dass die Angleichung (»Reconciliation«) einer Ressource erfolgreich war. Eine Ressource wird also grundsätzlich immer dann als »gesund« markiert, wenn die Realität im Cluster der Spezifikation im Manifest entspricht.

Intern nutzt Kubernetes das Tool `kstatus` als Teil der `cli-utils`[1], um den Status einer Ressource festzustellen. Die möglichen Statuswerte, die `kstatus` definiert, sind folgende sechs:

1. *InProgress*: Die Angleichung ist im Gange. Viele Ressourcen beginnen ihr Leben in diesem Zustand; manche hingegen (wie zum Beispiel `ConfigMaps`) sind direkt *Current*.
2. *Failed*: Die Angleichung ist fehlgeschlagen oder der Fortschritt ist steckengeblieben.
3. *Current*: Das Ziel der Angleichung ist erreicht: Die Deklaration im Manifest entspricht vollständig der Realität im Cluster.
4. *Terminating*: Die Ressource wird gerade gelöscht. Dieser Status ist nötig für Ressourcen, deren Abriss (beispielsweise über Finalizer) auch abhängige Ressourcen mit löscht, zum Beispiel `Namespaces`.
5. *NotFound*: Die Ressource wurde nicht im Cluster gefunden.
6. *Unknown*: ein Fallback-Wert, wenn `kstatus` den Zustand nicht bestimmen kann

`kstatus` stützt sich dabei auf die API-Konventionen von Kubernetes[2]. Laut diesen kann jede Kubernetes-Ressource eine Liste unter `.status.conditions` exponieren, die verschiedene »Gesundheitsaspekte« der Ressource beschreibt. Wir zeigen ein Beispiel, wie eine solche Liste beziehungsweise Map an Conditions bei einem `Deployment` aussehen kann:

Listing 8–1
Beispielstatus eines Deployments

```
apiVersion: apps/v1
kind: Deployment
metadata:
  name: argocd-server
  namespace: argocd
  # ...
spec:
  # ...
status:
  availableReplicas: 1
  conditions:
  - lastTransitionTime: "2023-04-04T07:42:23Z"
    lastUpdateTime: "2023-04-04T07:42:23Z"
    message: Deployment has minimum availability.
    reason: MinimumReplicasAvailable
    status: "True"
    type: Available
```

→

[1] *https://github.com/kubernetes-sigs/cli-utils/tree/v0.35.0/pkg/kstatus*

[2] *https://github.com/kubernetes/community/blob/dc6663b/contributors/devel/sig-architecture/api-conventions.md#typical-status-properties*

```
    - lastTransitionTime: "2023-04-04T07:41:46Z"
      lastUpdateTime: "2023-04-04T07:42:23Z"
      message: >-
        ReplicaSet "argocd-server-64957744c9"
        has successfully progressed.
      reason: NewReplicaSetAvailable
      status: "True"
      type: Progressing
    observedGeneration: 2
    readyReplicas: 1
    replicas: 1
    updatedReplicas: 1
```

kstatus *mappt Conditions auf einen Status.*

Wir sehen zwei Conditions:

- »Available« mit `status="True"` und auch
- »Progressing« mit `status="True"`.

`kstatus` würde diese Conditions sehr wahrscheinlich auf den Status »Current« abbilden, weil die Conditions darauf hindeuten, dass die Deklaration im Manifest Wirklichkeit geworden ist.

> Das Feld `.status.conditions` ist eine Liste. Der Verdacht könnte naheliegen, dass diese Liste eine Chronologie abbildet, also den zeitlichen Verlauf von Statusänderungen (noch dazu, weil Zeitstempel vermerkt sind).
>
> Hier wird allerdings eben keine Historie abgebildet: In Wirklichkeit ist diese Liste ein Objekt, bei dem der Wert von `type` der jeweilige Schlüssel eines Unterobjekts ist. Jeder Listeneintrag beschreibt einen unterschiedlichen Gesundheitsaspekt der Ressource, und die Liste in ihrer Gesamtheit drückt den insgesamten Gesundheitszustand der Ressource aus.

Der Parameter `.status.conditions.*.status` kann die Werte »True«, »False« oder »Unknown« haben. Im obigen Manifest wäre auch folgende Kombination von Status möglich:

- »Available« auf `status="False"`, während
- »Progressing« noch auf `status="True"` steht.

Eine solche Kombination würde dem Zustand »InProgress« von `kstatus` entsprechen.

Zustände via kstatus *sind in der Hand der Controller-Entwickelnden.*

Da es sich bei den eben beschriebenen Conditions nur um eine *Konvention* handelt, ist niemand, der CRDs entwickelt, dazu verpflichtet, Conditions in seinen Ressourcen auszuweisen. Es kann also durchaus Ressourcentypen geben, bei denen der entsprechende Controller das Feld `.status` niemals setzt. Bei allen nativen Kubernetes-

Ressourcentypen wie unter anderem `Deployments`, `StatefulSets`, `Services` und `Secrets` ist diese Konvention aber glücklicherweise bereits erfüllt.

Welche Prüfungen ein Controller konkret durchführt (wenn er überhaupt welche durchführt) und auch welche Condition-Types er anbietet, ist von außen nicht unmittelbar erkenntlich. Wir sind bei `kstatus` auch nicht in der Lage, eigene Healthchecks für Ressourcentypen oder einzelne Ressourcen zu definieren. Wir müssen uns letztlich darauf verlassen, dass die Implementierung der Healthchecks der Ressourcentypen in unserem Cluster sinnvoll und zuverlässig ist. `kstatus` benennt dabei selbst einige semantische Herausforderungen bei der Statusüberprüfung wie ungesetzte Conditions bei Controller-Unverfügbarkeit, Uneindeutigkeit und den Status abhängiger Ressourcen[3].

Ein einfacher Smoke-Test mit `kstatus`

kstatus *deckt bei guter Konfiguration einfache Szenarien ab.*

Beschränken wir uns für einen Moment auf unser simples `curl`-Beispiel von Abschnitt 7.1.1 auf Seite 197. In diesem Fall wollen wir nur folgende Fragen beantworten:

1. Läuft unsere Anwendung stabil?
2. Ist sie von außen per HTTP erreichbar?
3. Wird die neue Version der Anwendung ausgeführt?

Die erste Frage können wir über den Kubernetes-Status unserer `Pods` beantworten, indem wir aussagekräftige Probes definieren für Startup, Liveness und Readiness, denn dadurch wird auch der Gesundheitszustand unseres Pod-Controllers (zum Beispiel `Deployment`, `StatefulSet`, `DaemonSet`) korrekt gesetzt. (Diese Probes zu setzen gehört letztlich auch unabhängig von unserem Beispiel zu einer verantwortlichen Pflege der eigenen Kubernetes-Workloads. Wenn wir nämlich beispielsweise keine Readiness-Probe definieren, riskieren wir Downtime während eines Rollouts, weil der Kubernetes-`Service` dann sehr wahrscheinlich eingehende Requests zu früh auf neue `Pods` verteilt, bevor sie bereit sind zu antworten.)

Die zweite Frage können wir über den Gesundheitszustand von `Service` und `Ingress` beantworten: Wenn der `Service` gesund ist, sollte DNS innerhalb des Clusters funktionieren. Und wenn der `Ingress` und Ingress-Controller gesund sind, sollte der `Service` von außerhalb des Clusters erreichbar sein. Allerdings wird der Status des `Ingress` nur dann gesetzt, wenn ein Ingress-Controller installiert ist.

---

[3] *https://github.com/kubernetes-sigs/cli-utils/tree/v0.35.0/pkg/kstatus#challenges*

Hier wird kstatus im schlechtesten Fall eine falsch positive Meldung abgeben: Wenn keine Conditions vorhanden sind, wird eine Ressource standardmäßig als »Current« markiert. (Einen Ingress-Controller zu installieren gehört allerdings auch zu einer üblichen »Grundhygiene« in einem Kubernetes-Cluster.) An dieser Stelle können wir sehen, dass kstatus sich letztlich nicht gut für das Prüfen von Integrationen eignet, weil immer nur der Status einer einzelnen Ressource, nicht aber der Zustand der *Verknüpfung* mehrerer Ressourcen geprüft werden kann.

Die dritte Frage können wir in einem GitOps-Szenario nicht *in der jeweiligen Situation* beantworten, sondern nur grundlegend, und zwar mit »Ja«. Mit einem GitOps-Operator laden wir schließlich ständig das Config-Repo mit dem neuesten Image-Tag und wenden es kontinuierlich an. Somit ist quasi eine der »Grundannahmen unserer Welt«, dass unsere Workloads beziehungsweise deren Manifeste korrekt konfiguriert sind mit der neuesten Anwendungsversion. Nur wenn wir unserem GitOps-Operator grundlegend misstrauen würden, müssten wir an dieser Stelle zusätzliche Mechanismen einbauen.

Jobs *können komplexere Tests mit* kstatus *abbilden.*

Wir haben beim Ingress gesehen: Wenn wir uns nur auf die Status-Conditions unserer einzelnen Ressourcen verlassen, können wir uns leicht selbst täuschen – ganz so wie Unit-Tests ohne Integrationstests unvollständig sind. In Listing 7–2 auf Seite 220 haben wir allerdings ein Beispiel dafür gesehen, wie wir mittels eines Jobs einfache Tests innerhalb des Clusters ausführen lassen können. Auch Tools wie Testkube haben wir in jenem Abschnitt kennengelernt, über deren Custom Resources wir auch komplexere Tests abbilden und ausführen können. Mittels des Zustands solcher Jobs oder Testkube-Ressourcen können wir also gewisse Gesundheitsaspekte unserer Anwendung über kstatus abbilden. (Beim Job definieren wir diese Gesundheitsaspekte über Container-Image und -Befehl, bei Testkube über ausführliche Tests.)

Fassen wir noch einmal zusammen:

- kstatus ermittelt vor allem den Angleichungsstatus von Ressourcen. Dass dabei oft auch weiterführende Informationen über den Gesundheitszustand einer Ressource preisgegeben werden, ist allerdings ein Entgegenkommen der jeweiligen CRD-Entwickelnden und keinesfalls selbstverständlich.
- Den grundlegenden Gesundheitszustand einer Webanwendung können wir mit Probes an unseren Containern abdecken.
- kstatus tendiert zu falsch positiven Ergebnissen und meldet Erfolg eher zu früh als zu spät.

- Wenn ein Ingress-Controller installiert ist und Probes auf den Workloads sinnvoll konfiguriert sind, kann der Kubernetes-Status der Ressourcen in einfachen Szenarien bereits ausreichend sein zur Überprüfung.
- Integrativere Überprüfungen können wir dennoch mit `Jobs` oder Testkube-Ressourcen und deren Status abbilden.

8.1.2 Helm-Hooks

Helm ermöglicht gezieltes Testen mit Hooks.

Helm bietet neben Templating auch ein ausgefeiltes Release-Management an. Chart-Tests in Helm[4] folgen einem ähnlichen Prinzip wie die eben referenzierten `Jobs`, nur sind sie in den Helm-spezifischen Releasezyklus eingebunden mithilfe von Hooks: Alle Ressourcen, die mit der Annotation `helm.sh/hook="test"` versehen sind, können nach dem Ausrollen eines Helm-Charts mit dem Befehl `helm test` angewandt werden.

Wenn ein Helm-Test fehlschlägt, wird das Helm-Release selbst nicht als fehlgeschlagen markiert. Das Helm-Release ist zwar keine Kubernetes-Ressource und kann somit auch gar keinen Kubernetes-Status haben, aber auch in der Helm-CLI werden wir mit `helm ls` sehen, dass ein Release, dessen Tests fehlschlagen, trotzdem als »deployed« angezeigt wird.

Mit einem Chart-Test können wir das Release also nicht als fehlgeschlagen markieren. Wenn wir stattdessen die Hook-Annotation ändern auf `helm.sh/hook="post-install,post-upgrade"`, dann werden die entsprechend annotierten Ressourcen nach jedem Installieren oder Upgrade ausgeführt und das Helm-Release wird entsprechend als fehlgeschlagen oder deployed markiert.

Je nachdem, wie umfangreich und stabil unsere Tests im Helm-Chart sind, können wir je nach Kontext die Hook-Arten unserer Test-Workloads abwägen. Sehr leichtgewichtige Hooks mit reinen Smoke-Tests können durchaus geeignet sein für einen Post-Install- und Post-Upgrade-Hook. Was darüber hinausgeht, ist meist wahrscheinlich besser in einem Test-Hook aufgehoben.

8.1.3 Flux

Flux nutzt kstatus.

Flux verlässt sich standardmäßig auf `kstatus`, und auch alle CRDs von Flux exponieren den Konventionen gemäß Status-Conditions.

[4] *https://github.com/helm/helm-www/blob/e2ea1b9/content/en/docs/topics/chart_tests.md*

Flux mit Kustomize

Wenn wir Flux nutzen und Kustomizations deployen, nutzen wir zwei Custom Resources (siehe Tabelle 7–2 auf Seite 209): eine Quelle (zum Beispiel ein `GitRepository`) und eine `Kustomization` als Ziel. Gelingt Flux das Ausrollen der `Kustomization`, wird die `Kustomization`-Ressource in den Conditions als gesund markiert.

Wir können bei Flux-`Kustomizations` auch noch zusätzliche Healthchecks einbauen[5]. Diese überprüfen den Kubernetes-Status der Ressourcen, die zur `Kustomization` gehören. Wenn diese es nicht innerhalb eines Timeouts (definiert als beispielsweise `.spec.timeout="5m"` für 5 Minuten) in einen gesunden Zustand schaffen, wird die `Kustomization` als fehlgeschlagen markiert. Wir können entweder auf alle Ressourcen warten, die in der `Kustomization` enthalten sind, indem wir `.spec.wait=true` setzen, oder stattdessen auf bestimmte (auch externe) Ressourcen warten mit `.spec.healthChecks`.

In Listing 8–2 zeigen wir als Beispiel eine `Kustomization`, die bis zu zehn Minuten darauf wartet, dass ein bestimmtes `HelmRelease` gesund ist. Diese `Kustomization` würde sich selbst dann als fehlgeschlagen ausweisen, wenn entweder ihre eigenen inkludierten Ressourcen nicht deploybar sind oder wenn das überprüfte `HelmRelease` innerhalb des Timeouts keinen gesunden Zustand erreicht.

Listing 8–2
Kustomization mit Healthcheck auf ein HelmRelease

```
apiVersion: kustomize.toolkit.fluxcd.io/v1
kind: Kustomization
metadata:
  name: webapp
spec:
  interval: 10m
  prune: true
  sourceRef:
    kind: GitRepository
    name: webapp
  healthChecks:
    - apiVersion: helm.toolkit.fluxcd.io/v2beta1
      kind: HelmRelease
      name: backend
      namespace: dev
  timeout: 5m
```

Synchrone Test-Jobs mittels mehrerer Kustomizations

`Jobs` sind die einzige Ressource, für die Flux das Status-Polling von `kstatus` mit eigenen Anpassungen überschreibt, damit deren Zustand

[5] *https://github.com/fluxcd/website/blob/e7e991c/content/en/flux/components/kustomize/_index.md#health-checks*

korrekt in den Zustand einer Kustomization einfließt[6]. Flux bietet ebenso gesonderte Hinweise an für das Verwenden von Kustomizations zusammen mit Jobs, die vor oder nach dem Ausrollen ausgeführt werden sollen[7]: Man erstellt eine Kustomization für den Kern-Workload und eine zusätzliche Kustomization für den Job. Die Job-Kustomization enthält in diesem Fall eine Ressource wie beispielsweise den Job in Listing 7–2 auf Seite 220.

In Listing 8–3 sehen wir ein Beispiel dafür mit zwei Kustomizations, die zwar gleichzeitig angewandt werden, aber quasi nacheinander starten: Die erste Kustomization enthält den Kern-Workload und wird als Erstes deployt. Sie hat .spec.wait=true gesetzt, damit sie erst dann als gesund markiert wird, wenn alle ihre Ressourcen vollständig konvergiert sind. Die zweite Kustomization enthält einen Job, und ihre Angleichung wird mittels .spec.dependsOn erst nach dem Konvergieren der ersten Kustomization gestartet. Mittels .spec.force=true erzwingen wir das Neuerzeugen des Jobs, wenn sich unveränderliche Parameter ändern.

Listing 8–3
Zwei Kustomizations mit Reihenfolge

```
apiVersion: kustomize.toolkit.fluxcd.io/v1
kind: Kustomization
metadata:
  name: webapp
spec:
  sourceRef:
    kind: GitRepository
    name: webapp
  path: "./core/"
  interval: 5m
  timeout: 2m
  prune: true
  wait: true
---
apiVersion: kustomize.toolkit.fluxcd.io/v1
kind: Kustomization
metadata:
  name: webapp-test
spec:
  dependsOn:
    - name: webapp
```

→

[6] *https://github.com/fluxcd/kustomize-controller/pull/608*

[7] *https://github.com/fluxcd/website/blob/e7e991c/content/en/flux/use-cases/running-jobs.md*

```
  sourceRef:
    kind: GitRepository
    name: my-app
  path: "./post-deploy-tests/"
  interval: 10m
  timeout: 5m
  prune: true
  wait: true
  force: true
```

Flux mit Helm

Flux ermöglicht Helm-Hooks.

Wenn wir Helm-Charts mit Flux deployen, haben wir drei Custom Resources (siehe Tabelle 7–2 auf Seite 209): ein `HelmRepository` und ein `HelmChart` als Quellen und ein `HelmRelease` als Ziel. Da Flux die native Helm-Library nutzt, wird der Release-Zustand, den Helm ermittelt, auch in der `HelmRelease`-Ressource als Kubernetes-Status widergespiegelt. Wenn wir also beispielsweise `Jobs` mit Hook-Annotationen für Post-Install und Post-Upgrade inkludiert haben wie in Abschnitt 8.1.2 auf Seite 235, dann wird deren Erfolg oder Fehlschlag in den Gesundheitszustand des `HelmRelease` mit einbezogen.

Auch die Nutzung von Helm-Tests ist möglich[8]: Durch Setzen von `.spec.test.enable=true` werden Chart-Tests beim Installieren und Upgraden automatisch mit ausgeführt, und ihr Ergebnis fließt ebenfalls in den Gesundheitszustand des `HelmRelease` mit ein.

8.1.4 Argo CD

Argo CD nutzt eigene Healthchecks in Lua ohne kstatus *oder Helm-Hooks.*

Argo CD bietet die größte Flexibilität hinsichtlich Healthchecks. Der native Kubernetes-Status von Ressourcen spielt gar keine Rolle, stattdessen hat Argo CD komplett eigene Healthchecks definiert: Ein `Ingress` wird beispielsweise nur dann als gesund markiert, wenn `.status.loadBalancer.ingress` mindestens einen Wert für `hostname` oder `IP` enthält[9]. Momentan gibt es für acht der in Kubernetes eingebauten Ressourcentypen einen in Argo CD eigens definierten Healthcheck.

Diese Argo-CD-Healthchecks werden in der Programmiersprache Lua geschrieben. Mithilfe dieser Healthchecks kann man die Statustypen, die eine Ressource in ihren Conditions hat, auf die sechs Argo-CD-Statuswerte abbilden. Für einige Ressourcentypen, die nicht

[8] *https://fluxcd.io/flux/components/helm/helmreleases/#configuring-helm-test-actions*

[9] *https://github.com/argoproj/argo-cd/blob/v2.8.4/docs/operator-manual/health.md*

zu den Standard-Kubernetes-Ressourcentypen gehören, wurden solche Healthchecks bereits von der Community beigesteuert. (Die vollständige Liste aller Community-Healthchecks ist in den Resource-Customizations von Argo CD zu finden[10].)

Es gab Diskussionen darüber, `kstatus` in Argo CD zu integrieren[11], aber das Thema scheint momentan eher zweitrangig zu sein. Ein eindeutiges Mapping von Argo-CD-Status zu `kstatus`-Werten ist ebenfalls nicht möglich: Für »Terminating« bei `kstatus` gibt es kein Äquivalent bei Argo CD, während es für Argo CDs »Suspended« keine Entsprechung bei `kstatus` gibt.

Im Gegensatz zu Flux gehören auch Helm-Hooks nicht zu Argos Repertoire, weil Argo CD nicht die Helm-Library zum Ausrollen verwendet, sondern nur die Templates als Manifeste rendert und anschließend anwendet.

8.2 Benachrichtigungen verschicken

Wie und worüber können unsere GitOps-Operatoren benachrichtigen, wenn sich der Gesundheitszustand von `Applications`, `Kustomizations` oder `HelmReleases` verändert?

Abschnitt 4.9 auf Seite 82 stellt für Flux und Argo CD bereits zwei Möglichkeiten vor: Alerting über Metriken und Notification-Controllers. Unserer Erfahrung nach ist der Start mittels der eventbasierten Notification-Controllers einfacher als die Nutzung von Metriken. Bei Metriken kann man nicht aus einer vorgefertigten Auswahl an Alerts wählen, sondern muss sich auf Basis der vorhandenen Metriken frei überlegen, welche Alerts sinnvoll sind. Dazu muss man dann passende Queries schreiben, was komplex, fehleranfällig und aufwendig sein kann.

Trotzdem kann es insgesamt Sinn ergeben, das Alerting über Metriken zu nutzen. Ein Vorteil davon ist, dass wir damit unser gesamtes Alerting zentral in einem Tool abbilden können. Abb. 4–7 auf Seite 83 zeigt hierfür beispielsweise Grafana oder Prometheus Alertmanager. Und am Ende dieses Kapitels in Abschnitt 8.3 auf Seite 245 gehen wir auf noch ganzheitlichere Herangehensweisen ein.

Im Folgenden nehmen wir jedoch vor allem die Funktionsweise der Notification-Controllers von Flux und Argo CD in den Fokus.

---

[10] *https://github.com/argoproj/argo-cd/tree/v2.8.4/resource_customizations*

[11] *https://github.com/crossplane/crossplane/issues/2444*

8.2.1 Flux

Flux bietet Alerts *und* Providers.

Flux hat für Benachrichtigungen einen zusätzlichen Ressourcentyp im Gepäck: den `Alert`[12]. Mithilfe des `Alert` bestimmt man, welche Ressourcen man überwachen will und ab welchem Schweregrad eine Benachrichtigung verschickt wird. Zusätzlich zum `Alert` wird eine weitere Custom Resource definiert, um das Benachrichtigungsziel anzugeben: einen `Provider`[13].

Im Beispiel in Listing 8–4 sehen wir ein Setup, in dem Benachrichtigungen an einen Slack-Kanal verschickt werden. Benachrichtigungen werden nur dann verschickt,

- wenn Fehler in irgendeinem `GitRepository` im `Namespace` `flux-system` auftreten oder
- wenn Fehler in irgendeiner Flux-`Kustomization` im `Namespace` `flux-system` auftreten.

Wenn eine `Kustomization` aktiv wartet auf alle oder bestimmte Subressourcen (siehe Abschnitt 8.1.3 auf Seite 235), dann wird ein Überschreiten des Timeouts ebenfalls als Error geloggt und als Benachrichtigung verschickt.

Listing 8–4
Ein Alert und ein Provider in Flux

```
apiVersion: notification.toolkit.fluxcd.io/v1beta2
kind: Provider
metadata:
  name: slack-bot
  namespace: flux-system
spec:
  type: slack
  channel: general
  address: https://slack.com/api/chat.postMessage
  secretRef:
    name: slack-bot-token
---
apiVersion: notification.toolkit.fluxcd.io/v1beta2
kind: Alert
metadata:
  name: slack
  namespace: flux-system
spec:
  summary: "Cluster addons impacted in us-east-2"
```

→

[12] *https://fluxcd.io/flux/components/notification/alerts*

[13] *https://fluxcd.io/flux/components/notification/providers*

```
  providerRef:
    name: slack-bot
  eventSeverity: error
  eventSources:
    - kind: GitRepository
      name: '*'
    - kind: Kustomization
      name: '*'
```

Nur wenige Möglichkeiten zur Filterung

Im `Alert` haben wir folgende Möglichkeiten der Filterung:

1. `.spec.eventSeverity`: Hier können wir »info« wählen, um Filtern zu deaktivieren (das heißt, wir bekommen alle `Events`), oder »error«, um nur auf Fehlern zu benachrichtigen.
2. `.spec.eventSources`: Hier können wir festlegen, von welchen Ressourcentypen wir `Events` verarbeiten wollen.
3. `.spec.exclustionList`: Hier können wir eine Liste von Strings beziehungsweise Go-Regexes auflisten, die ausgenommen werden sollen.

Wir können beliebig viele `Alert`-Ressourcen erstellen, um beispielsweise pro Ressourcentyp und pro `Namespace` unterschiedliche Severities zu konfigurieren und unterschiedliche Regexes auszuschließen. Jeder `Alert` kann allerdings nur an einen `Provider` gebunden werden. Um einen `Alert` an mehrere `Provider` zu verschicken, muss man mehrere `Alerts` erstellen.

In der Praxis haben sich die Filtermöglichkeiten in Flux-`Alerts` oft als sehr begrenzt erwiesen, sodass es zumindest anfänglich zu einem hohen Aufkommen an verschickten Alerts kommt. Ein Hintergrund mag sicherlich sein, dass Flux-`Alerts` einfach Kubernetes-native `Events` der Flux-Ressourcen abgreifen und nur auf deren `Message` filtern, die ein freier Text inklusive variabler Fehler-Logs sein kann, nicht aber auf deren `Reason`, die ein nicht variabler Kurzcode für den Event-Typ ist.

> Wir stellen auf GitLab einen bewährten Flux-`Alert` bereit, der auf Errors filtert und bereits einige irrelevante Messages ignoriert[14].

Vielfältige Benachrichtigungsdienste

Die knapp 20 Provider-Typen, die Flux anbietet[15], lassen sich grob in folgende Kategorien einsortieren:

- *Messenger-Dienste* wie Discord, Google Chat, Matrix oder Microsoft Teams

[14] *https://gitlab.com/gitops-book/erp-gitops/-/snippets/3599291*

[15] *https://fluxcd.io/flux/components/notification/providers/#type*

- *Automatisierungsziele* wie GitHub Actions, Azure Event Hub oder generische Webhooks.
  Bei solchen Diensten können wir auch Erfolgsfälle wertvoll nutzen und beispielsweise eine Environment Promotion triggern, sobald ein Rollout in einem vorherigen Environment erfolgreich war (Stichwort »Progressive Delivery«, wozu Argo Rollouts bei Argo CD und Flagger bei Flux allerdings ausgereiftere Lösungen anbieten).
- *Metadaten-Anreicherung* wie Grafana Annotations
- *Git-Commit-Status-Updates* wie GitLab, BitBucket oder Azure DevOps.
  Flux hat an dieser Stelle die Einschränkung, dass der Commit-Status nur für Config-Repos gesetzt werden kann, nicht für beliebige Repositories wie beispielsweise ein App-Repo[16].

8.2.2 Argo CD

Argo CD Notifications nutzt Trigger, Templates und Subscriptions.

Früher gab es einen separaten Controller namens »Argo CD Notifications«; dieser hat mittlerweile eine Heimat in Argo CD selbst gefunden und ist somit Teil der Kernfunktionalität geworden. Das Grundprinzip besteht aus Triggern, Templates, Notification Services und Subscriptions[17] (siehe Listing 8–5 für ein Beispiel):

1. Ein *Trigger* wird ausgelöst, wenn bestimmte Ereignisse auftreten. Trigger-Konditionen sind komplett flexibel definierbar und werden in der `ConfigMap` `argocd-notifications-cm` festgelegt.
2. Ein *Template* enthält den Nachrichteninhalt, in den Variablen hineininterpoliert werden können. Templates werden in derselben `ConfigMap` wie die Trigger konfiguriert.
3. Ein *Notification Service* entspricht einem Flux-`Provider` und repräsentiert ein Benachrichtigungsziel. Wenn ein Notification Service Zugangsdaten benötigt, werden sie im `Secret` `argocd-notifications-secret` hinterlegt.
4. Mittels einer *Subscription* werden Trigger auf einer oder allen `Applications` assoziiert mit einem Ziel (beispielsweise Kanal) bei einem Notification Service. Notification Services und Subscriptions werden teilweise in der `ConfigMap`, teilweise über Annotations an den zugewiesenen `Applications` oder `AppProjects` konfiguriert.

---

[16] *https://github.com/fluxcd/flux2/discussions/1930*

[17] *https://github.com/argoproj/argo-cd/blob/v2.8.4/docs/operator-manual/notifications/index.md*

Listing 8–5 zeigt ein Beispiel mit mehreren Manifesten, das Folgendes enthält:

- eine `ConfigMap`, die folgendes enthält:
  - einen Trigger, der ausgelöst wird, wenn der Sync fehlgeschlagen ist (beispielsweise SCM nicht erreichbar)
  - ein Template für den Trigger mit Benachrichtigungsparametern für sowohl E-Mail als auch Slack
  - eine Default Subscription, die eine Mail verschickt, wenn der Trigger bei *irgendeiner* `Application` ausgelöst wird
- ein `Secret` mit Zugangsdaten für den Notification Service `gmail` vom Typ `email`
- eine `Application` mit einer Subscription, die an zwei Slack-Kanäle Benachrichtigungen verschickt, wenn der Trigger ausgelöst wird.

Listing 8–5
Trigger, Template, Secret und Application mit Subscription Annotation in Argo CD

```
apiVersion: v1
kind: ConfigMap
metadata:
  name: argocd-notifications-cm
data:
  template.app-sync-failed: |
    email:
      subject: >-
        Failed to sync application
        {{.app.metadata.name}}.
    message: >-
      {{if eq .serviceType "slack"}}:exclamation:{{end}}
      The sync operation of application
      {{.app.metadata.name}} has failed!
  trigger.on-sync-failed: |
    - description: App sync has failed
      send:
        - app-sync-failed
      when: >-
        app.status.operationState.phase
        in ['Error', 'Failed']
  service.email.gmail:
    username: $email-username
    password: $email-password
    host: smtp.gmail.com
```

→

```
  subscriptions: |
    - recipients:
        - email:gmail
      triggers:
        - on-sync-failed
---
apiVersion: v1
kind: Secret
metadata:
  name: argocd-notifications-secret
stringData:
  email-username: EMAIL_USER
  email-password: PASSWORD
---
apiVersion: argoproj.io/v1alpha1
kind: Application
metadata:
  # ...
  annotations:
    notifications.argoproj.io/subscribe.on-sync-failed.slack:
      channel-name-1;channel-name-2
  name: backend
  namespace: argocd
spec:
  # ...
```

Argo CD ermöglicht komplexe Benachrichtigungen.

Mit Argo CD können wir vielfältigste Anforderungen hinsichtlich Alerting erfüllen, aber wir haben auch eine entsprechende Komplexität zu verwalten. Argo CD liefert nämlich keine Trigger oder Templates in der Standardinstallation aus. Um dennoch zügig starten zu können, bietet Argo CD einen vorkonfigurierten Katalog an Triggers und Templates an[18].

Ein praxisnahes Beispiel für den Start mit Notifications in Argo CD bietet der GitOps Playground[19]. Hier findet die Konfiguration in der `values.yaml` des Helm-Charts statt, woraus dann die oben erwähnte `ConfigMap` generiert wird.

Das Beispiel sendet Alerts per E-Mail nur bei einer kleinen, praxiserprobten Auswahl von `defaultTriggers`. Die Subscription erfolgt pro Team/Mandant mittels Annotation am jeweiligen `AppProject`[20].

[18]Siehe *https://github.com/argoproj/argo-cd/blob/v2.8.4/docs/operator-manual/notifications/index.md#getting-started* und *https://github.com/argoproj/argo-cd/blob/v2.8.4/docs/operator-manual/notifications/catalog.md*

Benachrichtigungsdienste vergleichbar mit Flux

Argo CD bietet ähnlich wie Flux knapp 20 Dienste an, die in die gleichen Kategorien wie bei Flux passen. Zehn der Dienste überschneiden sich zwischen beiden Tools. Bei Messenger-Diensten bietet Argo CD etwas mehr, dafür gibt es weniger Auswahl bei Automatisierungszielen und Git-Commit-Status-Updates. Allerdings sind beide letzteren Kategorien fast immer auch über generische Webhooks abdeckbar.

In Abb. 8–1 zeigen wir beispielhaft eine Benachrichtigung aus Argo CD in Mattermost.

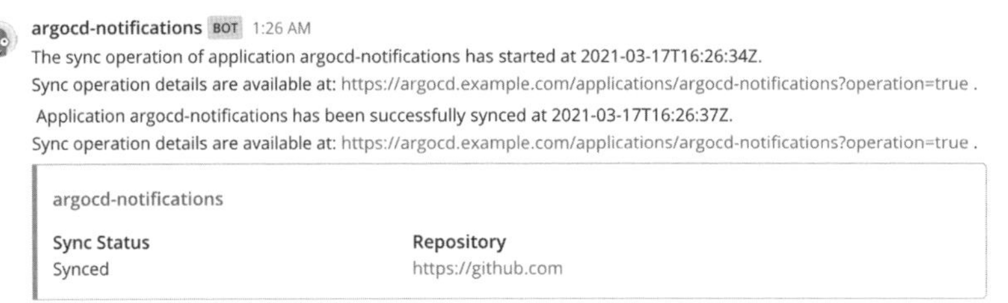

Abb. 8–1 *Benachrichtigung aus Argo CD nach Mattermost über einen erfolgreichen Application Sync*

8.3 Ganzheitliche Herangehensweise

Wir sind nun in der Lage, mit den Bordmitteln unserer GitOps-Operators den Gesundheitszustand unserer `Applications`, `Kustomizations` und `HelmReleases` zu überwachen und Benachrichtigungen zu erhalten, wenn Ressourcen in einen abnormalen Zustand geraten. Das allein kann aber nur ein erster Baustein sein für eine ganzheitliche Strategie zum Betrieb unserer Anwendungen.

Wir können viele Fragen in diesem Zustand noch nicht beantworten. Dazu gehören unter anderem folgende Themenfelder:

- *frühe Validierung von Manifesten*: Warum soll erst eine Flux-`Kustomization` herausfinden, dass ein Manifest ungültig ist? Wir können einen großen Teil solcher Fehler »nach links« in die CI-Pipeline unserer Config-Repos verschieben. Der Kasten »Beispiele für Tools zur statischen Codeanalyse der Config« in 6.4.3 auf Seite 142 zeigt hier konkrete Beispiele.
- *Monitoring*: Wie können wir benachrichtigt werden, wenn unser GitOps-Operator selbst down ist oder tiefergreifende Probleme im Cluster auftreten? Dafür brauchen wir zusätzliches Tooling. In Abschnitt 4.9 auf Seite 82 haben wir bereits gesehen, wie wir beispielhaft mit Prometheus, Alertmanager und Grafana besseren

[19] *https://github.com/cloudogu/gitops-playground/blob/fff37b3/argocd/argocd/argocd/values.ftl.yaml#L97-L200*

[20] *https://github.com/cloudogu/gitops-playground/blob/fff37b3/argocd/argocd/projects/example-apps.ftl.yaml#L7*

Einblick bekommen können, und zwar sowohl in unsere GitOps-Operatoren als auch in unsere Anwendungen.

- *Logging*: Kubernetes persistiert Applikationslogs nur für die Lebensdauer eines `Pods`. Auch hier brauchen wir zusätzliche Tools und Integrationen, um Logs außerhalb des Clusters zu lagern.
- *Observability*: Wir wollen nicht nur erfahren, wenn Fehler auftreten, die uns in der Vergangenheit begegnet sind, sondern auch, wenn neuartige Probleme auftreten (»unknown unknowns«). Neue Standards wie OpenTelemetry[21], ein CNCF-Projekt im Incubating-Status, ermöglichen automatische und auch manuelle Codeinstrumentierung. Damit können wir im besten Fall mittels Traces[22] unsere Anstrengungen hinsichtlich Monitoring, Logging und Spans vereinen und zu einer besseren Einsehbarkeit unserer Anwendungen gelangen. (Argo CD bietet eine Integration mit OpenTelemetry seit Version 2.4.0 an[23], bei Flux ist noch nichts in der Richtung implementiert[24].)

[21] *https://opentelemetry.io/docs*

[22] *https://opentelemetry.io/docs/concepts/signals/traces*

[23] *https://github.com/argoproj/argo-cd/releases/tag/v2.4.0*

[24] *https://github.com/fluxcd/flux2/discussions/370*

9 Imperativ eingreifen

Im Betrieb einer Anwendung kann es manuelle Tätigkeiten geben, die punktuell nötig sind und nicht oder nur sehr schwer mit den GitOps-Prinzipien in Einklang zu bringen sind. Dazu wird mindestens das Bootstrapping zählen (siehe Abschnitt 6.6.1 auf Seite 168). Es kann aber auch weitere Situationen geben, die imperatives Eingreifen erfordern. Darunter sehen wir uns die folgenden exemplarischen Situationen genauer an:

- Debugging (Abschnitt 9.3 auf Seite 250)
- ein Backup wiederherstellen (Abschnitt 9.4 auf Seite 251)
- ein `Deployment` neu starten (Abschnitt 9.5 auf Seite 255)
- Ressourcen neu erzeugen (Abschnitt 9.6 auf Seite 256)
- ein `Deployment` manuell skalieren (Abschnitt 9.7 auf Seite 258)

In solchen Fällen müssen wir möglicherweise Dinge tun, die sich außerhalb der Reichweite unseres deklarierten Zustandes befinden oder damit in Konflikt treten. Wir schauen uns dafür einige beispielhafte, typische Situationen an und wie wir in einem GitOps-Umfeld damit umgehen. In diesem Kapitel möchten wir uns besonders mit solchen Fällen befassen, die sich eher in einer Grauzone befinden.

9.1 Eindeutig ausgeschlossene Aktionen

Manche Aktionen in einem Zielsystem werden sich immer mit GitOps vereinbaren lassen. Ein offensichtliches Beispiel sind alle lesenden Zugriffe, beispielsweise mit den `kubectl`-Verben `get`, `describe`, `diff`, `logs` oder `top`. Auch das Interagieren mit einem laufenden Container (beispielsweise mit den `kubectl`-Verben `cp`, `exec` oder `port-forward`) widerspricht den GitOps-Prinzipien nicht, solange der Zugriff rein lesend erfolgt.

Es gibt aber auch manuelle Eingriffe, die ganz eindeutig mit GitOps in Konflikt stehen:

- Man bearbeitet eine Ressource imperativ (beispielsweise per `kubectl edit`), obwohl sie im Config-Repo verwaltet wird.
- Man erstellt eine Ressource imperativ (beispielsweise per `kubectl create`), statt sie im Config-Repo zu erzeugen.
- Man löscht eine Ressource imperativ (beispielsweise per `kubectl delete`) mit dem Ziel, sie langfristig zu löschen, statt sie im Config-Repo zu löschen. (Eine Ausnahme davon wäre das kurzfristige Löschen, um ein unmittelbares Neuerzeugen der Ressource zu erzwingen.)

Secrets nehmen bei diesen eindeutig konfliktierenden Eingriffen manchmal eine Sonderrolle ein (siehe Kapitel 5 auf Seite 97). Davon abgesehen ist im normalen Betrieb jede der eben genannten Aktionen eindeutig den GitOps-Prinzipien entgegengesetzt, und wir sollten solche Aktionen nur in gut überlegten Ausnahmefällen durchführen.

Bevor wir uns einigen konkreten Situationen zuwenden, in denen wir uns in einem gewissen Graubereich befinden, wollen wir untersuchen, was wir riskieren oder gewinnen können, wenn wir imperativ handeln statt in der GitOps-Arbeitsweise.

9.2 Risiken und Chancen

Wenn wir grundsätzlich im Stil von GitOps arbeiten und dennoch gewisse Teile unseres Systems der Verwaltung des GitOps-Operators vorenthalten, dann sind diese Systemkomponenten gewissen Nachteilen oder Risiken unterworfen:

1. *geringere Stabilität*: Wenn wir den Zielzustand der Komponente nicht in Git vorliegen haben und auch nicht von einem GitOps-Operator anwenden lassen, sind sowohl der Betrieb als auch eine Wiederherstellung im Fehlerfall erschwert (siehe Abschnitt 2.4 auf Seite 34 und Abschnitt 2.7 auf Seite 39).
2. *mangelnde Auditierbarkeit*: Wenn wir Komponenten nicht vorrangig in Git verwalten, benötigen wir zusätzliches Tooling, um die Auditierbarkeit von Änderungen gewährleisten zu können.
3. *mehr Komplexität und geringere Sicherheit durch zusätzliche Schnittstellen*: Wir können die Komponente nicht durch ein Interagieren mit Git verwalten, sondern brauchen eine zusätzliche Konfigurationsmöglichkeit (beispielsweise eine CLI). In manchen Fällen

brauchen wir bei deren Benutzung auch Zugriff auf das Zielsystem, was geringere Sicherheit nach sich ziehen kann.

4. *aufwendigeres Aufräumen*: Wenn wir Komponenten entfernen wollen, haben wir ohne GitOps keine hilfreichen Leitplanken und müssen einen Clean Up eigenständig im Auge behalten (siehe Abschnitt 2.5 auf Seite 35).
5. *(eventuell) mehr Abhängigkeit von CI und weniger Sicherheit*: Für den Fall, dass wir die Verwaltung der Komponenten durch CI automatisieren, müssen wir dem CI-Server unter Umständen Zugriff auf das Zielsystem geben. Auch das kann geringere Sicherheit nach sich ziehen (siehe Abschnitt 2.10 auf Seite 45).

Allerdings gewinnen wir für diese von GitOps ausgenommenen Komponenten auch Vorteile. Manche der eben genannten Risiken können unter manchen Umständen (beispielsweise in Fehlerfällen und während Incidents) sogar Chancen sein:

1. *Höhere Geschwindigkeit*: Wir können schneller agieren und bei Fehlern iterieren, als wenn wir für jede Änderung einen Commit machen müssten.
2. *Mehr Kontrolle durch spezialisierte Schnittstellen*: Wenn wir nicht jede erdenkliche Aktion durch das Bearbeiten oder Löschen von Manifesten ausführen müssen, stehen uns möglicherweise mehr Werkzeuge zur Verfügung, mit denen wir gezielter das erreichen können, was wir wollen.
   Darunter kann beispielsweise das Einspielen eines Datenbank-Backups mittels der Cloud-Provider-CLI oder das Wiederherstellen einer früheren Version eines S3-Objekts fallen.
3. *Erleichtertes Debugging durch manuelles Aufräumen*: Wir können (im besten Fall) leichter Debugging durchführen, weil die Ressourcen, mit denen wir umgehen, nicht automatisch aufgeräumt werden und wir dadurch mehr Zeit gewinnen, um relevante Ressourcen zu analysieren.

In den folgenden Abschnitten betrachten wir eine Handvoll beispielhafter Situationen, die teilweise ein Überschreiten der GitOps-Prinzipien erfordern können, damit wir die eben genannten Chancen ergreifen können.

9.3 Einen Debug-Pod starten

Manchmal reicht es für Debugging nicht aus, wenn wir einfach nur eine Shell in einem Container mit `kubectl exec` starten. Gerade bei Netzwerkproblemen oder bei Distroless-Images kann es manchmal erforderlich sein, einen flüchtigen Container zu starten, der notwendige Analysewerkzeuge vorinstalliert hat.

In Kubernetes ist das über folgende Befehle möglich[1]:

- `kubectl run`: startet einen neuen `Pod`. Hier haben wir keinen Zugriff auf die Interna anderer `Pods`, dafür verändern wir diese aber auch nicht.
- `kubectl debug`: fügt einem laufenden `Pod` einen kurzlebigen Container hinzu. Dies hat den Vorteil, dass wir auf Netzwerk, Prozesse und Dateisystem des `Pods` zugreifen können. Der Nachteil ist, dass dadurch das Manifest des laufenden `Pods` verändert wird und der kurzlebige Container nur durch das Löschen des `Pods` (oder einen Neustart des übergeordneten Pod-Controllers) entfernt werden kann.

Mit diesen Befehlen können wir also Container mit einem beliebigem Image starten, um Debugging zu betreiben. Für den alltäglichen Betrieb von Containern in Kubernetes ist das imperative Starten von `Pods` eine schlechte Idee, weil wir diese `Pods` dann nicht im Config-Repo verwalten können und weil wir auch keinen übergeordneten Pod-Controller zur Verfügung haben. Für kurzfristige Fehlersuche hingegen wären das Schreiben und Committen eines passenden Manifests vergleichsweise aufwendig.

Debug-Pods mit automatischem Clean Up sind oft vertretbar.

Meistens sind die Nachteile, die uns durch das manuelle Ausführen eines Debug-`Pods` entstehen, gering und verschmerzbar verglichen mit der erhöhten Geschwindigkeit, die wir gewinnen. Folgende Parameter für die Debugging-Befehle sind allerdings sehr hilfreich, um den Lebenszyklus des flüchtigen `Pods` sauber abzuwickeln:

- `--rm`: Mit diesem Parameter wird der gestartete `Pod` automatisch gelöscht, nachdem er geendet hat. Ohne diesen Parameter müssen wir uns manuell um das Löschen kümmern. (Dieser Parameter funktioniert nur bei `kubectl run`.)

[1] *https://github.com/kubernetes/website/blob/snapshot-initial-v1.28/content/en/docs/tasks/debug/debug-application/debug-running-pod.md*

- `--stdin` (oder `-i`) und `--tty` (oder `-t`), kombiniert auch als `-it` möglich: Damit erzeugen wir nicht nur einen `Pod`, sondern starten unmittelbar im gleichen Befehl eine Shell darin. Wenn wir diese Parameter mit dem ersten Parameter kombinieren, wird der `Pod` nach dem Beenden der Shell automatisch aufgeräumt.

In Listing 9–1 sehen wir Beispielbefehle für `kubectl run` und `kubectl debug`.

Listing 9–1 *Ausführen eines Debug-Pods*

```
# Run self-sufficient debug Pod:
kubectl run tmp-shell --rm -it \
  --image nicolaka/netshoot:v0.11
# Run temporary container inside Pod "my-pod"
# with access to process namespace "my-container":
kubectl debug -it my-pod --target=my-container
  --image nicolaka/netshoot:v0.11
```

9.4 Ein Backup wiederherstellen

Wenn wir GitOps umsetzen, haben wir Manifeste und verwalten sie in Git. Ein Bestandteil dieser Manifeste kann ein `Deployment`-Manifest sein, mit dem wir unsere Container-Images betreiben. Dadurch, dass wir den konkreten Image-Tag in Git festhalten, wissen wir immer, zu welchem Zeitpunkt welcher Image-Tag ausgeführt wurde.

Rollbacks über Git-Reverts lassen sich schlecht mit State koppeln.

Das Ausrollen einer neuen Version kann auch einmal schiefgehen (wie beispielsweise in Abschnitt 2.9 auf Seite 43). Wenn wir uns für einen Rollback entscheiden, können wir die Anwendungsversion sehr einfach zurücksetzen, indem wir den letzten Commit reverten. Aber was ist mit dem *State*, unserem Datenbestand? Den können wir nicht mit einem Revert zurücksetzen, denn unseren State verwalten wir in aller Regel nicht mit GitOps.

Warum verwalten wir unseren Datenbestand nicht auch mit GitOps? Würden wir das tun, dann müssten wir konsequenterweise die kompletten Inhalte unserer Data-Stores in Git versionieren und praktisch Git als Datenbank verwenden. Es gibt zwar Projekte wie GitRows[2], die Git als zeilenbasierten Data-Store nutzbar machen, aber die Performance ist deutlich schlechter als traditionelle Datenbanken. Außerdem laufen wir in die gleichen Probleme wie in Kapitel 5 auf Seite 97, wenn unsere Daten Secrets enthalten. Von der DSGVO wollen wir erst gar nicht anfangen. Generell lagert unser Datenbestand also außerhalb des GitOps-Zyklus. Das bedeutet dann aber auch, dass wir

[2] *https://gitrows.com*

unsere Deklarationen und unseren State in aller Regel nicht zusammen in einem Rutsch (beispielsweise durch einen einzigen Commit) zurücksetzen können.

Viele Managed Offerings ermöglichen deklarative Restores.

Allerdings gibt es bei den verwalteten Datenbank-Angeboten öffentlicher Cloud-Provider oftmals eingebaute Features für Backups und Restores. In vielen Fällen gibt es dann deklarative Möglichkeiten, um per Commit in einem Config-Repo eine Datenbank zurückzusetzen auf einen vorherigen Stand. Bei AWS RDS ist das beispielsweise über Terraform[3] oder Crossplane[4] möglich. Wenn wir bereits solche Angebote nutzen, können wir durch das Spezifieren eines bestimmten Snapshots ein Backup in unsere Datenbank einspielen.

Das kann bei einer AWS-RDS-Instanz, die mit Crossplane verwaltet wird, beispielhaft so aussehen:

Listing 9–2 *Restore einer AWS-RDS-Instanz per Crossplane*

```
apiVersion: database.aws.crossplane.io/v1beta1
kind: RDSInstance
metadata:
  name: database
  namespace: dev
spec:
  forProvider:
    # ...
    restoreFrom:
      source: PointInTime
      pointInTime:
        restoreTime: 2023-05-18T23:45:00Z
```

Wenn wir einen Git-Revert mit einer solchen Restore-Deklaration kombinieren, wird der Cloud-Provider im Hintergrund das Backup der Datenbank wiederherstellen, während beispielsweise in unserem Kubernetes-Cluster ein `Deployment` einen alten Image-Tag ausrollt. Beide Aktionen passieren zeitlich voneinander entkoppelt, und deshalb kann es hier zu Überlappungen kommen, während denen inkompatible Komponenten miteinander sprechen. Möglicherweise arbeitet beispielsweise eine zurückgerollte App (»alt«) mit den noch aktuellen Datenbankinhalten (»neu«) oder eine noch aktuelle App (»neu«) mit einer zurückgerollten Datenbank (»alt«), bevor schließlich beide Komponenten vollständig zurückgerollt sind.

---

[3] *https://registry.terraform.io/providers/hashicorp/aws/5.21.0/docs/resources/db_instance#restore-to-point-in-time*

[4] *https://doc.crds.dev/github.com/crossplane/provider-aws/database.aws.crossplane.io/RDSInstance/v1beta1@v0.44.0*

In Szenarien, in denen das unerwünscht ist, könnten wir zuerst den deklarativen Restore zusammen mit einem Herunterskalieren des `Deployments` auf gar keine Replicas kombinieren und manuell warten, bis der Restore abgeschlossen ist, um erst anschließend das `Deployment` wieder hochzuskalieren. Das schließt dann zwar Downtime mit ein, aber wenn ein koordinierter, gemeinsamer Rollback sowieso nötig ist, lässt sich Downtime kaum vermeiden.

Mit CronJobs *können wir Runbooks stärker automatisieren.*

Die eben gezeigten deklarativen Herangehensweisen an Restores, gepaart mit GitOps, machen gemeinsame Rollbacks von Infrastruktur und State deutlich leichter. Aber was ist mit State, den wir bisher noch nicht per GitOps zurücksetzen können, weil es beispielsweise noch keine Controller dafür gibt? Auch dann, wenn wir einen GitOps-Revert nicht vollständig mit einem Data-Restore koppeln können, stehen uns oftmals mehr Möglichkeiten zur Automatisierung zur Verfügung, als wir intuitiv denken. In einem Kubernetes-Kontext können wir beispielsweise einen deaktivierten `CronJob` erstellen, den wir im Fall eines Restores manuell triggern.

Listing 9–3
Ein CronJob zum Einspielen eines MySQL-Backups

```
apiVersion: batch/v1
kind: CronJob
metadata:
  name: restore-backup
spec:
  schedule: "0 0 * * *" # dummy value
  suspend: true
  jobTemplate:
    spec:
      template:
        spec:
          restartPolicy: OnFailure
          containers:
            - name: mysql-restore
              image: ubuntu:22.04
              command:
                - bash
                - /opt/scripts/mysql-restore.sh
              envFrom:
                - configMapRef:
                    name: backup-restore
                - secretRef:
                    name: aws-db-conn
```

→

```
            volumeMounts:
              - name: scripts
                mountPath: /opt/scripts
        volumes:
          - name: scripts
            configMap:
              name: restore-scripts
```

Wie dieser beispielhafte `CronJob` im Detail arbeitet, ist für die Illustration weniger relevant. Das Entscheidende ist, dass der `CronJob` über `.spec.suspend=true` deaktiviert ist und wir bei Bedarf manuell per `kubectl` einen einmaligen `Job` aus diesem `CronJob` heraus triggern können. Der Befehl für dieses Triggern würde ungefähr folgendermaßen aussehen:

Listing 9–4
Triggern eines Jobs aus dem deaktivierten CronJob

```
# Generate unique Job name
backup_restore_job_name=restore-backup-$RANDOM
kubectl create job --from=cronjob/restore-backup \
  $backup_restore_job_name || true
kubectl wait --for=condition=complete --timeout=40m \
  job/$backup_restore_job_name
```

Sobald das Skript erfolgreich durchgelaufen ist, ist das Backup fertig eingespielt. Mit solchen deaktivierten `CronJobs` können wir bestehende Runbooks für Wiederherstellung (und auch tendenziell andere operative Runbooks) so weit wie möglich automatisieren.

Der deaktivierte `CronJob` ist in diesem Fall nur eine Art Template, aus dem wir imperativ bei Bedarf einen tatsächlichen `Job` erzeugen. Nur der `CronJob` selbst wird von GitOps verwaltet, der manuell erzeugte `Job` nicht (ähnlich wie bei einem `Deployment` und dessen `Pods` beziehungsweise `ReplicaSets`). Entsprechend müssen wir uns um das Aufräumen des erzeugten `Jobs` noch selbst kümmern (außer wir setzen einen Wert für `.spec.jobTemplate.spec.ttlSecondsAfterFinished` im `CronJob`). Allerdings kann ein manuelles Aufräumen gerade zu den Chancen zählen, die wir nutzen wollen, wenn wir manuell im Zielsystem hantieren und womöglich während eines Incidents explorativ noch herausfinden müssen, was alles zur Gesundung unserer Anwendung nötig ist.

Wenn Auditierbarkeit mehr zählt als Geschwindigkeit, dann ist ein Triggern des `CronJobs` im GitOps-Stil dennoch möglich in folgenden Schritten:

1. die Inhalte des `CronJob`-Manifest in ein neues Manifest kopieren
2. `kind` ändern von `CronJob` auf `Job`
3. alle Felder direkt unterhalb von `.spec` (beispielsweise `schedule` oder `suspend`) entfernen, sodass nur noch `.spec.jobTemplate` übrig bleibt
4. den Block `.spec.jobTemplate.spec.template` verschieben nach `.spec.template`
5. den leeren Block `.spec.jobTemplate` löschen
6. das neue Manifest committen und pushen
7. das Durchlaufen des Runbooks abwarten
8. das `Job`-Manifest löschen und die Löschung committen und pushen

9.5 Ein Deployment neu starten

Wenn Container oder Kubernetes-`Pods` krank werden und nicht von alleine wieder in einen gesunden Zustand zurückfinden, ist ein Löschen und Neuerzeugen das Mittel der Wahl. Meistens reicht dafür das Löschen eines `Pods` mittels `kubectl delete pod`, weil meistens ein Pod-Controller wie ein `Deployment`, `StatefulSet` oder `DaemonSet` im Spiel ist, der umgehend einen neuen `Pod` erzeugen wird. Allerdings kann ein solch detailliertes Löschen von `Pods` zu Downtime führen, wenn der Pod-Controller konfiguriert ist, nur eine einzige Replica auszuführen (was der Standardwert ist).

Statt einzelne `Pods` zu löschen, kann man geschickter vorgehen und stattdessen den Pod-Controller anweisen, einen Neustart durchzuführen. Das ist mit `kubectl rollout restart` möglich. Wenn wir mit einem solchen Befehl einen Neustart triggern, werden im Hintergrund keine `Pods` gelöscht, sondern es wird nur in der `Pod`-Spezifikation der Ressource eine neue Annotation gesetzt. Dadurch verändert sich die `Pod`-Spezifikation und der Controller führt automatisch ein Upgrade durch, wodurch vorhandene `Pods` ersetzt werden durch neue. (Konkret wird unter dem YAML-Pfad `.spec.template.metadata.annotations` die Annotation `kubectl.kubernetes.io/restartedAt` auf einen aktuellen Zeitstempel gesetzt[5].)

Imperative Restarts sind voll kompatibel mit GitOps.

In den meisten Fällen ist diese Annotation im committeten Manifest in Git nicht vorhanden. Deswegen gibt es für den GitOps-Operator an dieser Stelle nichts zu tun: Wenn er das Manifest aus dem Config-Repo erneut anwendet, hat sich am gewünschten Zielzustand nichts verändert, weil diese Annotation nicht Teil des gewünschten Zustands ist. Das bedeutet also, dass ein imperativer Neustart über die CLI und der

[5] *https://github.com/kubernetes/kubectl/blob/v0.28.3/pkg/polymorphichelpers/objectrestarter.go*

GitOps-Lebenszyklus sich normalerweise überhaupt nicht in die Quere kommen und problemlos zusammen genutzt werden können.

GitOps-Operatoren ignorieren ungesetzte Felder.

Dies mag eine überraschende, aber sehr hilfreiche Erkenntnis über Kubernetes sein: Nicht jedes Kubernetes-Manifest muss bis ins letzte Detail ausformuliert sein, damit es erfolgreich angewandt werden kann. Es gibt natürlich bei fast jedem Ressourcentyp ein paar erforderliche Felder. Diese müssen wir in den Manifesten setzen, und entsprechend werden diese nach dem Commit definitiv vom GitOps-Operator überwacht. Aber die Controller und Mutating Admission Webhooks, die im Cluster tätig sind, können nach dem Apply des Manifests eine Vielzahl an Änderungen durchführen, die das Manifest bearbeiten und erweitern, sodass die Beschreibung der deployten Ressource im Cluster (beispielsweise über einen `kubectl get`) deutlich länger sein kann als das Manifest im Config-Repo. Aber nur diejenigen Felder des Manifests, die wir in Git committet haben, werden auch vom GitOps-Operator konsequent angewandt.

Deklarative Restarts sind möglich.

Auch hier gilt: Wenn maximale Auditierbarkeit wichtiger ist als Geschwindigkeit, dann können wir auch hier einen GitOps-konformen Weg wählen: Wir können eine Annotation an der `Pod`-Spezifikation eigenhändig im Manifest setzen und committen. Wir sollten dabei allerdings nicht dieselbe Annotation setzen wie Kubernetes (`kubectl.kubernetes.io/restartedAt`). Falls nämlich doch ein Neustart per CLI durchgeführt wird, passiert er womöglich doppelt. Denn zuerst wird die Annotation per CLI überschrieben durch einen aktuellen Wert, aber im nächsten Moment setzt der GitOps-Operator die Annotation wieder zurück auf den alten Wert; in der Zwischenzeit sind jedoch bereits zwei sequenzielle Neustarts im Gange.

9.6 Ressourcen neu erzeugen

Imperativ gelöschte Ressourcen werden automatisch neu erzeugt.

Wir haben eben betrachtet, wie wir `Pods` neu erzeugen können in einem GitOps-Umfeld. `Pods` sind allerdings nicht die einzigen Ressourcen, die in einen ungesunden Zustand kommen können und bei denen ein Löschen und Neuerzeugen helfen kann. Wenn es sich bei den betreffenden Ressourcen nicht um Ressourcentypen handelt, die vom GitOps-Operator kommen (wenn es also beispielsweise um Ressourcen geht, die keine Argo-CD-`Applications`, Flux-`HelmReleases` oder Flux-`Kustomizations` sind), dann können wir diese kranken Ressourcen einfach löschen und der GitOps-Operator wird sie beim nächsten Angleichungsdurchlauf neu erzeugen. (Wir verwenden für Ressourcen aus Ressourcentypen, die vom GitOps-Operator kommen, im Folgenden den Begriff »GitOps-Ressourcen«.)

Wenn die zu löschenden Ressourcen allerdings doch GitOps-Ressourcen sind, dann ist mehr Vorsicht geboten. Denn in aller Regel werden diejenigen Ressourcen, die von einer `Application`, einem `HelmRelease` oder einer `Kustomization` überwacht werden, mit gelöscht, wenn die übergeordnete GitOps-Ressource gelöscht wird, und dadurch kann unerwünschte Downtime entstehen. (Die meisten GitOps-Operatoren verwenden Kubernetes-Finalizer[6] für diese gesammelte Garbage Collection.)

Bevor wir also GitOps-Ressourcen löschen, sollten wir zuerst weniger invasive Alternativen ausprobieren. Bei Flux können wir über die Flux-CLI mit `flux reconcile` (beziehungsweise mit `flux suspend` und `flux resume`) feststeckende `HelmReleases` oder `Kustomizations` erneut anstoßen und im besten Fall ein Löschen umgehen. Bei Argo CD können wir über die UI einen erneuten Sync triggern oder über die CLI mit `argocd app sync`, wo uns noch mehr Parameter zur Verfügung stehen als in der UI.

GitOps-Ressourcen können durch Löschen und deaktivierte Finalizer sicher neu erzeugt werden.

Falls dieses Vorgehen nicht weiterhilft, können wir bei Argo CD eine `Application` löschen, ohne die zugehörigen Ressourcen zu löschen, indem wir den Finalizer auf der `Application` mit `kubectl patch` entfernen[7] und anschließend die `Application` löschen und neu erzeugen. (Für `ApplicationSets` in Argo CD ist das auch möglich, erfordert jedoch zusätzliche Maßnahmen[8].) Nachdem die `Application` dann neu erzeugt wurde, sollte automatisch auch wieder der Finalizer vorhanden sein.

Bei Flux-Ressourcen muss der Parameter `.spec.prune` auf `false` gesetzt und die Änderung in den Cluster synchronisiert werden, bevor die Ressource sicher entfernt und neu erzeugt werden kann. Anschließend kann das Pruning wieder aktiviert werden, damit die zugehörigen Ressourcen wieder von der Flux-Ressource vollständig überwacht werden. (Dieses Vorgehen ist auch dann angebracht, wenn man eine Flux-Ressource umbenennt[9].)

[6] *https://github.com/kubernetes/website/blob/snapshot-initial-v1.28/content/en/docs/concepts/overview/working-with-objects/finalizers.md*

[7] *https://github.com/argoproj/argo-cd/blob/v2.8.4/docs/user-guide/app_deletion.md*

[8] *https://github.com/argoproj/argo-cd/blob/v2.8.4/docs/operator-manual/applicationset/Application-Deletion.md*

[9] *https://github.com/fluxcd/website/blob/e7e991c/content/en/flux/faq.md#how-can-i-safely-rename-a-flux-kustomization*

9.7 Ein Deployment skalieren

Langfristiges, statisches Skalieren geht per GitOps.

Über den Parameter `.spec.replicas` lassen sich `Deployments` und `StatefulSets` auf eine beliebige Anzahl Replicas skalieren. Dieser Parameter ist optional und nimmt standardmäßig den Wert 1 an. Wenn wir ein `Deployment` oder `StatefulSet` langfristig mit einer festen Anzahl skalieren wollen, sollten wir den Wert im Config-Repo direkt im Manifest setzen, damit er vom GitOps-Operator kontinuierlich angewandt wird. Wenn wir jedoch einen zusätzlichen Controller wie beispielsweise einen `HorizontalPodAutoscaler` verwenden, um auf Basis bestimmter Metriken innerhalb eines gewissen Spielraums automatisch den Replica-Wert zu setzen, dann sollten wir dieses Feld ungesetzt lassen und nur die Minimum- und Maximumwerte im HPA setzen. Hier sind sich Flux[10] und Argo CD[11] einig.

Für kurzfristige Eingriffe können wir die Angleichung pausieren.

Abgesehen von diesen langfristigen Skalierungen können wir aber auch in Situationen kommen (beispielsweise während Incidents), in denen wir sehr dynamisch manuell skalieren wollen, ohne dass die kontinuierliche Angleichung des GitOps-Operators unsere Änderungen ständig überschreibt, weil wir nicht über Commits gehen. Für solche Fälle können wir die Angleichung temporär pausieren und damit vollständig aushebeln.

Flux ermöglicht das auf seinen Ressourcen über den Parameter `.spec.suspend`: Setzen wir ihn auf `false`, wird die Angleichung pausiert. Bei einer Argo-CD-`Application` würden wir analog dazu den Parameter `.spec.syncPolicy.automated.selfHeal` auf `false` setzen, um die Angleichung zu pausieren[12].

Wir können diese Einstellung entweder deklarativ über einen Commit ändern oder imperativ per CLI. Letzteres wird nur unter bestimmten Bedingungen funktionieren, denen wir uns im nächsten Abschnitt widmen. Flux ermöglicht das imperative Ändern mit `flux suspend`[13] und bei Argo CD ist es ungefähr erreichbar mit `argocd app set --sync-policy none`[14]. Beide Befehle sind letztlich aber nur dünne Verpackungen um den Befehl `kubectl patch`. Wir zeigen direkt Beispie-

[10] *https://github.com/fluxcd/website/blob/e7e991c/content/en/flux/faq.md#what-is-a-kustomization-reconciliation*

[11] *https://github.com/argoproj/argo-cd/blob/v2.8.4/docs/user-guide/best_practices.md#leaving-room-for-imperativeness*

[12] *https://github.com/argoproj/argo-cd/blob/v2.8.4/docs/user-guide/auto_sync.md#automatic-self-healing*

[13] *https://fluxcd.io/flux/cmd/flux_suspend*

[14] *https://github.com/argoproj/argo-cd/blob/v2.8.4/docs/user-guide/commands/argocd_app_set.md*

le für beide Anpassungen, wenn man sie mit `kubectl` statt über die Vendor-CLI ausführt:

Listing 9–5
Patchen von GitOps-Ressourcen zum Pausieren und Wiederaufnehmen der Angleichung

```
# Suspend a Flux HelmRelease
kubectl patch helmrelease backend --type=merge \
  -p '{"spec":{"suspend":true}}'
# Resume a Flux HelmRelease
kubectl patch helmrelease backend --type=json \
  -p '[{"op":"remove","path":"/spec/suspend"}]'

# Turn off self-heal on an Argo~CD Application
kubectl patch application backend --type=json \
  -p '[{"op":"remove",
  "path":"/spec/syncPolicy/automated/selfHeal"}]'
# Reactivate self-heal on an Argo~CD Application
kubectl patch application backend --type=merge \
  -p '{"spec":{"syncPolicy":{"automated":
  {"selfHeal":true}}}}'
```

Pausieren ist herausfordernder bei hierarchischen GitOps-Ressourcen.

Sehr häufig haben wir allerdings mehr als nur eine GitOps-Ressource im Spiel, und fast immer sind diese GitOps-Ressourcen hierarchisch verschachtelt (siehe Abschnitt 6.6.2 auf Seite 168). Das Pausieren einer untergeordneten Ressource ist dann zusätzlich erschwert: Wenn wir beispielsweise eine Flux-`Kustomization` A haben, die eine weitere Flux-`Kustomization` B einbindet, und wir wollen nur die `Kustomization` B pausieren, dann könnten wir versuchen, bei `Kustomization` B den Suspend zu aktivieren. Dieser imperative Patch per CLI würde aber sofort überschrieben werden, weil der Suspend-Wert von `Kustomization` B in Git anders committet ist. Analog tritt das Problem bei Argo CD auf mit dem Pattern »App of Apps«, wenn wir in einer der untergeordneten `Applications` den Self-Heal deaktivieren.

Wir können dann nur zwischen zwei Optionen wählen:

1. Wir committen die Pausierung an der untergeordneten GitOps-Ressource. Damit verlieren wir aber die Flexibilität, die wir uns durch das Pausieren eigentlich erhofft hatten.
2. Wir pausieren die übergeordnete GitOps-Ressource und anschließend die untergeordnete. (Das wäre im obigen Flux-Beispiel zuerst `Kustomization` A, dann `Kustomization` B.) Dieses Vorgehen funktioniert, weil die Änderung an der untergeordneten Ressource dann nicht mehr ständig von der übergeordneten überschrieben wird. Damit bekommen wir mehr Flexibilität, aber im schlechtesten Fall pausieren wir mehr GitOps-Ressourcen als zwingend notwendig.

Bei flachen Hierarchien ist der zweite Weg derjenige mit dem besseren Kosten-Nutzen-Verhältnis.

Oft kann die konkrete Hierarchie von GitOps-Ressourcen eine Herausforderung sein. Wie können wir die am höchsten übergeordnete GitOps-Ressource finden (sozusagen die oberste Eltern-Ressource aller darunterliegenden Kind- und Kindeskind-Ressourcen)? Bei Flux kann uns der Befehl `flux trace` helfen: Am Ende der CLI-Ausgabe wird die hierarchisch oberste Ressource stehen, aus der die angegebene Ressource erzeugt wurde. In Argo CD können wir diese Ressource über die UI suchen oder über die CLI mit `argocd app list`[15].

Allerdings sind bei großer Schachtelungstiefe Aufwand und Risiko der imperativen Änderungen an vielen Ressourcen hoch. Oft hat man als Endanwender auch gar nicht das Recht, die Eltern-Ressource zu verändern. Hier greifen wir dann doch zum Commit.

9.8 Fazit

In diesem Kapitel haben wir gesehen, wie manuelle imperative Eingriffe und GitOps zueinander passen oder miteinander in Konflikt geraten können. An den Stellen, an denen Konflikte auftreten, müssen wir abwägen, ob die Vorteile von GitOps-freiem Vorgehen die Risiken überwiegen.

Viele imperative und von GitOps losgelöste Eingriffe sind ohne Weiteres möglich. Außerdem können wir oftmals Runbooks noch stärker automatisieren, wenn wir sie deklarativ verpacken (beispielsweise als deaktivierten Kubernetes-`CronJob`). Wenn wir jedoch in Ressourcen eingreifen wollen, die vom GitOps-Operator überwacht werden, müssen wir im Ernstfall die Angleichung pausieren.

[15] *https://github.com/argoproj/argo-cd/blob/v2.8.4/docs/user-guide/commands/argocd_app_list.md#examples*

Teil III

Weiterführendes

10 Mehrere Cluster verwalten

Wenn man mit Kubernetes arbeitet, wird man in den seltensten Fällen alles auf einem einzigen Cluster erledigen. Unabhängig davon, ob man ein lokales *Minikube* mit *Docker* verwendet oder auf verschiedene Cluster zugreift, ist der Aufbau und die Instandhaltung der Cluster von großer Bedeutung. Dies führt zu erheblichem Entwicklungsaufwand, zumal je nach Hyperscaler und deren APIs unterschiedliches Wissen erforderlich ist. Neben der Gewährleistung funktionaler Anforderungen müssen auch Qualitätsmerkmale wie Sicherheit oder Compliance berücksichtigt werden. Auch die Frage nach der idealen Größe und dem grundsätzlichen Nutzen des Clusters ist von Bedeutung. Ein zu großer Cluster oder ein Cluster, der nur für Testzwecke eingerichtet wurde, kann unnötige Kosten verursachen. Gerade in Cloud-Umgebungen werden provisionierte Ressourcen und ihre Laufzeit in Rechnung gestellt.

Auch der Betrieb, besser bekannt als *Day-2-Operations*, bringt weitere Schwierigkeiten mit sich. Je mehr Cluster in einer Umgebung vorhanden sind, desto umfangreicher und komplexer wird das *Lifecycle-Management*. Es müssen regelmäßig kritische Sicherheitspatches sowie Minor- und Major-Updates von Kubernetes und seinen Abhängigkeiten installiert werden, um Sicherheitslücken und Angriffe zu vermeiden. Besonders in großen Unternehmen mit verschiedenen Abteilungen und Bereichen findet man immer wieder Silos, die nicht auf dem aktuellen Stand sind.

GitOps für Multi-Cluster

Von der deklarativen Konfiguration bis zur Automatisierung bietet GitOps eine effiziente und skalierbare Lösung zur Cluster-Verwaltung im Unternehmen. Wie im letzten Kapitel 9 bereits erklärt wurde, ist es nicht möglich, alle Operationen mit GitOps zu automatisieren. Das Ziel sollte daher sein, konsistent die Aktionen zu automatisieren, die mit GitOps möglich sind. So bleibt genug Kapazität für manuelle Tätigkeiten.

In diesem Kapitel möchten wir erläutern, wie wir mit GitOps diese Herausforderungen lösen können. Wir werden hierfür exemplarisch Cluster API für das Cluster-Management einsetzen.

10.1 Single-Cluster vs. Multi-Cluster

Es ist wichtig zu prüfen, ob ein Cluster benötigt wird. Mittels `Namespaces` kann eine logische Trennung von Clustern erreicht werden, was im Allgemeinen zu einer höheren `Pod`-Dichte als bei physisch isolierten Clustern führt. Dadurch bleibt weniger ungenutzte Compute-Kapazität im Cluster übrig. Durch die flexible Architektur von Kubernetes lässt sich die Anzahl der Worker-Nodes gemäß den Anforderungen hoch- oder herunterskalieren. Dieser Ansatz ist leicht zu verwalten und die Kosten bleiben überschaubar.

Jedoch sind `Namespaces` zunächst nur Namensräume, damit Ressourcen mit gleichem Namen mehrfach im Cluster deployt werden können. Der Zugriff auf die `Namespaces`, genauer gesagt auf die jeweilige API, kann mit RBAC verwaltet werden. Jedoch ist als Admin zu beachten, dass das Netzwerk zwischen den `Namespaces` im Standardfall nicht segmentiert ist. Ein `Pod` hat einfachen Zugriff auf einen `Pod` aus einem anderen `Namespace`. Die Netzwerkkommunikation ist davon abhängig, welche *CNI*-Implementierung (Container Network Interface) eingesetzt wird und wie diese konfiguriert ist. Im Falle von *Calico* kann über sogenannte *Policies* das Netzwerk, genauer gesagt die jeweiligen `Namespaces`, auf unterschiedlichen *OSI*-Schichten abgesichert werden[1].

Eine vollständige Isolierung ist jedoch in der Regel nicht erreichbar. Außerdem besteht eine Gefahr, wenn Hacker Zugriff auf hochprivilegierte Konten erlangen. Daher sind nahezu alle `Namespaces` anfällig für Angriffe. Eine gängige Methode der Cluster-Isolierung ist die physische Trennung von Kubernetes-Clustern. In diesem Isolationsmodell werden Teams oder Workloads eigene Cluster zugewiesen. Jedoch erhöht diese simple Variante den Verwaltungs- und Finanzaufwand enorm, weil physisch isolierte Cluster in der Regel über eine geringe `Pod`-Dichte verfügen. Jedes Team oder jeder Workload hat einen eigenen Cluster, wodurch dem Cluster oft zu viele Computerressourcen zugewiesen werden. Dieser Nachteil kann jedoch durch verschiedene Mechanismen, wie eine automatisierte Zuweisung von Ressourcen mittels Autoscaling, gemildert werden.

[1] *https://github.com/tigera/docs/blob/05177b9/calico_versioned_docs/version-3.26/network-policy/get-started/calico-policy/calico-network-policy.mdx*

10.2 Cluster API

Das Projekt *Cluster API (CAPI)* ist ein Unterprojekt von Kubernetes, das sich mit der deklarativen Verwaltung von Kubernetes-Clustern befasst. Mithilfe von APIs und Werkzeugen können Cluster bereitgestellt, aktualisiert und verwaltet werden. Das Ziel der Initiatoren der *Kubernetes Special Interest Group (SIG) Cluster Lifecycle* ist es, die Verwaltung und den Betrieb von Kubernetes so einfach wie möglich zu gestalten[2].

Die Rolle von kubeadm

Für den Aufbau eines Clusters gibt es zahlreiche Distributionen für unterschiedliche Zwecke. In allen Lösungen ist *kubeadm* die zentrale Komponente für den Aufbau standardisierter Kubernetes-Cluster[3]. Es ermöglicht den Aufbau von Kubernetes-Clustern, die den *Kubernetes Conformance Test*[4] bestehen können und reduziert somit die Komplexität. Seit seinen Anfängen ist *kubeadm* zum Standard-Bootstrapping-Tool für mehrere andere Anwendungen geworden, darunter *Kubespray*[5], *minikube*[6] und *KinD*[7]. Jedoch beschränkt sich *kubeadm* lediglich auf das Einrichten des Clusters. Genauso wichtig wie die Einrichtung von Clustern ist jedoch das Lifecycle Management. Hier setzt die Cluster API an.

Das Projekt beinhaltet das Einrichten von Clustern sowie die Konfiguration ihrer Infrastruktur. Hierzu gehören VPCs, Netzwerke und VMs. Eine API steht zur Verfügung, die eine einheitliche und generische Installation von Clustern über alle Anbieter hinweg ermöglicht. Die dazugehörigen Provider vereinfachen und standardisieren die Installation auf verschiedenen Cloud-Plattformen wie AWS, Azure, Google Cloud und auch On-Premise-Lösungen[8]. Dies hält die Lernkurve flach und erleichtert den Einstieg. Wenn jedoch die Notwendigkeit besteht, eine eigene Lösung zu entwickeln, kann das Framework durch selbst erstellte Provider erweitert werden.

[2] *https://www.cncf.io/blog/2021/10/06/kubernetes-cluster-api-reaches-production-readiness-with-version-1-0*

[3] *https://github.com/kubernetes/website/blob/snapshot-initial-v1.28/content/en/docs/reference/setup-tools/kubeadm/_index.md*

[4] *https://kubernetes.io/blog/2017/10/software-conformance-certification*

[5] *https://github.com/kubernetes-sigs/kubespray*

[6] *https://minikube.sigs.k8s.io/docs/start*

[7] *https://kind.sigs.k8s.io*

[8] *https://github.com/kubernetes-sigs/cluster-api/blob/v1.5.2/docs/book/src/reference/providers.md*

10.3 Konzept von Cluster API

Wie in Abb. 10–1 gezeigt wird, ist die *Control Plane* auf dem *Management-Cluster* die zentrale Komponente der Cluster API.

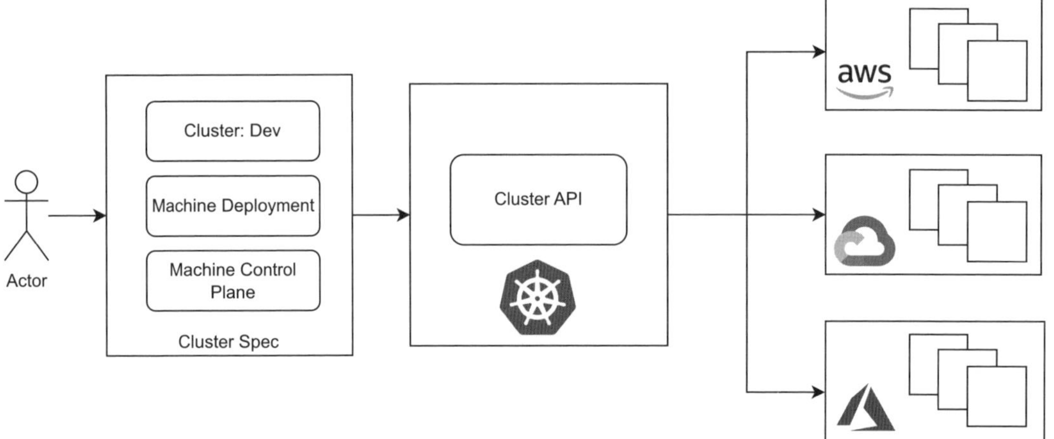

Abb. 10–1
Über die Cluster API können Benutzer mithilfe vorher festgelegter Spezifikationen Workload-Cluster auf verschiedene Plattformen bringen, ohne dabei plattformspezifisches Wissen zu benötigen.

Für dieses Vorhaben ist ein Kubernetes-Cluster unerlässlich. Der zentrale *Management-Cluster* überwacht alle Komponenten und Zustände der Workload-Cluster. Zur Konfiguration können sowohl eine **imperative** als auch eine **deklarative** Methode verwendet werden. Für die deklarative Konfiguration muss das Projekt *Cluster API Operator*[9] genutzt werden. Zusätzlich sind in diesem Cluster alle benötigten Infrastruktur-Provider installiert, um von dort die Workload-Cluster zu provisionieren. Die Cluster API erweitert die Kubernetes-API um eigene *CRDs*, damit Cluster deklarativ spezifiziert werden können. So können wir domänenspezifische Ressourcen erstellen – und der Cluster API Controller gleicht stetig den aktuellen mit dem gewünschten Zustand ab. Auch gängige Konfigurationswerkzeuge wie *Kustomize* oder *Helm* lassen sich problemlos verwenden.

10.4 Definition der Cluster API-Ressourcen

Die hohe Flexibilität von Kubernetes ermöglicht es uns, Cluster spezifisch an unsere Anforderungen anzupassen. Dabei können wir zwischen verschiedenen Optionen wie *Bare Metal*, virtuellen Maschinen oder *Managed Services* wählen und die Größe sowie Sicherheitsanforderungen individuell festlegen. Um den Anforderungen gerecht zu werden, nutzen wir die Architektur von Cluster API, die eine hohe Flexibilität

[9] *https://github.com/kubernetes-sigs/cluster-api-operator*

ermöglicht. Hierbei werden neben der Cluster API selbst auch Provider eingesetzt, die wiederum in *Bootstrap-* und *Infrastruktur*-Provider unterteilt sind.

- Bootstrap-Provider gewährleisten, dass Maschinen wie virtuelle Maschinen in Kubernetes-Nodes konvertiert werden. Standardmäßig wird *kubeadm* verwendet.
- Infrastruktur-Provider stellen die definierten Cluster in einer Zielumgebung mit allen abhängigen Ressourcen bereit.

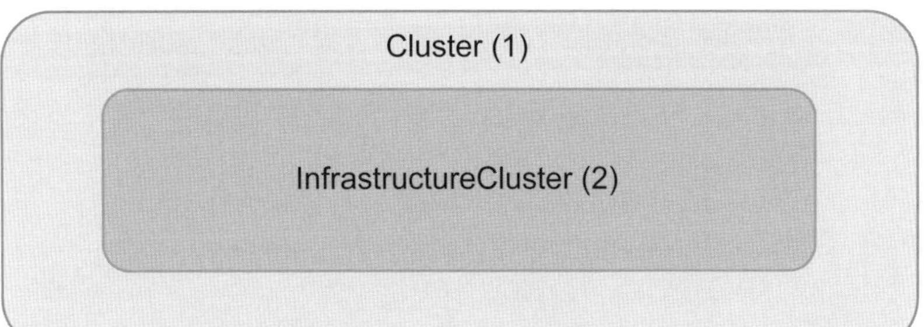

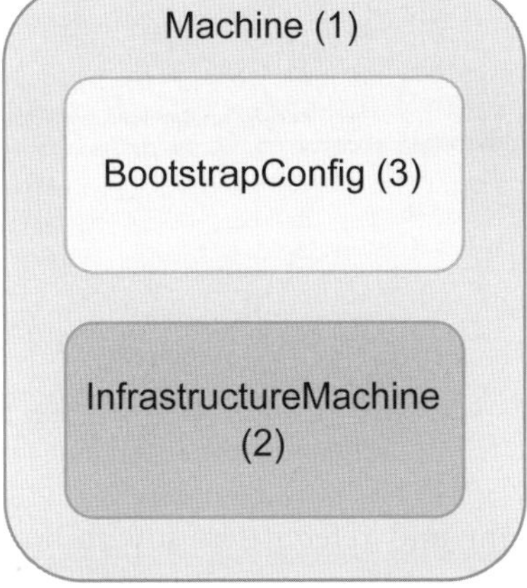

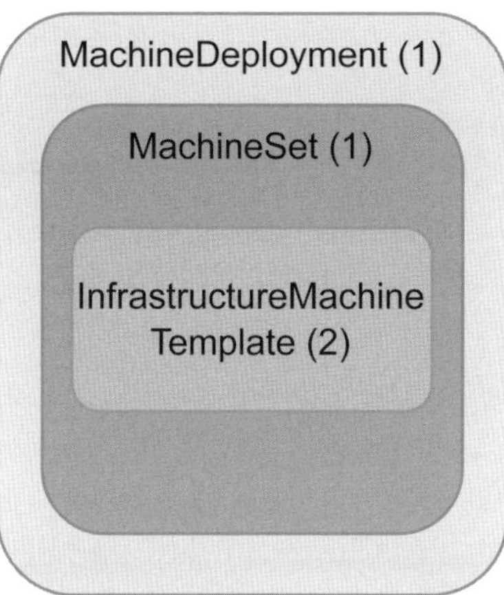

Abb. 10–2
Cluster API CRDs

Die Darstellung 10–2 zeigt das Zusammenspiel der Ressourcen auf, wenn wir Cluster API-Ressourcen (1) definieren. Dabei gibt es nicht nur generische Cluster API-eigene Ressourcen wie *Cluster* oder *Machine*, sondern auch providerspezifische Ressourcen (2). Die *Bootstrap-Config* (3) erzeugt und verwaltet die notwendigen Daten zur Registrierung einer Maschine als Knoten in einem Kubernetes Cluster.

Entwickelnde haben den Vorteil, dass sie die unterliegenden, providerspezifischen Ressourcen individuell austauschen und anpassen können. Wenn ich mich entscheide, meinen Workload von einem On-Premise-System auf einen Hyperscaler zu migrieren, reicht es aus, die

Implementierung entsprechend anzupassen. Auch bereits existierende Cluster, die auf anderem Wege bereitgestellt wurden, können mithilfe von Cluster API verwaltet und migriert werden[10]. Cluster API unterstützt somit eine Vielzahl an Providern. Neben Hyperscalern können auch andere Provider genutzt werden[11].

Wir gehen davon aus, dass ein einfacher EKS-Cluster mithilfe der Cluster API eingerichtet werden soll. In diesem Fall werden die in Abb. 10–3 aufgeführten Ressourcen benötigt.

Abb. 10–3 *EKS-Cluster mit Cluster API*

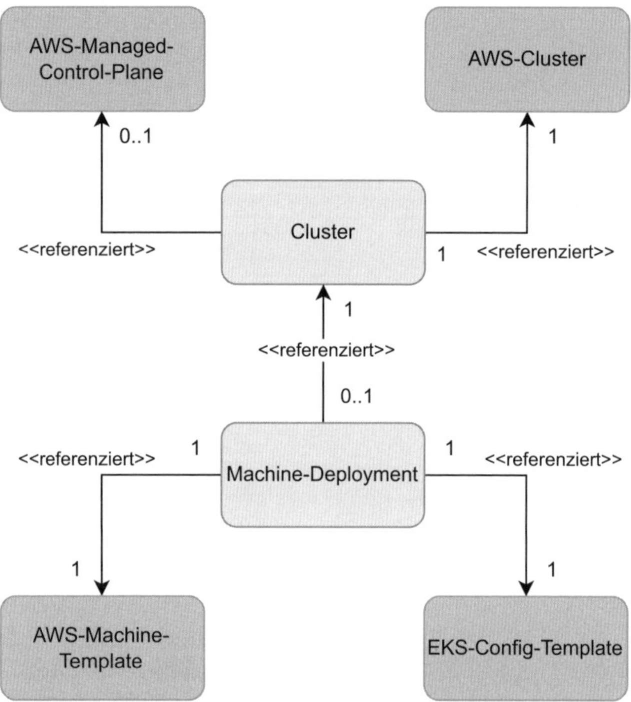

- Ein **Cluster** ist das zentrale Element und referenziert sowohl auf eine obligatorische providerspezifische **AWSCluster**-Ressource als auch auf eine **AWSManagedControlPlane**-Ressource. Mit dieser Ressource lassen sich grundsätzliche Konfigurationen für das `Pod`-Netzwerk wie die *CIDR* der `Pods` definieren.
- Ein **MachineDeployment** in Kubernetes dient als Vorlage für die entsprechenden Maschinen, ähnlich wie eine `Deployment`-Ressource. Da wir einen *Managed Service* nutzen, ist keine zusätzliche Res-

[10] *hhttps://static.sched.com/hosted_files/kccnceu2022/10/KubeConEU22_MBTI_ClusterAPI_Migrate_700_Clusters.pdf*

[11] *https://github.com/kubernetes-sigs/cluster-api/blob/v1.5.2/docs/book/src/reference/providers.md*

source erforderlich. Stattdessen erstellen wir eine **AWSMachine-Template** und geben hier beispielsweise den Instanztyp der *Worker-Nodes* an. Zusätzlich definieren wir ein **EKSConfigTemplate**, um die *Container-Runtime* zu spezifizieren.

10.5 Installation des Management-Clusters

Wie bereits zu Beginn dieses Kapitels erwähnt, ist es mit Cluster API einfach möglich, standardisierte Kubernetes-Cluster zu provisionieren und zu verwalten. Allerdings erfordert die Control Plane von Cluster API einen Management-Cluster, der für unseren Zweck folgende Kriterien erfüllen muss:

- Zuverlässigkeit
- Ausfallsicherheit
- Wartbarkeit

Wir müssen einen zuverlässigen und ausfallsicheren Cluster in unserer Infrastruktur aufbauen. Zusätzlich müssen wir sicherstellen, dass unser Management-Cluster wartbar ist und Updates problemlos eingespielt werden können. Wir nutzen hierfür ebenfalls Cluster API. Um Kubernetes-Cluster zu provisionieren, benötigen wir jedoch selbst einen Kubernetes-Cluster, der wiederum einen weiteren Kubernetes-Cluster benötigt. Um dieses »Henne-Ei«-Problem zu lösen, verwenden wir einen temporären *Bootstrap*-Cluster. Der Prozess ist dann wie folgt:

1. Ein *Bootstrap*-Cluster dient häufig als lokaler Cluster. Wir erzeugen einen Cluster, um zuerst unseren Management-Cluster lokal aufzubauen.
2. Wir provisionieren ein neuen Ziel-Cluster.
3. Die Manifeste zur Konfiguration des Management-Clusters werden im Config-Repo versioniert und später für unser Ziel-Cluster verwendet, das dann der finale Management-Cluster ist.
4. Der Workload wird auf das unser Ziel-Cluster verschoben.
5. Der Bootstrap-Cluster wird abgebaut.

Unser Management-Cluster kann sowohl imperativ als auch deklarativ konfiguriert werden. Dabei werden wir unseren *Bootstrap*-Cluster imperativ bauen, wohingegen wir für den Management-Cluster den *Cluster API Operator* einsetzen. Wir setzen hier exemplarisch EKS ein.

10.5.1 Provider konfigurieren und temporären Management-Cluster bauen

Zunächst stellen wir sicher, dass wir mit *KinD* einen lokalen Kubernetes-Cluster bauen können und `clusterctl`[12] installiert haben. Um neue Cluster bei AWS bereitstellen zu können, müssen selbstverständlich die entsprechenden Anforderungen des jeweiligen Providers erfüllt werden. Für die Einrichtung von AWS als Provider müssen zunächst die Rollen und Rechte mit *Identity and Access Management (IAM)* angelegt werden. Zur Vereinfachung stellt AWS das Tool *clusterawsadm* zur Verfügung[13], das die benötigten Ressourcen über AWS CloudFormation auf AWS bereitstellt. Hierfür ist wichtig ein Access- oder Session-Token als Umgebungsvariable zu definieren. Mithilfe des folgenden Befehls werden dann alle erforderlichen Ressourcen erstellt:

Listing 10–1 *Anlegen der IAM-Rollen und Policies für den* Management-Cluster *mit AWS-Provider*

```
export AWS_REGION=[Region]
export AWS_ACCESS_KEY_ID=[Key-Id]
export AWS_SECRET_ACCESS_KEY=[Secret]
clusterawsadm bootstrap iam create-cloudformation-stack
export AWS_B64ENCODED_CREDENTIALS=
  $(clusterawsadm bootstrap credentials encode-as-profile)
```

Listing 10–2 *Ausgabe nach Anlage aller Ressourcen*

```
Attempting to create AWS CloudFormation stack
        cluster-api-provider-aws-sigs-k8s-io

Following resources are in the stack:

Resource |Type |Status
AWS::IAM::InstanceProfile
    ↪ |control-plane.cluster-api-provider-aws
        .sigs.k8s.io |CREATE_COMPLETE
AWS::IAM::InstanceProfile |controllers.cluster-api-provider-aws
        .sigs.k8s.io |CREATE_COMPLETE
...

|CREATE_COMPLETE
```

[12] *https://github.com/kubernetes-sigs/cluster-api/blob/v1.5.2/docs/book/src/user/quick-start.md#install-clusterctl*

[13] *https://cluster-api-aws.sigs.k8s.io/clusterawsadm/clusterawsadm.html*

Nun können wir mit folgendem Befehl unseren *Management-Cluster* aufbauen:

Listing 10–3
Installation des Management-Clusters

```
export EXP_MACHINE_POOL=true
clusterctl init --infrastructure aws
```

Mit dieser zusätzlichen Umgebungsvariable aktivieren wir in der Cluster API die experimentelle Nutzung der sogenannten *MachinePools*. Mit dieser Ressource lassen sich Worker-Nodes logisch gruppieren, um unter anderem zentral die minimale und maximale Anzahl der *Worker-Nodes* zu verwalten.

Der Unterschied zwischen einem *MachinePool* und einem *Machine-Deployment* ist, dass ein *MachinePool* das Lifecycle Management der Maschinen der darunterliegenden Infrastruktur delegiert. Im Falle von AWS wird eine *Autoscaling Group*[14] erstellt. So können beim Hoch- und Herunterskalieren des Clusters alle Vorteile wie Autoscaling der jeweiligen Cloud-Provider genutzt werden. Im Falle von EKS wird eine *Managed Node Group*[15] angelegt, die den Lebenszyklus der Knoten verwaltet, was technisch gesehen EC2-Instanzen sind.

Listing 10–4
Ausgabe nach Anlage aller Ressourcen

```
Fetching providers
Installing cert-manager Version="v1.13.0"
Waiting for cert-manager to be available...
Installing Provider="cluster-api" Version="v1.5.2"
        TargetNamespace="capi-system"
Installing Provider="bootstrap-kubeadm" Version="v1.5.2"
        TargetNamespace="capi-kubeadm-bootstrap-system"
Installing Provider="control-plane-kubeadm" Version="v1.5.2"
    TargetNamespace="capi-kubeadm-control-plane-system"
Installing Provider="infrastructure-aws" Version="v2.2.4"
        TargetNamespace="capa-system"

Your management cluster has been initialized successfully!
```

Im Zuge des `init`-Prozesses werden Cluster API und *kubeadm* für die Provider *Bootstrap* und *Control Plane* installiert. Zudem wird AWS als *Infrastructure*-Provider eingerichtet, um unseren ersten funktionsfähigen Cluster deployen zu können.

---

[14] *https://docs.aws.amazon.com/de_de/autoscaling/ec2/userguide/auto-scaling-groups.html*

[15] *https://docs.aws.amazon.com/de_de/eks/latest/userguide/managed-node-groups.html*

Warum wird der Cert-Manager installiert?

Wir stellen fest, dass Cluster API auch den *Cert-Manager*[16] im *Management-Cluster* mitinstalliert hat – warum eigentlich?

Cluster API implementiert einen *Admission-Controller* und verwendet *Admission Webhooks* zur Validierung und zur Modifikation von *Admission Requests*[17,18]. Auf diese Weise fängt die Cluster API Anfragen ab, bevor der Inhalt dieser Anfragen persistiert wird. Über den *Validation Webhook* prüft die Cluster API, ob die übergebenen Werte und Parameter gültig sind und setzt über den *Mutating Webhook* Default-Werte, falls diese nicht gesetzt sind.

Die Kommunikation mit den jeweiligen *Webhooks* erfolgt ausschließlich über *HTTPS*. Hierfür ist ein gültiges Zertifikat erforderlich. Man kann ein eigenes Zertifikat verwenden oder man delegiert diesen Schritt an den *Cert-Manager*[19]. Mit dem *CA-Injector*[20] kann das selbstsignierte Zertifikat dynamisch erzeugt und während des Deployments der Webhooks mitgegeben werden.

10.5.2 Worker Cluster anlegen

Wie in Listing 10–4 ersichtlich ist, ermöglicht uns der Befehl `clusterctl generate cluster` die Generierung der benötigten Ressourcen als YAML-Dateien. Um unsere Workload-Cluster auf AWS bereitzustellen, müssen wir neben der Definition der benötigten AWS-Maschinentypen und des AWS *EC2 Key-Pairs* auch die Region definieren[21], in der die Cluster erstellt werden sollen[22,23]. Diese Informationen müssen als Umgebungsvariablen zur Generierung von EKS-spezifischen Ressourcen definiert werden, wobei der sogenannte *flavor* als Kommando-Parameter angegeben werden muss. Zusätzlich können weitere Parameter wie die Kubernetes-Version und die Anzahl der Worker-Nodes definiert werden. Das Kommando ändert sich wie folgt:

---

[16] *https://cert-manager.io*

[17] *https://github.com/kubernetes-sigs/cluster-api/blob/v1.5.2/docs/book/src/developer/providers/webhooks.md*

[18] *https://github.com/kubernetes/website/blob/snapshot-initial-v1.28/content/en/docs/reference/access-authn-authz/extensible-admission-controllers.md*

[19] *https://book.kubebuilder.io/cronjob-tutorial/cert-manager*

[20] *https://github.com/cert-manager/website/blob/f03bbea/content/docs/concepts/ca-injector.md*

[21] *https://docs.aws.amazon.com/AWSEC2/latest/UserGuide/using-regions-availability-zones.html#concepts-available-regions*

[22] *https://aws.amazon.com/ec2/instance-types*

[23] *https://docs.aws.amazon.com/de_de/AWSEC2/latest/UserGuide/create-key-pairs.html*

Listing 10–5
Erstellung des Workload-Clusters

```
export AWS_REGION=us-east-1
export AWS_NODE_MACHINE_TYPE=t3.large
export AWS_SSH_KEY_NAME=capi-eks
clusterctl generate cluster gitops-eks-dev-cluster \
--flavor eks-managedmachinepool \
--kubernetes-version v1.25.3 \
--worker-machine-count=3 > capi-eks.yaml
```

Bei Ausführung werden nun die folgenden Ressourcen erzeugt:

Listing 10–6
Generierte Ressourcen für den Workload-Cluster

```
apiVersion: cluster.x-k8s.io/v1beta1
kind: Cluster
metadata:
  name: gitops-eks-dev-cluster
spec: {}
---
apiVersion: infrastructure.cluster.x-k8s.io/v1beta2
kind: AWSManagedCluster
metadata:
  name: gitops-eks-dev-cluster
spec: {}
---
apiVersion: controlplane.cluster.x-k8s.io/v1beta2
kind: AWSManagedControlPlane
metadata:
  name: gitops-eks-dev-cluster-control-plane
spec:  {}
---
apiVersion: cluster.x-k8s.io/v1beta1
  kind: MachinePool
metadata:
  name: gitops-eks-dev-cluster-pool-0
spec: {}
---
apiVersion: infrastructure.cluster.x-k8s.io/v1beta2
kind: AWSManagedMachinePool
metadata:
  name: gitops-eks-dev-cluster-pool-0
spec: {}
```

Wir haben nun eine *Cluster*-Ressource mit den dazugehörigen EKS-relevanten Ressourcen *AWSManagedControlPlane* und einem *AWSManagedCluster*. Weiterhin haben wir ein *MachinePool*, das ein *AWSManagedMachinePool* beinhaltet.

Da wir den Workload nach der Migration in Argo CD als `Application` verwalten wollen, erzeugen wir gleich eine `kustomization.yaml` und spezifizieren das generierte Manifest hier als Ressource hinzu:

Listing 10–7
Kustomize für den Workload-Cluster

```
apiVersion: kustomize.config.k8s.io/v1beta1
kind: Kustomization
resources:
- capi-eks.yaml
```

Die Ressourcen können durch `kubectl apply -k .` erzeugt werden. Gleichzeitig versionieren wir dieses Manifest in Git.

Listing 10–8
Apply der Cluster API-Ressourcen

```
kubectl -f capi-eks-quickstart.yaml apply
cluster.cluster.x-k8s.io/gitops-eks-dev-cluster created
awsmanagedcluster.infrastructure.cluster.x-k8s.io
/gitops-eks-dev-cluster created
awsmanagedcontrolplane.controlplane.cluster.x-k8s.io
/gitops-eks-dev-cluster-control-plane created
machinepool.cluster.x-k8s.io/gitops-eks-dev-cluster-pool-0
     ↪ created
awsmanagedmachinepool.infrastructure.cluster.x-k8s.io
/gitops-eks-dev-cluster-pool-0 created
```

Um den Status des Deployments zu betrachten, kann folgender *clusterctl*-Befehl genutzt werden:

Listing 10–9
Den Status der Provisionierung mit clusterctl *abrufen*

```
clusterctl describe cluster gitops-eks-dev-cluster
NAME READY SEVERITY REASON SINCE MESSAGE
Cluster/gitops-eks-dev-cluster False Warning
NatGatewaysReconciliationFailed 4m55s 3 of 10 completed
|-- ClusterInfrastructure -
     ↪ AWSManagedCluster/gitops-eks-dev-cluster
          |-- ControlPlane - AWSManagedControlPlane/
          gitops-eks-dev-cluster-control-plane False
          Warning NatGatewaysReconciliationFailed
     ↪ 4m55s 3 of 10 completed
          |-- Workers
     |--MachinePool/gitops-eks-dev-cluster-pool-0
     False Info WaitingForInfrastructure 6m17s
      |-- MachineInfrastructure - AWSManagedMachinePool/
      gitops-eks-dev-cluster-pool-0
```

Im Erfolgsfall werden folgende Informationen angezeigt:

```
clusterctl describe cluster gitops-eks-dev-cluster
Cluster/gitops-eks-dev-cluster True 30m
|-- ClusterInfrastructure - AWSManagedCluster
/gitops-eks-dev-cluster
|-- ControlPlane - AWSManagedControlPlane
/gitops-eks-dev-cluster-control-plane True 30m
|-- Workers
|-- MachinePool/gitops-eks-dev-cluster-pool-0 True 30m
```

Listing 10–10 *Erfolgreiche Provisionierung des Workload-Clusters*

Der Zugang zum EKS-Cluster wird durch das Erstellen eines neuen Kontexts in der *kubeconfig* ermöglicht. Hierfür muss der folgende Befehl ausgeführt werden:

```
aws eks update-kubeconfig \
--name gitops-eks-dev-cluster-control-plane \
--region us-east-1
Added new context arn:aws:eks:us-east-1:[ID]:
cluster/gitops-eks-dev-cluster-control-plane to
 /Users/bariscubukcuoglu/.kube/config
```

Listing 10–11 *Neuen Kontext setzen*

So können wir mit *kubectl* auf den Workload-Cluster zugreifen:

```
kubectl get nodes
NAME                          STATUS   ROLES    AGE    VERSION
ip-10-0-168-232.ec2.internal  Ready    <none>   2d22h
v1.25.12-eks-8ccc7ba
```

Listing 10–12 *Zugriff auf den Workload-Cluster*

Nun haben wir unseren Workload-Cluster erzeugt. Im nächsten Schritt bauen wir diesen Cluster in einen Management-Cluster um. Dabei wollen wir exakt den gleichen Aufbau wie in unserer lokalen Umgebung.

10.5.3 Installation des Cluster API Operators

Um zu verstehen, warum der *Cluster API Operator* ein ideales Werkzeug für unsere Zwecke ist, müssen wir zuerst verstehen, wie `clusterctl` arbeitet.

Der Befehl `clusterctl init` installiert die Provider basierend auf einer standardmäßigen Konfiguration. Jeder Provider hat natürlich seine eigenen Ressourcen-Manifeste mit Platzhaltern für die entsprechenden Parameter. Diese Manifeste werden auf den jeweiligen Projektseiten veröffentlicht. Die CLI verwaltet diese in einem eigenen lokalen Repository.

Listing 10–13
Hinterlegte Repositories in der CLI

```
> clusterctl config repositories
NAME            TYPE                         URL          FILE
cluster-api     CoreProvider
https://github.com/kubernetes-sigs/cluster-api/releases/latest/
core-components.yaml
kubeadm         BootstrapProvider
https://github.com/kubernetes-sigs/cluster-api/releases/latest/
bootstrap-components.yaml
aws             InfrastructureProvider
https://github.com/kubernetes-sigs/cluster-api-provider-aws/
    ↪ releases/latest/
  infrastructure-components.yaml
...
```

Wenn ein neuer Provider installiert wird, geschieht Folgendes:

1. Die CLI lädt das Ressourcen-Manifest des Providers in der spezifischen Version herunter.
2. Die Platzhalter werden durch unsere Parameter ersetzt.
3. Die Manifeste werden mit `kubectl apply` ausgeführt und die Ressourcen werden angelegt.

Wir können diese Manifeste mit dem Befehl `clusterctl generate provider --infrastructure aws` unter Berücksichtigung unserer Parameter exportieren und versionieren. Eine nachträgliche Anpassung unserer Parameter gestaltet sich jedoch als schwierig, da sie bereits eng mit den Manifesten verknüpft sind. Darüber hinaus sind die Manifeste auf eine bestimmte Version beschränkt, was ein Upgrade erschwert.

Die Absicht hinter dem *Cluster API Operator* ist es, den Lebenszyklus der *Cluster API Provider* deklarativ zu verwalten. Zu diesem Zweck installiert der Cluster API Operator einen Operator und führt ständig eine *Reconciliation* der *Provider*-Ressourcen durch. Die *Provider*-Ressourcen sind eigene CRDs und werden in *CoreProvider*, *BootstrapProvider*, *ControlPlaneProvider* und *InfrastructureProvider* unterteilt. Diese Ressourcen sind Wrapper für die eigentlichen Provider-Manifeste. Der Vorteil besteht darin, dass Modifikationen deklarativ vorgenommen werden können.

10.5.4 Deklarative Installation des Management-Clusters

Für die Installation des Cluster API Operators ist der *Cert-Manager* erforderlich, während die *Cluster API Provider* den *Cluster API Operator* benötigen. Wir legen zunächst die Argo CD `Application`-Ressourcen an, führen sie jedoch nicht aus. Für den *Cert-Manager* definieren wir die folgende Ressource:

Listing 10–14
Anlegen der Cert-Manager-Ressourcen

```
apiVersion: argoproj.io/v1alpha1
kind: Application
metadata:
  name: cert-manager
  namespace: argocd
  finalizers:
    - resources-finalizer.argocd.argoproj.io
spec:
  project: default
        source:
          repoURL: 'https://charts.jetstack.io'
          targetRevision: v1.13.0
          helm:
            parameters:
              - name: installCRDs
                value: 'true'
          chart: cert-manager
        destination:
          server: 'https://kubernetes.default.svc'
          namespace: cert-manager
        syncPolicy:
          syncOptions:
            - CreateNamespace=true
            - ApplyOutOfSyncOnly=true
```

Danach erstellen wir die Ressource für den Cluster API Operator:

Listing 10–15
Cluster API Operator wird angelegt

```
apiVersion: argoproj.io/v1alpha1
kind: Application
metadata:
  name: cluster-api-operator
  namespace: argocd
  finalizers:
    - resources-finalizer.argocd.argoproj.io
project: default
source:
  repoURL: 'https://kubernetes-sigs.github.io/
    ↪ cluster-api-operator'
  targetRevision: 0.6.0
  chart: cluster-api-operator
```

→

```
destination:
  server: 'https://kubernetes.default.svc'
  namespace: capi-operator-system
syncPolicy:
  syncOptions:
    - CreateNamespace=true
ignoreDifferences:
  - group: apiextensions.k8s.io
    kind: CustomResourceDefinition
    jsonPointers:
      - /spec/conversion/webhook/clientConfig/caBundle
```

Da das Zertifikat zur Laufzeit mithilfe des *Cert-Managers* generiert wird, entfernen wir das `caBundle` explizit aus der Reconciliation.

Nun müssen wir unsere Provider-Ressource anlegen. Um exakt unseren Management-Cluster nachzubilden, benötigen wir 4 Provider-Ressourcen und müssen eine `kustomization.yaml` erstellen, damit die Provider als Einheit deployt werden können. Exemplarisch legen wir folgenden *Infrastructure-Provider* für AWS.

Listing 10–16
Anlegen der Cluster API Provider

```
apiVersion: operator.cluster.x-k8s.io/v1alpha2
kind: InfrastructureProvider
metadata:
  name: aws
  namespace: capa-system
spec:
  version: v2.2.4
  configSecret:
    name: aws-variables
    namespace: capa-system
  manager:
    featureGates:
      EKS: true
      EKSEnableIAM: true
      EKSAllowAddRoles: true
      EKSFargate: false
      MachinePool: true
```

Über den Namen und die Version legen wir fest, welchen Provider wir benötigten. Zudem definieren wir *Feature-Gates*, damit benötigte Features aktiviert werden. Unsere `kustomization.yaml` ist wie folgt:

```
apiVersion: kustomize.config.k8s.io/v1beta1
kind: Kustomization
resources:
  - cluster-api-control-plane-provider.yaml
  - cluster-api-bootstrap-provider.yaml
  - cluster-api-core-provider.yaml
  - cluster-api-infra-provider.yaml
```

Listing 10–17
Wir fassen alle Ressourcen zu einer Einheit zusammen

Nun können wir diese Ressourcen wie folgt in Argo CD anlegen:

```
apiVersion: argoproj.io/v1alpha1
kind: Application
metadata:
  name: cluster-api-providers
  namespace: argocd
spec:
  destination:
    server: 'https://kubernetes.default.svc'
  source:
    path: management/operator/provider
    repoURL: 'git@gitlab.com:gitops-book/
    ↪ multi-cluster-config.git'
    targetRevision: HEAD
  sources: []
  project: default
  syncPolicy:
    syncOptions:
      - CreateNamespace=true
      - ApplyOutOfSyncOnly=true
```

Listing 10–18
Wir legen eine Application-Ressource für die Provider an

Wir pushen alle definierten Ressourcen auf Git. Nun wenden wir das bekannte *App Of Apps*-Pattern an. Dazu fassen wir die definierten Ressourcen in einer `kustomization.yaml`-Ressource zusammen.

```
apiVersion: kustomize.config.k8s.io/v1beta1
kind: Kustomization
resources:
- cert-manager.yaml
- cluster-api-operator.yaml
- cluster-api-providers.yaml
```

Listing 10–19
Wir fassen nun alle Application Ressources zu einer Einheit zusammen

Für Argo CD legen wir eine neue `Application`-Ressource an:

Listing 10–20 *Definieren einer Application-Ressource für die App Of Apps-Konfiguration*

```
apiVersion: argoproj.io/v1alpha1
kind: Application
metadata:
        name: cluster-api-config
namespace: argocd
project: default
source:
  repoURL: 'git@gitlab.com:gitops-book/multi-cluster-config.git'
  path: management/operator
  targetRevision: HEAD
destination:
  server: 'https://kubernetes.default.svc'
syncPolicy:
  syncOptions:
    - CreateNamespace=true
    - ApplyOutOfSyncOnly=true
```

Jedoch haben wir bisher unsere Abhängigkeit nicht gelöst. Hierzu setzen wir in Argo CD das Feature *Sync Phases and Waves*[24] ein. Damit können wir eine aufsteigende Abfolge von Wellen definieren, die sicherstellt, dass Ressourcen »Healthy« sind, bevor die nachfolgenden Ressourcen synchronisiert werden. Allerdings beschränkt sich dieses Feature auf Kubernetes-Ressourcen. Mit einem »Hack« funktioniert diese Funktion auch für `Application`-Ressourcen[25]. Wir verändern hierzu eine `ConfigMap`-Ressource *argocd-cm* wie folgt:

Listing 10–21 *Anpassung der ConfigMap, damit Applications ebenfalls Sync-Waves verwenden können*

```
apiVersion: v1
kind: ConfigMap
metadata:
  name: argocd-cm
  namespace: argocd
  labels:
    app.kubernetes.io/name: argocd-cm
    app.kubernetes.io/part-of: argocd
```

→

[24] *https://github.com/argoproj/argo-cd/blob/v2.8.4/docs/user-guide/sync-waves.md*

[25] *https://github.com/argoproj/argo-cd/blob/v2.8.4/docs/operator-manual/health.md#argocd-app*

```
data:
  resource.customizations: |
    argoproj.io/Application:
      health.lua: |
        hs = {}
        hs.status = "Progressing"
        hs.message = ""
        if obj.status ~= nil then
          if obj.status.health ~= nil then
            hs.status = obj.status.health.status
            if obj.status.health.message ~= nil then
              hs.message = obj.status.health.message
            end
          end
        end
        return hs
```

Dadurch wird sichergestellt, dass der Application-Controller den Zustand der `Application`-Ressource korrekt meldet. Nun definieren wir zu jeder `Application` die entsprechenden Wellen wie folgt:

Listing 10–22
Definition einer Sync-Wave

```
annotations:
        argocd.argoproj.io/sync-wave: "1"
```

Für den *Cert-Manager* definieren wir »0«, für den *Cluster API Operator* eine »1«, für die *Cluster API Provider* eine »2«.

Wenn wir `Application`-Ressource *cluster-api-config* deployen und synchronisieren, werden alle Ressourcen nacheinander bereitgestellt. In Abb. 10–4 sehen wir den Cert-Manager, in Abb. 10–5 den Operator und schließlich auch den Provider in Abb. 10–6.

Nun können wir damit beginnen, unseren Workload vom Bootstrap-Cluster auf unseren Management-Cluster zu übertragen. Dazu verwenden wir das folgende Kommando:

Listing 10–23
Migration der Workloads auf einen Management-Cluster

```
> clusterctl move --to-kubeconfig=eks-kubeconfig.yaml
Discovering Cluster~API objects
Moving Cluster~API objects Clusters=1
Moving Cluster~API objects ClusterClasses=0
Creating objects in the target cluster
Deleting objects from the source cluster
```

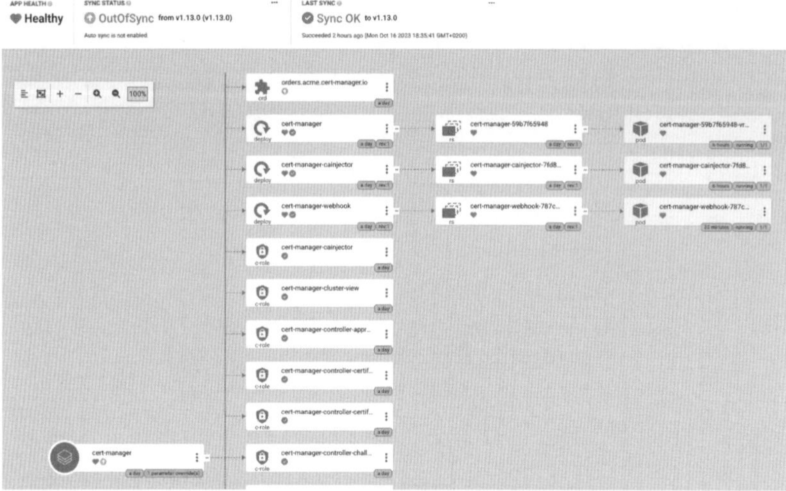

Abb. 10–4
Installation des Cert-Managers

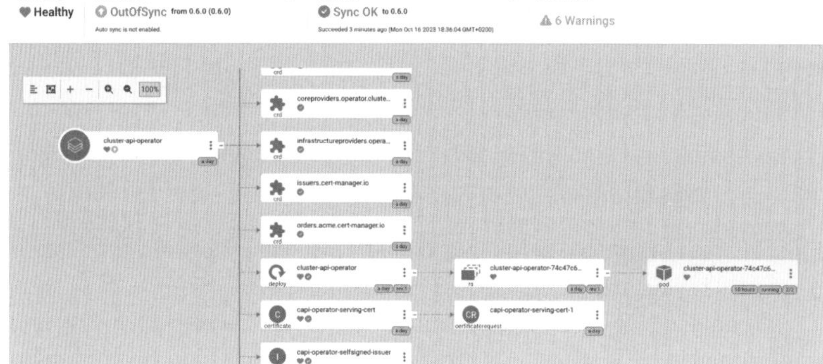

Abb. 10–5
Installation des Cluster API-Operators

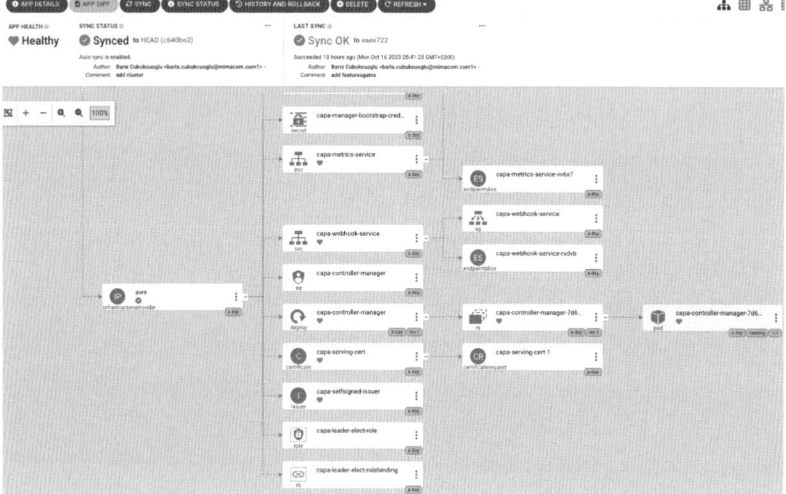

Abb. 10–6
Installation des Cluster API-Providers

Wir überprüfen, ob sich tatsächlich keine Cluster mehr auf unserem Bootstrap-Cluster befinden:

```
> kubectl get cluster
No resources found in default namespace.
```

Listing 10–24
Prüfen, ob auf dem Bootstrap-Cluster noch Cluster-Ressourcen vorhanden sind

Nun ist es möglich, für den aktuellen Management-Cluster eine Argo CD `Application`-Ressource zu erstellen. Dafür referenzieren wir auf das zuvor definierte `kustomization.yaml`.

```
apiVersion: argoproj.io/v1alpha1
kind: Application
metadata:
        name: mgmt-cluster
namespace: argocd
project: default
source:
  repoURL: 'git@gitlab.com:gitops-book/multi-cluster-config.git'
  path: management/cluster
  targetRevision: HEAD
destination:
  server: 'https://kubernetes.default.svc'
```

Listing 10–25
Application-Ressource für Management-Cluster

Es ist zu erkennen, dass die Ressourcen nun durch Argo CD synchronisiert werden, wie in Abb. 10–7 dargestellt.

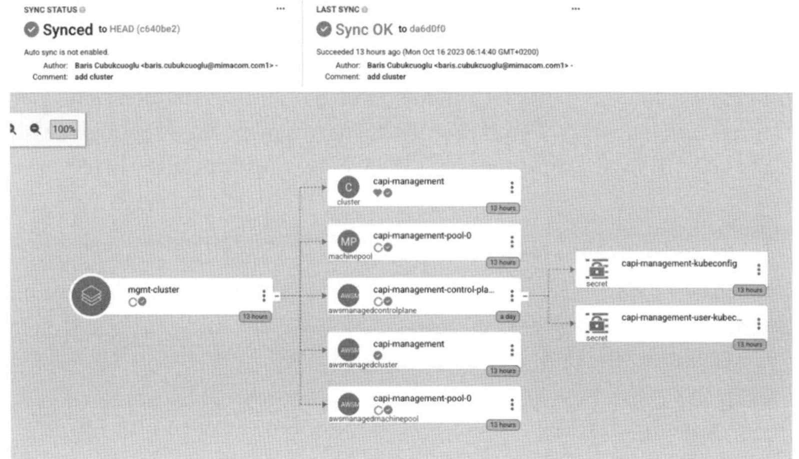

Abb. 10–7
Management-Cluster wird durch Argo CD synchronisiert

Für unseren Boostrap-Cluster gibt es keine Verwendung mehr. Wir können den Cluster nun abbauen.

10.6 Verwaltung von Workload-Clustern mit Argo CD

In einer heterogenen Unternehmenslandschaft können Cluster unterschiedlicher Art, Größe und Zweck existieren. Ein Entwicklungsteam benötigt typischerweise drei Cluster: *Entwicklung*, *Staging* und *Produktion*. So findet die Entwicklung hauptsächlich im *Development-Cluster* statt, während *Staging* zum Testen und für den Preview-Zugang für Stakeholder genutzt wird und *Production* als Produktionsumgebung dient.

Im vorliegenden Fall liegt exakt der beschriebene Aufbau mit drei Clustern vor.

Abb. 10–8
Ordnerstruktur der Cluster

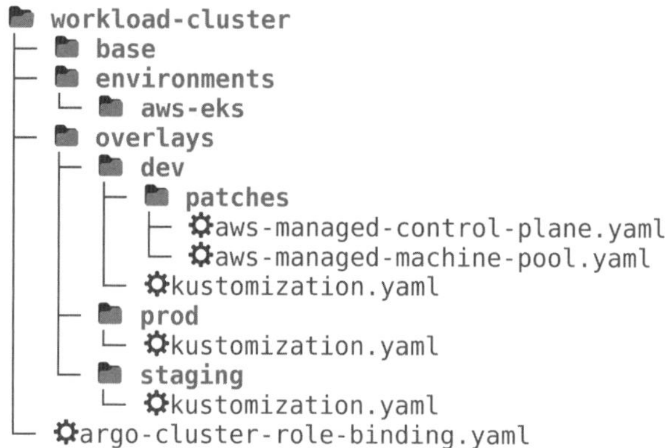

Im `base`-Ordner sind alle Grundeinstellungen der Cluster definiert. Der Ordner `environments` beinhaltet EKS-spezifischen Ausprägungen. Im Falle von EKS wird die Amazon VPC CNI als Add-on installiert[26].

Listing 10–26
Manifest für die AWS-ManagedControlPlane

```
apiVersion: controlplane.cluster.x-k8s.io/v1beta2
kind: AWSManagedControlPlane
metadata:
  name: capi-eks-control-plane
  namespace: default
spec:
  region: us-east-1
  sshKeyName: capi-eks
```

→

[26] *https://docs.aws.amazon.com/de_de/eks/latest/userguide/managing-vpc-cni.html*

```
  endpointAccess:
    public: false
    private: true
  addons:
    - name: vpc-cni
      version: v1.13.4-eksbuild.1
      conflictResolution: overwrite
```

Schließlich enthält der Ordner `overlays` die Definition der Umgebungen und die entsprechenden Anpassungen. In *dev* ist festgelegt, dass Spot-VMs verwendet werden sollen.

```
apiVersion: infrastructure.cluster.x-k8s.io/v1beta2
kind: AWSManagedMachinePool
metadata:
  name: capi-eks-pool
  namespace: default
spec:
  capacityType: spot
```

Listing 10–27
Manifest für den AWSManagedMachinePool

Diese Struktur sowie weitere Environments wie Docker und EC2 sind in den Beispielen zu finden[27].

Die Frage ist, wie die Prinzipien von GitOps angewendet werden können, um Änderungen im Cluster vorzunehmen. Vorab muss Argo CD autorisiert werden, Cluster API-Ressourcen zu verwalten. Hierzu muss ein `ClusterRoleBinding` angelegt werden, um dem `ServiceAccount` von Argo CD die erforderlichen Berechtigungen zuzuordnen. Der Einfachheit halber fügen wir die Rolle `cluster-admin` dem `ServiceAccount` `argocd-application-controller` hinzu.

```
apiVersion: rbac.authorization.k8s.io/v1
kind: ClusterRoleBinding
metadata:
  name: cluster-admin-argocd-contoller
subjects:
  - kind: ServiceAccount
    name: argocd-application-controller
    namespace: default
roleRef:
  apiGroup: rbac.authorization.k8s.io
  kind: ClusterRole
  name: cluster-admin
```

Listing 10–28
Zuweisung der Rolle zum Argo CD ServiceAccount

[27] *https://gitlab.com/gitops-book/multi-cluster-config*

Sowohl der *Development-Cluster* als auch der *Staging-Cluster* müssen als `Application` eingerichtet werden. Hierzu muss zuerst das *Repository* in Argo CD hinterlegt werden:

Listing 10–29 *Anlage des Git-Repositorys als Argo CD Repo*

```
argocd repo add \
git@gitlab.com:gitops-book/multi-cluster-config.git \
--[further Parameter]
```

Dann muss die jeweilige Umgebung als `Application` definiert werden:

Listing 10–30 *Anlegen der* Development-*Umgebung als Application-Ressource in Argo CD*

```
argocd app create acme-cluster-dev \
--project default  \
--path overlays/dev \
--repo git@gitlab.com:gitops-book/multi-cluster-config.git \
--sync-policy auto \
--dest-namespace default  \
--dest-server https://kubernetes.default.svc
```

Listing 10–31 *Anlegen der* Staging-*Umgebung als Application-Ressource in Argo CD*

```
argocd app create acme-cluster-staging \
--project default \
--path overlays/staging \
--repo git@gitlab.com:gitops-book/multi-cluster-config.git \
--sync-policy auto \
--dest-namespace default \
--dest-server https://kubernetes.default.svc
```

Im optimalen Fall sollte der Zustand in Argo CD als *Healthy* und *Synced* angezeigt werden, wie in Abb. 10–9 gezeigt.

Wir beabsichtigen, die Kubernetes-Cluster auf Version v1.27.3, sowohl in der Umgebung *Entwicklung* als auch in der Umgebung *Staging*, zu aktualisieren. Es ist wichtig, die *Control Plane*-Version und die Worker-Nodes entsprechend anzupassen. Zusätzlich zur Aktualisierung der Kubernetes-Version muss auch die korrekte CNI-Version für EKS installiert werden. Hierfür muss die Datei `/base/control-plane-kubeadm.yaml` im Verzeichnis `base` wie folgt angepasst werden:

Listing 10–32 *Upgrade der* Control Plane *der Workload-Cluster*

```
apiVersion: controlplane.cluster.x-k8s.io/v1beta1
kind: KubeadmControlPlane
metadata:
  name: capi-control-plane
  namespace: default
spec:
  version: v1.27.3
```

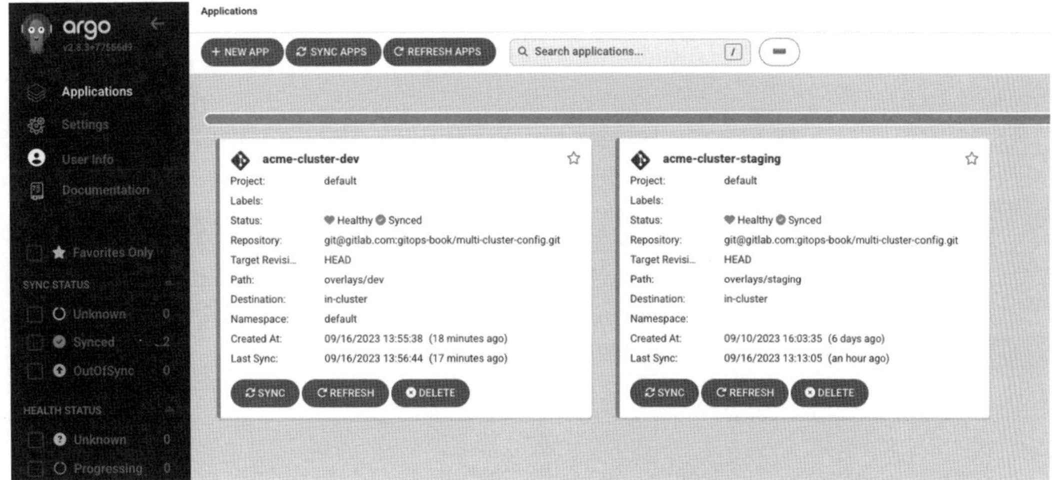

Abb. 10–9
Sowohl Dev *als auch* Staging *sind* Healthy *und* Synced.

Für die Worker-Nodes muss eine Änderung in der *MachinePool*-Ressource in der Datei `environments/aws-eks/resources/machine-pool.yaml` vorgenommen werden.

Listing 10–33
Upgrade der Worker-Nodes der Workload-Cluster

```
apiVersion: cluster.x-k8s.io/v1beta1
kind: MachinePool
metadata:
  name: capi-eks-pool
  namespace: default
spec:
  clusterName: capi-cluster
  replicas: 1
  template:
    spec:
      ** further configs
      version: v1.27.3
```

Für das CNI müssen wir die Ressource `environments/aws-eks/patches/aws-managed-control-plane.yaml` wie folgt anpassen:

Listing 10–34
Upgrade der EKS CNI

```
apiVersion: controlplane.cluster.x-k8s.io/v1beta2
kind: AWSManagedControlPlane
metadata:
  name: capi-eks-control-plane
  namespace: default
spec:
  ** further configs
  addons:
```

→

```
    - name: vpc-cni
      version: v1.13.4-eksbuild.1
      conflictResolution: overwrite
```

Die Änderungen müssen lediglich committet werden, damit die Reconciliation durch Argo CD durchgeführt werden kann. Die Einstellung *auto-sync* bewirkt den Apply der Änderungen auf dem Management-Cluster und startet somit das Upgrade beider Cluster, wie in Abb. 10–10 und Abb. 10–11 dargestellt.

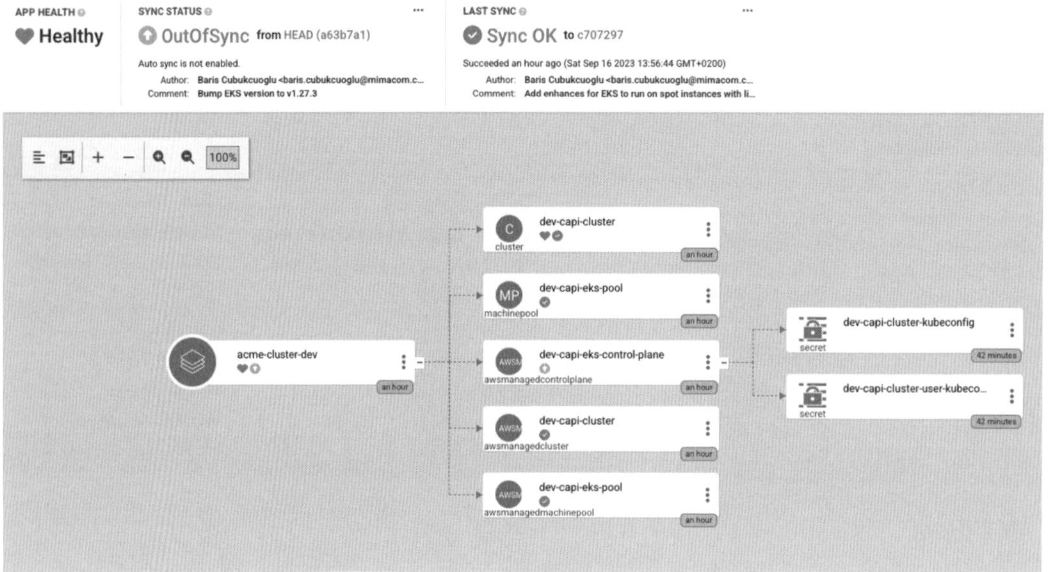

Abb. 10–10
Apply auf Dev

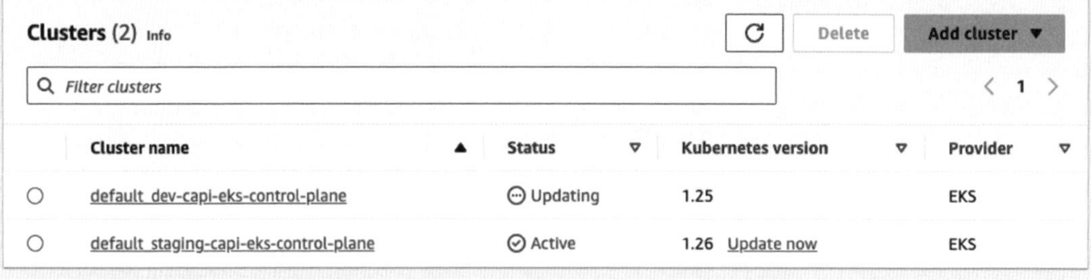

Abb. 10–11
Upgrade des Dev-*Clusters auf AWS*

Nach dem Upgrade sollte die EKS-Version bei beiden Clustern jeweils in der Zielversion vorhanden sein, wie in Abb. 10–12 und Abb. 10–13 dargestellt.

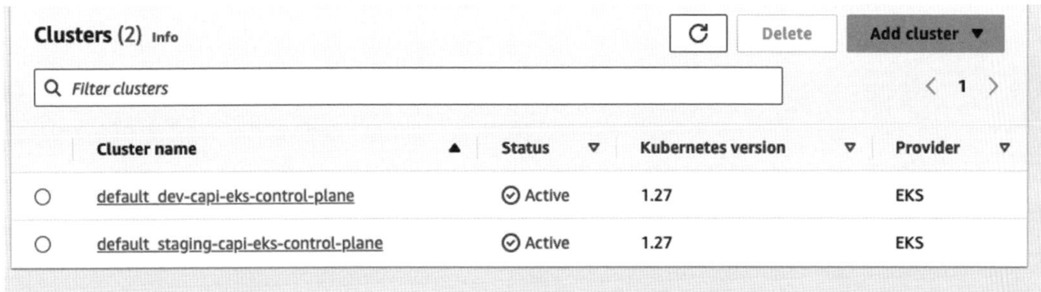

Abb. 10–12
Der Stand nach dem Upgrade der Cluster

Group name	Desired size	AMI release version	Launch template	Status
default_dev-capi-eks-pool	1	1.27.4-20230825	-	Active

Abb. 10–13
Der Stand der Node Group nach dem Upgrade der Cluster

Zudem muss die *AWS Node Group* ebenfalls aktualisiert werden und in der gleichen Version vorliegen. Zur Überprüfung kann nochmals das `clusterctl`-Kommando abgesetzt werden.

Listing 10–35
Kontrolle nach Upgrade mit clusterctl

```
clusterctl describe cluster dev-capi-cluster
NAME READY SEVERITY REASON SINCE MESSAGE
Cluster/dev-capi-cluster True 34m
 |-- ClusterInfrastructure - AWSManagedCluster
 /dev-capi-cluster
 |-- ControlPlane - AWSManagedControlPlane
 /dev-capi-eks-control-plane True 34m
 |-- Workers
        |-- MachinePool/dev-capi-eks-pool True 26m
```

10.7 Fazit

GitOps mit der Cluster API funktioniert einwandfrei. In diesem Beispiel konnten wir zeigen, dass die Verwaltung einer komplexen Cluster-Umgebung sicher und mit geringem Aufwand umsetzbar ist.

11 Infrastruktur verwalten

Wie bereits im ersten Kapitel erläutert, ist die klassische IT funktionsorientiert strukturiert: Das Operations-Team ist für den Betrieb der Systeme zuständig, stellt Datenbanken bereit, führt Sicherungen durch, löst Mitarbeiteranfragen und passt Konfigurationen an. DevOps hingegen verfolgt das genaue Gegenteil: »You build it, you run it« – eine Aussage, die von Amazons Chief Technology Officer und Vizepräsident Werner Vogels geprägt wurde und das Vorgehensmodell auf den Punkt bringt. Ein Entwicklungsteam ist dabei nicht nur für die Implementierung der Software, sondern auch für die Stabilität im Produktivbetrieb verantwortlich.

Anstieg der Komplexität

Die Komplexität der IT-Infrastruktur hat stark zugenommen. Microservices und die Migration von Anwendungen in Public Clouds haben zur Folge, dass die traditionelle Definition der Infrastruktur als Computing-Power, Netzwerk und Speicher, die früher als Gesamtpaket gemietet wurden, nicht mehr ausreicht. Die Managed Services der Hyperscaler bieten eine zusätzliche Abstraktionsebene zwischen physischer Hardware und Anwendungen in Containern. Zusätzlich werden externe Ressourcen wie Datenbanken, Objektspeicher und Load-Balancer für die Lastverteilung erforderlich. Diese Anforderungen sind zu komplex, um von einem dedizierten Team gelöst zu werden.

Terraform, Pulumi und Crossplane

Wie bekannt ist, dienen Werkzeuge für IaC wie *Terraform*[1], *Pulumi*[2] oder *Crossplane*[3] dazu, eine umfassende Infrastruktur mithilfe von einfachen Terraform-Manifesten oder YAML-Dateien zu beschreiben und immer wieder aufs Neue zu erstellen. Sie bilden die Basis, auf der ein Entwicklungsteam eigenständig eigene Anwendungen und Umgebungen entwickeln und betreiben kann. Die vollständige Beschreibung der Infrastrukturkomponenten und ihrer Konfiguration befindet sich in einem Git-Repository als Manifeste. Im Idealfall reduzieren sie durch ihr Design auch die Komplexität der Plattform, indem sie möglichst

[1] *https://www.terraform.io*

[2] *https://www.pulumi.com*

[3] *https://www.crossplane.io*

deklarativ und präzise gestaltet sind und das gewünschte Ergebnis beschreiben.

Die meisten Cloud-Anbieter bieten mittlerweile eigene IaC-Lösungen an, die plattformspezifisch sind. Im Gegensatz dazu arbeiten Terraform, Crossplane und Pulumi als unabhängige Tools und gehen über die reine Cloud-Ressourcen Provisionierung hinaus.

Bei GitOps werden im Wesentlichen alle Aspekte einer Infrastruktur und der darauf laufenden Software deklarativ beschrieben. Sie enthalten keine Implementierungsdetails, das heißt, wie der Zielzustand erreicht werden soll. Dies ist die Aufgabe des *IaC*-Tools. Der GitOps-Controller verwendet diese Beschreibungen dann für das Deployment der Infrastruktur.

In diesem Kapitel beschreiben wir, wie GitOps mit *Crossplane*, *Terraform* und *Pulumi* kombiniert werden kann, um Infrastrukturen zu bauen und zu verwalten. Der Prozess besteht aus folgenden Punkten:

1. Aufbau der jeweiligen Control Plane (der Einfachheit halber verwenden wir hierfür einen lokalen Bootstrap-Cluster)
2. Verfassen der Manifeste
3. Einbinden des Konfigurations-Repositories in Argo CD

Das Ziel ist es, mit allen drei Plattformen eine EC2-Instanz zu provisionieren.

11.1 Terraform

Seit 2014 wird Terraform von HashiCorp als Open-Source-Projekt weiterentwickelt. Mit Terraform ist es möglich, Ressourcen auf einfache und übersichtliche Weise zu beschreiben. Die Provisionierung der Ressourcen wird von Terraform automatisch durchgeführt. Zur Beschreibung der Ressourcen nutzt Terraform die HCL, die auf JSON basiert. HCL erlaubt nicht nur die statische Deklaration von Ressourcen, sondern auch die Verwendung von Variablen, Schleifen, booleschen und mathematischen Ausdrücken. Terraform gewährleistet eine saubere Auflösung der Befehle und Abhängigkeiten.

11.1.1 Ein kurzes Tutorial zum Einstieg

Das folgende Beispiel zeigt, wie eine AWS-EC2-Instanz mit Terraform definiert werden kann.

Listing 11–1
Anlegen einer EC2-Instanz mit Terraform

```
terraform {
  required_providers {
    aws = {
      source  = "hashicorp/aws"
      version = "~> 4.16"
    }
  }

  required_version = ">= 1.2.0"
}

provider "aws" {
  region  = "us-west-2"
}

resource "aws_instance" "app_server" {
  ami           = "ami-830c94e3"
  instance_type = "t2.micro"

  tags = {
    Name = "ExampleAppServerInstance"
  }
}
```

Der `terraform`-Block dient sowohl zur Konfiguration von Terraform selbst als auch der benötigten Provider. Hier können die benötigten Provider aufgelistet werden. Terraform installiert diese mittels der Terraform Registry. Der `provider`-Block dient zur Konfiguration der jeweiligen Provider. In diesem Fall geben wir an, welche AWS-Region wir nutzen möchten.

Der `ressource`-Block beinhaltet die konkrete Ressource. Eine Ressource kann eine physische oder virtuelle Komponente sein, wie in diesem Fall eine EC2-Instanz, oder eine logische Ressource, wie zum Beispiel ein Kubernetes-`Deployment`. Ressourcenblöcke können Argumente enthalten, die zur Konfiguration der Ressource verwendet werden. Argumente können Maschinengrößen, Abbildnamen für Festplatten oder VPC-IDs sein. Die AWS Provider Reference[4] enthält eine Liste der erforderlichen und optionalen Argumente für jede Ressource. In diesem Beispiel wird eine EC2-Instanz provisioniert, die anhand dieser AMI ein Ubuntu-Image und `t2.micro` als Instanztyp verwendet. Zusätzlich wird ein Tag für die Annotation der Ressource gesetzt.

---

[4] *https://registry.terraform.io/providers/hashicorp/aws/latest/docs*

Terraform-Kommandos

Für die Bereitstellung der Ressourcen muss aktiv ein `apply` erfolgen: Hierzu werden die beiden Kommandos `terraform plan` und `terraform apply` bereitgestellt: Mit `terraform plan` kann ein `dry-run` durchgeführt werden; dieser Befehl dient lediglich zur Nachvollziehbarkeit. So ist ersichtlich, welche Ressourcen angelegt, verändert oder gelöscht werden. Da zwischen `terraform plan` und `terraform apply` eine Abweichung auftreten kann, wird empfohlen, den Plan in eine Datei zu speichern und beim `terraform apply` diesen als Parameter anzugeben.

Das obige Beispiel erzeugt folgende Ausgabe in der Konsole.

Listing 11–2
Ausgabe nach terraform plan

```
> terraform plan

Terraform will perform the following actions:

  # aws_instance.app_server will be created
  + resource "aws_instance" "app_server" {
      + ami                                  = "ami-830c94e3"
      + arn                                  =
    ↪ (known after apply)
      + associate_public_ip_address          =
    ↪ (known after apply)
      ...
      + tags                                 = {
          + "Name" = "ExampleAppServerInstance"
      }
      + tags_all                             = {
        + "Name" = "ExampleAppServerInstance"
      }
    }

Plan: 1 to add, 0 to change, 0 to destroy.
```

Eine persistente/dauerhafte Veränderung des Zustands der Ressourcen erfolgt mit `terraform apply`. Sofern notwendig, werden automatisiert neue Ressourcen angelegt und bestehende verändert oder gelöscht.

Im Folgenden eine Ausgabe, wenn ein `apply` durchgeführt wird:

Listing 11–3
Ausgabe nach terraform apply

```
> terraform apply

aws_instance.app_server: Creating...
aws_instance.app_server: Still creating... [10s elapsed]
aws_instance.app_server: Still creating... [20s elapsed]
aws_instance.app_server: Still creating... [30s elapsed]
aws_instance.app_server: Still creating... [40s elapsed]
```

→

```
aws_instance.app_server: Still creating... [50s elapsed]
aws_instance.app_server: Creation complete after 56s
 [id=i-0382a478c32c4af1f]

Apply complete! Resources: 1 added, 0 changed, 0 destroyed.
```

11.1.2 Grundbausteine von Terraform

Terraform Provider

Ein wichtiges Bindeglied zwischen den Cloud-Provider APIs und der Terraform-Ressource sind Provider.

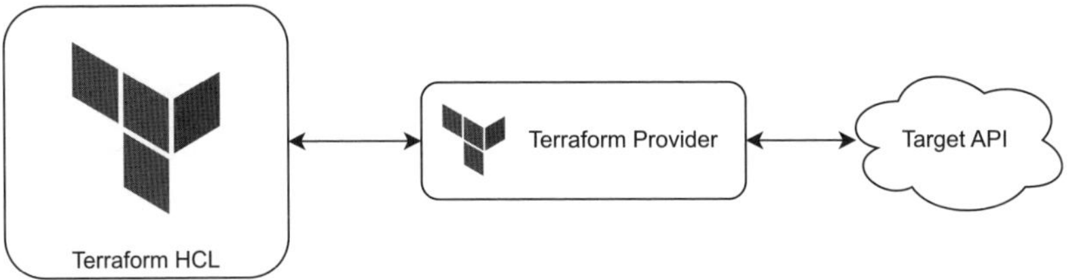

Abb. 11–1
Terraform Provider

Dabei handelt es sich um Plugins, welche die definierten Ressourcen in API-Befehle übersetzen. Neben den Terraform-Providern für AWS oder Azure zur Provisionierung von Cloud-Ressourcen gibt es eine Vielzahl an weiteren Providern für *GitHub*[5], *Kubernetes*[6] und *Splunk*[7]. Die Terraform Registry[8] ist die erste Anlaufstelle für öffentlich verfügbare Provider. Über diese Website kann schnell der passende Provider herausgesucht werden. Zudem werden für jeden Provider gleich die passende Dokumentation zu Ressourcen sowie Codebeispiele mitgeliefert. Trotz der anbieterunabhängigen HCL beziehen sich die Ressourcentypen immer auf einen bestimmten Provider. Im Falle einer Portierung zu einem anderen Provider müssen die betroffenen Ressourcen angepasst werden.

Terraform State

Nach jeder Operation wird der Zustand der Terraform-Ressourcen in einer separaten Datei abgespeichert. Der *State* ist die Zustandsbeschreibung aller definierten Ressourcen und eine Bestandsaufnahme derer Metadaten. Er wird außerdem benötigt, um alle Abhängigkeiten darzustellen und aufzulösen. Die Datei, in der dieser State gespeichert wird, ist standardmäßig die Datei `terraform.tfstate`. Diese liegt immer im JSON-Format vor.

Wie bereits beschrieben, wird vor jeder Operation von Terraform der Zustand abgefragt, ausgewertet und aktualisiert. Dazu werden al-

[5] *https://registry.terraform.io/providers/integrations/github/latest/docs*
[6] *https://registry.terraform.io/providers/hashicorp/kubernetes/latest*
[7] *https://registry.terraform.io/providers/splunk/splunk/latest*
[8] *https://registry.terraform.io*

le verwendeten Terraform-Provider angewiesen, den aktuellen Zustand jeder einzelnen definierten Ressource zu liefern. Je nach Größe, Komplexität und Provider des Terraform-Projekts kann dies unterschiedlich lange dauern. Die Aktualisierung ist jedoch der einzige Weg, um zu verhindern, dass Terraform mit veralteten Metadaten arbeitet. Es ist wichtig zu betonen: Änderungen an der von Terraform verwalteten Infrastruktur sollten nur über Terraform vorgenommen werden. Änderungen von außerhalb führen entweder zu einem nicht mehr aktualisierbaren Zustand oder zu einer entsprechenden Warnung. Der Zustand kann sowohl lokal als auch remote in einem S3-Bucket gespeichert werden. Dazu wird eine Terraform Config benötigt, um den entsprechenden Bucket zu adressieren.

Module in Terraform

Um Wiederholungen im Code zu vermeiden und Code möglichst so zu schreiben, dass eine Mehrfachnutzung leicht möglich ist, können Terraform-Ressourcen als Module zusammengefasst werden. Durch das Auslagern von Code können Teile des Codes in einen abgekapselten, klar definierten und in sich stimmigen Baustein ausgelagert werden. Das nachfolgende Beispiel veranschaulicht dieses Prinzip.

Zunächst legen wir einen neuen Ordner an für das neue Modul und erstellen die Dateien `main.tf`, `variables.tf` und `outputs.tf`.

Abb. 11–2
Module in Terraform

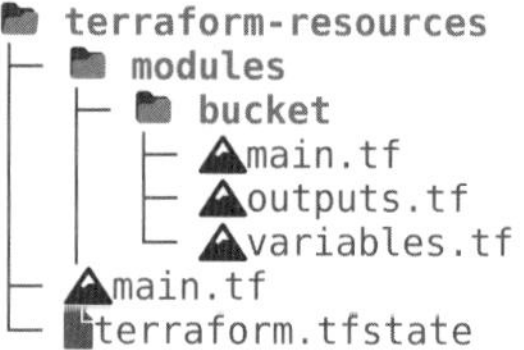

In der `modules/bucket/main.tf` unseres Moduls können wir nun modulabhängige Ressourcen definieren:

Listing 11–4
Ressource innerhalb unseres Moduls

```
resource "x_cloud_s3_bucket" "bucket" {
  name = var.name
  # further config
}
```

Für das Modul sind zwei zusätzliche Dateien `modules/bucket/variables.tf` und `modules/bucket/outputs.tf` definiert. Die erste dient als Schnittstelle zwischen Modul und Ressourcen außerhalb dieses Kontexts. Hier können Werte von außerhalb in das Modul eingebracht werden. Dazu werden Variablen wie folgt angelegt:

```
variable "name" {}
```

Listing 11-5
Übergabe externer Variablen in unser Modul

Im Modul selbst können wir diese Variable mit `var.` nutzen.

Oft müssen zusätzliche Ressourcen für eine Ressource definiert werden, die möglicherweise in anderen Modulen bearbeitet wird. Zum Beispiel müssen für eine VPC zusätzliche Subnetze oder Security Groups definiert werden, oder wenn wir spezifizieren möchten, in welchem VPC unsere EC2-Instanz deployt werden soll. Um Werte aus dem Modul weiterverwenden zu können, dient die `outputs.tf`. Output-Variablen werden hier wie folgt zusammengefasst:

```
output "name" {
  value = x_cloud_s3_bucket.bucket.name
}
```

Listing 11-6
Output-Variablen zur Nutzung außerhalb des Moduls

Diese Variable zeigt auf ein konkretes Attribut einer Ressource – in diesem Fall auf den Namen.

In der `main.tf` können wir zu unseren Ressourcen unser Modul definieren und nutzen.

```
variable "bucket_list" {
  default = [
    "Item1",
    "Item2"
  ]
}
resource "x_cloud.public_keypair" "keypair" {
  # further config
}
resource "x_cloud.virtual_machine" "vm" {
  # further config
}
resource "x_cloud.elb" "elb" {
  # further config
}
module "bucket" {
  count  = 2
  source = "./modules/bucket"
  name   = element(var.bucket_list, count.index)
}
```

Listing 11-7
Nutzung eines Moduls in der main.tf

In diesem Beispiel möchten wir zwei Buckets provisionieren. Dazu sind die Namen der Buckets in dem Variablen-Block definiert. Wir übergeben diese Liste weiter an unsere Moduldefinition. Diese Definition beinhaltet neben dem Zielverzeichnis auch die Schnittstellenvariable.

So übergeben wir die Namen von außen in dieses Modul. Auf diese Weise haben wir die Duplizierung des Codes gespart.

In diesem Beispiel werden zwei Buckets erstellt. Die Namen der Buckets sind in einem Variablen-Block definiert, der anschließend an die Moduldeklaration übergeben wird. Diese Definition enthält sowohl das Zielverzeichnis als auch die Schnittstellenvariable. Dadurch werden nur die Namen von außen an das Modul übergeben.

Die Terraform-Registry[9] enthält neben Providern auch viele vorgefertigte Module, die genutzt werden können. Dazu müssen lediglich die entsprechende `source` und `version` definiert werden.

Listing 11–8 *Importieren eines Moduls aus der Terraform-Registry*

```
module "security-group" {
  source  = "terraform-aws-modules/security-group/aws"
  version = "5.1.0"
}
```

11.1.3 Terraform vs. OpenTofu

HashiCorp hat bekannt gegeben, dass sie ab sofort für alle zukünftigen Veröffentlichungen ihrer Produkte anstelle der *Mozilla Public License 2.0 (MPL 2.0)* nun die *Business Source License (BSL) 1.1* verwenden werden[10]. Diese Lizenz erfüllt jedoch nicht die Kriterien der *Open Source Initiative* und schränkt die Nutzung des Codes in Cloud-Systemen, die mit den Produkten und Dienstleistungen von HashiCorp konkurrieren, ein[11]. HashiCorp verabschiedet sich vom Open-Source-Ansatz, den es seit seiner Gründung verfolgt hat. Die Änderung wurde zügig umgesetzt und Terraform wird seit dem Minor-Release 1.6 unter der neuen Lizenz lizenziert.

Wir als Endanwender oder Einzelpersonen sind von Lizenzänderung per se nicht betroffen. Dies ist explizit in der FAQ-Seite[12] ausdrücklich so beschrieben. Der entscheidende Faktor betrifft die Regelung, unter welchen Bedingungen als Konkurrent zu HashiCorp angesehen wird.

Legitimität und potenzielle Auswirkungen der Lizenzänderung

HashiCorp ist ein börsennotiertes Unternehmen, das durch seine kommerziellen Angebote wie Terraform Cloud und Vault Geld erwirtschaften möchte. Diese Gewinne sind auch dazu da, um die verschiedenen Projekte weiterzuentwickeln. Aus diesem Grund ist es durch-

[9] *https://registry.terraform.io/browse/modules*

[10] *https://www.hashicorp.com/blog/hashicorp-adopts-business-source-license*

[11] *https://www.hashicorp.com/blog/hashicorp-updates-licensing-faq-based-on-community-questions*

[12] *https://www.hashicorp.com/license-faq*

aus legitim, die eigenen Vermögenswerte zu schützen und den Konkurrenten von HashiCorp keine Hilfe zu gewähren. So ist es bereits vorgekommen, dass Unternehmen wie AWS Open-Source-Projekte wie den *Elastic-Stack* oder *MariaDB* genommen und auf dieser Basis einen Managed Service entwickelt und vertrieben haben[13]. Die Beschreibung, wie man als Unternehmen mit den Angeboten von HashiCorp konkurrieren kann, ist jedoch sehr vage. Angenommen, wir entwickeln ein ähnliches Produkt wie HashiCorp Vault und stellen die Infrastruktur mit Terraform bereit, stehen wir dann direkt in Konkurrenz zu HashiCorp? Weiterhin behält sich HashiCorp vor, weitere Lizenzänderungen vorzunehmen, sodass eine weitere Einschränkung der Nutzung denkbar wäre.

OpenTofu

Mehrere Unternehmen, Projekte und Einzelpersonen haben sich zu *OpenTF* zusammengeschlossen und ein Manifest[14] verfasst. Das Ziel von OpenTF ist es, dass HashiCorp diese Lizenzänderung zurückzieht und Terraform weiterhin Open Source bleibt. Andernfalls würde man das Projekt »forken«, eine eigene Version erstellen und diese einer Stiftung übergeben, um sicherzustellen, dass das Projekt weiterhin unter einer freien Lizenz als Open Source weiterentwickelt wird.

Da es seitens HashiCorp keine Rückgängigmachung gab und auch keine Absicht dazu mitgeteilt wurde, erfolgte nun ein Fork von Terraform, der *OpenTofu* genannt wird, ehemals bekannt als *OpenTF*[15]. Dieses Projekt steht nun unter der Schirmherrschaft der *Linux Foundation*[16]. Die ersten Unterstützer sind Unternehmen wie *Gruntwork*, *Spacelift*, *Harness*, *Env0* und *Scalar*, die im Terraform-Ökosystem aktiv sind. Sie haben zugesagt, die Kosten für 18 Vollzeit-Entwickelnde für fünf Jahre zu tragen. Weitere Unternehmen und Einzelpersonen haben sich bereiterklärt, das Projekt ebenfalls zu unterstützen.

Gemäß der Ankündigung wird es zunächst keine Unterschiede zwischen Terraform und OpenTofu bis zur Version 1.5 von Terraform geben. Allerdings könnte sich dies im Laufe der Zeit ändern. Für die nachfolgenden Beispiele bleibt Terraform weiterhin unser Einsatztool.

11.1.4 Terraform und GitOps

In unserem Berateralltag sehen wir häufig Terraform-Code, der genutzt wird, um Infrastruktur zu provisionieren. Auf dieser Infrastruktur wird dann ein Kubernetes-Cluster aufgebaut, auf dem Argo CD oder Flux

[13] *https://www.infoq.com/news/2021/09/amazon-opensearch-service*

[14] *https://opentofu.org/manifesto*

[15] *https://github.com/opentofu/opentofu*

[16] *https://www.linuxfoundation.org/press/announcing-opentofu*

installiert wird. Terraform hat wesentlich dazu beigetragen, IaC in Unternehmen zu etablieren und die DevOps-Kultur insgesamt zu fördern.

Es liegt nahe, Terraform auch mit GitOps zu kombinieren, um alle Vorteile von GitOps auch in diesem Kontext nutzen zu können. Wie wir bereits gesehen haben, eignet sich die deklarative Sprache von Terraform (HCL) für die Versionierung in Git. Es gibt jedoch viele Herausforderungen, die ein potenzieller Terraform-Controller für Argo CD oder Flux bewältigen muss.

Herausforderungen von Terraform

HCL ist eine einfach zu erlernende Sprache, aber eine übermäßige Nutzung der Ressourcen-Dynamisierung kann die Komplexität erhöhen. Zu beachten ist, dass Terraform kein automatisches Rollback vorsieht. Im Fehlerfall ist der Benutzer dafür verantwortlich, den ursprünglichen Zustand wiederherzustellen – oder eben mit Git. Neben den definierten Ressourcen umfasst der Zustand auch die Metadaten, die nicht direkt durch die Terraform-Ressourcen definiert sind, sondern als Entitäten, Objekte oder Relationen im jeweiligen Terraform-Provider vorliegen. Dazu können auch die Reihenfolge und die Abhängigkeiten zwischen den Ressourcen gehören. Die entsprechende Logik ist im jeweiligen Terraform-Provider implementiert und wird im State entsprechend über Relationen abgebildet. Im Falle eines Rollbacks müssen die entsprechenden Abhängigkeiten ebenfalls aufgelöst werden.

Wie wir in unseren Beispielen gesehen haben, wird die State-Datei im Root-Verzeichnis des Terraform-Projekts gespeichert. Wenn man mit Terraform anfängt oder allein an einem Projekt arbeitet, mag das noch akzeptabel sein. Sobald man jedoch in einem Team zusammenarbeitet und Ressourcen definiert, kann es schwierig bis unmöglich werden, sicherzustellen, dass alle Beteiligten immer über den aktuellen Stand verfügen. Ansonsten wird von unterschiedlichen Realitäten ausgegangen.

TF-Controller für Flux

Für Flux wird der *Weave GitOps Terraform Controller*[17] angeboten, der die Verwaltung von Terraform-Ressourcen nach GitOps-Prinzipien unterstützt. Ferner bietet es eine Vielzahl von Features wie Mandantenfähigkeit oder die Erkennung von State-Drifts. Dabei erzeugt und orchestriert der Controller dedizierte Runner-`Pods`, die dann entsprechend die Kommandos `terraform plan` oder `terraform apply` ausführen und die Infrastruktur aufbauen. Der Zustand wird als `Secret` im Cluster gespeichert und ist so für den Benutzer transparent.

Argo CD Terraform Controller

Für Argo CD gibt es den *argocd-terraform-controller*[18]. Die Entwicklung ist jedoch ins Stocken geraten und stellt derzeit noch keine ausgereifte Lösung zur Verwaltung von Terraform-Ressourcen dar. Zu-

[17] *https://weaveworks.github.io/tf-controller*

[18] *https://github.com/redhat-developer/argocd-terraform-controller*

dem existiert noch ein Proposal für das Refactoring der Argo CD Controller analog zu Flux[19].

Flux Subsystem for Argo

Alternativ kann Flux als Subsystem in Argo CD verwendet werden[20]. Das Flux Subsystem for Argo (FSA, auch bekannt als Flamingo) ist eine Lösung zur Integration von Flux in Argo CD und verbindet somit beide Welten innerhalb einer Argo CD Control Plane, ohne dass die gesamte GitOps-Installation auf ein neues Tool migriert werden muss. Es beinhaltet alle Funktionen von Argo CD und die zusätzlichen Vorteile und Funktionen von Flux wie beispielsweise die Möglichkeit, IaC mit Terraform zu verwalten.

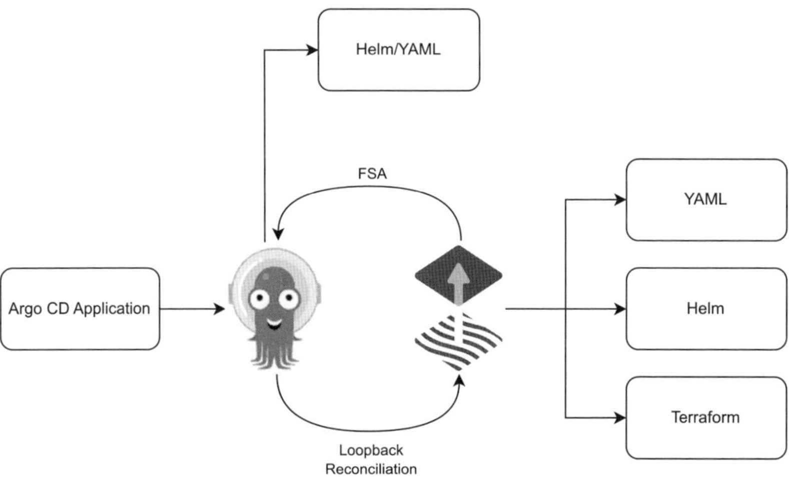

Abb. 11–3
Flux-Subsystem in Argo CD

11.1.5 Eine EC2-Instanz verwalten mit TF-Controller und Flamingo

Als praktisches Beispiel wollen wir nun mithilfe des TF-Controllers und Flamingo eine Terraform-Ressource bereitstellen, nämlich eine EC2-Instanz wie im anfänglichen Beispiel in Abschnitt 11.1.1 auf Seite 292. Mittels Flamingo bleiben wir im Argo-CD-Ökosystem und nutzen zusätzlich die Funktionen von Flux, um Terraform beziehungsweise den TF-Controller nutzen zu können.

Wir werden dabei grob betrachtet folgende Schritte durchlaufen:

1. Wir wechseln von einer bestehenden Installation von Argo CD auf Flamingo.
2. Wir installieren den TF-Controller.

[19] *https://github.com/redhat-developer/argocd-terraform-controller/issues/30*

[20] *https://www.weave.works/blog/flamingo-expand-argo-cd-with-flux*

3. Wir erstellen Terraform-Manifeste in einem Git-Repo.
4. Wir integrieren das Git-Repo mit dem TF-Controller.
5. Wir integrieren das Git-Repo mit Flamingo.

Am Ende werden die Terraform-Ressourcen, die wir in Schritt 3 erstellt haben, kontinuierlich auf GitOps-Art überwacht und ausgerollt.

Schritt 1: Auf Flamingo wechseln

Es wird davon ausgegangen, dass Argo CD bereits auf dem Cluster installiert ist. Für Flamingo muss die bestehende Argo CD-Installation erweitert werden. Dazu muss folgender Befehl ausgeführt werden:

Listing 11–9 *Flamingo als Erweiterung für Argo CD installieren*

```
export FSA_VERSION=v2.7.10-fl.15-main-688d2fd7
kustomize build https://github.com/flux-subsystem-argo/
    ↪ flamingo/release?ref=${FSA_VERSION} \
  | yq e '. | select(.kind == "Deployment" or
  .kind=="StatefulSet")'
  | kubectl -n argocd apply -f -
```

Nun installieren wir zusätzlich Flux, damit es als Subsystem fungieren kann – entweder über die CLI oder als Helm-Chart.

Listing 11–10 *Flux installieren*

```
curl -s https://fluxcd.io/install.sh | sudo bashyo

flux install
```

Listing 11–11 *Helm-Chart als Alternative zur CLI-Installation*

```
helm install -n flux-system flux oci://ghcr.io/
  fluxcd-community/charts/flux2
```

In der Web-UI ändert sich durch die Installation von Flamingo das Look & Feel. Die Benutzerfreundlichkeit von Argo CD bleibt weiterhin bestehen.

Schritt 2: Den TF-Controller installieren

Im nächsten Schritt installieren wir den TF-Controller für Flux. Dazu verwenden wir das Helm-Chart und generieren eine Argo CD `Application`. Dies kann entweder über die Web-UI oder durch Ausführen der folgenden YAML-Datei gestartet werden.

Abb. 11–4
Flamingo Argo CD

Listing 11–12
Argo CD Application für den TF-Controller Helm-Chart

```
apiVersion: argoproj.io/v1alpha1
kind: Application
metadata:
        name: tf-controller
        namespace: argocd
spec:
        project: default
        source:
          repoURL: 'https://weaveworks.github.io/tf-controller'
          targetRevision: 0.15.1
          chart: tf-controller
        destination:
          server: 'https://kubernetes.default.svc'
          namespace: flux-system
        syncPolicy:
          syncOptions:
            - FluxSubsystem=true
            - ApplyOutOfSyncOnly=true
            - AutoCreateFluxResources=true
```

Damit wir das Flux-Subsystem direkt ansprechen und Flux-Ressourcen erstellen können, muss in der Konfiguration der Sync-Policy `FluxSubsystem=true` und `AutoCreateFluxResources=true` gesetzt sein. Nach der Ausführung haben wir eine lauffähige Installation:

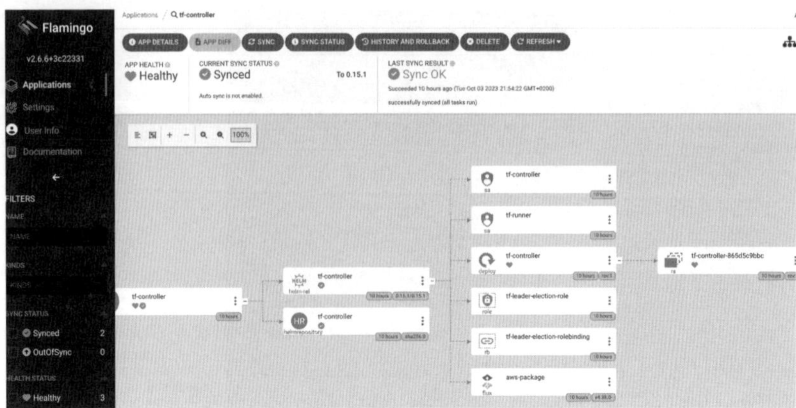

Abb. 11–5 *TF-Controller*

Schritt 3: Terraform-Ressourcen erstellen

Nun können wir unsere Terraform-Ressourcen bereitstellen. Wir erstellen ein neues Repository mit folgender Struktur:

Abb. 11–6 *Anlegen einer Terraform-Ressource*

Wir legen eine Datei `terraform/main.tf` an, um eine EC2-Instanz zu erzeugen:

Listing 11–13 *Definition einer exemplarischen EC2-Ressource in Terraform*

```
terraform {
  required_providers {
    aws = {
      source  = "hashicorp/aws"
      version = "~> 4.16"
    }
  }
  required_version = ">= 1.2.0"
}

provider "aws" {
  region  = "us-west-2"
}

```

→

```
resource "aws_instance" "app_server" {
  ami           = "ami-830c94e3"
  instance_type = "t2.micro"
  tags = {
    Name = "EC2Instance"
  }
}
```

Schritt 4: Ressourcen mit TF-Controller integrieren

Zusätzlich erzeugen wir Flux-Ressourcen. Wir benötigen die Ressource `flux/git-repository.yaml`, die den Pfad zu unserem Git-Repository enthält.

```
apiVersion: source.toolkit.fluxcd.io/v1
kind: GitRepository
metadata:
  name: gitops-book-tf
spec:
  interval: 30s
  url: ssh://git@gitlab.com/gitops-book/
    ↪ terraform-infrastructure.git
  ref:
    branch: main
  secretRef:
    name: ssh-credentials
```

Listing 11–14
Das Git-Repository wird dem TF-Controller zur Verfügung gestellt

Um auf das Repository per SSH zugreifen zu können, wird ein privater Schlüssel verwendet, der als `Secret` im Cluster gespeichert wird. Es ist zu beachten, dass `Secrets` im Git-Repository nichts zu suchen haben.

```
apiVersion: v1
kind: Secret
metadata:
  name: ssh-credentials
type: Opaque
stringData:
  identity: |
    # Private Key
  known_hosts: |
    # Known Hosts
```

Listing 11–15
SSH-Private-Key werden für den Zugriff auf das Repository bereitgestellt

Die folgende Konfiguration muss erstellt werden, um den TF-Controller verwenden zu können:

Listing 11–16
Terraform-Ressource mit den AWS-Credentials als Referenz

```
apiVersion: infra.contrib.fluxcd.io/v1alpha1
kind: Terraform
metadata:
  name: gitops-book-tf
spec:
  path: ./terraform
  approvePlan: auto
  interval: 30s
  sourceRef:
    kind: GitRepository
    name: gitops-book-tf
  runnerPodTemplate:
    spec:
      envFrom:
        - secretRef:
            name: aws-credentials
```

Hier verweisen wir auf die Ressource `GitRepository` und geben an, in welchem Verzeichnis sich die Terraform-Ressourcen befinden. Dann definieren wir das Attribut `approvePlan` und weisen den Controller an, in welchem Modus er die Ressourcen verwalten soll. Wenn nichts angegeben wird, wird standardmäßig der `plan-and-manually-apply`-Modus verwendet. Der TF-Controller erzeugt einen Plan und speichert diesen in der `GitRepository`-Ressource. Der Befehl `terraform apply` muss anschließend manuell ausgeführt werden. In diesem Beispiel wollen wir den Prozess vollständig automatisieren und setzen den Wert auf `auto`. Der TF-Controller führt nach `terraform plan` den Befehl `terraform apply` aus. Mit dem Attribut `interval` definieren wir ein Zeitintervall, nach dem der Abgleich stattfindet. Damit Terraform auf AWS Ressourcen provisionieren kann, definiert AWS `AWS_ACCESS_KEY_ID` und `AWS_SECRET_ACCESS_KEY` als `Secret` und referenziert diese in der Ressource.

Listing 11–17
AWS-Access-Key und -Secret werden als Kubernetes-Secret für den TF-Controller bereitgestellt.

```
apiVersion: v1
kind: Secret
metadata:
  name: aws-credentials
type: Opaque
```

→

```
stringData:
  AWS_ACCESS_KEY_ID: # Access Key ID
  AWS_SECRET_ACCESS_KEY: # Secret
  AWS_REGION: us-west-2
```

Schritt 5: Ressourcen mit Flamingo integrieren

Wir erstellen nun eine Argo CD `Application`. Dies kann über die Oberfläche oder als entsprechende Kubernetes-Ressource erfolgen. Für Letzteres verwenden wir die folgende YAML-Datei.

Listing 11–18
Eine Argo CD Application für das Flux-Subsystem wird erstellt.

```
apiVersion: argoproj.io/v1alpha1
kind: Application
metadata:
        name: tf-application
        namespace: argocd
spec:
        project: default
        source:
          repoURL: 'ssh://git@gitlab.com/gitops-book/terraform-infrastructure.git'
          path: flux
          targetRevision: main
        destination:
          server: 'https://kubernetes.default.svc'
          namespace: dev-infra
        syncPolicy:
          syncOptions:
            - FluxSubsystem=true
            - CreateNamespace=true
            - ApplyOutOfSyncOnly=true
            - AutoCreateFluxResources=true
```

Hier geben wir wieder an, dass das Flux-Subsystem verwendet werden soll. Nach erfolgreicher Synchronisation werden alle Ressourcen erstellt.

Der TF-Controller erzeugt nun alle 30 Sekunden einen Runner-`Pod` und führt eine Reconciliation durch.

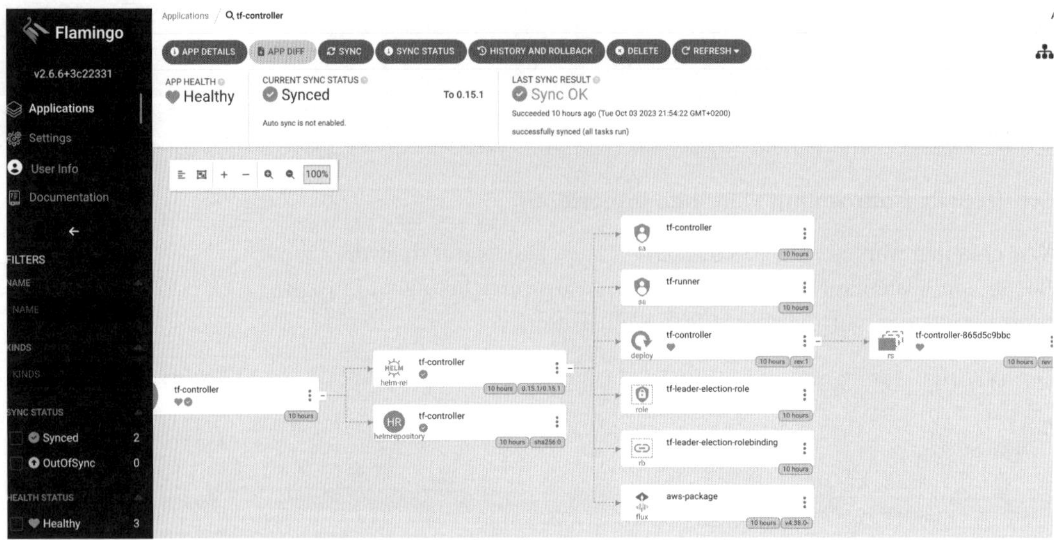

Abb. 11–7
Die Ressourcen des TF-Controllers

Listing 11–19
Durch die Intervalldefinition wird alle 30 Sekunden ein TF-Runner-Pod erzeugt

```
> kubectl get -n dev-infra pods
NAME                         READY   STATUS    RESTARTS   AGE
gitops-book-tf-tf-runner     1/1     Running   0          15s
```

Wenn wir uns die Logs anschauen, sehen wir, dass nacheinander die drei Befehle `terraform init`, `terraform plan` und `terraform apply` ausgeführt werden.

Listing 11–20
Ausführung von Terraform innerhalb eines Runner-Pods

```
..

Initializing the backend...

Successfully configured the backend "kubernetes"!
Terraform will automatically
use this backend unless the backend configuration changes.

Initializing provider plugins...
- Finding hashicorp/aws versions matching "~> 4.16"...
- Installing hashicorp/aws v4.67.0...
- Installed hashicorp/aws v4.67.0 (signed by HashiCorp)

Terraform has been successfully initialized!
...
aws_instance.app_server: Creating...
```

→

```
aws_instance.app_server: Still creating... [10s elapsed]
aws_instance.app_server: Still creating... [20s elapsed]
aws_instance.app_server: Still creating... [30s elapsed]
aws_instance.app_server: Still creating... [40s elapsed]
aws_instance.app_server: Creation complete after 46s

Apply complete! Resources: 1 added, 0 changed, 0 destroyed.
..
```

Darüber hinaus wird nach `terraform plan` der erzeugte Plan als `Secret` gespeichert. Abschließend prüfen wir auf der AWS-Konsole, ob die Terraform-Ressource tatsächlich provisioniert wurde.

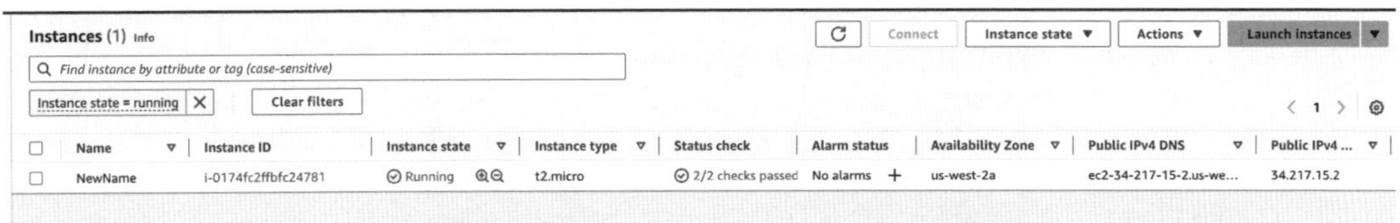

Abb. 11–8
Prüfen der Ressourcen in der AWS-Konsole

Flux kann auch als Subsystem genutzt werden, um beide Welten miteinander zu verschmelzen. Allerdings sollten wir berücksichtigen, dass wir viel zusätzliches Drumherum gebaut haben, um Terraform ausführen zu können. Crossplane bietet eine ernsthafte Alternative zu Terraform. Warum? Dies wird im nächsten Kapitel erklärt. Wir verlassen nun dieses Thema und widmen uns *Pulumi*.

11.2 Pulumi

Ähnlich wie Terraform ist Pulumi[21] ein Tool, das bei der Erstellung, dem Deployment und dem Management von Cloud-Infrastruktur hilft. Der Unterschied zu Terraform besteht darin, dass Pulumi Programmiersprachen wie TypeScript, Java oder C# zur Beschreibung der Infrastruktur verwendet. Dadurch können alle Vorteile einer bestimmten Programmiersprache wie starke Typisierung, Variablen, Schleifen und Kontrollstrukturen genutzt werden, um komplexere Infrastrukturen und Abläufe zu definieren. *IDEs* unterstützen zudem eine Programmiersprache oft besser als eine Konfiguration mit *HCL*. Entwickelnde, die zuvor bereits mit unterstützten Programmiersprachen gearbeitet haben, finden einen einfacheren Einstieg.

[21] *https://www.pulumi.com*

Um Pulumi nutzen zu können, muss die Pulumi CLI installiert werden[22]. Ähnlich wie bei Terraform kann durch den Befehl `pulumi new` ein neues Projekt samt Stack erstellt werden. Mithilfe von `pulumi preview` und `pulumi up` kann zum einen ein Plan erstellt, zum anderen Ressourcen dauerhaft bereitgestellt werden.

Ein zusätzliches Merkmal ist die Einführung der *Automation API*, die es erlaubt, Pulumi-Ressourcen im Quellcode einer Anwendung zu instanzieren und zu nutzen[23]. Anstatt die Infrastruktur über die CLI zu steuern, kann sie jetzt über den jeweiligen Quellcode gesteuert werden.

11.2.1 Grundbausteine von Pulumi

Das Programmiermodell in Pulumi

Das Beispiel in Listing 11–21 verwendet JavaScript beziehungsweise TypeScript, um einen S3-Bucket auf AWS zu erstellen. Dieser stellt außerdem sicher, dass die Inhalte des Buckets serverseitig verschlüsselt werden, indem ein KMS-Key bereitgestellt wird.

Listing 11–21 *TypeScript wird eingesetzt, um S3-Ressourcen zu erzeugen*

```
import * as pulumi from "@pulumi/pulumi";
import * as aws from "@pulumi/aws";

const bucketKey = new aws.kms.Key("mykey", {
  description: "Encrypt bucket",
  deletionWindowInDays: 10,
});
const mybucket = new aws.s3.Bucket("mybucket", {
  serverSideEncryptionConfiguration: {
    rule: {
      applyServerSideEncryptionByDefault: {
        kmsMasterKeyId: bucketKey.arn,
        sseAlgorithm: "aws:kms",
      },
    },
  }
});
```

Grundsätzlich basiert das Programmiermodell eines Pulumi-Projekts darauf, dass jede Ressource sowohl Übergabe- als auch Rückgabewerte besitzt, die miteinander verknüpft werden können, um komplexe Strukturen zu bilden. In diesem konkreten Fall werden sowohl ein KMS als auch ein S3-Bucket instanziert. Für die Verschlüsselung wird jedoch

[22] *https://github.com/pulumi/pulumi-hugo/blob/713d554/themes/default/content/docs/install/_index.md*

[23] *https://www.pulumi.com/blog/pulumi-3-0*

der KMS-Schlüssel benötigt, wodurch eine direkte Abhängigkeit zu dieser Ressource entsteht. Die S3-Bucket-Ressource verarbeitet den Rückgabewert des KMS-Schlüssels, in diesem Fall die ARN.

Deployment von Pulumi-Ressourcen

Obwohl die Definition von Pulumi-Ressourcen imperativ ist, arbeitet der Pulumi-Kern mit Zuständen. Zur Laufzeit prüft Pulumi, ob der aktuelle Zustand der Infrastruktur dem gewünschten Zustand entspricht. Falls Abweichungen festgestellt werden, werden die entsprechenden Ressourcen angelegt, verändert oder gelöscht. Eine Visualisierung der Komponenten von Pulumi findet sich in Abb. 11–9.

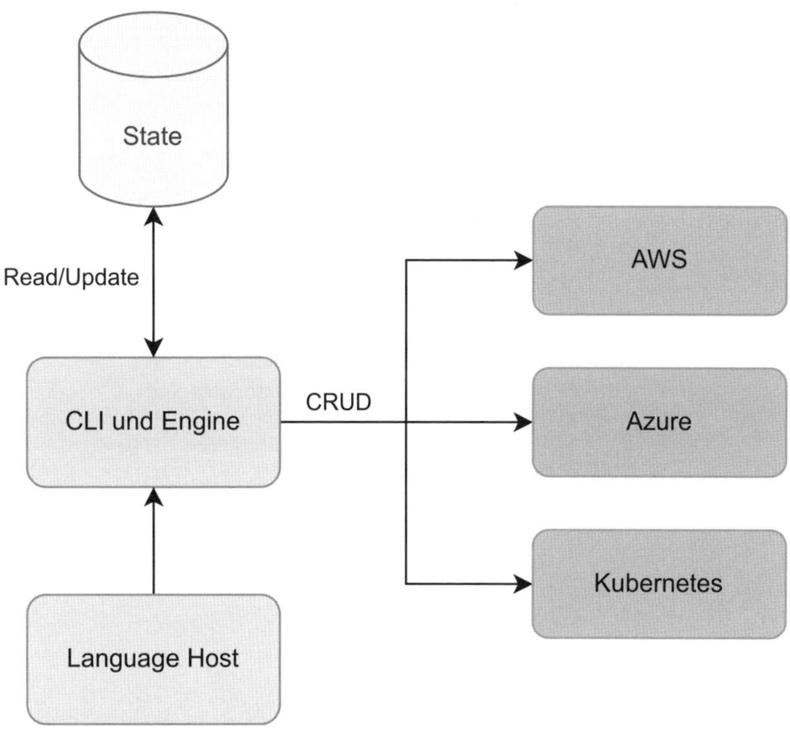

Abb. 11–9
Deployment von Pulumi-Ressourcen

Der gewünschte Zustand der Ressourcen wird bei der Ausführung des Pulumi-Codes durch den *Language-Host* ermittelt. Dabei erfolgt keine automatische Provisionierung der Ressourcen, sondern die *Deployment Engine* prüft, ob der gewünschte Zustand mit dem aktuellen Stand übereinstimmt. Im Falle einer Änderung wird die Ressource dauerhaft mit dem entsprechenden *Resource-Provider* geändert. Die Komponenten arbeiten ausschließlich asynchron, um Abhängigkeiten mit den passenden Werten aufzulösen. Für die Referenzierung der ARN im S3-Bucket muss im Falle eines KMS-Keys diese Ressource zuvor provisioniert werden.

Wie bei Terraform oder Crossplane werden die bekannten Hyperscaler wie AWS, Azure oder GCP unterstützt. Darüber hinaus können passende Provider für weitere Plattformen wie Alibaba, OpenStack, DigitalOcean und vSphere über die Pulumi Registry gefunden und eingesetzt werden[24].

Das Backend für den *State* kann lokal, auf einem Blob-Speicher wie AWS S3 oder auf der Pulumi Cloud genutzt werden.

Pulumi-Stacks

In einem Pulumi-Projekt können mehrere Stacks definiert werden[25]. Die Stacks eignen sich dazu, die Infrastrukturumgebung in verschiedene Bereiche zu unterteilen oder auch für Feature-Branches zu nutzen. Jeder Stack hat seinen eigenen *State*.

Abb. 11–10 *Aufbau eines Pulumi-Projekts*

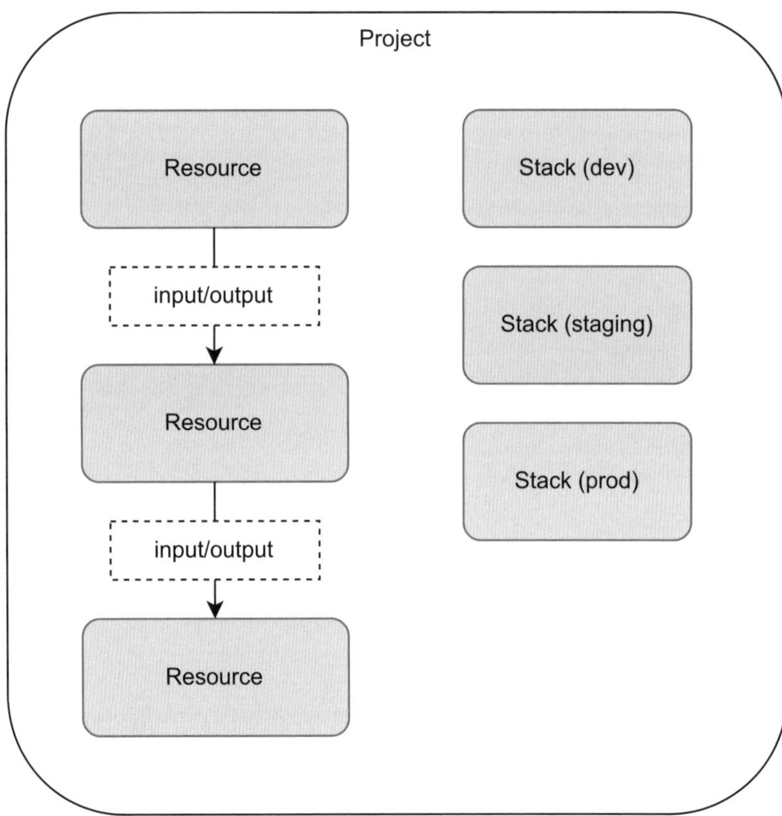

Wie im Schaubild 11–10 dargestellt, können Stacks neben dem Quellcode erstellt werden, um umgebungsspezifische Anpassungen vorzunehmen.

[24] *https://www.pulumi.com/registry*

[25] *https://github.com/pulumi/pulumi-hugo/blob/713d554/themes/default/content/docs/concepts/stack.md*

Neben den bereits erwähnten Programmiersprachen ermöglicht Pulumi auch das Deployment mittels YAML[26]. Das Beispiel aus Listing 11–21 kann in YAML wie folgt umgesetzt werden:

```
resources:
  bucketKey:
    type: aws:kms:Key
    properties:
      description: "EncryptBucket"
      deletionWindowInDays: 10
  mybucket:
    type: aws:s3:Bucket
    properties:
      serverSideEncryptionConfiguration:
        rule:
          applyServerSideEncryptionByDefault:
            kmsMasterKeyId: ${bucketKey.arn}
            sseAlgorithm: aws:kms
```

Listing 11–22
YAML wird eingesetzt, um S3-Ressourcen zu erzeugen

Übergabeparameter können mit `${}` definiert werden. Deployt wird ebenfalls mit `pulumi up`. Zusätzlich können Funktionen zur Filterung und zur Konvertierung von String-Werten genutzt werden[27]. Man sollte beachten, dass der Funktionsumfang einer YAML-Definition im Vergleich zu einer Programmiersprache deutlich eingeschränkt ist. Für einfache Infrastrukturen eignet sich YAML sehr gut. Sobald die Komplexität steigt, kann es unter Umständen notwendig sein, eine Programmiersprache einzusetzen.

Pulumi Kubernetes Operator

Im Gegensatz zu Terraform und Crossplane bietet Pulumi einen eigenen GitOps-Operator als Erweiterung an[28]. Mit dem *Pulumi Kubernetes Operator* kann ein `Stack` als Kubernetes-Ressource bereitgestellt werden. Die CRD `Stack` enthält Parameter wie das Git-Repository,

[26] *https://github.com/pulumi/pulumi-hugo/blob/713d554/themes/default/content/docs/languages-sdks/yaml/_index.md*

[27] *https://github.com/pulumi/pulumi-hugo/blob/713d554/themes/default/content/docs/languages-sdks/yaml/yaml-language-reference.md#built-in-functions*

[28] *https://github.com/pulumi/pulumi-hugo/blob/713d554/themes/default/content/docs/using-pulumi/continuous-delivery/pulumi-kubernetes-operator.md*

`Secrets` und Umgebungsvariablen[29]. Der *Stack-Controller* verwaltet diese Stacks und führt entsprechend die Deployments mit dem bekannten Kommando `pulumi up` durch. Ein Stack kann außerdem einen bestimmten *Commit-SHA* oder einen Verweis auf einen zu verfolgenden Branch oder Tag beinhalten. Wenn ein Branch als Parameter angegeben ist, wird der aktuelle Stand periodisch abgefragt und automatisch deployt.

11.2.2 Eine EC2-Instanz verwalten mit Pulumi Kubernetes Operator

Im folgenden Abschnitt werden wir sowohl den *Pulumi Kubernetes Operator* als auch einen *Stack* bereitstellen. Wie im vorherigen Beispiel beabsichtigen wir, eine AWS-EC2-Instanz zu erstellen. Dafür führen wir folgende Schritte durch:

1. Wir installieren den Pulumi Kubernetes Operator in den Cluster.
2. Wir verbinden den Pulumi Kubernetes Operator mit einem Git-Repo.
3. Wir erzeugen einen Pulumi-Stack im Git-Repo.

Am Schluss wird der Pulumi-Stack von Argo CD überwacht und kontinuierlich angewandt.

Schritt 1: Pulumi Kubernetes Operator installieren

Wir erstellen eine Argo CD `Application`, um eine konsistente Automatisierung sowohl des *Pulumi Kubernetes Operators* als auch der *Stacks* zu gewährleisten. Zur Umsetzung verwenden wir das bewährte *App of Apps*-Muster. Zusätzlich erzeugen wir ein neues Repository mit folgender Struktur:

Abb. 11–11
Ein neuer Ordner im Repository für den Pulumi Kubernetes Operator

[29] *https://github.com/pulumi/pulumi-hugo/blob/713d554/themes/default/content/docs/using-pulumi/continuous-delivery/pulumi-kubernetes-operator.md#stack-settings*

Pulumi Kubernetes Operator Helm-Chart

Entgegen der offiziellen Anleitung[30] bietet Pulumi ein Helm-Chart an, das als OCI-Image verfügbar ist[31]. Verwenden können wir dieses Helm-Chart jedoch nicht direkt als Repository. Stattdessen müssen wir in Argo CD ein Repository definieren, das mit der Argo CD CLI erstellt werden muss. Dazu verwenden wir den folgenden Befehl:

Listing 11–23 *Wir erstellen ein Argo CD Repository mit der CLI für das OCI Image.*

```
argocd repo add ghcr.io/pulumi/helm-charts \
  --type helm
  --name pulumi-helm-charts
  --enable-oci
```

Der Parameter `--enable-oci` ist unbedingt erforderlich, damit Argo CD dieses Helm-Chart als Repository nutzen kann. Das Kommando erzeugt automatisch ein `Secret`, das im Argo CD `Namespace` erstellt wird.

Listing 11–24 *Das Argo CD Repository erstellt ein neues Secret*

```
apiVersion: v1
kind: Secret
metadata:
  labels:
    argocd.argoproj.io/secret-type: repository
  name: pulumi-helm-charts
  namespace: argocd
stringData:
  enableOCI: "true"
  name: pulumi-helm-charts
  type: helm
  url: ghcr.io/pulumi/helm-charts
```

Da `Secrets` letztendlich Deklarationen sind, können wir diese Ressource als eigene Datei zu unserem Repository hinzufügen. Durch die Automatisierung dieses Schritts beim Wiederaufsetzen des Operators sparen wir Zeit.

Nun können wir unsere Anwendung erstellen, indem wir die folgende `Application`-Ressource definieren:

Listing 11–25 *Definition einer Application für den Pulumi Kubernetes Operator*

```
apiVersion: argoproj.io/v1alpha1
kind: Application
metadata:
  name: pulumi-kubernetes-operator
  namespace: argocd
```

→

[30] *https://github.com/pulumi/pulumi-kubernetes-operator/tree/v1.13.0#-using-kubectl*

[31] *https://github.com/pulumi/pulumi-kubernetes-operator/tree/pulumi-kubernetes-operator-0.3.0/deploy/helm/pulumi-operator*

```
  finalizers:
    - resources-finalizer.argocd.argoproj.io
spec:
  project: default
  source:
    repoURL: ghcr.io/pulumi/helm-charts
    targetRevision: 0.3.0
    chart: pulumi-kubernetes-operator
  destination:
    server: 'https://kubernetes.default.svc'
    namespace: pulumi-operator
  syncPolicy:
    automated:
      selfHeal: true
    syncOptions:
      - CreateNamespace=true
      - ApplyOutOfSyncOnly=true
```

In Abb. 11–12 sehen wir, dass alle Ressourcen für den *Pulumi Operator* angelegt wurden.

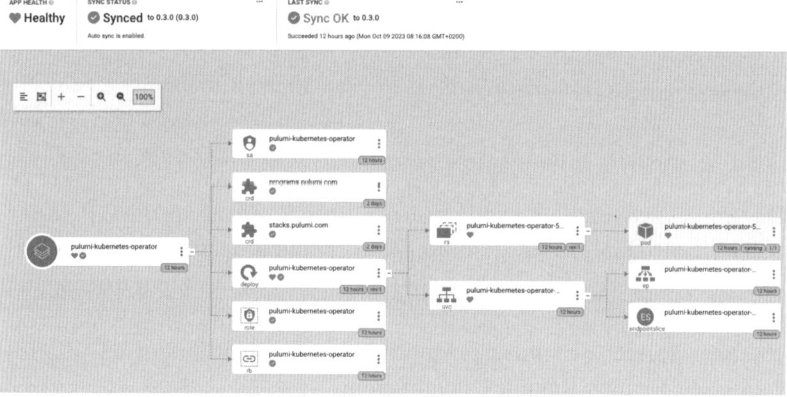

Abb. 11–12 *Zudem wird der Operator ebenfalls sauber angelegt.*

Nach der Synchronisation durch Argo CD können wir beginnen, unser Manifest zu bauen und es als *Stack* zu deployen.

Schritt 2: Manifest schreiben

Nun möchten wir unsere EC2-Instanz tatsächlich erstellen. Dazu legen wir ein neues Verzeichnis an und initialisieren unseren Workspace mit dem Befehl `pulumi new` an[32].

[32] *https://www.pulumi.com/docs/cli/commands/pulumi_new*

Listing 11–26
Wir werden durch einen Wizard geführt, wo wir die Grundeinstellungen defineren.

```
> pulumi new aws-yaml
This command will walk you through creating a new
Pulumi project.

Enter a value or leave blank to accept the (default),
and press <ENTER>.
Press ^C at any time to quit.

project name: gitops-book-sample-project
project description (A minimal AWS Pulumi YAML program):
"A simple EC2 instance provision"
Created project 'gitops-book-sample-project'

stack name (dev):
Created stack 'dev'
Enter your passphrase to protect config/secrets:
Re-enter your passphrase to confirm:

aws:region: The AWS region to deploy into (us-east-1):
Saved config

Your new project is ready to go!

To perform an initial deployment, run 'pulumi up'
```

In diesem Ordner werden die folgenden zwei Dateien erstellt:

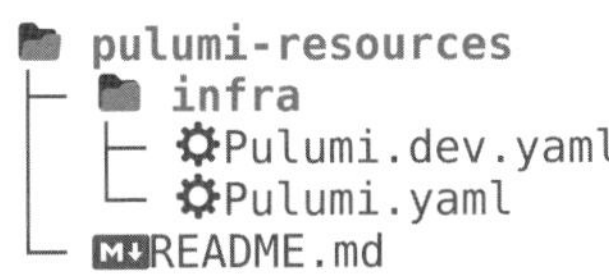

Abb. 11–13
Zwei neue Dateien hat Pulumi angelegt. Nun können wir die YAML-Ressourcen erzeugen.

Dabei enthält `Pulumi.dev.yaml` zusätzliche Konfigurationen für den Stack. Der eigentliche Pulumi-Quellcode befindet sich in `Pulumi.yaml`. Dem Skeleton fügen wir die benötigte EC2-Ressource hinzu.

Listing 11–27
Eine EC2-Instanz wird als Pulumi-Ressource angelegt. Eingesetzt wird YAML.

```
name: gitops-book-sample-project
runtime: yaml
description: A simple EC2 instance provision
outputs:
  ec2-instance-id: ${my-ec2-instance.id}
resources:
  name: gitops-book-sample-project
```

→

```
runtime: yaml
description: A simple EC2 instance provision
outputs:
  ec2-instance-id: ${my-ec2-instance.id}
resources:
  my-ec2-instance:
    type: aws:ec2:Instance
    properties:
      ami: ami-067d1e60475437da2
      instanceType: t3.micro
      tags:
        Name: NewInstance
```

Wir speichern dieses Manifest im Git-Repository. In nächsten Schritt müssen wir dem *Pulumi Operator* dieses Manifest als *Stack* bereitstellen, um mittels Reconciliation die Provisionierung der Ressourcen zu initiieren.

Schritt 3: Git-Repository in einen Stack integrieren

Wir haben nun unseren *Operator* deployt und unser Manifest angelegt. Anschließend erstellen wir einen *Stack*, indem wir eine Definition für diese Ressource erstellen, die das Git-Repository und alle notwendigen `Secrets` enthält. Mit diesem *Stack* kann die Infrastruktur durch Pulumi provisioniert werden und er ermöglicht den Zugriff zur Überwachung und Aktualisierung des aktuellen Zustandes. Wir trennen die Konfiguration sowie den Quellcode voneinander und erzeugen eine neue Ressource im Verzeichnis `./stack` an:

Listing 11–28 *Wir definieren einen Stack als Kubernetes-Ressource.*

```
apiVersion: pulumi.com/v1
kind: Stack
metadata:
  name: gitops-book-sample-project
  namespace: pulumi-operator
spec:
  backend: "s3://gitops-book-pulumi-backend"
  envRefs:
    AWS_DEFAULT_REGION:
      type: Secret
      secret:
        .. secret
```

→

```
    AWS_ACCESS_KEY_ID:
      type: Secret
      secret:
        .. secret
    AWS_SECRET_ACCESS_KEY:
      type: Secret
      secret:
        .. secret
  stack: "gitops-book-sample-project"
  projectRepo:
    git@gitlab.com:gitops-book/
     ↪ pulumi-infrastructure.git
  repoDir: infra
  branch: master
  gitAuth:
    sshAuth:
      sshPrivateKey:
        type: Secret
        secret:
          ... secret
```

Durch die Spezifikation von `spec.backend` wird festgelegt, auf welchen AWS-S3-Bucket Pulumi zugreifen soll. Die Variablen `AWS_DEFAULT_REGION`, `AWS_ACCESS_KEY_ID` und `AWS_SECRET_ACCESS_KEY` verweisen auf ein `Secret`, das diese Daten enthält, um Pulumi bei der Erstellung der benötigten Ressourcen zu unterstützen. Um auf den versionierten Quellcode zugreifen zu können, geben wir `spec.projectRepo` und `spec.gitAuth` an, damit `git clone` über *SSH* funktioniert.

Schritt 4: Stack deployen

Mit der `kustomization.yaml` führen wir eine Zusammenführung und Bereitstellung der benötigten Ressourcen durch. Dadurch sind alle notwendigen Ressourcen in einer Einheit vereint.

```
apiVersion: kustomize.config.k8s.io/v1beta1
kind: Kustomization
resources:
- pulumi-stack.yaml
```

Listing 11–29
Zur Zusammenführung der Ressourcen nutzen wir eine kustomization.yaml.

Für die `Application`-Ressource erstellen wir die folgenden Ressourcen:

Listing 11–30
Wir erstellen eine neue Argo CD-Application für unsere Ressourcen.

```
apiVersion: argoproj.io/v1alpha1
kind: Application
project: default
spec:
  source: repoURL: 'git@gitlab.com:gitops-book/
      ↪ pulumi-infrastructure.git'
    path: stack
    targetRevision: HEAD
  destination:
    server: 'https://kubernetes.default.svc'
    namespace: pulumi-operator
  syncPolicy:
    automated:
      selfHeal: true
    syncOptions:
      - CreateNamespace=true
```

Argo CD synchronisiert und erstellt die benötigten *Stacks* gemäß Abb. 11–14.

Abb. 11–14
Pulumi-Stack wurde deployt

In der AWS-Konsole in Abb. 11–15 sehen wir eine EC2-Ressource, die mit Pulumi bereitgestellt wurde:

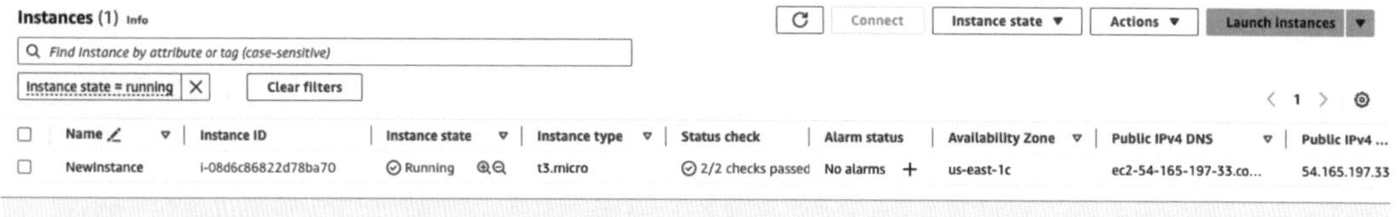

Abb. 11–15
Pulumi war erfolgreich und der gewünschte Zustand wurde provisioniert.

Im nächsten Abschnitt werden wir untersuchen, wie Crossplane-Ressourcen nach den GitOps-Prinzipien verwaltet werden können.

11.3 Crossplane

Wie bereits beschrieben, ist *Crossplane* ein plattformagnostisches IaC-Tool, das auf Kubernetes aufsetzt, aber auch eine Nicht-Kubernetes-Umgebung bereitstellen kann. Das Werkzeug befindet sich seit Ende September 2021 im Inkubationsstatus der CNCF. Im Gegensatz zu Terraform setzt Crossplane ausschließlich auf die Kubernetes-API und alle Infrastrukturmanifeste sind Kubernetes-Ressourcen. Analog zur Cluster API kann Crossplane auch Infrastruktur bereitstellen, die nicht auf Kubernetes basiert. Dazu werden eigene *CRDs* verwendet, die die Kubernetes-API um weitere Ressourcen erweitern. Solche Ressourcen können ein S3-Bucket, einen EKS-Cluster oder ein Subnetz sein. Um Multi-Cloud-Szenarien abdecken zu können, unterstützt Crossplane neben *AWS*, *Azure* und *Google* eine breite Palette an Providern und Plattformen, darunter *IONOS*, *Digital Ocean*, *IBM Cloud*, *Kubernetes* generell und *VMware vSphere*.

11.3.1 Grundbausteine von Crossplane

Der kleinste Baustein in Crossplane sind die Managed Resources (MRs), die von den Providern gebündelt werden und für die eigentliche Provisionierung zuständig sind. Diese MRs repräsentieren einzelne Komponenten der Cloud-Anbieter wie Compute-Instanzen, Storage-Container oder Netzwerkressourcen.

Crossplane CRDs

Als zentrale Anlaufstelle für die Suche nach solchen Komponenten bietet sich die Seite CRDs.dev[33] an, über die alle CRDs in allen von Crossplane angebotenen Versionen durchsucht werden können. Die API-Dokumentation allein reicht nicht unbedingt aus, um das richtige Verständnis zu erlangen. Hierfür bieten die Anbieter Anleitungen an, in die sich ein Blick lohnen kann. So enthält der Crossplane Azure Provider einen Unterordner mit Beispielen für Datenbanken, Netzwerkkonfiguration und Storage. Ähnliche Beispiele bietet der AWS-Provider[34].

XRs und XRDs

In Form von Composite Resources (XR) wird den Entwickelnden ein Werkzeug an die Hand gegeben, mit dem MRs nach dem Baukastenprinzip zu höherwertigen Komponenten, genauer Compositions, zusammengesetzt werden können. Eine Composite Resource Definition (XRD) legt die Struktur der Composition fest. Dazu muss die XRD ein OpenAPI-Schema enthalten und die Parameter definieren, welche die Composition für die Bereitstellung der einzelnen Komponenten benö-

[33] *https://doc.crds.dev*

[34] *https://github.com/upbound/provider-azure/tree/v0.37.1/examples*

tigt. Dieses Schema ähnelt dem Variablenblock eines Modells in Terraform.

XRCs

Composite Resource Claims (XRC) ermöglichen es Entwickelnden, diese höherwertigen Dienste auf einfache Weise in Anspruch zu nehmen, ohne mit der zugrunde liegenden Komplexität in Berührung zu kommen. Der Unterschied zu XRs liegt in der Benutzergruppe, für die das jeweilige Modul bestimmt ist. XRs sollten von Infrastruktur- oder Plattformteams verwendet werden, um zu definieren, welche Composition mit welchen konkreten Parametern tatsächlich bereitgestellt werden soll. Im Gegensatz dazu sind Claims für Anwendungsentwicklungsteams gedacht und tun dasselbe. So werden Claims mit einem `Namespace` versehen, während XRs clusterweit gültig sind. Diese Trennung der Kontexte ermöglicht letztlich eine effiziente Zusammenarbeit von Infrastruktur- und Anwendungsentwicklungsteams, da sie die gleichen Ressourcen konsumieren können. Auf diese Weise unterstützt Crossplane einen effektiven Self-Service-Ansatz für Entwickelnde. In Abb. 11–16 wird dieses Schema dargestellt.

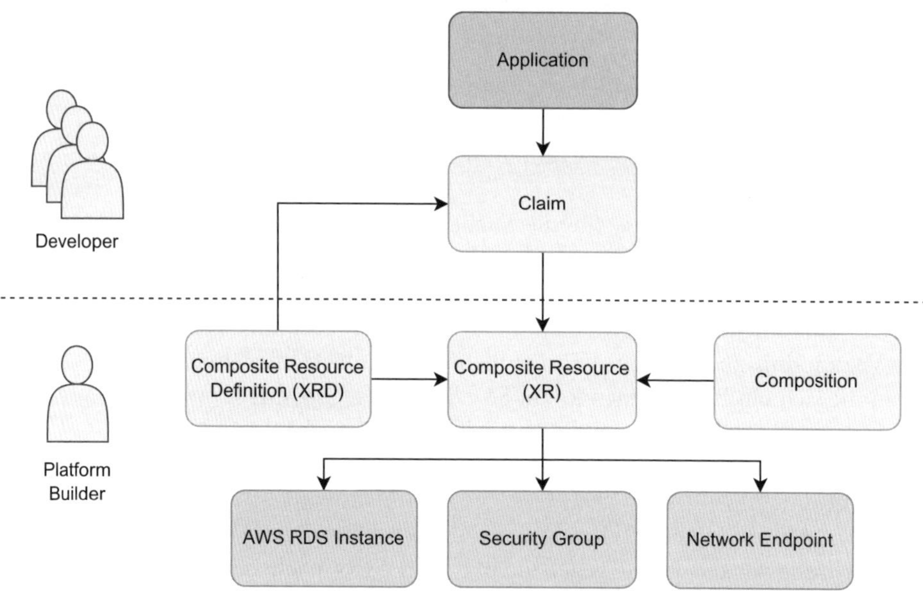

Abb. 11–16
XRs, XRCs und Claims auf einen Blick

Kratix

Gerade für das »Plattform-Engineering« beziehungsweise die Etablierung einer »Internal Developer Platform«[35] ist die Aufteilung in XRs, XRDs und Claims von großer Bedeutung. Durch sie können Services den Kunden beziehungsweise Nutzern der Plattformen nach dem Self-Service-Prinzip bereitgestellt werden.

Einen ähnlichen Ansatz verfolgt auch »Kratix«[36]. Dabei lassen sich externe oder interne Services als *Promise* definieren. Ein *Promise* ist ein Vertrag, der vom Plattformteam kuratiert wird, um einen bestimmten Dienst wie eine Datenbank bereitzustellen. Anwender oder Kunden können diesen Service nutzen und ihre eigenen Services bereitstellen und verwenden. Kratix hat bereits einen Marktplatz dafür eingerichtet[37], auf dem *Promises* für wichtige Dienste wie *Kafka, Redis* oder *MongoDB* gepflegt werden.

Im Unterschied zu Crossplane setzt Kratix auf einen Multi-Cluster-Ansatz. Die Promises werden über einen Management-Cluster auf alle Worker-Cluster verteilt[38].

11.3.2 Eine EC2-Instanz verwalten mit Crossplane

An dieser Stelle werden wir ebenfalls wie im vorigen Abschnitt praktisch zeigen, wie wir eine EC2-Instanz mit Argo CD verwalten können – in diesem Fall mit Crossplane statt dem TF-Controller. Insgesamt gehen wir grob betrachtet folgende Schritte durch:

1. Wir installieren Crossplane in den Cluster.
2. Wir installieren die notwendigen Crossplane-Provider.
3. Wir erzeugen eine EC2-Instanz mit Crossplane in einem Git-Repository.

Anschließend wird eine Instanz von Argo CD überwacht und kontinuierlich ausgerollt.

Schritt 1: Crossplane installieren

Um Crossplane nutzen zu können, muss ein Management-Cluster erstellt und Crossplane als Helm-Chart installiert werden. Zusätzlich muss der AWS-Provider installiert werden, um Cloud-Ressourcen provisionieren zu können. Diese Voraussetzung kann mit Managed Ser-

[35] *https://internaldeveloperplatform.org*

[36] *https://kratix.io*

[37] *https://github.com/syntasso/kratix-marketplace*

[38] *https://github.com/syntasso/kratix-docs/blob/5654ab1/docs/main/05-reference/04-multicluster-management.md*

vices wie EKS oder auch mit einem einfachen lokalen Kubernetes-Cluster wie Minikube oder KinD erfüllt werden.

Das Ziel dieses Abschnitts ist es, die entsprechenden Manifeste sowohl für das Deployment von Crossplane als auch für die Konfiguration des AWS-Providers zu definieren, sodass wir alles mit Argo CD verwalten können. Dazu verwenden wir das sogenannte App of Apps-Pattern[39]. Einzelne `Application`-Ressourcen, wie die Installation eines Deployments oder einer Abhängigkeit, können logisch als eine `Application` zusammengefasst werden. Bei der Synchronisation werden alle untergeordneten `Applications` automatisch erstellt, synchronisiert und auch gelöscht, wenn es eine Änderung in den Manifesten gibt. Entsprechend bilden Crossplane und der zugehörige AWS-Provider eine Einheit. Die zugehörigen Manifeste sind im Beispielprojekt in Git abgelegt[40]. Die Ordnerstruktur mit allen Manifesten für den Management-Cluster sieht wie folgt aus:

Abb. 11–17
Ordnerstruktur für das Deployment der Control Plane

```
crossplane-resources
├─ aws-elb-provider.yaml
├─ aws-provider-secret.yaml
├─ aws-rds-provider.yaml
├─ crossplane-argocd-app.yaml
├─ kustomization.yaml
└─ provider-config.yaml
```

In unserem Fall erstellen wir eine `Application`-Ressource, definieren das Crossplane Helm-Chart und speichern es als Datei `crossplane-argocd-app.yaml`. Dies kann durch `kubectl apply -f crossplane-argocd-app.yaml` angelegt werden.

Listing 11–31
Argo CD-Ressource mit dem Crossplane Helm-Chart

```
apiVersion: argoproj.io/v1alpha1
kind: Application
metadata:
  name: crossplane
  namespace: argocd
spec:
  project: default
  source:
    repoURL: 'https://charts.crossplane.io/stable'
    targetRevision: 1.13.2
    chart: crossplane
```

→

[39] *https://github.com/argoproj/argo-cd/blob/v2.8.4/docs/operator-manual/cluster-bootstrapping.md#app-of-apps-pattern*

[40] *https://gitlab.com/gitops-book/crossplane-infrastructure*

```
  destination:
    server: 'https://kubernetes.default.svc'
    namespace: default
  syncPolicy:
    automated: {}
```

Schritt 2: Crossplane-Provider installieren

Die Installation des Providers erfolgt in vier Schritten:

1. Zunächst werden Credentials wie Access-Keys für den Zugriff von Crossplane auf AWS generiert. Hierfür nehmen wir einen AWS-Access-Key. Wir könnten durchaus auch eine andere Authentifizierungsmethoden nehmen[41].
2. Erstellen eines Kubernetes-`Secrets` mit dem Access-Key als Basis für den Provider
3. Installation des AWS-Providers
4. Konfiguration mit einer Provider-Config

Ein AWS-Access-Key besteht aus der `aws_access_key_id` und dem `aws_secret_access_key` und können diesen über die CLI erzeugen[42]. Für das `Secret` benötigen wir eine Textdatei mit den beiden Key-Values und erstellen unsere `Secret`-Ressource.

Listing 11–32
AWS-Access-Token wird als Secret für Crossplane bereitgestellt.

```
apiVersion: v1
kind: Secret
metadata:
  name: aws-secret
  namespace: crossplane-system
data:
  credentials: [base64 value]
```

Wir speichern diese Ressource als Datei mit dem Namen `aws-provider-secret.yaml`. Die Zugangsdaten sind lediglich `Base64`-codiert und sollten keinesfalls in das Git-Repository hochgeladen werden. Eine Beschreibung, wie wir `Secrets` verschlüsseln können, befindet sich in Kapitel 5.

Nun installieren wir den AWS-Provider. Eine Liste mit allen Providern ist im Upbound Marketplace[43] zu finden. Dazu definieren wir folgendes Manifest:

---

[41] *https://docs.upbound.io/providers/provider-aws/authentication*

[42] *https://docs.aws.amazon.com/de_de/cli/latest/userguide/cli-chap-configure.html#cli-configure-quickstart-creds*

[43] *https://marketplace.upbound.io/providers*

Listing 11–33 AWS-Provider-Definition für Crossplane

```
apiVersion: pkg.crossplane.io/v1
kind: Provider
metadata:
  name: provider-aws
spec:
  package: xpkg.upbound.io/upbound/provider-aws:v0.40.0
```

Auf diese Weise werden jedoch alle CRDs von allen unterstützten AWS Managed Services installiert, was das System unnötig aufbläht. Seit Juni 2023 gibt es *Provider Families* als Gruppe für Provider mit eingeschränktem Kontext[44]. Anstelle von provider-aws können jetzt spezifische Provider wie *AWS Relational Database Service (RDS)* oder *AWS Elastic Load Balancer (ELB)* verwendet werden. Wir nutzen ebenfalls diese Unterteilung und passen unser Manifest wie folgt an:

Listing 11–34 AWS ELB-Provider für Crossplane

```
apiVersion: pkg.crossplane.io/v1
kind: Provider
metadata:
  name: provider-aws-elb
spec:
  package: xpkg.upbound.io/upbound/provider-aws-elb:v0.40.0
```

Wenn ein zweiter Service genutzt werden soll, kann ein zweiter Provider definiert werden.

Listing 11–35 Module in Terraform

```
apiVersion: pkg.crossplane.io/v1
kind: Provider
metadata:
  name: provider-aws-rds
spec:
  package: xpkg.upbound.io/upbound/provider-aws-rds:v0.40.0
```

Bei der Installation eines Providers wird die dazugehörige *Provider-Family* ebenfalls installiert, die sich gegenüber AWS authentifiziert und schließlich die Provisionierung initiiert:

Listing 11–36 Provider-Family auf einen Blick

```
> kubectl get providers
NAME  INSTALLED   HEALTHY   PACKAGE AGE
provider-aws-elb              True        True
xpkg.upbound.io/upbound/provider-aws-elb:v0.40.0      26m
provider-aws-rds              True        True
xpkg.upbound.io/upbound/provider-aws-rds:v0.40.0      26m
upbound-provider-family-aws   True        True
 xpkg.upbound.io/upbound/provider-family-aws:v0.40.0   26m
```

[44] *https://docs.upbound.io/providers/provider-families*

Es ist sinnvoll, nur die tatsächlich benötigten Dienste wie AWS RDS, S3 oder ELB als Provider zu installieren.

Nun muss eine `ProviderConfig`-Ressource definiert werden, um auf das `Secret` verweisen zu können. Dazu wird die folgende Ressource erstellt:

Listing 11–37 *ProviderConfig zur Referenzierung der AWS-Credentials*

```
apiVersion: aws.upbound.io/v1beta1
kind: ProviderConfig
metadata:
  name: crossplane-system
spec:
  credentials:
    source: Secret
    secretRef:
      namespace: crossplane-system
      name: aws-secret
      key: credentials
```

Mit diesen Ressourcen lässt sich die Crossplane Control Plane als Einheit durch Argo CD deployen. Zusätzlich muss mit Kustomize eine `kustomization.yaml` erstellt werden, die die Ressourcen zusammenfasst:

Listing 11–38 *Kustomization zur Anlage als Argo CD Application*

```
apiVersion: kustomize.config.k8s.io/v1beta1
kind: Kustomization
resources:
- crossplane-argocd-app.yaml
- aws-rds-provider.yaml
- aws-elb-provider.yaml
- provider-config.yaml
```

Diese Ressourcen müssen nun in Git versioniert werden, um später für Argo CD eine Anwendung zu erstellen. Die `Application` können wir entweder über die Kommandozeile oder mit der Anlage der `Application`-Ressource wie in Listing 11–39 erstellen.

Listing 11–39 *Application-Ressource für die Kustomization*

```
apiVersion: argoproj.io/v1alpha1
kind: Application
metadata:
  name: crossplane
  namespace: argocd
  finalizers:
    - resources-finalizer.argocd.argoproj.io
```

→

```
spec:
  project: default
  source:
    repoURL: 'git@gitlab.com:gitops-book/
     ↪ crossplane-infrastructure.git'
    path: management
  destination:
    server: 'https://kubernetes.default.svc'
    namespace: crossplane-system
  syncPolicy:
    automated:
      prune: true
```

In Abb. 11–18 sehen wir, dass alle definierten Ressourcen synchronisiert werden:

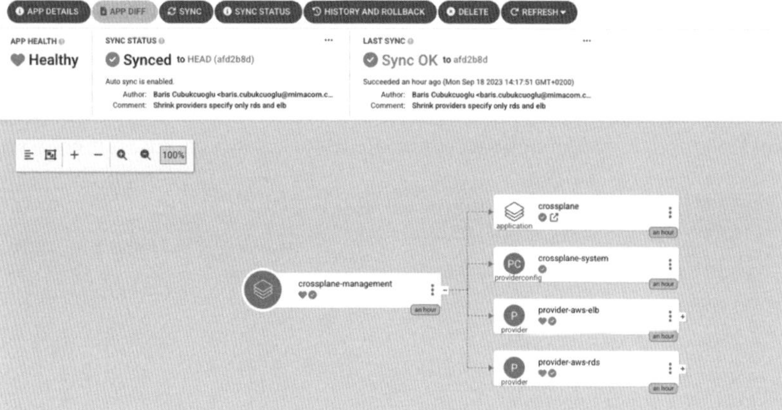

Abb. 11–18
Crossplane Application ist gesund

Zusätzlich sehen wir im Event-Status (siehe Abb. 11–19), dass der EC2-Provider erfolgreich installiert wurde.

Wir können auf diese Weise die Control Plane sehr simpel anpassen oder weitere Provider hinzufügen. Die Synchronisation übernimmt ausschließlich Argo CD.

Schritt 3: Instanz als Crossplane-Ressourcen erstellen

Nach der Einrichtung der Control Plane ist es nun an der Zeit, unsere EC2-Instanz zu provisionieren. Für die Ressourcen erstellen wir ein neues Verzeichnis `./base` als Wurzelelement.

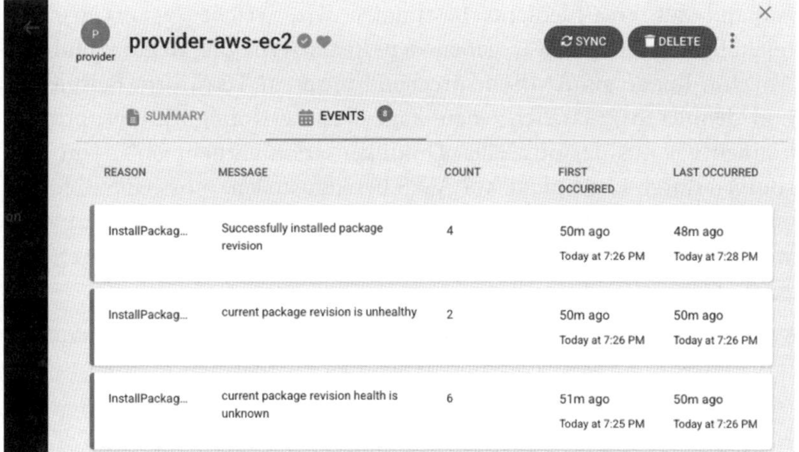

Abb. 11–19
Status der Crossplane EC2-Provider

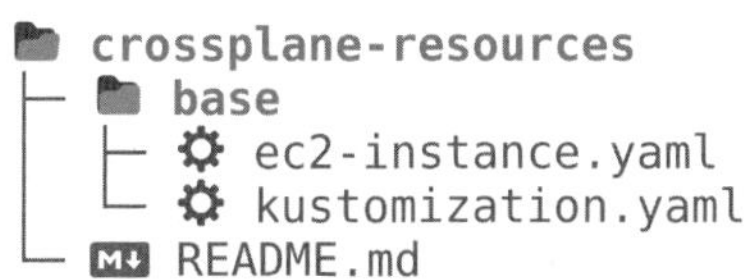

Abb. 11–20
Orderstruktur zum Anlegen der Crossplane-Ressourcen

Im nächsten Schritt erstellen wir eine Crossplane-*Instance*-Ressource für unsere EC2-Instanz und speichern diese als YAML-Datei in diesem neuen Verzeichnis ab:

Listing 11–40
Ausgestaltung der EC2-Instanz-Ressource

```
apiVersion: ec2.aws.upbound.io/v1beta1
kind: Instance
metadata:
  name: gitops-book-sample-instance
spec:
  forProvider:
    ami: ami-05af0694d2e8e6df3
    instanceType: t2.micro
    region: us-west-1
    tags:
      type: ExampleTag
  providerConfigRef:
    name: crossplane-system
```

Anhand des `kind`-Elements bestimmen wir, welche Instanz wir bereitstellen möchten. Wir geben den Instanztyp, die Region und das Amazon-Image als AMI entsprechend unserem Terraform-Beispiel an und definieren zusätzlich einen Tag. Weitere Konfigurationsoptionen können wir aus der offiziellen Dokumentation entnehmen[45]. Um Ressourcen durch Crossplane auf AWS bereitzustellen, muss eine Referenz auf die `ProviderConfig`-Ressource definiert werden. Anschließend legen wir eine `kustomization.yaml` an, die diese *Instance*-Ressource referenziert.

Listing 11–41
Kustomize zur Nutzung im base-Verzeichnis

```
apiVersion: kustomize.config.k8s.io/v1beta1
kind: Kustomization
resources:
  - application-set.yaml
```

Wir übertragen unsere Änderungen in das Git-Repository, damit wir diese Ressource später mit Argo CD synchronisieren können.

Schritt 4: Einbinden des Git-Repositorys in Argo CD

Für die Synchronisation benötigen wir eine `Application`-Ressource. Diese werden wie folgt in Argo CD angelegt:

Listing 11–42
Kustomize zur Nutzung im base-Verzeichnis

```
apiVersion: argoproj.io/v1alpha1
kind: Application
metadata:
  name: crossplane-base
  namespace: argocd
spec:
  project: default
  source:
    repoURL: 'git@gitlab.com:gitops-book/
    ↪ crossplane-infrastructure.git'
    path: base
    targetRevision: HEAD
  destination:
    server: 'https://kubernetes.default.svc'
  syncPolicy:
    syncOptions:
      - CreateNamespace=true
      - ApplyOutOfSyncOnly=true
```

[45] *https://marketplace.upbound.io/providers/upbound/provider-aws-ec2/v0.42.0/resources/ec2.aws.upbound.io/Instance/v1beta1*

APP HEALTH
Healthy
SYNC STATUS
Synced to HEAD (092bdde)
Auto sync is not enabled
LAST SYNC
Sync OK to 092bdde
Comment: Add ressources
100%
crossplane-base
gitops-book-sample-instance
instance
providerconfigusage

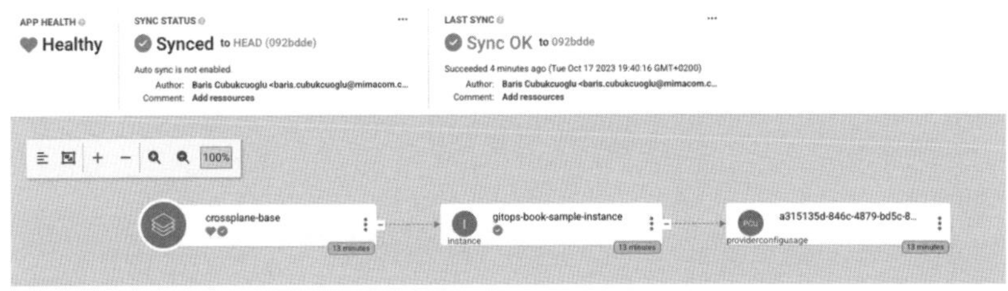

Abb. 11–21 Status der Synchronisation in Argo CD

Instances (1) Info
Connect
Find instance by attribute or tag (case-sensitive)
Instance state = running
Clear filters
Name
Instance ID
Instance state
Instance type
Status check
Alarm status
-
i-003579325cd5d084e
Running
t2.micro
2/2 checks passed
No alarms

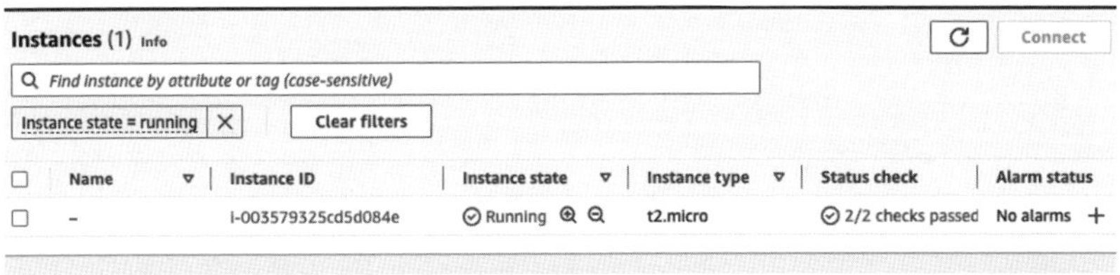

Abb. 11–22 Status der Synchronisation in Argo CD

Wie in Abb. 11–21 und Abb. 11–22 dargestellt, synchronisiert und erstellt Argo CD die definierte Instanz in AWS.

Sobald wir diese Ressource aus der Synchronisation von Argo CD entfernen, werden die Ressourcen gelöscht – und somit auch die EC2-Instanz auf AWS.

12 GitOps außerhalb von Kubernetes

Im letzten Kapitel dieses Buchs wollen wir unser Blickfeld erweitern auf Anwendungsfälle von GitOps außerhalb des Kubernetes-Umfelds. Damit schließen wir gewissermaßen den Kreis und besinnen uns wieder auf das, was GitOps im Kern ausmacht: die vier Prinzipien. Wer GitOps umsetzen möchte, ist nämlich keineswegs dazu gezwungen, Kubernetes zu benutzen – die Prinzipien sind allgemeingültig und schließen keine Anwendungsplattform per se aus.

Dennoch haben wir bereits in Abschnitt 1.2.4 auf Seite 14 gesehen, warum GitOps sehr oft (und oftmals berechtigt) mit Kubernetes assoziiert wird: Einerseits liegt das in der Bauweise von Kubernetes begründet und andererseits in seiner Verbreitung: Die GitOps-Prinzipien 1, 3 und 4 legen ihren Fokus auf Deklarationen und kontinuierliche Mechanismen. Kubernetes wiederum ist als eine große Kontrollschleife implementiert, die beständig deklarierte Zustände zur Konvergenz führt.

Dieses Design begünstigt zum einen die Entstehung von GitOps-Operatoren auf Kubernetes-Basis. Zum anderen sorgt die weitläufige Verbreitung von Kubernetes ergänzend dafür, dass bevorzugt GitOps-Operatoren auf Kubernetes-Basis aufmerksam verfolgt und weiterentwickelt werden.

Wenn wir uns also mit GitOps außerhalb von Kubernetes beschäftigen, werden wir uns (zumindest im aktuellen Stand unserer Branche) immer in einem Spannungsfeld befinden, das sich zwischen diesen beiden Tatsachen auftut:

1. Die GitOps-Prinzipien sind nicht an Kubernetes gebunden und gelten grundsätzlich.
2. Jede Umsetzung der GitOps-Prinzipien außerhalb von Kubernetes ist momentan deutlich limitierter, weniger ausgereift und bietet weniger Features als GitOps-Operatoren auf Kubernetes.

12.1 Aus den GitOps-Prinzipien folgende Verantwortlichkeiten

Wenn wir in dieses Thema einsteigen, könnten wir unmittelbar in die Technologie eintauchen und uns mit den momentan existierenden Tools auseinandersetzen, die GitOps außerhalb von Kubernetes anbieten (oder teilweise »GitOps für *nicht nur* Kubernetes«). Stattdessen wollen wir noch einmal die Prinzipien betrachten:

Unsere manuelle Verantwortung bleibt: Manifeste pflegen.

Im Großteil des Buches haben wir uns mit den Platzhirschen Flux und Argo CD beschäftigt. Diese Tools bieten uns die GitOps-Prinzipien 3 und 4 als Dienstleistung an. Die Verantwortung für die Umsetzung der Prinzipien 1 und 2 hingegen liegt immer auf unseren Schultern. Dazu gehören folgende Tätigkeiten:

1. deklarative Manifeste schreiben und pflegen (Prinzip 1)
2. diese Manifeste versioniert lagern (Prinzip 2)
3. die Inhalte der Manifeste in einer unveränderlichen Weise formulieren (Prinzip 2)

Tool-Support können wir nur bei Prinzip 3 und 4 erwarten.

Auch wenn wir uns außerhalb von Kubernetes bewegen, wird kein Tool uns diese Verantwortung abnehmen können. GitOps-Operatoren kümmern sich hingegen um Tätigkeiten, die mit den anderen beiden Prinzipien zu tun haben:

1. die Manifeste kontinuierlich beziehen (Prinzip 3)
2. den tatsächlichen Systemzustand kontinuierlich angleichen an den deklarativ beschriebenen Zielzustand (Prinzip 4)

Wir werden uns im weiteren Verlauf dieses Kapitels grob an der Reihenfolge der GitOps-Prinzipien orientieren:

1. Prinzip 1:
   a. Welche Formate für Infrastructure as Code gibt es momentan (außer Kubernetes-Manifesten)? (Wir können nur solche Ressourcen mit GitOps verwalten, für die es deklarative Ausdrucksformen gibt.)
   b. Wie sieht die technische Unterstützung aus, wenn wir diese Formate im GitOps-Stil verwalten wollen?
2. Prinzip 3 und 4:
   a. Welche GitOps-Operatoren gibt es außerhalb von Kubernetes?
   b. Welche Optionen habe ich, wenn es keine vorgefertigten GitOps-Operatoren für meine Situation gibt?

Prinzip 2 ignorieren wir dabei aus folgenden Gründen: Der technische Aspekt der Versionierung spielt keine Rolle, weil er komplett entkoppelt ist von der Zielplattform (wir könnten Manifeste in Git oder Subversion speichern und es gäbe keinen Unterschied, ob wir auf Kubernetes oder eine andere Plattform deployen). Den inhaltlichen Aspekt der Unveränderlichkeit ignorieren wir ebenfalls, weil je nach Infrastructure-as-Code-Format die semantischen Feinheiten zu spezifisch für die jeweilige Plattform und die jeweilige Syntax sind.

12.2 Infrastructure-as-Code-Formate

Um GitOps implementieren zu können, müssen zwei grundlegende Voraussetzungen erfüllt sein:

1. Für die Ressourcen, die wir verwalten wollen, muss ein Dateiformat existieren, mit dem wir diese Ressourcen deklarativ ausdrücken können.
   Dateiformate, die diese Anforderung erfüllen, nennen wir im Folgenden *Infrastructure-as-Code-Formate* (IaC-Formate).
2. Für das Dateiformat muss eine Anwendung existieren, die diese Deklarationen ausrollen kann.
   Diese Anwendung muss kein GitOps-Operator sein! Es kann auch einfach der native Interpreter des Dateiformats sein.

Ein Gegenbeispiel für ein IaC-Format ist ein Ansible-Playbook: Die einzelnen Tasks eines Ansible-Playbooks können zwar idempotent sein (das heißt, mehrfaches Ausführen führt zum selben Ergebnis), und man kann ein Playbook auch als Ansible-Modul umformulieren, sodass es nach außen eine deklarative Schnittstelle bietet. Dennoch werden die einzelnen Tasks des Playbooks *in einer festen Reihenfolge* ausgeführt, und dadurch ist das Grundprinzip von Ansible-Playbooks imperativ.

Bei einigen der nachfolgend aufgeführten Tools gibt es zwar Möglichkeiten, explizite Abhängigkeiten zwischen Ressourcen zu beschreiben und dadurch Einfluss auf die Reihenfolge von bestimmten Aktionen zu nehmen. Doch keines dieser Tools ist in seinem Grundaufbau imperativ.

Die momentane Auswahl an IaC-Formaten ist sehr begrenzt.

In Tabelle 12–1 auf Seite 337 haben wir diejenigen IaC-Formate aufgeführt, die wir bei unserer Recherche als deklarative Formate identifizieren konnten. Die Tabelle gibt auch hinsichtlich der Anwendungsfälle eine grobe Orientierung, sodass klarer ist, welches Tool welche Anforderungen ungefähr abdecken kann. Die letzte Spalte führt nur diejenigen GitOps-Operatoren für das jeweilige Dateiformat auf, die nicht auf Kubernetes angewiesen sind.

Explizit ausgelassen aus dieser Aufstellung haben wir alle Formate, die spezifisch nur für einen bestimmten Cloud-Provider nutzbar sind. Darunter fallen die folgenden:

- Alibaba Cloud Resource Orchestration Service (ROS)[1]
- AWS Cloud Development Kit (CDK)[2]
- AWS CloudFormation[3]
- Azure Resource Manager und Bicep[4]
- Google Cloud Deployment Manager[5]

Aus dieser Zusammenstellung der Tools leiten wir einige Erkenntnisse ab:

- Wenn die reine Administration und Konfiguration von virtuellen Maschinen im Vordergrund stehen, sind CFEngine und Chef Infra gute Optionen.
  - Chef Infra bekommt eine klarere Empfehlung, weil es eine etwas größere Library an fertigen Modulen bietet, sich mit einigen Cloud-Providern integriert und weil sogar ein Terraform-Provider für Chef Infra existiert.
  - Wenn nur Windows-Maschinen verwaltet werden sollen, kann Otter eine leichtgewichtige Option sein.
- Wenn Geld kein begrenzender Faktor ist, kann man mit Puppet Enterprise sehr weit kommen. (Dennoch ist die Breite der Unterstützung für Cloud-Provider und SaaS-Ressourcen geringer im Vergleich zu Terraform und Pulumi.)
- Portainer als GitOps-Operator ergibt dann Sinn, wenn Geld kein begrenzender Faktor ist und das Deployen von Containern im Vordergrund steht.
- Pulumi und Terraform erfreuen sich zwar weiter Verbreitung, haben aber keinen Kubernetes-losen GitOps-Operator.

1 *https://www.alibabacloud.com/help/en/resource-orchestration-service*

2 *https://docs.aws.amazon.com/cdk/v2/guide*

3 *https://docs.aws.amazon.com/AWSCloudFormation/latest/UserGuide*

4 *https://learn.microsoft.com/en-us/azure/azure-resource-manager/bicep/compare-template-syntax*

5 *https://cloud.google.com/deployment-manager/docs*

Dateiformat	Sprachen	VMs verwalten	Container orche-strieren	Cloud-Infrastruktur & SaaS-Ressourcen verwalten	GitOps-Operatoren ohne Kubernetes
CFEngine[6]	eigene Domain-Specific Language (DSL)	X	—	—	CFEngine[7]
Chef Infra Cookbooks[8]	Ruby	X	—	eingeschränkt	Chef Infra[9]
OtterScript	PowerShell	X (Fokus auf Windows)	—	—	Otter[10]
PowerShell DSC[11]	eigene DSL	X (Fokus auf Windows)	—	—	Otter
Puppet[12]	eigene DSL	X	X	eingeschränkt	Puppet Enterprise[13]
Docker-Compose[14]	YAML	—	X (Docker Runtime)	—	Portainer (Business Edition)[15]
Kubernetes-Manifeste	YAML	durch Erweiterungen	X	durch Erweiterungen	—
Pulumi[16]	Node.js, Python, Go, .NET, Java, YAML	eingeschränkt	X	X	—
Terraform HCL[17]	HashiCorp Configuration Language	eingeschränkt	X	X	—

Tab. 12–1
IaC-Formate und abgedeckte Anwendungsfälle

[6] *https://github.com/cfengine/documentation/blob/3.22/reference/language-concepts.markdown*

[7] *https://github.com/cfengine/documentation/blob/3.22/getting-started/installation/version-control.markdown*

[8] *https://github.com/chef/chef-web-docs/blob/2afdbd9/content/cookbooks.md*

[9] *https://github.com/chef/chef-web-docs/blob/2afdbd9/content/reusable/md/policyfile_rb_settings.md*

[10] *https://docs.inedo.com/docs/otter-desired-configuration-with-otterscript*

[11] *https://learn.microsoft.com/en-us/powershell/dsc/overview?view=dsc-2.0*

[12] *https://www.puppet.com/docs/puppet/8/lang_visual_index.html*

[13] *https://www.puppet.com/docs/pe/2023.4/control_repo.html*

[14] *https://docs.docker.com/compose/compose-file/compose-file-v3*

[15] *https://portal.portainer.io/knowledge/how-do-automatic-updates-for-stacks-applications-work*

12.3 Weitere GitOps-Operatoren

Wir gehen weiter von GitOps-Prinzip 1 zu den Prinzipien 3 und 4. Im vorherigen Abschnitt haben wir bereits einige Tools gesehen, die als GitOps-Operatoren für bestimmte Dateiformate fungieren können.

Als Ergänzung dazu nennen wir an dieser Stelle weitere GitOps-Operatoren, die wir zusätzlich fanden und die nicht in unser bisheriges Schema passen:

1. *Ignite*[18] von Weaveworks, den ursprünglichen Autoren von FluxCD, verwaltet Firecracker-VMs auf GitOps-Weise. Als Dateiformat kommen Kubernetes-artige Manifeste zum Einsatz. Auch wenn das Einsatzgebiet sehr limitiert und das Projekt noch nicht über das Alpha-Stadium hinaus ist, begrüßen wir den »GitOps first«-Ansatz dieses Tools sehr.
2. *PipeCD*[19] ist ein CNCF-Sandbox-Projekt und fällt in diesem Kapitel in eine gewisse Grauzone: Die Control Plane des Tools läuft zwar in einem Kubernetes-Cluster, aber der eigentliche Operator `piped`, der effektiv die Angleichung ausführt, kann auf verschiedensten Plattformen laufen (beispielsweise auch ohne Container Runtime unmittelbar auf VMs). Quellformate, die deployt werden können, sind Kubernetes-Manifeste (auch Helm-Charts), Terraform-Dateien und Definitionen für AWS ECS Tasks/Services, AWS Lambdas und Anwendungen in Google Cloud Run.

12.4 Features von GitOps-Operatoren

Wir haben in Abschnitt 12.1 auf Seite 334 gesehen, dass ein GitOps-Operator für uns die Tätigkeiten übernimmt, die mit den Prinzipien 3 und 4 verbunden sind. Im Sinne der GitOps-Prinzipien ist damit eigentlich schon alles gesagt, und es ergeben sich keine weiteren Verantwortlichkeiten. Dennoch führen reife GitOps-Operatoren wie Flux und Argo CD einige weitere Tätigkeiten durch, die über die Grundanforderungen der Prinzipien 3 und 4 hinausgehen.

---

[16] *https://github.com/pulumi/pulumi-hugo/blob/713d554/themes/default/content/docs/languages-sdks/_index.md*

[17] *https://github.com/hashicorp/terraform/blob/v1.6.2/website/docs/language/syntax/configuration.mdx*

[18] *https://github.com/weaveworks/ignite/blob/v0.10.0/docs/gitops.md*

[19] *https://pipecd.dev/docs-v0.45.x/user-guide/managing-application/defining-app-configuration*

Einige dieser Features haben wir in den vergangenen Kapiteln dieses Buches bereits ausführlich behandelt. Aus unserer Sicht sind einige dieser Features essenziell wichtig für einen gesunden Anwendungsbetrieb auf GitOps-Basis. Wir identifizieren darunter besonders folgende Funktionalitäten:

GitOps-Operatoren sollten mehr erfüllen als nur Prinzipien 3 und 4.

1. *Bezug*: Manifeste kontinuierlich beziehen (beispielsweise als `git clone`)
2. *Angleichung*: neue und veränderte Manifeste ausrollen (beispielsweise als `kubectl apply` oder `docker stack up`)
3. *Pruning*: in Git entfernte Ressourcen im System entfernen
4. *Secrets Management*: in Git committete Secrets entschlüsseln oder Referenzen auf einen Secrets-Store auflösen (siehe Kapitel 5 auf Seite 97)
5. *Alerting*: Benachrichtigungen verschicken (siehe Kapitel 8 auf Seite 229)

GitOps-Operator	Bezug	Angleichung	Pruning	Verschlüsselte Secrets	Secret-Stores	Alerting
CFEngine	X	X	—	Mit cf-secret	—	E-Mail, Custom Scripts
Chef Infra	X	X	—	Mit Data Bags	—	ServiceNow, Slack, Webhooks
Ignite	X	X	X	—	—	—
Otter	X	X	—	—	—	—
PipeCD	X	X	Nur für Kubernetes-Ressourcen	Mit PipeCD UI	—	Datadog, Prometheus
Portainer BE	X	X	Nur für Docker-Services	—	—	—
Puppet Enterprise	X	X	—	Mit hiera-eyaml	Azure Key Vault, Cyberark Conjur, HashiCorp Vault, Consul Data	—

Tab. 12–2 *GitOps-Operatoren und Features*

Pruning ist streng genommen ein essenzieller Teil von Prinzip 4, der kontinuierlichen Angleichung. Allerdings ist eine kontinuierliche Angleichung ohne Pruning deutlich einfacher zu implementieren, da man keine Rücksicht auf die Git-Historie nehmen muss. Deswegen führen wir Pruning als separates Feature auf.

In Tabelle 12–2 vergleichen wir die bisher identifizierten GitOps-Operatoren außerhalb von Kubernetes im Hinblick auf diese Features. Gerade bei Pruning, das grundlegend wichtig bei Prinzip 4 ist, zeigt sich ein sehr gemischtes Bild.

12.5 Einen eigenen GitOps-Operator bauen

Bisher haben wir analysiert, welche GitOps-Operatoren uns außerhalb von Kubernetes zur Verfügung stehen. Ausgegangen sind wir dabei von deklarativen Dateiformaten, für die es bereits zumindest eine CLI gibt, mit der wir diese Deklarationen ausrollen können. Wir haben gesehen, dass es nicht für alle diese Dateiformate GitOps-Operatoren außerhalb von Kubernetes gibt oder dass vorhandene GitOps-Operatoren in ihren Funktionalitäten unzureichend sind. Wie gehen wir also vor, wenn wir den Punkt erreicht haben, an dem wir uns dazu entscheiden, unseren eigenen GitOps-Operator zu schreiben?

GitOps Engine und GitOps Toolkit können vielleicht als Starthilfe dienen.

Als hilfreiches Startmaterial für einen eigenen GitOps-Operator kann der Code von Argo CD und Flux dienen. Interessanterweise waren die Teams hinter Argo CD und Flux schon früh an einer Kollaboration interessiert, um ihre Anstrengungen zu bündeln. Im GitHub-Repository der GitOps Engine von Argo CD[20] kann man die Entstehungsgeschichte nachverfolgen:

Die GitOps Engine wurde entwickelt, um langfristig eine gemeinsame Codebasis zu haben, auf der sowohl Argo CD als auch Flux ihre jeweiligen Anwendungen basieren würden. Der aufwendige Versuch vonseiten des Flux-Teams, die Codebasis von Flux v1 auf die GitOps Engine aufzubauen, war allerdings offenbar so komplex, dass er mit einer der Auslöser für den vollständigen Rewrite war, der zur heutigen Flux v2 führte. Aus unserer Sicht ist die Entwicklungsgeschwindigkeit hinter der GitOps Engine größtenteils verpufft; das letzte Release war im August 2022.

Flux hingegen hat im Gegensatz zu Argo CD mit seinem GitOps Toolkit[21] eine sehr modulare Struktur mit verschiedenen Controllern[22], die auch als einzelne Go-Packages importiert werden können. Dennoch rechnen sowohl die GitOps Engine von Argo CD als auch die

[20] *https://github.com/argoproj/gitops-engine/blob/v0.7.3/docs/faq.md*

[21] *https://github.com/fluxcd/website/blob/e7e991c/content/en/flux/gitops-toolkit/packages.md*

[22] *https://github.com/fluxcd/website/blob/e7e991c/content/en/flux/components/_index.md*

Komponenten des GitOps Toolkit von Flux in allem mit Kubernetes-Ressourcen, sodass ein Umschreiben des Codes auf eine Situation ohne Kubernetes sehr aufwendig sein könnte. Wir haben bei einer kurzen Recherche auch einige kleine Module in den Ökosystemen von Rust und Python gefunden, die beim Bauen eines GitOps-Operators wertvolle Bausteine liefern können, aber die Auswahl ist ziemlich dünn.

12.6 Eigene GitOps-Operatoren aus der Praxis

Wenn wir anfangen, für einen spezifischen Anwendungsfall ein Softwareprodukt zu entwickeln (sei es ein GitOps-Operator oder eine beliebige Softwarelösung), dann wird dieses Produkt immer auf die ganz konkrete Problemstellung und den umgebenden Kontext angepasst sein. Deswegen würden mit Sicherheit die allermeisten unserer Versuche, allgemeingültige Ratschläge für das Entwickeln von GitOps-Operatoren zu erteilen, nichts nützen, weil die Annahmen dahinter im jeweiligen Anwendungsfall oft nicht zutreffen.

Stattdessen wollen wir von zwei konkreten Fällen aus unserer Beratungserfahrung erzählen, in denen wir uns entschieden haben, einen eigenen GitOps-Operator zu schreiben. Womöglich können diese praktischen Fälle, unsere Überlegungen dazu und die resultierenden Entscheidungen eine gute Hilfestellung dafür sein, wenn du in einem Szenario angelangt bist, wo du einen eigenen GitOps-Operator schreiben willst.

12.6.1 Docker Swarm und Ansible

Problemstellung und Kontext

Container-Orchestrierung mit Docker Swarm

Im betreffenden Projekt waren wir mittendrin, dem Kunden dabei zu helfen, von einem langsameren Softwareentwicklungsprozess mit klaren Trennlinien zwischen Entwickelnden und Admins hineinzuwachsen in einen DevOps-naheren Prozess. Dabei spielten CI/CD und (zum ersten Mal in der Geschichte des Kunden) auch Container eine große Rolle. Der Kunde hatte sich im Rahmen einer Technologieauswahl gegen Kubernetes entschieden und wählte Docker Swarm als Plattform.

Wir waren also in der Lage, unsere Anwendungen als Container zu betreiben. Und für Docker Swarm stehen Docker-Stack-Manifeste als Format bereit, mit dem wir unsere Anwendungen deklarativ ausdrücken und in Config-Repos versionieren konnten. (Docker-Stack-Manifeste sind YAML-Dokumente, die auf Basis der Docker-Compose-

Spezifikation[23] geschrieben werden. Docker Swarm, das für Container-Orchestrierung auf *mehreren* Nodes gebaut ist, interpretiert dieselbe Spezifikation anders als Docker Compose, das nur für das Deployen auf einem *einzelnen* Host konzipiert ist.) Mit diesem Aufbau waren wir ganz grundsätzlich bereits an dem Punkt, dass wir die GitOps-Prinzipien 1 und 2 erfüllten.

Mehrere Teams, Config-Repos und Environments

Mehrere Teams von verschiedenen Dienstleistern waren für den Kunden tätig, und jedes Team nutzte ein oder mehrere Config-Repos, in denen die Docker-Stack-Manifeste mit ihren Workloads definiert waren. Für die Anwendungsentwicklung waren vier Environments vorgesehen (Dev, Test, Staging, Prod). Da die Unterschiede zwischen den Environments nur geringfügig waren, versuchten wir eine passende Struktur für die Manifeste zu finden, um Wiederholung von identischem Konfigurationscode zu vermeiden. Wir suchten nach einer dateibasierten Struktur ähnlich den Bases und Overlays von Kustomize[24], konnten aber nichts finden.

Selbstgebautes Overlay-Rendering

Also bauten wir uns eine eigene behelfsmäßige Struktur aus Base- und Overlay-Manifesten. Die Overlay-Manifeste referenzierten ein oder mehrere Base-Manifeste über YAML-Kommentare mit einer bestimmten Syntax. Und so, wie man sich bei Kustomize mit dem Befehl `kustomize build` (oder `kubectl kustomize`) das Endergebnis eines Overlays ausgeben lassen kann, bauten wir uns einen Rendering-Befehl für das finale Docker-Stack-Overlay-Manifest: einen Shell-Einzeiler auf Basis von `docker stack config`[25].

Plattformbetrieb mit Verantwortung für Host-Setup

Wir waren allerdings als Dienstleister nicht nur dafür zuständig, Anwendungsentwicklung für den Kunden zu betreiben. Als Teil der Digitalisierungsinitiative bauten wir zusätzlich eine Entwicklungsplattform auf und betrieben also auch Platform Engineering für den Kunden und die anderen Dienstleister. Dementsprechend waren wir auch dafür zuständig, ein gewisses Basis-Setup auf den virtuellen Maschinen durchzuführen, um den Betrieb der Docker Swarms in den verschiedenen Environments zu ermöglichen.

Erste Schritte hin zu CD

Eventgetriebenes CD als Anfang

Anfangs führten wir das Basis-Setup auf den VMs komplett manuell aus und hatten dafür ein Runbook mit Schritten, die man teilweise einfach in eine Shell kopieren konnte. Wir setzten nämlich größtenteils

[23] *https://docs.docker.com/compose/compose-file/compose-file-v3*

[24] *https://github.com/kubernetes/website/blob/snapshot-initial-v1.28/content/en/docs/tasks/manage-kubernetes-objects/kustomization.md#bases-and-overlays*

[25] *https://docs.docker.com/engine/reference/commandline/stack_config*

auf die GitOps-Möglichkeiten von Portainer in der Community Edition. Leider mussten wir feststellen, dass erst die Business Edition Prinzip 3 und 4 ermöglicht. Der Kunde hatte sich gegen die Business Edition entschieden, und in der Community Edition war ein Triggern der Angleichung nur per API-Aufruf möglich.

Also bewegten wir uns als Erstes zumindest in Richtung *Continuous Deployment*: Jedes Config-Repo bekam einen finalen CI-Schritt, der nach dem Durchlauf einer Commit-Pipeline die Angleichung triggerte. Damit waren wir an jenem typischen Zustand angekommen, wo wir immerhin Continuous Deployment vom Standardbranch jedes Config-Repos hatten.

Allerdings waren Prinzip 3 und 4 an diesem Punkt immer noch nicht erfüllt, weil diese Angleichung nicht kontinuierlich passierte, sondern eben nur eventbasiert bei einem Commit. Ebenso war das Einbinden der Config-Repos in Portainer selbst ein mühsamer Prozess, der sich nicht in Git abbilden ließ, sondern nur interaktiv in der UI möglich war.

Vollwertigeres GitOps mit Ansible-Playbook

Ein Ansible-Playbook als GitOps-Operator

Schließlich entschieden wir uns, in Richtung einer vollwertigen GitOps-Lösung zu arbeiten, um auch Prinzip 3 und 4 abzudecken. Wir starteten mit einem Ansible-Playbook. Bevor wir die Komponenten dieses Playbooks beleuchten, erläutern wir zuerst, was uns in dieser Situation dazu bewog, Ansible zu wählen:

1. *Erfahrung*: Einige unserer Teammitglieder hatten Erfahrung mit Ansible aus früheren Projekten, teilweise auch mit Python. YAML als relativ zugängliches Dateiformat für die Playbooks erzielte ebenfalls Pluspunkte.
2. *Infrastruktur*: Wir hatten bereits SSH-Zugriff auf die VMs, und Ansible ist für SSH geschaffen.
3. *Idempotente Tasks*: Ansible-Playbooks als Ganzes sind zwar ihrer Natur nach sequenziell und deshalb grundsätzlich imperativ (also nicht deklarativ), aber die einzelnen Tasks eines Playbooks sind als idempotente Aktionen gedacht[26]. (Das mehrfache Ausführen eines Tasks soll also immer zum selben Endresultat führen.)
4. *Großes Ökosystem*: Die Community hinter Ansible hat einen umfassenden Katalog an fertig nutzbaren (und oftmals idempotenten)

[26] *https://github.com/ansible/ansible-documentation/blob/v2.15.5/docs/docsite/rst/playbook_guide/playbooks_intro.rst#desired-state-and-idempotency*

Tasks erstellt. Ansible Galaxy[27] beherbergt über 30.000 sogenannte Collections. Unter diesen wurden wir schnell fündig, um unseren GitOps-Operator zusammenzubauen.

Unser GitOps-Operator fing dann als sehr einfach gestricktes Playbook an, das nur folgende drei Schritte ausführte (einziger frei wählbarer Parameter war das Environment):

1. alle Config-Repos klonen
2. alle Overlays (für das aktuell gewählte Environment) aus den Config-Repos rendern und als Dateien auf den Hosts speichern
3. die Overlays ausrollen (mit `docker stack up`, ähnlich einem `kubectl apply`)

Der erste Schritt entspricht dem, was der Source-Controller bei Flux macht. Der zweite und dritte Schritt entsprechen wiederum eher dem Prinzip von Argo CD, das zuerst Manifeste rendert und dann anwendet.

Den ersten Schritt implementierten wir anhand eines Tasks auf Basis des Ansible-Moduls `ansible.builtin.git`[28], den dritten Schritt mittels eines Tasks auf Basis des Ansible-Moduls `community.docker.docker_stack`[29]. Der zweite Schritt bestand aus mehreren Tasks, die alle aus Ansible-Modulen aus der Core-Collection stammen. Wir zeigen im Folgenden eine verkürzte Zusammenstellung des Playbooks, die alle drei Schritte zusammen zeigt:

Listing 12–1
Ansible-Playbook als GitOps-Operator

```
- name: Clone all config repos
  loop: "{{ config_repos | dict2items }}"
  ansible.builtin.git: # ...

- name: Find all overlay manifests
  loop: "{{ config_repos | dict2items }}"
  ansible.builtin.find: # ...
  register: manifest_paths

- name: Render overlay manifests, save to register
  loop: {{ manifest_paths.results # ...
  environment:
    manifest: "{{ item }}"
  ansible.builtin.shell:
```

→

[27] *https://galaxy.ansible.com*

[28] *https://github.com/ansible/ansible/blob/v2.15.5/lib/ansible/modules/git.py*

[29] *https://github.com/ansible-collections/community.docker/blob/3.4.9/plugins/modules/docker_stack.py*

```
      cmd: |-
        set -o pipefail
        grep -E "^\# docker-stack-bases:" "$manifest" \
          | awk -F':' "{print \"-c \
          $(printf "%s" "${manifest%overlays/*}")/\" \$NF}" \
          | xargs | xargs -t -I {} sh -c \
          "docker stack config \
          --skip-interpolation {} -c $manifest"
    register: manifests

  - name: Create directories for manifests on host
    loop: "{{ manifests.results }}"
    hosts: managers
    ansible.builtin.file: # ...
  - name: Create manifest files on host from register
    loop: "{{ manifests.results }}"
    hosts: managers
    ansible.builtin.copy: # ...
    register: manifest_paths_host

  - name: Deploy Stacks from created manifests
    loop: "{{ manifest_paths_host.results }}"
    community.docker.docker_stack:
      compose: ["{{ item.dest }}"]
      prune: true
      state: present
      # ...
```

Im Repository, in dem wir dieses Playbook verwalteten, erstellten wir pro Environment eine Scheduled Pipeline[30], jede mit einer Frequenz von 15 Minuten. Durch das Ausführen im CI-Server hatten wir den Vorteil, dass grundlegendes Alerting per E-Mail bei Fehlschlägen des Playbooks automatisch aktiv war für alle Contributors des Repositories.

Secrets Management mit SOPS

Für Secrets Management bauten wir zusätzlich die Möglichkeit ein, bei jedem Overlay eine mit SOPS[31] und age[32] verschlüsselte Dotenv-Datei zu lagern. Aus der jeweils entschlüsselten Dotenv-Datei wurden alle Key-Value-Paare als Umgebungsvariablen geladen und beim Rendern (Schritt 2) in die Manifeste interpoliert und mit auf den Hosts gespeichert.

[30] *https://docs.gitlab.com/16.5/ee/ci/pipelines/schedules.html*

[31] *https://github.com/ansible-collections/community.sops/blob/1.6.7/docs/docsite/rst/guide.rst*

[32] *https://github.com/FiloSottile/age*

> Eine anonymisierte Version dieses Playbooks stellen wir auf GitLab zur Verfügung: *https://gitlab.com/gitops-book/docker-swarm-gitops-ansible*

Viele Features für wenig Aufwand

Vergleichen wir dieses Playbook einmal mit der Auflistung von essenziellen Features in Abschnitt 12.4 auf Seite 338:

1. Feature *Bezug* ist erfüllt: Manifeste werden kontinuierlich bezogen.
2. Feature *Angleichung* ist erfüllt: Neue und veränderte Manifeste werden ausgerollt (über ein Modul, das vermutlich einen `docker stack up --prune` ausführt).
3. Feature *Pruning* ist teilweise erfüllt: Docker-Services, die in Stack-Manifest entfernt werden, werden aufgeräumt. Wenn aber ganze Overlays in Git gelöscht werden, werden die entsprechenden Stacks nicht gelöscht. Eine simple Erweiterung für Stack-Pruning könnte so aussehen:
   - Ein Task untersucht den Git-Diff (beispielsweise der letzten 20 Commits) auf Dateilöschungen im aktuell relevanten Overlay-Pfad.
   - Gefundene Stacks werden mit dem Docker-Stack-Modul und dem Parameter `state=absent` entfernt.
4. Feature *Secrets Management* ist erfüllt: Das jeweilige Config-Repo dient als Secret-Store und lagert Dotenv-Dateien, die mit SOPS und age verschlüsselt wurden. Während des Rollouts werden Secrets entschlüsselt, interpoliert und in die gerenderten Manifeste geschrieben.
5. Feature *Alerting* ist erfüllt: Benachrichtigungen im Fehlerfall werden verschickt.

Relativ langsame Ausführung der Angleichung

Warum wählten wir eine Frequenz von nur 15 Minuten, wenn Tools wie Flux oder Argo CD deutlich geringere Frequenzen ermöglichen? Zum einen hatten wir bereits einige Minuten Versatz beim Start von Scheduled Pipelines in GitLab erlebt, sodass manchmal die nächste Pipeline nach 20 Minuten, manchmal bereits nach 10 Minuten eingeplant wurde. Zum anderen war die langsamste Ausführungsdauer einer Pipeline (je nach Environment) bereits bei fast zwei Minuten. Wir wollten eine Überlastung unseres CI-Servers vermeiden, falls sich zu viele Pipelines aufstauen würden. Durch Parallelisierung von Loops in unserem Playbook hätten wir die Performance des Pipeline-Durchlaufs wahrscheinlich noch etwas verbessern können.

Infrastruktur mitverwalten

Wir hatten unseren GitOps-Operator auch noch aus einem weiteren Grund als Ansible-Playbook angefangen: Da wir Teile der Infrastruktur bisher noch manuell verwalteten, sahen wir Potenzial darin, auch diese Aktivitäten über das Playbook zu automatisieren. Damit wären wir nicht nur in der Lage, den Rollout unserer Anwendungen über den GitOps-Operator abzuwickeln, sondern auch die Provisionierung und Wartung unserer Docker Swarms – ähnlich wie wir auch in Kapitel 11 auf Seite 291 gesehen haben, dass sich GitOps im Kubernetes-Umfeld hervorragend für die Verwaltung für Infrastruktur eignet.

Wir erweitern um Docker-Swarm-Tasks.

Leider hatten wir für die Verwaltung unserer Infrastruktur kein deklaratives IaC-Dateiformat zur Hand. Somit griffen wir zum Community-Modul `community.docker.docker_swarm`[33] und bauten uns mit einer Handvoll Tasks auf Basis dieses Moduls eine Prozedur zum Aufsetzen unserer Basisinfrastruktur.

Durch das Hinzufügen dieser Tasks wurde aus unserem Playbook mehr als ein reiner GitOps-Operator – seine Zuständigkeiten wuchsen und wurden diverser. Wir verwalteten jetzt sowohl unsere Container-Workloads als auch unsere Infrastruktur über den GitOps-*Operator*, aber nur die Workloads verwalteten wir wirklich auf GitOps-*Weise*.

Auswirkungen

Mehr Stabilität und Geschwindigkeit

Bis unser selbstgebauter GitOps-Operator wirklich ausgereift war, dauerte es ein paar Wochen. Doch schon bald konnten wir uns freuen über die erhöhte Stabilität unserer Deployments, die höhere Geschwindigkeit beim Erstellen neuer Stacks und die massive Erleichterung beim Provisionieren und Verwalten aller Environments.

Asynchronität erhöht Komplexität für Entwickelnde.

Durch das Einbauen des GitOps-Operators führten wir allerdings auch Asynchronität in das Gesamtsystem ein (siehe Kapitel 7 auf Seite 197): Der grüne Haken am neuesten Commit im Config-Repo bedeutete nicht länger, dass die neuesten Änderungen bereits deployt sind. Stattdessen musste man in den Pipelines des GitOps-Operators nachschauen. Das führte zu erhöhter Komplexität aufseiten der Entwickelnden, wenn sie versuchten zu debuggen, wann ihre neueste Änderung ausgerollt würde. Glücklicherweise war durch die Zentralisierung in einem einzigen Repository der Aufwand bei der Umstellung nicht besonders hoch, und durch Training und Dokumentation konnten wir Stück für Stück allen Beteiligten hineinhelfen in die neue Betriebsweise.

---

[33] *https://github.com/ansible-collections/community.docker/blob/3.4.9/plugins/modules/docker_swarm.py*

Eine Erweiterung des Commit-Status, wie es Flux[34] und Argo CD[35] ermöglichen, wäre eine mögliche Verbesserung mit relativ geringem Aufwand: Der GitOps-Operator notiert sich nach dem Rollout den Commit des jeweiligen Config-Repos und fügt über die API des SCM dem jeweiligen Commit einen zusätzlichen, erfolgreichen Commit-Status hinzu.

Unter den gegebenen Umständen waren wir insgesamt sehr zufrieden: Wir hatten es mit vergleichsweise geringem Aufwand und einer relativ guten Codewartbarkeit geschafft, einen GitOps-Operator zu erstellen, der sowohl unsere Workloads als auch unsere Infrastruktur in einer akzeptablen Frequenz und einem ausreichenden Feature-Set auf grundlegende GitOps-Weise verwaltet.

12.6.2 Helmfile

Im Kontext von selbstgeschriebenen GitOps-Operatoren können wir noch eine weitere Geschichte erzählen. Sie spielt zwar im Kubernetes-Umfeld und ist damit in diesem Kapitel nicht maximal passend, aber einige Erkenntnisse aus diesem Projekt sind für den Einsatz von GitOps auch außerhalb von Kubernetes lehrreich.

In diesem Projekt ging es darum, Helm-Charts in einen verwalteten Cluster zu deployen. RBAC auf diesem Cluster war so konfiguriert, dass nur das Plattformteam Operatoren installieren konnte; einzelne Projekte bekamen nur vorkonfigurierte `Namespaces`. Wir versuchten zwar, auf ein Installieren von Flux oder Argo CD hinzuarbeiten, aber die Zeit drängte, und so mussten wir eine andere Lösung finden.

Glücklicherweise stießen wir auf Helmfile[36], ein deklaratives Dateiformat zur Verwaltung von Helm-Releases, ähnlich den `HelmRepositories` und `HelmReleases` von Flux. Leider gab es noch keinen Operator dafür, um solche Helmfiles aus einem Git-Repo heraus kontinuierlich auszurollen.

Aber dank Kubernetes war es nicht schwierig, genau das in wenigen Stunden zu realisieren: Wir schrieben einen `CronJob`, der vereinfacht gesagt nur einen `git clone` und einen `helmfile apply` durchführt. Der Aufbau war ungefähr so:

[34] *https://github.com/fluxcd/website/blob/e7e991c/content/en/flux/monitoring/alerts.md#git-commit-status*

[35] *https://github.com/argoproj/argo-cd/blob/v2.8.4/docs/operator-manual/notifications/services/webhook.md#set-github-commit-status*

[36] *https://github.com/helmfile/helmfile*

Listing 12–2
Ein GitOps-Operator für Helmfile-Repos auf CronJob-Basis

```
apiVersion: batch/v1
kind: CronJob
metadata:
  name: helmfile-gitops-agent
spec:
  # Every 5 minutes
  schedule: "*/5 * * * *"
  jobTemplate:
    spec:
      template:
        spec:
          volumes:
            - name: cloned-repo
              emptyDir:
          # Clone repo
          initContainers:
            - name: git-clone
              image: alpine/git
              volumeMounts: &mounts
                - mountPath: /cloned-repo
                  name: cloned-repo
              command:
                - /bin/sh
                - -c
                - git clone GIT_REPO_URL /cloned-repo
          # Apply manifests
          containers:
            - name: helmfile
              image: ghcr.io/helmfile/helmfile
              volumeMounts: *mounts
              workingDir: /cloned-repo
              command:
                - /bin/sh
                - -c
                - helmfile apply
```

Wenn sich hinter der `GIT_REPO_URL` ein Config-Repo mit einem Helmfile verbirgt, dann erfüllt dieser kleine `CronJob` die vier GitOps-Prinzipien problemlos:

1. Der Systemzustand wird deklarativ durch Helmfiles beschrieben.
2. Die Manifeste lagern in Git.
3. Der Init-Container bezieht die Manifeste kontinuierlich.
4. Der Haupt-Container rollt die Manifeste kontinuierlich aus.

> Der Schritt dazu, aus diesem `CronJob` auch ein öffentliches Helm-Chart zu machen, war nicht groß: https://artifacthub.io/packages/helm/helmfile-gitops-agent/helmfile-gitops-agent

Dieser GitOps-Operator ist natürlich von den Features her nicht zu vergleichen mit Flux oder Argo CD, aber er erfüllt die grundlegenden Voraussetzungen, um auch in rechtemäßig sehr beschränkten Clustern mithilfe von GitOps Ressourcen zu verwalten.

Ein Detail ist allerdings auffällig: Ein Helm-Release in einem Helmfile zu löschen benötigt zwei Schritte:

1. Man muss zuerst die Einstellung `installed=false` setzen und eine Reconciliation abwarten.
2. Erst danach kann man das Release selbst aus dem Helmfile entfernen.

Ebenso passiert auch kein automatisches Pruning von Ressourcen, wenn der `CronJob` gelöscht wird.

12.6.3 Lektionen

Wir lernen von den beiden selbstgeschriebenen GitOps-Operatoren einige wichtige Dinge:

1. **Ohne IaC-Format haben wir verloren:** Bei dem Ansible-Operator war es Docker-Compose, bei dem zweiten Operator war es Helmfile. Falls für einen speziellen Use Case kein deklaratives Format vorhanden sein sollte, kann der Aufwand für das Konzipieren und Erstellen des entsprechenden Toolings so hoch sein, dass GitOps nicht praktikabel ist.
2. **Nicht jedes IaC-Format ist gleich gut geeignet für GitOps:** Gerade beim Thema Pruning sind viele Tools und Formate bisher noch im Hintertreffen und nicht mit erstklassigem GitOps-Support ausgerüstet.
3. **Kubernetes ist selbst ohne Operatoren ein hervorragendes GitOps-Substrat:** Mit wenigen Handgriffen einen GitOps-Operator zu bauen ist mit Kubernetes nicht schwer.

Teil IV
Anhang

Nachwort

GitOps ist nicht mehr nur ein Buzzword; es ist im Grunde eine Methodik, die für Entwickelnde wie uns geschaffen wurde, um die Art und Weise zu verändern, wie wir Software ausliefern. Sowohl in den Unternehmen als auch auf den Konferenzen stellen wir ein großes Interesse für das Thema GitOps fest. Kurz gesagt: GitOps ist hier, um zu bleiben.

Die vier Prinzipien als Grundlage

Die Idee von GitOps basiert auf DevOps, das eine engere Integration von Entwicklung und Betrieb anstrebt. GitOps selbst wird durch vier Prinzipien zusammengefasst: Das System wird deklarativ beschrieben und versioniert in einem Repository hinterlegt. Ein GitOps-Operator überwacht das Repository kontinuierlich und gleicht den Systemzustand mit dem Soll-Zustand ab. Dadurch erreichen wir höhere Zuverlässigkeit und Stabilität. Durch kontinuierliches Ausrollen wird die zeitliche Diskrepanz zwischen Soll- und Ist-Zustand des Systems für uns Entwickelnde drastisch reduziert. So können sich Entwickelnde auf Anforderungen konzentrieren und sowohl neue Features entwickeln als auch die Zuverlässigkeit des Systems erhöhen.

GitOps geht über reine Technik hinaus.

Auf den ersten Blick scheint GitOps eine rein technische Methodik zu sein. Allerdings beinhaltet GitOps auch soziotechnische Merkmale, welche die anfänglichen schnellen Erfolge aufheben können, wenn Kultur, Prozesse und Tooling nicht an die neuen Gegebenheiten angepasst sind. Wir glauben, dass Teams, die beginnen, GitOps einzuführen, mit Enttäuschungen rechnen müssen, bis die Zuverlässigkeit in Bezug auf die Performance der Softwarelieferung und den Erfolg der Organisation nachhaltig wieder steigt.

Asynchronität und Secrets Management

Ebenso verändert die bei GitOps inhärente Asynchronität bestehende Deployment-Flüsse tiefgreifend. Das Verwalten von Secrets im oder außerhalb des Git-Repository ist eine weitere Herausforderung, der wir uns bei GitOps sehr explizit stellen müssen.

Argo CD und Flux

Natürlich ist auch eine gute Tool-Auswahl wichtig, um GitOps erfolgreich einzuführen. Glücklicherweise stehen uns mit Argo CD und Flux zwei ausgereifte Lösungen zur Verfügung, die jeweils individuelle Stärken und Schwächen haben. In diesem Buch konnten wir einige davon vorstellen, aber der Teufel steckt oft im Detail. Argo CD ist benutzerfreundlicher und für Einsteiger einfacher, während Flux modular aufgebaut und flexibler einsetzbar ist.

GitOps Chasm

Eine weitere Herausforderung besteht darin, die Tools so einzusetzen, dass sie zum eigenen Anwendungsfall passen. Beim Design des GitOps-Prozesses ist die Herausforderung die Überwindung des GitOps Chasm, also die Abbildung der Realität auf die vorhandene Infrastruktur: Wir haben Teams, Anwendungen und Environments, die wir abbilden auf Kubernetes-Cluster, GitOps-Operatoren und Repositories. Hierbei ist es ratsam, das Gesetz von Conway zu beachten, das heißt: die Kommunikationsbeziehungen der eigenen Organisation zu kennen und diese in seinem Prozess entsprechend aufzugreifen, beispielsweise durch ein *Repo per Team*-Pattern.

Kubernetes als Plattform

Die Prinzipien von GitOps lassen sich auch abseits der bekannten Pfade wie Kubernetes, Flux oder Argo anwenden, wie wir in diesem Buch an zwei Beispielen zeigen konnten. Was wir mit Sicherheit sagen können, ist, dass die Zukunft deklarativ sein wird. Der deklarative Ansatz sowie die Möglichkeit, Kubernetes durch eigene CRDs zu erweitern, schaffen ein enormes Potenzial auch außerhalb des Kubernetes-Ökosystems. Wir haben dies in den weiterführenden Kapiteln bereits beschrieben, aber der Trend geht dahin, dass Kubernetes als Plattform für weitere Lösungen genutzt wird. Wir glauben, dass dieser Ansatz die Akzeptanz von GitOps erhöhen wird, da Unternehmen zunehmend nach Methoden suchen, um ihre Softwarebereitstellung agiler, zuverlässiger und sicherer zu gestalten.

Wachsende Tool-Landschaft

Das Tool-Ökosystem für GitOps wird weiterhin expandieren, indem bestehende Tools verbessert und neue Lösungen entwickelt werden. Schon jetzt gibt es mehr Tools, als wir in diesem Buch vorstellen können. Jenseits von Argo CD und Flux gibt es beispielsweise GitOps-Operatoren wie Jenkins X[37], Fleet[38] oder das im Buch kurz erwähnte PipeCD. Neben den im Buch genannten CM- und CLI-Tools oder Operatoren wie Helm, Kustomize, Jsonnet, Cuelang, Timoni und TestKube gibt es Tools wie *Werf*[39], *Updatecli*[40], *Carvel*[41], *Keptn*[42], *kpt*[43] und *Kargo*[44]. Diese sind weitere Alternativen, die uns als Entwickelnde unterstützen können. Viele dieser Tools bieten Operatoren, die

---

[37] *https://jenkins-x.io*

[38] *https://fleet.rancher.io*

[39] *https://werf.io/documentation/v1.2/resources/comparison.html*

[40] *https://www.updatecli.io*

[41] *https://carvel.dev/kapp-controller/docs/v0.48.x/packaging-gitops*

[42] *https://lifecycle.keptn.sh*

[43] *https://kpt.dev/gitops*

[44] *https://kargo.akuity.io*

Kubernetes-typisch asynchron, lose gekoppelt und kontinuierlich arbeiten und damit kompatibel mit den Prinzipien von GitOps sind – GitOps liebt Operatoren! Daher können wir diese Tools unkompliziert in bestehende Prozesse integrieren. Auch im Bereich der Infrastruktur wird GitOps weiter wachsen. Der Übergang von Terraform zu OpenTofu als Projekt der Linux Foundation kann hier ein Türöffner für breitere Community-Arbeit sein.

Lebendige Community

GitOps beziehungsweise OpenGitOps erhält weiterhin Unterstützung von einer aktiven und wachsenden Community. Die Beteiligung an Open-Source-Projekten und der Austausch bewährter Praktiken werden die Entwicklung vorantreiben und neue Innovationen fördern.

Insgesamt wird die Zukunft von GitOps von einer kontinuierlichen Anpassung an die sich ändernden Anforderungen der Softwareentwicklung und -bereitstellung geprägt sein. Die Prinzipien von GitOps werden weiterhin eine wichtige Rolle dabei spielen.

Grenzen des Buchs

Die weiterführenden Themen Infrastruktur und Multi-Cluster mit GitOps sowie GitOps außerhalb von Kubernetes sind groß und komplex. In diesen Bereichen hoffen wir mit diesem Buch zumindest einen Blick über den Tellerrand des Applikationsbetriebs auf Themen zu geben, die in Zukunft ebenfalls von GitOps bestimmt werden könnten.

Dasselbe gilt für das Thema Sicherheit. Hier sprechen wir einige Themen an wie die Vorteile von GitOps in diesem Bereich, Secrets Management, Mandantentrennung und Zugriffsschutz, Shift Left und statische Codeanalyse, Least Privilege, Supply Chain Security, Aufruf externer Binaries sowie Security und Network Policies. Hier bleibt noch Raum für Erweiterung, beispielsweise für eine dedizierte Betrachtung des Themas Sicherheit mit Fokus auf GitOps. Auch hilfreich können Designprinzipien in Bezug auf Sicherheit beim Entwurf des GitOps-Prozesses sein. Neben dem bereits genannten Least Privilege halten wir Defense in Depth, die Betrachtung von Pfaden zur Privilege Escalation, Vulnerability Scanning, Signaturen und Runtime Security für betrachtenswert. Ein Threat Modelling an einem beispielhaften GitOps-Prozess bietet sicherlich Raum für Erkenntnisse.

Auch verspricht eine Betrachtung bestehender Dokumente und Standards aus dem Cloud-Native-Umfeld mit Fokus auf GitOps Mehrwerte. Dabei denken wir an Richtlinien wie den »Kubernetes Hardening Guide« von NSA/CISA[45] (mit eigenem Threat-Modell), den Grund-

[45] *https://media.defense.gov/2022/Aug/29/2003066362/-1/-1/0/CTR_KUBERNETES_HARDENING_GUIDANCE_1.2_20220829.PDF*

schutz des BSI für Kubernetes[46], die Cloud Native Security Map[47] oder das Cloud Native Security Whitepaper der CNCF[48] (das tatsächlich bereits ein Kapitel zu GitOps enhtält).

All diese Themen bieten Raum für eigene Bücher oder zukünftige Auflagen.

[46] *https://www.bsi.bund.de/SharedDocs/Downloads/DE/BSI/Grundschutz/IT-GS-Kompendium_Einzel_PDFs_2023/06_APP_Anwendungen/APP_4_4_Kubernetes_Edition_2023.html*

[47] *https://cnsmap.netlify.app*

[48] *https://github.com/cncf/tag-security/blob/main/security-whitepaper/v2/CNCF_cloud-native-security-whitepaper-May2022-v2.pdf*

Index